Michael Hutchison
MEGABRAIN-Power
Transformation & Bewußtseins-Technologien
Die Revolution der grauen Zellen

Herausgegeben
von
Lutz Berger & Josef Bornhorst

Michael Hutchison

MEGABRAIN POWER

Transformation & Bewußtseins-Technologien
Die Revolution der grauen Zellen

Aus dem Amerikanischen von Peter Diehl,
in Zusammenarbeit mit Lutz Berger

Junfermann Verlag · Paderborn
1996

© der deutschen Ausgabe: Junfermannsche Verlagsbuchhandlung, Paderborn 1996

Copyright © 1994 by Michael Hutchison

By Arrangement with the Author.

Published by Hyperion, New York.

Titel der amerikanischen Originalausgabe: MEGABRAIN POWER – Transform your life with Mind Machines and Brain Nutrients. (Die vorliegende deutsche Ausgabe enthält die Abschnitte 1-3 der Originalausgabe.)

Übersetzung: Peter Diehl, in Zusammenarbeit mit Lutz Berger

Cover-Gestaltung: Petra Friedrich

Alle Rechte vorbehalten.

Das Werk einschließlich aller seiner Teile ist urheberrechtlich geschützt. Jede Verwendung außerhalb der engen Grenzen des Urheberrechtsgesetzes ist ohne Zustimmung des Verlages unzulässig und strafbar. Das gilt insbesondere für Vervielfältigung, Übersetzungen, Mikroverfilmungen und die Einspeicherung und Verarbeitung in elektronischen Systemen.

Satz: La Corde Noire – Peter Marwitz, Kiel

Die Deutsche Bibliothek – CIP-Einheitsaufnahme

Hutchison, Michael:

Megabrain-Power: Transformation & Bewußtseins-Technologien. Die Revolution der grauen Zellen / Michael Hutchison. Aus dem Amerikan. von Peter Diehl, in Zus.arbeit mit Lutz Berger. – Paderborn: Junfermann, 1996.
```
     Einheitssacht.: Megabrain Power <dt.>
     ISBN 3-87387-248-X
```

NE: GT

ISBN 3-87387-248-X

Inhalt

Vorwort von Dr. Rudolf Kapellner 7

Einleitung: Bringe dein Gehirn zum Singen 15

Teil I: Schalt die restlichen 90 % an
1. Die Revolution der grauen Zellen 31
2. Spitzenleistungen und Gehirnwellen 34
3. Die Kraft der beiden Hirne 45
4. Gehirnjogging: Mind-Fitneß–die neue Wissenschaft des (Gehirn-)Wachstums 51

Teil II: Freier Zugang zu den Werkzeugen
5. Volle Ladung: Biofeedback und Brain-Power 59
6. Klang: Herzschlag des Lebens 64
7. Die Kraft des Lichts 72
8. Die Technicolor-Symphonie: Harmonie durch Licht und Ton 81
9. Das elektrische Gehirn: Wie man seine Batterien auflädt 89
10. Fit for Fun: Das bewegte Gehirn 93
11. Aufladung der Sinne: Akustische Feldgeneratoren 96
12. Der Klang der Stille: Weniger ist mehr! 100

**Teil III: Vom Gehirnbesitzer zum Gehirnbenutzer (Megabrain) –
              die Welt der Mind Machines**
Einleitung: Megabrain-Software – Gebrauchsanweisung, Technik und Techniken 111
13. Gehirn-Tuning: Feineinstellung von Sender und Empfänger 113
14. Tiefenentspannung auf Kommando 124
15. Noch tiefere Entspannung: Selbsthypnose und Suggestion 133
16. Die innere Leinwand: Stell dir vor 150
17. Das tiefe Selbst: Erforschung und Transformation 158
18. Das Drehbuch verändern 170
19. Super-Intelligenz 185
20. Mentaltraining im Sport 204
21. Auf Messers Schneide: Spitzenleistung und innere Spiele 219
22. Was Sie schon immer über Brain-Sex wissen wollten 233

23.	Kreativität	241
24.	Erwachen und Transzendenz: Techno-Demokratisierung des Glücks	256
25.	Reiten auf der Riesenwelle: Ultradiane Rhythmen und Mind Machines	263

Weiterführende deutschsprachige Literatur ... 277
Weitere Literatur ... 281
Index ... 283

Vorwort

Als vor etwas mehr als fünf Jahren (heute eine enorm lange Zeitspanne!) das Thema MEGABRAIN und Mind Machines in Europa auf der Bühne erschien, sorgte es für viel Aufsehen und für viel Presse. Es entstanden Visionen, was man mit Mind Machines alles anfangen könnte, viele Hoffnungen und Sehnsüchte wurden daran geknüpft. Und mit den Visionen tauchten auch erste Mutige auf, die sich mit diesem Thema ernsthaft auseinandersetzten.

Vieles ist seither geschehen, manche Erwartungen sind eingetreten, manche nicht, und vieles geschah, womit niemand so wirklich gerechnet hatte. Wenige der einstmals Mutigen sind noch da, etliche neue sind dazugekommen, viele haben sich wieder anderen Dingen zugewendet. Auf jeden Fall ist es ein Stück sehr bewegte Geschichte, die Mind Machines in Europa hinter sich haben.

Jetzt taucht Hutchison wieder auf, ein wenig wie ein Phönix aus der Asche, und liefert sein neues Buch *MEGABRAIN-Power* ab. Während Ende der 80er Jahre das ganze Thema nahezu jungfräulich war, findet es sich heute in einem bereits entwickelten Umfeld wieder. Neue Hoffnungen? Neue Impulse? Neue Visionen?

Nachdem ich von der ersten Stunde an bei den Mind Machines in Europa mit dabei war und mit meinem Team so manches zur Mind-Machine-Geschichte beigetragen habe, schreibe ich wieder ein Vorwort für *MEGABRAIN*, diesmal um eine Brücke zu schlagen vom Gestern (1989) zum Heute.

Also, was bisher geschah ...

Man kann ruhigen Gewissens behaupten, daß die Mind Machines einen Trend ausgelöst haben, vor allem in den ersten Jahren; keinen wirklich großen Trend, trotz der vielen, häufig sogar euphorischen Presseberichte. Dieser Trend hat so manche Mitspieler angezogen, und es entstand schnell ein Spiel: „Machen wir viele solcher aufregender Kästchen!" Natürlich hat er auch „Glücksritter" angezogen, jene Menschen, die das beträchtliche Potential, das in diesen Geräten steckt, erkannt oder zumindest gespürt haben, und schnell zu Reichtum und Ruhm gelangen wollten. Auf jeden Fall tummelten sich innerhalb von ein, zwei Jahren plötzlich viele Mitspieler auf dem MEGABRAIN-Spielfeld (wovon die meisten allerdings das Feld wieder längst verlassen haben).

Was allerdings niemand tatsächlich sagen konnte, war: Wie funktionieren denn diese kleinen Kästchen nun wirklich? Was passiert in meinem Kopf, wenn ich mich ihren Impulsen aussetze?

Die einfachen Erklärungsmodelle, die auch noch Hutchison in *MEGABRAIN* geliefert hat, allen voran die „Frequenzfolgereaktion (FFR)", waren eben nur Modelle und nicht die

Wirklichkeit selbst: die meisten Gehirne haben das, was sie nach diesem Modell hätten tun sollen, nicht so ohne weiteres getan. Für die Europäer, die immer nach dem Warum, dem Wie und dem Woher fragen, ist es aber enorm wichtig zu wissen, ob die „heilige Wissenschaft" diesen kleinen Kästchen einen Persilschein ausstellt oder nicht, anstatt sich auf das eigene, authentische Erleben zu verlassen. Und so wurden in Europa so manche Studien gestartet, mit wechselndem Erfolg und oft widersprüchlichen Aussagen. Der generelle Tenor der wissenschaftlichen Arbeiten war: Also SO einfach ist es nicht, und mit simpler Statistik kommt meist gar nichts Aussagekräftiges (Signifikantes) heraus. Denn: Die vielen unterschiedlichen, individuellen Erfahrungen, die unzählige Menschen mit den Geräten machen können, lassen sich eben nicht so einfach in eine simple Statistik pressen (Gott sei Dank, meine ich!).

Bei den vielen, oft sehr umfangreichen wissenschaftlichen und empirischen Untersuchungen, die unser Institut in Wien unter der Verwendung des audiovisuellen Stimulationsgerätes FOCUS 101 gemeinsam mit Universitäten, Kliniken und Ärzten durchführte, stellte sich bereits nach den ersten Arbeiten heraus, daß wir von einem Modell ausgehen müssen, welches das Bewußtsein und verschiedene Bewußtseinszustände als zentrales Kriterium betrachtet.

Sechs Jahre konsequente Forschungsarbeit beweisen die erfolgreiche Anwendung von audiovisueller Stimulation im medizinischen und psychologischen Bereich sowie in individuellen Entwicklungsprozessen. Die Anwendungsgebiete reichen von Streßreduktion und Verbesserung der Befindlichkeit über Unterstützung von psychologischen und medizinischen Therapien bis hin zum Mentaltraining für Spitzensportler und Topmanager (um nur einiges herauszugreifen).

All den Ergebnissen ist ein zentraler Aspekt gemeinsam: Die Anwendung von Mind Machines erfolgt am wirkungsvollsten als sogenanntes „Adjuvans", d.h. in Kombination mit anderen Techniken und Therapiemethoden. Dabei spielt die erfahrene und einfühlsame Begleitung und Betreuung eine tragende Rolle.

Die anfängliche Euphorie, daß Mind Machines alle Probleme des Alltags wie von selbst lösen, wandelte sich in der Folge zu einer klaren Einsicht in die Grenzen wie in die beträchtlichen Potentiale der Technologie.

Ich glaube, es gab zwei grundsätzliche Probleme, mit denen die junge Mind-Machine-Technologie am Markt konfrontiert wurde: die Inkompetenz vieler Betreiber und die Subjektivität der Erlebnisse mit den Geräten.

Die Inkompetenz vieler kleiner Glücksritter auf dem Spielfeld „Mind Machines" führte zu immer bunteren Werbeaussagen, in denen häufig das Blaue vom Himmel versprochen wurde, bis dann einmal jemand zynisch bemerkte: „LSD hält das, was Mind Machines versprechen." Auch die Subjektivität der Erfahrungen und die Unterschiedlichkeit der Erlebnisse der Anwender verstärkte diesen Prozeß. Mit simplen Suggestionen wie: „Das ist ein Lernprogramm!" oder: „Das ist ein Entspannungsprogramm!" war diese komplexe Vielschichtigkeit menschlichen Erlebens nicht in den Griff zu bekommen. Daß dies zu einer steigenden Verunsicherung, ja zu Ablehnung am Markt führte, war vorherzusehen.

So darf es auch nicht verwundern, daß sich mit zunehmender Verbreitung der Mind Machines auch der dazugehörige Gegentrend formierte. In diesem Gegentrend sammelten sich viele kritische Stimmen, wobei die Motive der einzelnen Gegenstimmen sehr unterschiedlich waren.

Ich möchte zwei Beispiele für diese Polarität von positiver und ablehnender Haltung gegenüber Mind Machines herausgreifen und nebeneinanderstellen: eine Untersuchung des deutschen Konsumentenmagazins *Stiftung Warentest* im Jahre 1993 und die Publikation einer Schweizer Studie im renommierten *International Journal of Psychophysiology* 1995.

Bei der Untersuchung von *Stiftung Warentest* im Juni 1993 wurde die Entspannungswirkung von 10 Mind Machines (alle unter DM 2.000) getestet; das Ergebnis war niederschmetternd; für sämtliche Geräte gab es nur „mangelhaft" oder „nicht zufriedenstellend", was in einfachen Worten bedeutet: Diese Technologie ist nichts wert.

Dem stelle ich die Publikation einer höchst interessanten und erfolgreichen Studie gegenüber, welche an der Universität Zürich gemacht und ins *International Journal of Psychophysiology* 1995 aufgenommen wurde; in dieser neuropsychologischen Arbeit wurde im Rahmen einer differenzierten Biosignal- und EEG-Analyse klar herausgearbeitet, daß „... die höhere Aktivierung in der rechten Hemisphäre während aller Programme so interpretiert wird, daß audiovisuelle Stimulation tatsächlich Veränderungen im Gehirn induziert, welche normalerweise bei veränderten Bewußtseinszuständen gefunden werden."*

Genau in diesem Spannungsfeld bewegten sich Mind Machines während der letzten Jahre: Der Bogen reicht von skeptisch/kritisch-ablehnender Einstellung bis zu wissenschaftlich anerkannten, von Anwendern häufig euphorisch beschriebenen Erfolgserlebnissen. Das läßt für mich eindeutig den Schluß zu, daß das Potential dieser Mind-Technologie noch keineswegs voll erkannt und schon gar nicht ausgeschöpft ist, sondern vielmehr erst am Anfang seiner Umsetzung in tägliche Praxis steht. Auch unsere eigenen Erfahrungen weisen ganz klar in diese Richtung.

Wenn nun ein Trend und sein Gegentrend aufeinandertreffen, dann entsteht am Markt eine chaotische Dynamik, die im ungünstigen Fall zum Verschwinden des Trends führt, im

---

* Die bei dieser Studie verwendete Mind Machine FOCUS 101 war bei Stiftung Warentest nicht dabei; die Studie ist als Sonderdruck erhältlich bei: FOCUS/Kapellner GmbH, Neubaugasse 44, A-1070 Wien, Tel.: 0043 1 523 9082, wo auch weitere wissenschaftliche Forschungsergebnisse vorliegen.

günstigen Fall hingegen eine Entwicklungs-Spirale erzeugt, die einerseits ein differenziertes Bewußtsein im Markt schafft und andererseits eine Weiterentwicklung der gesamten Mind-Machine-Technologie quasi erzwingt.

Und da stehen wir jetzt: in einer Dynamik, die das Potential für eine weitere „Spielrunde Mind Machines" auf einer evolutionsmäßig entwickelteren Stufe in sich birgt. Der Reiz des Neuen ist vorüber, aber auch die Ängste haben sich beruhigt. Und der Erfahrungsschatz ist enorm und reich.

Just in dieser sensiblen Phase der technologischen Entwicklung taucht nun Hutchison auf mit seinem Buch *MEGABRAIN-Power* und liefert – nein, keine neuen Modelle und keine sensationellen Enthüllungen, sondern vielmehr etwas, was der ganzen Technologie bisher gefehlt hat: konkrete Anwendungshinweise – also ein Handbuch, ein Manual für AnwenderInnen und für jene, die es noch werden wollen.

Während es in der Anfangsphase der Mind Machines in Europa vor allem um die Geräte selbst ging, die allgemeine Aufmerksamkeit vorwiegend auf die materiellen Aspekte der Technologie sich konzentrierte, so wird mit *MEGABRAIN-Power* eine neue „Spielrunde" eingeläutet. Die nutzbringenden wie unterhaltenden Seiten der Mind-Technologie treten damit (endlich) in den Vordergrund, werden Thema neuer öffentlicher Diskussionen. Von diesen neuen Diskursen erwarte ich mir auch entscheidende neue Impulse und Anregungen, welche die tatsächlicherweise erst sehr junge Technologie befruchten und weiterentwickeln werden.

1989 habe ich im Vorwort zu *MEGABRAIN* vom Spannungsfeld geschrieben, in dem sich Mind Machines bewegen werden; nun, dieses Spannungsfeld hat sich voll entfaltet und eine kräftige Dynamik hervorgebracht. Was wird uns die Zukunft für die neue Spielrunde in der Brain-Mind-Technologie bringen?

Die Antwort darauf könnte heißen: Im großen Megatrend der 90er Jahre, BEWUSSTSEIN, bedeuten Mind Machines einen wirkungsvollen, evolutionären Beitrag zum globalen Quantensprung in der Menschwerdung.

Dr. Rudolf Kapellner
Wien, im Dezember 1995

Danksagung

Seit der Veröffentlichung meines Buches *Megabrain* hat mein Wissen und mein Verständnis für Mentaltechniken, ihre Kraft und das ihr innewohnende Potential in bezug auf das Zusammenspiel von Mensch und Technik an Breite, Tiefe, an Sachverstand, Weisheit und Liebe zugenommen. Mein Dank gehört den Entdeckern, Psychonauten und Experten wie Robert Austin, Henry Bloomstein, Ron Brecher, L.L. Brown, Dr. Thomas Budzynski, Dennis und Beverly Cambell, Chinmayee Chakrabarty, Jerry Simon Chasen, Dr. Jon Cowan, Dr. Les Fehmi, Ron Gordon, Rick und Lynn Henriksen, Ed Hershberger, Courtney Hoblack, Larry Hughes, Allen Hunt-Badiner, Dr. Julian Isaacs, Dr. Daniel Kirsch, Alex Kochkin, Jeff Labno, Larry Minikes, Sylvia Nielsen, Dr. Len Ochs, Dr. Siegfried Othmer, Terry und Leslie Patten, Rodijah Peters, Mary Kate Price, Dr. Michael Rosenbaum, Marvin Sams, Dr. Larry Schulz, David Siever, Holly Stults, Chuck Wilson und T.R. Wright.

Ohne die unerschöpfliche Kraft, Unterstützung und Liebe meiner Eltern Adele und Russell Hutchison, meiner Schwestern Suzanne, Cindy und Callie hätte ich dieses Buch niemals schreiben können. Und nicht zuletzt wurde ich immer wieder inspiriert, beflügelt und herausgefordert durch Tausende von Briefen, die mir für meine Arbeit dankten, mir zusprachen und ihre eigene Geschichte erzählten: wie ihr Leben durch die Techniken und Technologien, die ich in *Megabrain* beschrieb, sich veränderte und transformierte. Ihnen allen: Vielen Dank!

Für Galen und Russell Hutchison

>Atme ein, Ich bin der Vater
>Atme aus, Ich bin der Sohn
>Atme ein, Liebe
>Atme aus, Liebe
>Sohn, Vater, Großvater
>Atme Liebe.

Unser normales Wachbewußtsein, das gewöhnliche oder rationale Bewußtsein, ist nur eine spezielle Art unseres Bewußtseins, während jenseits davon – durch eine hauchdünne Schicht getrennt – alle möglichen Bewußtseinsebenen existieren, die völlig andersartig sind. Wir können durchs Leben gehen, ohne ihre Existenz zu bemerken; aber die richtigen Reize oder die entsprechende Berührung vorausgesetzt, tauchen sie plötzlich auf ... Keine Betrachtung des Universums, die diese anderen Bewußtseinsebenen ignoriert, kann vollständig genannt werden. – WILLIAM JAMES

Einleitung
Bringe dein Gehirn zum Singen

Ihr Schreibtisch quillt über, das Telefon klingelt Sturm, und die Termine rücken bedrohlich näher. Doch sie bleibt ruhig, bittet ihre Sekretärin, keine Telefonate mehr durchstellen, und holt aus ihrer Schublade ein kleines, taschenbuchgroßes Gerät. Sie lehnt sich zurück, macht es sich bequem, befestigt zwei kleine Clips an ihren Ohrläppchen und setzt sich eine Brille auf, die an eine Sonnenbrille erinnert. Jetzt Augen zu und Knopf an. Leuchtdioden flackern auf, sie spürt ein angenehmes Prickeln im Ohr, das sich in ihrem Gehirn ausbreitet. Hypnotisch pulsierende Töne und kaleidoskopartige Lichter lassen sie in eine tiefe, traumhafte Entspannung gleiten, helle Bilder erscheinen auf ihrer inneren Leinwand ...

... und fünfzehn Minuten später nimmt sie Brille und Ohrclips ab, fühlt sich wieder frisch und munter, voller Energie und gleichzeitig ruhig und zentriert.

Was ist passiert? Ihr Gehirn funktioniert effektiver als zuvor, ihre Gedächtnisleistung ist ebenso gestiegen wie ihr IQ. Ihre Intelligenz, ihre Kreativität, ihre Konfliktfähigkeit und ihre Fähigkeit, Information zu verarbeiten, hat sich verbessert, sämtliche Gehirnprozesse laufen schneller ab, und ihre Gehirnzellen haben neue Verbindungen geknüpft. Ihr Körper ist entspannt, ihr Blutdruck und ihr Herzschlag sind normal. Ihr Immunsystem arbeitet auf Hochtouren, ihr Adrenalinspiegel ist gesunken, und ihre Resistenz gegenüber Streß gestiegen. Fünfzehn Minuten nach ihrer Session ist sie wacher, intelligenter und gesünder als zuvor.

Science-Fiction? Nein, sondern eine ganz normale Szene, die sich tagtäglich tausendfach in Privathaushalten, Büros und Kliniken ereignet. Mind Machines erscheinen futuristisch, aber diesmal findet die Zukunft hier und heute statt.

Solche High-Tech-Werkzeuge für den Geist sind längst Realität, und Hunderte von wissenschaftlichen Studien haben die Zweifel beseitigt und bestätigt, daß diese Geräte unsere

---

Generell möchte ich anmerken, daß die hier vorgestellten Techniken in Verbindung mit allen erhältlichen Mind-Technologien wirken. Einschließlich Licht- und Ton-Geräten (LS), binaurikularen Schwingungen (Hemi-Sync), cranialer Elektrostimulation (CES), Bewegungsgeräten, akustischen Feldsystemen, Isolationstank, Elektroenzephalographie (EEG) und galvanischem Hautwiderstands-Biofeedback. Zusätzlich können Sie Mind-Technologien miteinander kombinieren und synergetisch anwenden – z.B. LS-Stimulation auf einem Bewegungssystem, CES mit der Benutzung eines Ganzfeldes, binaurikulare Schwingungen und hypno-subliminale Kassetten, während man im Isolationstank floatet.

Der Einfachheit halber werden alle Arten bewußtseinserweiternder, leistungssteigernder Systeme und Mind Machines nachfolgend als Mind-Tools oder Mind-Technologien bezeichnet.

mentalen Funktionen steigern, die Kraft der grauen Zellen verstärken und kurzfristig Spitzenleistungen des Gehirns erzeugen können. Immer neue Beweise für die enorme Kraft der Mind Machines tauchen in immer kürzeren Abständen auf. Sie kennen sie nicht? In diesem Buch legen viele Wissenschaftler ihre Grundlagenforschung und interessantes Material über Brain-Tech-Systeme auf den Tisch. Und ihre Berichte zeigen, daß die Technologien, mit denen wir unser Gehirn stimulieren können, viele Möglichkeiten eröffnen.

Der Wissenschaftler und Arzt Dr. Siegfried Othmer beispielsweise setzt Mind Machines in seinen Kliniken zur Behandlung von Lernschwäche ein. Er erzählte mir: „Die Ergebnisse, die wir bekommen, sind ebenso neu wie revolutionär. Ihre Implikationen sind unbeschreiblich ... unsere Gehirn-Forschung kann nicht nur bei Lernschwächen, sondern auch bei der Steigerung der mentalen Leistungen unglaubliche Auswirkungen haben. Wir fanden heraus, daß neben Lernschwäche, Depressionen, Sorgen, Schlaflosigkeit, Epilepsie usw. eigentlich alle mentalen Krankheiten letztlich auf fehlender oder mangelhafter Kohärenz in unserem Gehirn basieren. Und mit Mind Machines können wir es wieder in den optimal-kohärenten Zustand bringen. Es hört sich wie eine gnadenlose Übertreibung an, aber es muß gesagt werden: Was wir herausfanden, könnte das Leben eines jeden Menschen auf diesem Planeten verändern."

Die Spitze des Eisbergs

Mind Machines haben eine Menge Aufregung verursacht. Teilweise beruht das darauf, daß diese „Gehirnverstärker-Technologien" so neu sind. Während einzelne Wissenschaftler Forschungen in spezifischen Bereichen durchführen, hat niemand einen Überblick, wo eigentlich dabei die Grenzen sind. Viele glauben, daß wir erst am Beginn stehen – oder wie es ein Forscher formulierte: „Wir haben gerade begonnen, vorsichtig an der Oberfläche des Schnees, an der Spitze eines Eisberges zu kratzen." Wie so etwas aussieht, demonstrieren die folgenden Ergebnisse von Wissenschaftlern und Klinikern, Ärzten, Psychologen, Therapeuten, Erziehern, Trainern aus Sport und Management:

Sie trainieren das Gehirn, um es gesünder und stärker zu machen: Die Fitneß-Revolution der letzten 20 Jahre hat gezeigt, daß der menschliche Körper Stimulation, Herausforderung und Training braucht, um gesund zu bleiben. Der wissenschaftliche Beweis ist erbracht, daß fehlendes körperliches Training zur Verschlechterung der Gesundheit bis hin zu Krankheiten führt. Wir müssen unseren Körper benutzen. Das gilt auch für den Kopf: Eine Fülle von neurologischen Forschungen beweist, daß das Gehirn – wie auch unser Körper – Stimulation (Reize) und Herausforderungen braucht, um optimal zu funktionieren.

Durch Gehirnjogging können wir unser Gehirn fitmachen, so wie wir unsere Muskeln durch Fitneß-Training kräftigen.

Forschungsarbeiten legen nahe, daß Mind Machines eine Art Stimulation, eine Herausforderung für Kopf und „Köpfchen" sind. Sie stärken das Gehirn, die Größe und Gesundheit der Neuronen, sie unterstützen mentale Spitzenleistungen, steigern unsere Intelligenz und unsere allgemeine Verfassung.

Sie reduzieren Streß und produzieren eine tiefe Entspannung: Nachweisbar senken verschiedene Mind Machines den Level von streß-bezogenen Neurochemikalien und den Blutdruck, sie können die Muskelspannung reduzieren, die Herzfrequenz verlangsamen, die Nerven beruhigen und den gesamten Körper in einen Zustand tiefer Entspannung bringen. Diese Entspannung kann so tief sein, daß Neurologen sie als die „vollkommenste Entspannung" bezeichnen, „die je erfahren wurde".

Sie verbessern den IQ: Unterschiedliche Studien haben gezeigt, daß Menschen mit Lernschwächen ihren IQ im Durchschnitt um 20, einige sogar um über 30 Punkte steigern konnten! Andere Forschungen gehen davon aus, daß das auch bei „normalen und gesunden Menschen" möglich ist.

Sie steigern die Kreativität: Bewertungen von verschiedenen psychologischen Tests zeigen, daß die Kreativität signifikant ansteigt, wenn die Testpersonen Mind-Technologien einsetzen.

Sie beschleunigen das Lernen: Mind-Technologie hat bei manchen Menschen dazu geführt, daß sie mehr lernen, schneller lernen, bei Schwierigkeiten und wachsender Komplexität geschickter werden als normale Menschen.

Sie steigern das Gedächtnis: Mind Machines steigern das Langzeit- und das Kurzzeitgedächtnis.

Sie steigern sexuelle Freude: Durch intensivierte sensorische Wahrnehmung wird der Fluß natürlicher Euphoriate und sexuell stimulierender Biochemikalien im Körper angeregt. Und die gesteigerte Gehirnwellen-Synchronisation zwischen den Partnern kann durch Mind-Technologie die sexuellen Erfahrungen transformieren.

Sie unterstützen Spitzenleistungen: Laboruntersuchungen und zahlreiche Berichte von Profisportlern, Musikern, Schauspielern, Verkäufern und Managern gehen davon aus, daß Mind Machines (durch hohe Effizienz und mühelosen Flow) zu optimaler Spitzenleistung führen.

Sie überwinden Drogenprobleme: Unglaubliche Ergebnisse bei der Behandlung von Suchterkrankungen mit Mind-Technologie. Eine beispiellose Rehabilitationsrate legt nahe, daß es sich dabei um eine revolutionäre Behandlungsmethode handelt.

Sie überwinden Depressionen und Ängste: In unterschiedlichsten Studien wurden die Testpersonen schon nach kurzem Gebrauch von Mind Machines von ihren Depressionen oder Ängsten befreit.

Sie lindern Schmerzen: Die Mind-Technologie zeigt signifikante Ergebnisse bei der Linderung und Eliminierung chronischer Schmerzen (wie bei Krebs oder Arthritis) und kurzlebigem Schmerz (wie bei Verletzungen, Kopfschmerz, Migräne oder Angina).

Sie steigern die Immunfunktionen: Forscher entdeckten Auswirkungen auf das Immunsystem bei kranken (sogar bei AIDS, chronischem Müdigkeitssyndrom durch Immun-Dysfunktion [CFIDS] und bei Krebs) und gesunden Menschen. Sie fanden eindeutige Beweise dafür, daß die Mind Machines die Kraft des Immunsystems stärken, existierende Krankheiten überwinden helfen und die Resistenz gegenüber Infektionen erhöhen können.

Sie verändern oder eliminieren unerwünschte Einstellungen: Klinische Studien legen nahe, daß die Mind-Technologie ebenso weitreichende wie schnelle persönliche Veränderungen bzw. Persönlichkeits-Transformationen hervorrufen kann. Sie erleichtert das Loslassen schmerzvoller Erinnerungen und traumatischer Erfahrungen und verbessert ferner die Fähigkeit, das Unterbewußtsein umzuprogrammieren oder dahingehend umzuformen, daß negative, schädliche Eigenschaften oder Einstellungen durch positive ersetzt werden.

Das klingt alles ein wenig euphorisch – und ist doch erst der Anfang! Studien deuten darauf hin, daß wir gerade erst damit begonnen haben, das ganze Spektrum der transformatorischen Vorzüge auszuloten, das sich aus der Brain-Technologie ableiten läßt. Der Einsatz von Mind Machines – so einige Fachleute – könnte weitreichendere Folgen auf unsere Zivilisation haben als die Entwicklung des Computers. Einige Menschen glauben sogar, daß der PC nur eine einfache Form einer Mind Machine ist, mit nicht unerheblichen Kapazitäten zur Steigerung der Brain-Power und der persönlichen Performance.

Doch das Verblüffendste an Mind Machines ist ihre allgemeine Verfügbarkeit, der niedrige Preis und ihre simple Handhabung. Auch wenn die hier zitierten wissenschaftlichen Studien eher auf medizinische Anwendungen hindeuten, sind Mind Machines in Wirklichkeit eher mentale Spielzeuge als medizinische Geräte. Sie erinnern an Computerspiele und die entsprechenden Konsolen: Sie sind billig, einfach zu bedienen, klein und handlich, über Versandkataloge und Spezial-Shops erhältlich und dienen der Unterhaltung. Vom Gameboy zum Brainboy?

Millionen von Menschen auf der ganzen Welt nutzen die stimulierenden Spielzeuge zum Entspannen und zum Mentalen Training. Sie fanden heraus, daß sie auf denkbar einfache Weise ihre Sinne erweitern können und dabei intelligenter, kreativer, glücklicher und gesünder werden können. Sie sind skeptisch? Unsicher, ob sich auch Ihre Leistung so einfach und schnell steigern läßt?

Unschuldiger Journalist in den Händen verrückter Forscher

Kein Wunder, ich war es auch! Vor 12 Jahren lebte ich in New York und begann Artikel über neue Technologien zu schreiben, die tiefgehende Effekte auf das Gehirn haben sollten. Der erste Artikel handelte von Isolationstanks. Ich erinnere mich noch gut daran, daß der Herausgeber sagte: „Denken Sie daran, wir wollen keinen aufgeblasenen Artikel über irgendwelche Iso-Tanks, wir wollen etwas Neues, etwas wirklich Neues, etwas jenseits der üblichen Grenzen." Ich kümmerte mich nicht weiter darum und machte mich an die Arbeit.

Offensichtlich traf der Artikel die allgemeine Stimmung, Tank-Float-Zentren aus dem ganzen Lande riefen mich an, und ich begann, mich mit anderen Stories rund um das Thema Bewußtseins-Technologien zu befassen. Anfänglich hörte es sich bunt und bizarr an, ich gab es dem einen oder anderen Herausgeber, und sie lachten nur. Sie müssen sich vorstellen, ich lebte in New York City, die Presseleute waren professionelle Zyniker, und dieses Mind-Machine-Zeug klang wie Spinnerei oder Betrug.

Damals waren die meisten Mind Machines noch im Experimentierstadium und glichen eher merkwürdig aussehenden Requisiten aus Science-Fiction-Filmen. Einige von ihnen existierten nur als Prototyp in der Garage und ihre Erfinder empfingen mich mit offenen Armen und hatten häufig diesen merkwürdigen Blick im Auge. Sie produzierten obskure wissenschaftliche Daten, sponnen an den wildesten Theorien und Spekulationen und erklärten mir, wie ihre Geräte mein Gehirn turboladen würden. Und eine Stimme in meinem Kopf flüsterte, sei vorsichtig, es ist kein Problem, die Grenze zu überschreiten ...

„Versuchen Sie es", sagten sie und hielten mir Brillen und Kopfhörer hin, klebten Elektroden an meinen Kopf und plazierten mich neben riesige „Nullfeldspulen". „Versuchen Sie es ruhig", flüsterten sie eindringlich, „Sie werden schon sehen." Ich sagte zu mir: Hey, ich bin Journalist und recherchiere hier, das ist mein Job! Mit einer Portion Galgenhumor, manchmal etwas beklommen, aber immer neugierig, ging ich an die Arbeit und begann zu schreiben.

Nachdem meine Sitzungen beendet waren, fühlte ich mich entspannt und wachsam, meine Sinne waren geschärft, und ich empfand prickelnde Freude, teilweise tagelang. Und die Erfinder und Wissenschaftler lächelten mich mit leuchtenden Augen an und sagten: „Jetzt wissen Sie, was wir meinten."

Jahrelang experimentierte ich mit den Geräten, um herauszufinden, wie sie funktionieren, sprach mit Wissenschaftlern, arbeitete mich durch Hunderte von Büchern, wissenschaftlichen Journalen und Artikeln, verschlang alles über Neurochemie, Psychobiologie, Elektroenzephalographie und Neuroanatomie. Am Ende stand das Buch *Megabrain: New Tools and Techniques for Brain Growth and Mind Expansion* (dt.: *Megabrain – Geist und Maschine*). Ich beschrieb meine Erfahrung, vermittelte die wissenschaftlichen Erklärungen für ihre Wirkungsweisen, einschließlich einer Zusammenfassung bislang existierender wissenschaftlicher Forschungen in bezug auf die Effekte. Aber ich war ziemlich unvorbereitet auf die Welle, die das Buch auslöste.

High-Tech-Guru im Spiegel

Über Nacht wurden die Erfinder (und ich) von Tausenden von Anfragen überflutet. Von Menschen, die wissen wollten, wo sie die Geräte testen und kaufen könnten. Ich fragte einige der Entwickler, ob sie bereit wären, ihre Geräte für eine kleine „Megabrain-Party" in Manhattan zur Verfügung zu stellen. Als ich ankam, war der Platz mit Reportern, Videokameras und Hunderten von Menschen überfüllt, die alle die Geräte ausprobieren wollten. Ein paar Wochen später besuchte ich eine ähnliche Party in einem Kaufhaus in Los Angeles, und nur über Mund-zu-Mund-Propaganda, ohne Werbung, kamen Tausende von Leuten, sogar aus Thailand, Japan, Deutschland und Kanada. Sie standen in langen Schlangen an, in der Hoffnung, ein Gerät einige Minuten lang ausprobieren zu können. Es sah so aus, als seien die Leute verrückt nach Mind Machines.

Ich beendete *Megabrain* mit einer witzelnden Vision von „Brain Gyms", gepflegt eingerichteten Studios mit Mind Machines, an denen Menschen ihren Mind trainierten. Meine Vision wurde schnell von der Wirklichkeit eingeholt. Innerhalb von Monaten eröffneten überall in den USA „Brain Gyms", und mein Buch wurde in mehrere Sprachen übersetzt. Plötzlich erschienen Artikel in überregionalen Zeitungen und Magazinen, Features im Fernsehen zeigten Bilder von glücklichen Menschen, die friedlich unter flackernden Brillen lagen. Das Buch schien einen Flächenbrand zum Thema Mind Machines entfacht zu haben. Reporter und Zeitschriften beschrieben es als die „Bibel der Mind-Machine-Bewegung" und als „Brutkasten einer Revolution". In den Medien wurde ich zum „führenden Vertreter", zum „Chef-Sprecher" der Mind Machines und zum „High-Tech-Guru der Mind-Machine-Revolution".

Dabei fühlte ich mich weder als Vertreter noch als Guru, im Gegenteil: irgend etwas in mir war immer noch skeptisch. Keine Frage, die Geräte hatten eine interessante Wirkung auf mich, aber vielleicht war ich auch nur leicht zu beeinflussen oder Opfer des Plazeboeffekts meiner eigenen Erwartungen. Schwer vorstellbar, daß diese Geräte auf Tausende von Menschen die gleiche Wirkung haben sollten wie auf mich. Doch dann kam der Beweis: Die Taschenbuchausgabe von „Megabrain" erschien mit meiner Adresse, und innerhalb von wenigen Monaten wurde ich von Tausenden von Briefen überschwemmt.

Briefen von Menschen, die ihre eigenen Erfahrungen mit den Mind Machines beschrieben oder nachfragten, wo sie die Geräte ausprobieren könnten. Ich war Autor, kein Showstar, und fürchtete die öffentliche Rede. Aber die Nachfrage war so groß, daß meine journalistische Arbeit vorerst ruhen mußte. Plötzlich fand ich mich mit zehn Koffern voller Mind Machines auf Tournee, machte Dutzende von „Megabrain-Workshops", in denen ich Hunderte von Menschen in den Umgang mit unterschiedlichsten Geräten einführte. Ich beobachtete ihre Erfahrungen und tauchte ein in Geschichten plötzlicher Erleuchtung, profunder Veränderung und luzider Erfahrung, von Illuminationen, Ekstasen und mentaler Spitzenleistung. Es gab keinen Zweifel: Die Mind Machines schienen zu funktionieren.

Die magische Begegnung mit der Mutter

In den nachfolgenden Jahren sprach und korrespondierte ich mit Tausenden von Menschen, die diese Geräte ausprobierten. Immer und immer wieder erstaunte es mich, wie diese Geräte das Leben dieser Menschen transformierten. Ich traf einen Geschäftsmann, der durch ein elektrostatisches Feld eine kreative Idee bekam, mit der er jetzt Millionen verdient; Menschen, die sich durch Licht- und Sound-Maschinen von chronischen Schmerzen und Erkrankungen befreiten; Männer, die seit über zwanzig Jahren meditierten und feststellten, daß die Mind Machines sie in einen noch tieferen Zustand der Meditation brachten; weltberühmte Bodybuilder, die Mind Machines benutzen, um ihr Muskelwachstum zu steigern; alte Menschen, die ihre mentale Kraft und das Gedächtnis wiedererlangten; Schauspieler, Tänzer, Maler, Opernsänger und andere Künstler, die glaubten, daß die Mind Machines ihre Fähigkeiten erhöhten und sie zu Spitzenleistungen führten ...

Als ich die Geschichten dieser Menschen hörte, empfand ich eine große Distanz. Die Maschinen produzierten außergewöhnliche Erfahrungen und erschafften permanente Veränderungen im Leben. Aber nicht in meinem. Sicher, sie brachten mich in einen tiefen Zustand der Entspannung und der Träumerei, produzierten einige unheimliche, unvergeßliche Erfahrungen und halfen mir, mein Buch zu schreiben. Aber nicht mehr, nichts Tiefgründigeres. Die Stimme Gottes hatte nicht zu mir gesprochen.

Das authentische Transformationspotential dieser Maschinen wurde mir in einem meiner Workshops in Manhattan deutlich. Ich half einer Frau auf eine Maschine, die sich behutsam im Kreis durch ein elektromagnetisches Feld dreht. Ein paar Minuten später sah ich sie weinen. Ich fragte, ob ich die Maschine stoppen solle. „Nein, nein, bitte nicht", sagte sie mit einer sehr kindlichen Stimme, „laß mich weitermachen." Ich ließ sie, und sie drehte sich mit Tränen in den Augen weitere 10 Minuten im Kreis. Ich war sehr um sie besorgt, ich fürchtete einen Zusammenbruch.

Als die Maschine stoppte, fragte ich sie, ob alles in Ordnung sei. Sie strahlte mich durch ihre Tränen hindurch an und sagte, sie fühle sich wundervoll. „Wow", sagte die Stimme in meinem Kopf, irgend etwas ereignet sich hier.

„Meine Mutter starb, als ich acht Jahre alt war", erzählte sie mir. „Aber ich hatte gerade ein langes Gespräch mit ihr." Sie sagte mir, daß sie die meiste Zeit ihres Lebens sehr depressiv sei. Sie nahm Antidepressiva, hatte 40 Pfund Übergewicht und verlor aufgrund ihrer Depressionen ihren Arbeitsplatz. Und sie hatte Selbstmordgedanken. Und nun traf sie hier beim benutzen dieser Maschine ihre Mutter.

Ihre Mutter war bei einem Autounfall ums Leben gekommen, und sie fühlte sich schuldig: „... seit dieser Zeit war ich so mit Wut erfüllt über ihre Selbstsüchtigkeit, weil sie sich selbst umgebracht hatte." Ihre Mutter sagte, daß sie nie ihre Tochter verlassen wollte – sie wollte nie durch einen Autounfall ums Leben kommen. „Ich liebte dich damals, und ich liebe dich jetzt", erzählte die Mutter ihr, „und ich bin traurig, daß ich starb und dich verließ, aber es ist jetzt an der Zeit, diesen Ärger zu beenden. Leb dein Leben."

Die Mutter und die Tochter umarmten sich in einem Feuer aus Licht und Liebe. „Mutter starb, aber ich hörte schon vorher auf zu leben. Ich habe bis jetzt nicht gelebt. Jetzt werde ich anfangen zu leben."

Ich traf sie sechs Monate später wieder. Sie sah jünger aus – hatte ungefähr 40 Pfund abgenommen und war voller Energie. Sie erzählte mir, daß sie noch am selben Tag, als sie das Erlebnis durch diese Maschine hatte, ihre Antidepressiva absetzte. Sie fühlte sich sofort besser. Sie besuchte kontinuierlich einen Therapeuten, den sie in dem Workshop kennengelernt hatte, der auch Mind Machines in seiner Praxis einsetzte. Sie hatte jede Woche eine Sitzung. Sie hatte einen neuen Job, und ihr geht es gut. Sie hatte einen Mann kennengelernt, den sie heiraten wollte. Sie ist gesund, glücklich, strahlt und nimmt die kosmische Energie auf.

Ich weiß, diese ganze Geschichte hört sich irre an. Aber sie ereignete sich wirklich. Und sie erweckte etwas in mir, einen Sinn dafür, welch ein enormes Potential in diesen Mind Machines steckt. Sicherlich, die Maschine hat nicht zum Wandel im Leben der Frau geführt – ich habe keine Zweifel, daß sie durch einen langen Prozeß gegangen war, um sich auf diesen Durchbruch mit der Maschine vorzubereiten. Die Maschine ist zwar nicht die Ursache, aber der Katalysator für dieses Erlebnis. Etwas Tiefgreifendes hat sich ereignet. Und ich dachte an die unzähligen Menschen, die mir Geschichten über ihre eigenen transformatorischen Erfahrungen mit Mind Machines berichteten. Bemerkenswerte Geschichten. Ungewöhnlich. Erstaunlich.

Viele, aber nicht meine. Es sind die Geschichten der anderen Menschen. Und dann fühlte ich, daß ich am Abgrund stand ...

In letzter Minute

Hätten Sie mich damals gefragt, hätte ich Ihnen ohne Zögern erzählt, daß diese Mind-Werkzeuge einen Durchbruch in der menschlichen Evolution darstellen. Dabei kommen solche Wörter nicht unbedingt leichtfertig über meine Lippen, da ich zigfach über die Effekte im Fernsehen, in Radioshows, Interviews oder Reden gesprochen habe. Dennoch, 1991 fand ich mich in der Hölle wieder. Ich tauchte aus einem Nebel der Erschöpfung auf, der sich seit der Geburt meines Sohnes angesammelt hatte, und war so erschöpft, daß ich nicht einmal die Kraft hatte, aus dem Bett zu steigen. Jeder Muskel und jedes Gelenk in meinem Körper schmerzte so, daß es fast unmöglich war, einzuschlafen, und das bißchen Schlaf genügte nicht zu meiner Erholung. Mein Gehirn fühlte sich wie Wolle an, es war schwierig, einen sinnvollen Satz zu schreiben, ganz zu schweigen von etwas Kreativem, Brillantem und Originellem. Ich wußte nur, irgend etwas läuft hier schief.

Ein Freund schickte mich zu einem Arzt, der nach vielen Tests zu dem Schluß kam, daß ich an einem chronischen Müdigkeitssyndrom aufgrund von Immun-Dysfunktion (CFIDS) leide. Ein Schlüsselfaktor bei dieser Krankheit, so erzählte er mir, sei Streß. Als ich mein Leben betrachtete, stellte ich fest, daß es ein heilloses Durcheinander war, es war nicht schwer, den Streß zu finden: Er war überall.

Ich steckte in einem Alptraum von Beziehung, er begann bei der Geburt meines Sohnes und steigerte sich durch die Heirat. Seit damals ging mein Geschäft bergab, ich hatte nicht länger die Energie für meine Megabrain-Workshops, die Seminare und meine Zeitschrift, den *Megabrain Report*. Mein letztes Buch hatte ich in den Monaten vor unserer Heirat fertiggestellt, Jahre später wunderte sich mein Agent, wo denn mein nächstes bleibe. Ich hatte nicht einmal die Energie, darüber nachzudenken, worum es darin gehen könnte, was wiederum im realen Leben erhebliche finanzielle Probleme mit sich brachte. Ein Teufelskreis.

Währenddessen hatte ich keine Mind Machine benutzt. Als ich noch in New York lebte, war mein Apartment voll von diesen Geräten, und mein Leben war angefüllt mit kontinuierlichen Mind-Machine-Meditationen. Ein paar Tank-Zentren waren auch in der Nähe und ich ging mehrmals wöchentlich zum Floaten, manchmal bis zu acht Stunden am Stück.

Aber als ich heiratete, zogen wir weg von New York – und zu meiner Überraschung gab es keine Tanks in meiner Nähe. Anfang 1991 war es mehr als drei Jahre her, daß ich regelmäßig floatete, ich hatte eine Menge Mind Machines, konnte sie aber vor lauter Streß nicht nutzen.

Hungernder Autor verliert Angestellte

Mein Büro war Meilen von zu Hause entfernt, es war ein sehr belebter Ort, an dem es reichlich Arbeit gab und wo sich viele Menschen aufhielten, Angestellte, eine Menge Mitarbeiter, die telefonierten, faxten und kopierten und all die Sachen erledigten, die durch Anfragen und Aktivitäten Tausender von Menschen entstanden, die sich für Mind Machines interessierten. Wann immer ich Energie hatte, dorthin zu gehen, erwarteten mich so viel Arbeit und so viele Telefonate, daß es unmöglich war, Zeit für eine dieser Maschinen zu opfern, die dort standen (übrigens, die Mitarbeiter benutzten sie).

Es ist schon merkwürdig, daß ich zu einem armen, kleinen, reichen Jungen wurde, als ich an die Mind Machines geriet. Ich schrieb *Megabrain*, weil mir das Benutzen dieser Mind Machines so viel Spaß machte, und ich hatte von den Entwicklern jede neue Mind Machine bekommen – nur sah ich keine Chance, sie zu nutzen. Welche Ironie – da standen all die Maschinen zur Steigerung der physischen und psychischen Gesundheit und des Wohlbefindens ... und ich, die „führende Autorität", der „Sprecher und Guru der Mind-Technologie" war zu krank, zu müde und zu matt, um diese verdammten Maschinen für mich zu nutzen! Plötzlich war mir klar, was ich zu tun hatte.

Ich verließ das Haus und sicherte mir das Sorgerecht für meinen Sohn. Aber dann, als meine Frau unseren Sohn mitnahm und aus dem Bundesstaat verschwand, war ich wieder am Boden. Meine Freunde (und mein Anwalt) beruhigten mich, daß jetzt alles seinen gerichtlichen Weg gehe und ich wieder an einem Buch arbeiten, gesund werden und mit meinem Leben einig werden solle. Aber wie? Ich schaute mich um. Aus meinem gemütlichen Haus überblickte ich die San Francisco Bay und das Durcheinander der außergewöhnlichen Ansammlung von Apparaten. Hier waren auch verschiedene neue EEGs (Elektroenzephalographen), die aussahen wie kleine Computer, acht Opto-acoustics, und im Wandschrank stand eine Kiste voll mit elektrischen Gehirnstimulatoren. Hey, sagte eine Stimme in meinem Kopf zu dem Guru der Mind-Technologie, diese Dinge funktionieren. Warum nutzt du sie nicht? Irgend etwas veränderte sich, eine kaum merkliche Bewegung in meiner Realität, und die Welt wartete wieder auf mich. Ich war bereit.

Bringe dein Gehirn zum Singen

Ich hatte eine Menge über die sensationellen Durchbrüche beim EEG-Biofeedback gelesen – klinische Studien von Menschen, die lernten, damit ihre Gehirnwellen zu kontrollieren. Sie gingen durch tiefe und außergewöhnliche Erfahrungen, die ihr Leben nachhaltig veränderten. Tests belegten den dramatischen Anstieg von Glücksgefühlen und allgemeinem Wohlbefinden, während ihre Sorgen und Depressionen abnahmen und ihr Immunsystem stabiler wurde. „Okay", sagte diese Stimme in meinem Kopf, „laß uns mit etwas Einfachem anfangen. Mit mehr Freude, weniger Sorgen und einer besseren Gesundheit?"

Innerhalb von zehn Minuten hatte ich drei unterschiedliche EEGs angeschlossen, mich verkabelt und aufs Bett gelegt. In der Gebrauchsanweisung stand, daß man seine Augen schließen und Alpha-Wellen produzieren solle. Ich suggerierte mir: „Ich höre eine Grille zirpen", schloß meine Augen und wartete. Ich wartete und wartete – und als ich schon fast vergaß, was ich tat ... chirp ... chirrrrpp ... chrrrrrpppp ... chrrppp ... chrrp!

Bald danach fühlte ich mich, als wenn ich in einer Sommernacht auf einer Veranda säße und Dutzenden von Grillen und Heuschrecken lauschte. Ich konnte fast die Glühwürmchen sehen und verbrachte eine Stunde in diesem Zustand. Dann stand ich auf und ging joggen. Als ich zurückkam, bereitete ich ein Abendessen, setzte mich hin und schrieb ein Gedicht. Das erste „Gedicht im blauen Mond". Ein gutes Gedicht!

Ich begann, drei- bis viermal täglich Alpha- und Theta-Training zu machen, jeweils 20 oder 30 Minuten lang. Wenn ich in den entspannten Theta-Zustand ging, fühlte ich mich, als würde ich mir selber über die linke Schulter schauen. Wenn plötzlich die Emotionen explodierten – Ärger, Frustrationen und Schmerz – so schienen sie mich nicht mehr zu überwältigen und meinen Körper auszufüllen. Ich erlebte sie einfach und beobachtete mich dabei, wie ich sie erlebte, und lernte, mich davon zu befreien und sie gehen zu lassen. Es war wie eine Genesung nach langer Krankheit. Plötzlich fühlte ich wieder Kraft, Spaß und Kreativität in mir. Ich war wieder glücklich, zu leben.

Lebendige Beziehungen

Da die EEG-Maschinen so gut funktionierten, entschied ich mich, etwas Neues auszuprobieren. Ich war mir über die vielen Forschungen bewußt, die zeigten, daß die Maschinen mit stroboskopartig flackernden Lichtern (LS-Maschinen) die Gehirnwellen aktiv verändern und das Gehirn veranlassen, gewünschte Alpha- oder Theta-Wellen oder sogar die schnelleren, energetisierenden Beta-Wellen zu produzieren. So begann ich mit LS-Maschinen zu experimentieren. Manchmal brachten sie mich blitzartig in Alpha- oder Theta-Bereiche. Andere Male hatte ich mein Gehirn in den energetisierenden Beta-Bereich gebracht. Dabei stellte sich heraus, daß diese hochfrequenten Bereiche einzigartige Gehirnzustände hervorriefen – scharf fokussiert, klar und hyper-bewußt. Nach einer Zeit bemerkte ich, daß ich mich „smarter" fühlte. Konnte es sein, daß diese Änderungen der Gehirnwellen dazu geführt hatten, daß mein IQ sich steigerte und mein Gedächtnis aufgefrischt wurde?

Ich griff auf Forschungen zurück, die zeigten, daß die flackernden Licht-Maschinen auch bei den Beta-Frequenzen das Lernen steigern. Ich begann die Forschungsergebnisse zu verschlingen und fand heraus, daß Kliniker diese Maschinen einsetzen, um die hochfrequenten Beta-Wellen des Gehirns zu stimulieren und damit eine durchschnittliche Steigerung des IQs von 20 Punkten und in manchen Fällen sogar von über 30 Punkten zu erreichen. Einige der Wissenschaftler behaupten, daß diese IQ-Steigerung vom Wachstum der Gehirnzellen herrühre.

Es war wohl Fügung, denn ich führte gerade ein Interview mit einem der führenden Wissenschaftler auf dem Gebiet der cranialen Elektrostimulation (CES) durch. Er sagte, daß die CES nicht nur das Lernen, das Gedächtnis und den IQ im Menschen steigert, sondern es schien, daß sie auch stimulierend auf die Proteinsynthese wirke. Er zitierte ferner Studien, die zeigen, daß die CES die Freisetzung von Nervenwachstumsfaktoren stimuliert. Diese schützen die Gehirnzellen und helfen ihnen beim Wachstum ... bei der Steigerung der Intelligenz, des Lernens und des Gedächtnisses.

So begannen wissenschaftliche Untersuchungen und eigene Erfahrungen einen Sinn zu ergeben. Ich benutzte Licht und Ton, veränderte meine Gehirnwellenaktivitäten, arbeitete mit cranialer Elektrostimulation und EEG-Biofeedback. Mein Gedächtnis wurde besser, und ich konnte förmlich fühlen, wie die Nervenwachstumsfaktoren pulsierten und die Proteinsynthese meine Gehirnzellen durcheinanderwirbelte. Ich lebte wieder in der Erregung, nach etwas Neuem zu suchen, die Grenzen zu überschreiten, ich war wild auf neue Informationen und neue Einsichten. „Hey", sagte ich eines Tages zu mir, „ich sollte darüber schreiben". Und so begann ich, dieses Buch zu schreiben.

Ich rief mehrere Wissenschaftler an, und sie erzählten mir von ihrer Arbeit. Ich besuchte einige Therapeuten, die interessante Erfolge mit dem klinischen Einsatz von Mind Machines hatten. Sie behandelten Lernschwächen, Legasthenie, Schlaganfälle, Gehirnschäden, Drogenentzug, posttraumatische Streßstörungen und vieles mehr. Sie zeigten mir, wie sie arbeiteten, und als ich nach Hause kam, probierte ich ihre Techniken aus. Ich erforschte Kombinationsmöglichkeiten und rationalisierte diese Techniken mit Hilfe neuer Typen von Mind Machines.

Eines Nachmittags erwachte ich aus einem tiefen Theta-Zustand. Ich hörte ein eigenartiges Geräusch. Ich setzte die Flackerlicht-Brille ab, entfernte die CES-Elektroden von meinen Ohren, nahm die Kopfhörer ab, durch die ich Hemi-Sync-Signale hörte, registrierte das Gewirr von EEG-Kabeln, die sich um meinen Kopf wickelten, ich bemerkte das rote Licht des Biotron-Projektors, während ein Ionengenerator negative Luft in mein Gesicht pustete ... und ich erkannte die Ursache des eigenartigen Geräuschs: Eine Freundin stand in der Tür und schüttelte sich vor Lachen.

„Sorry, Mike", sagte sie. „Ich lache nicht über dich, es ist nur – wie es hier aussieht ... wie ..." Sie versuchte es zu beschreiben, fing aber immer wieder an zu lachen.

Ja, es mochte wohl albern aussehen, aber ich war entspannt, mein Kopf rauchte und ich war wieder voller Energie.

So fing ich auch an zu lachen: „Diese Dinger funktionieren!", schrie ich, warf meine Arme inmitten all der Techno-Trümmer hoch, während wir klatschten, kicherten und lachten. Mein Gehirn tickte wie eine erstklassige Schweizer Uhr. Nervenwachstumsfaktoren und Proteinsynthese arbeiteten Hand in Hand, ich explodierte wieder vor Ideen, ich war dem Abgrund entronnen und lebte!

Wie arbeiten Mind Machines? Und wie kann man Bewußtseins-Technologie so einsetzen, daß sie für einen arbeitet? Wie läßt sich Brain-Tech mit traditionellen Techniken kombinieren? Diesen Fragen auf die Spur zu kommen und Antworten zu finden ist der Grund für dieses Buch.

Was Sie erwartet

Sie werden eine Reihe von Mind Machines kennenlernen und einen Überblick über effektive Techniken und Programme zur Erreichung spezieller Bewußtseinszustände und zur Entdeckung Ihres geistigen Potentials bekommen.

In Teil I, „Schalt die restlichen 90% an", werden wir zunächst einen Blick ins Gehirn werfen. Was passiert, wenn wir Spitzenleistungen erbringen? Wie ist es möglich, daß wir unser Gehirn durch externe Stimulation, durch Mind Machines aktivieren?

In Teil II, „Freier Zugang zu den Werkzeugen", werden wir die wichtigsten Mind-Technologien untersuchen, sie erklären und beschreiben, wie man sich fühlt, wenn man sie benutzt.

Teil III, „Vom Gehirnbesitzer zum Gehirnbenutzer", ist der ausführlichste und wichtigste Teil, der eigentliche Kern des Buches. Hier wird erklärt, wie man die Mind Machines einsetzt – nicht nur passiv, zur persönlichen Unterhaltung und zum Vergnügen, sondern auch aktiv, um ihre immensen Möglichkeiten auszuschöpfen, um seine Ziele zu erreichen. Hier liegt der Fokus auf dem praktischen Gebrauch von Mind Machines für Spitzenleistungen und in einem sinnvollen Kontext, beispielsweise für Superlearning, Mentaltraining im Sport, zur Kreativitätssteigerung und so weiter. Viel Vergnügen!

Teil Eins

Schalt die restlichen 90% an

All die heiligen Bücher und Schriften sind die Ursachen für folgende Irrtümer gewesen:
1. Daß der Mensch zwei real existierende Prinzipien hat, einen Körper und eine Seele.
2. Daß die Energie, das Böse, allein vom Körper und daß die Vernunft, das Gute, nur von der Seele stammt.
3. Daß Gott den Menschen bis in alle Ewigkeit dafür strafen wird, wenn er seinen Energien folgt.

Wahr dagegen ist
1. Der Mensch hat keinen von der Seele getrennten Körper. Was wir Körper nennen, ist nur der Teil der Seele, der von den fünf Sinnen wahrgenommen wird, den Zugängen der Sinne innerhalb der Zeit.
2. Energie ist Leben und kommt aus dem Körper, und unsere Vernunft ist die Schranke oder die äußere Begrenzung dieser Energie.
3. Energie ist ewige Freude.

– WILLIAM BLAKE

EINS
Die Revolution

Wir erleben gegenwärtig viele Umbrüche: die Revolution des Bewußtseins. Wissenschaftler haben in den letzten Jahren mehr über das menschliche Gehirn herausgefunden als in der gesamten menschlichen Geschichte davor.

Sie entdeckten, daß das Gehirn weitaus vielschichtiger und kraftvoller ist, als wir es uns je vorstellen könnten. Wenn man sein Gehirn richtig stimuliert, kann es mühelos exzellente Spitzenleistungen erreichen. Mit anderen Worten, das normale menschliche Gehirn hat außerordentliche und außergewöhnliche Kapazitäten; diese Kraft ist aber für die meisten Menschen schlicht verborgen und unerreichbar. Durch die richtige Stimulation kann diese Kraft geweckt werden, und vor allem können wir lernen, sie selbst zu aktivieren. So, wie wir lernen, Fahrrad zu fahren oder Geige zu spielen.

Auf der Suche nach dem richtigen Schalter

Wir alle kennen dieses eigenartige Gefühl, wenn wir auf einmal in einen höheren Gang schalten und dann schlagartig effektiver und kraftvoller sind als sonst. Wir nennen es „Luzidität, Einsicht, Meisterschaft, Erwachen, Klarheit, Weisheit, Erleuchtung, Gnade, Glück, Satori, Kreativität, Lernen, Spitzenleistung"; ein Zustand, in dem wir mit absoluter Klarheit erkennen, daß unsere normalen Funktionen ein blasser Schatten unserer wirklichen Kräfte und Kapazitäten sind und daß wir eigentlich immer so sein sollten. Schlaf ist ein erholsamer Zustand, aber wer von uns will schon sein ganzes Leben in einem komfortablen Schlafzimmer verbringen?

Ein zentraler Faden, der sich durch die menschliche Geschichte zieht, ist die Frage nach effektiven und zuverlässigen Methoden, um diesen transzendenten, erwachten Zustand zu erreichen. Die Menschen haben einen enormen körperlichen und geistigen Aufwand an Geist und Arbeit investiert, um das Tor zur Luzidität zu finden. Sie schlugen auf Trommeln, tanzten, sangen, fasteten, untersuchten verschiedene Wege der Atmung, standen auf ihren Köpfen, saßen jahrelang in dunklen Kammern, beteten und murmelten magische Beschwörungsformeln, aßen wilde Kräuter und halluzinogene Pflanzen, gingen über das Feuer, dachten sich merkwürdige Sexualpraktiken aus, versenkten sich in Symbole und kreierten farbenfrohe Rituale. Über Jahrtausende hinweg entwickelten sie immer neue Methoden – schlugen die Trommel in einem bestimmten Rhythmus, atmeten nur in dieser Art, fokussierten ihre Aufmerksamkeit nur auf jene Weise und gaben es von Generation zu Generation weiter, verfeinerten und perfektionierten ihre Techniken.

Diese Genialität zahlte sich aus. Ein Beispiel ist die gewaltige Palette von Meditationsformen. Sie funktionieren tatsächlich! Aber für viele Menschen ist es ein Problem, daß sie nur ungenügend und unvorhersehbar funktionieren. Eine weitere Schwierigkeit ist, daß sie meist viel Praxis benötigen – harte, rigorose Disziplin verlangen –, bevor sie wirklich funktionieren. Studien von Zen-Mönchen haben beispielsweise gezeigt, daß sie meist nur sehr kurz in den tiefsten Zustand des Satori fallen, auch wenn sie schon 20 Jahre oder mehr vor einer Wand saßen und meditierten.

Quer durch die menschliche Geschichte hat sich der erwachte Zustand als schwer faßbar gezeigt. Manchmal kommt er wie aus heiterem Himmel über einen, scheinbar spontan, für einen Moment nur – und dann ist er wieder weg. Viele von Ihnen wissen es wahrscheinlich: Es ist nicht leicht, kontinuierlich Spitzenleistungen zu erbringen.

Meditiere wie ein Zen-Mönch in nur 28 Minuten
(Werbung für eine populäre Hemi-Sync-Kassette)

Die Durchbrüche der Neurowissenschaften und der Mikroelektronik der jüngsten Zeit haben dazu geführt, daß die Wissenschaftler die elektrischen und chemischen Aktivitäten des Gehirns aufzeichnen können. Dabei entdeckte man, daß Spitzenleistungen keine mysteriösen und unvorhersehbaren Phänomene sind, sondern mit speziellen Mustern unserer Gehirnwellen in Verbindung stehen. Damit gehen dramatische Veränderungen in ihrer Frequenz, der Symmetrie zwischen den beiden Gehirnhälften und verschiedenen Neurochemikalien einher. Wenn wir lernen, diese speziellen Gehirnwellenmuster zu produzieren, sind wir in der Lage, diejenige Spitzenleistung zu erreichen, die mit diesen Mustern in Verbindung steht.

Die Wissenschaftler entdeckten, daß kein jahrelanges Training nötig ist, um diese spezifischen Muster zu produzieren, die mit mentalen Spitzenzuständen einhergehen. Sie fanden heraus, daß bestimmte mechanische Stimulation – Stroboskop-Licht, präzise Kombinationen von pulsierenden Lichtwellen oder rhythmische physische Bewegung – diese „Spitzenzustände" bei ganz normalen Menschen und ohne meditative Erfahrung hervorrufen kann. In den letzten Jahren haben viele Wissenschaftler und Elektroniker diese Technologie benutzt, um unterschiedliche Geräte zu entwickeln, Mind Machines, die diese gewünschten Gehirnwellenmuster schnell und sicher auslösen können. Diese Geräte ermöglichen einen schnellen Zugriff auf diejenigen Gehirnwellenmuster und Bewußtseinszustände, die mentale Spitzenleistung mühelos erreichen lassen.

Zusätzliche Literatur:

- „Der Quanten-Mensch" von Michael Murphy, Integral, Wessobrunn 1994. Ein faszinierendes Kompendium menschlicher Spitzenleistungen.
- „Flow – Das Geheimnis des Glücks" von Mihaly Csikszentmihalyi, Klett-Cotta, Stuttgart 1985. Erlaubt Einsichten in die Natur der Spitzenleistung und des „Flow-Zustandes".
- „The Anatomy of Sex and Power: An Investigation of Mind-Body Politics" von Michael Hutchison, Morrow, New York 1991. Wie man über genetische Programmierung zu höheren Zuständen gelangt.
- „Foods of the Gods" von Terence McKenna, Bantam, New York 1992.
- „Das Abenteuer der Selbstentdeckung" von Stanislav Grof, Kösel, München 1987.
- „Intoxication: Life in Pursuit of Artificial Paradise" von Ronald K. Siegal, Simon & Schuster 1990.
- „Die Pforten der Wahrnehmung – Himmel und Hölle: Erfahrungen mit Drogen" von Aldous Huxley, Piper, München 1970.

ZWEI
Spitzenleistungen und Gehirnwellen

Die Bewußtseinsrevolution vollzieht sich in rasanten Schritten, und die entscheidenste Entwicklung ist, daß die Wissenschaftler zum ersten Mal in der Lage sind, dem Gehirn beim Denken zuzuschauen, es in Aktion zu betrachten und zu sehen, was dabei passiert.

Wie wir alle sind auch Wissenschaftler fasziniert von außergewöhnlichen mentalen Fähigkeiten: peak performances, Spitzenleistungen. Für sie ist das Gehirn etwas, das sie mit größter Neugier beobachten: Was genau passiert in unserem Gehirn, wenn wir einen nichtalltäglichen Gehirnzustand, Illumination, Flow, Erleuchtung, inneres Erwachen oder eben Spitzenleistungen erreichen? Dazu haben Neurowissenschaftler die Gehirne von Yogis, Genies, Künstlern und Meditierenden beobachtet und dabei High-Tech-Geräte wie EEG (Elektroenzephalographen), MRI (Kernspintomographen), PET (Positronen-Emissions-Tomographen), SPECT (Single-Photon-Emissions-Computertomographen) und das SQUID (Supraleitender Quanteninterferenz-Detektor) benutzt. Was sie herausfanden – und in Hunderten von Experimenten dokumentierten – ist, daß diese „höheren Zustände" mit klar definierten Ereignissen und bestimmten Mustern in unserer Gehirnaktivität einhergehen. In diesem Zusammenhang sind die Veränderungen der elektrischen Aktivität im Gehirn von besonderem Interesse.

Das elektrische Gehirn

Unsere Brainpower basiert auf Elektrizität. Jede der Milliarden von individuellen Zellen „feuert" oder entlädt sich elektrisch in einer bestimmten Frequenz. Diese elektrischen Aktivitäten können mittels Sensoren oder Elektroden am Kopf dargestellt werden. Dabei werden die zerebralen elektrischen Signale aufgezeichnet, etwa so, wie ein Seismograph die Bewegungen in der Erde registriert. Das Gerät, das diese Signale aufzeichnet, nennt man Elektroenzephalograph oder EEG. Das EEG mißt dabei nicht etwa das elektrische Signal einzelner Gehirnzellen, sondern das kooperative oder kollektive elektrische Muster der Netzwerke, der Gemeinschaften von vielen Millionen Zellen, die zusammen feuern – Fluktuationen von Energie, die sich durch die Netzwerke des Gehirns bewegen. Diese kollektiven Energieimpulse nennt man Gehirnwellen.

Seit das erste EEG in den 20er Jahren entwickelt wurde, haben die Wissenschaftler herausgefunden, daß das Gehirn vier unterschiedliche Typen von Gehirnwellen produziert. Man nennt sie Beta-, Alpha-, Theta- und Delta-Wellen.

Beta-Wellen: Die schnellsten Gehirnwellen; sie umfassen einen Frequenzbereich von 14 Zyklen pro Sekunde (14 Hertz, abgekürzt Hz) bis weit über 100 Hz. Wenn wir in einem normalen, wachen Zustand sind, mit offenen Augen, den Fokus auf die äußere Welt gerichtet oder mit konkreten, speziellen Problemen beschäftigt, dann dominieren Beta-Wellen (meist zwischen 14 und 40 Hz) im Hirn. Beta-Wellen werden mit Aufmerksamkeit, Wachheit, Konzentration, Kognition und – in extremen Zuständen – mit Besorgnis und Ängsten assoziiert.

Alpha-Wellen: Wenn wir unsere Augen schließen und entspannter, passiver oder unfokussierter werden, dann verlangsamen sich die Gehirnwellen, und wir produzieren sogenannte Alpha-Wellen, die im Bereich zwischen 8 und 13 Hz liegen. Wenn wir uns schließlich immer mehr entspannen und mental unfokussiert sind, beginnen die Alpha-Wellen im Gehirn zu dominieren. Sie produzieren ein ruhiges und wohliges Gefühl, den „Alpha-Zustand". Der Alpha-Zustand scheint ein für das Gehirn weitgehend „neutraler" (oder untätiger) Zustand zu sein. Und wenn Menschen gesund sind und ohne Streß sind, produzieren sie eine Menge dieser Alpha-Aktivität. Fehlt diese signifikante Alpha-Aktivität, kann das ein erstes Signal für Sorge, Streß, Gehirnschäden oder Krankheit sein.

Theta-Wellen: Wenn Ruhe und Entspannung in Schläfrigkeit umschlagen, stellt das Gehirn auf die langsameren, kraftvollen Theta-Wellen um, die in einem Frequenz-Bereich von 4 bis 8 Hz liegen. Es ist der Dämmerzustand zwischen Wachen und Schlafen und wird oft von unpräzisen, traumartigen mentalen Bildern begleitet. Häufig stehen diese Bilder mit lebhaften Erinnerungen in Zusammenhang, vorzugsweise Kindheitserinnerungen. Theta öffnet den Zugang zu unbewußtem Material, zu Träumereien, freien Assoziationen, verborgenem Wissen und kreativen Ideen. Es ist ein mysteriöser, sehr schwer faßbarer Zustand, und lange Zeit hatten die Wissenschaftler Schwierigkeiten, diesen Zustand in Ruhe zu untersuchen, da es schwer ist, ihn für eine längere Periode aufrechtzuerhalten. Die meisten Menschen nämlich schlafen ein, wenn sie Theta-Wellen produzieren.

Delta-Wellen: Wenn wir eingeschlafen sind, dann dominieren die Delta-Wellen. Sie sind noch langsamer als Theta-Wellen und liegen im Frequenzbereich von unter 4 Hz. Die meisten von uns, wenn sie sich in Delta befinden, schlafen oder sind irgendwie unbewußt. Wie auch immer, es gibt zunehmend Beweise dafür, daß Menschen ihr Bewußtsein aufrechterhalten können, wenn sie im dominanten Delta-Zustand sind. Es scheint Zusammenhänge mit verschiedenen tiefen tranceähnlichen oder „nicht-physischen" Zuständen zu geben. Wenn wir in Delta sind, wird eine hohe Anzahl von heilenden Wachstumshormonen ausgeschüttet; dieser Zustand hat viel mit Heilung zu tun.

Die Autobahn zum Glück

In den 60er Jahren interessierten sich viele Menschen für das Erleben von mentaler Spitzenleistung. Für viele waren Psychedelika die schnellste und zuverlässigste Technik der Bewußtseinserweiterung. Aber Drogen waren zwar ein effektives und schnelles Werkzeug zur Veränderung des Bewußtseins, aber sie hatten viele Nachteile. Sie waren illegal; die Veränderungen, die sie produzierten, waren zu langfristig und dauerhaft, und sie hatten viele unbekannte Langzeiteffekte auf die Gesundheit. So waren viele Menschen ganz wild darauf, ein „drogenloses High" oder andere Wege zur Bewußtseinserweiterung zu finden, ohne die Nachteile der psychedelischen Drogen in Kauf nehmen zu müssen.

Unter anderem waren auch die Beatles Anhänger eines Meisters, der sie in Meditation unterrichtete. Sie begannen, in ihren Songs den Weg zu einem höheren Bewußtseinszustand ohne Drogen darzustellen. Der Guru erschien auch in der „Johnny Carson Show", lächelnd, Blumen haltend und in einer weißen Robe. Meditation war in. Millionen von Menschen begannen, Meditationstechniken auszuprobieren. Millionen von Menschen waren enttäuscht, daß sie Praxis und Disziplin benötigten und nicht sofort in die Erleuchtung katapultiert wurden.

Ein Blick auf die EEG-Aufzeichnungen macht klar, daß Meditierende eine Menge Alpha-Wellen produzieren. Ein paar junge Forscher entwickelten einen EEG-Typ, der die Alpha-Wellen in einen Piepton umwandelte. Sie nannten diesen Prozeß Biofeedback – das heißt, der Benutzer erhält die Informationen vom eigenen Körper wieder zurück. Wenn die Menschen mit einem EEG-Biofeedback trainieren, dann können sie schnell lernen, Alpha-Wellen durch die simple Produktion des Pieptons zu erzeugen, während sie mit geschlossenen Augen entspannt dasitzen ... in einem passiven Zustand.

Forscher stellten fest, daß die Menschen durch Alpha-Biofeedback-Training interessante Veränderungen erfahren – sie werden im täglichen Leben ruhiger und entspannter, sie tendieren dazu, Gewohnheiten wie Rauchen und zuviel Alkohol aufzugeben, und sie lernen weiterhin, Alpha-Wellen zu produzieren, ohne am Biofeedbacksystem zu hängen.

Diese Ergebnisse waren sehr interessant. Einige Forscher nahmen an, daß der Alpha-Zustand gleichbedeutend mit Meditation sei. Das klang nach einer großen Entdeckung, und die Massenmedien klinkten sich ein. Sensationelle Geschichten über „Instant Nirvana" und „mechanische Meditation" machten die Runde, doch es war klar, daß die Alpha-Wellen nicht dasselbe wie Meditation waren. Aber sie waren eine schnelle Kur gegen Streß, ohne das mystische Voodoo und spirituelle Brimborium, das die meisten Menschen mit Meditation in Verbindung brachten. Für den Psychologie-Forscher Joe Kamiya, der zu den Pionieren des Alpha-Biofeedbacks gehört, stellt sich diese Entwicklung so dar: „Eine überraschend große Zahl von Menschen scheint Alpha als den Königspfad zum Glück, zur

Erleuchtung und zum höheren Bewußtsein anzusehen. Nirvana auf Knopfdruck durch Feedback-Training."

Der Verkauf der „Alpha-Maschinen" boomte. Tausende lernten, in den Alpha-Zustand zu gelangen. Tausende fanden Beruhigung, Entspannung, Langeweile und verloren das Interesse daran, weil es nur ein Rumsitzen war ... einfach nur Da-sein. Und so endeten Tausende von Alpha-Trainern im untersten Schrankfach und setzten Staub an.

Götterdämmerung

Inmitten dieser Alpha-Hysterie entstand, fast unbemerkt, eine Serie von japanischen EEG-Studien über Zen-Mönche, die sich in tiefen meditativen Zuständen befanden. Die Forscher fanden heraus, daß die Mönche, wenn sie meditieren, tatsächlich in den Alpha-Zustand sinken, aber die meisten Mönche gingen durch Alpha hindurch und begannen die langsameren Theta-Wellen zu produzieren. Und faszinierenderweise schliefen die Mönche dabei nicht ein – wie die meisten Menschen –, im Gegenteil, sie waren mental sogar extrem wach.

Interessanterweise konnten die Mönche, die längere meditative Erfahrung hatten, mehr Theta-Wellen produzieren. Und der einzige, der in der Lage war, sehr schnell in diesen tiefen Theta-Zustand zu gelangen, war ein Mönch mit mehr als 20 Jahren Meditationserfahrung.

Die Biofeedback-Forscher Elmer und Alyce Green von der Menninger Foundation faßten den Entschluß, die Theta-Effekte tiefer zu ergründen. Sie entwickelten ein Biofeedback-Gerät, mit dem die Versuchspersonen den Thetazustand erreichen konnten. Die Greens beschreiben ihre Beobachtungen von Theta-erfahrenen Menschen in ihrem Klassiker *Beyond Biofeedback*: Sie fanden heraus, daß Theta-Wellen „mit einem tiefen, verinnerlichten Zustand sowie mit einer Beruhigung des Körpers, der Emotionen und Gedanken verbunden seien und dabei normalerweise ‚ungehörte und ungesehene' Dinge in Form von hypnagogen Erinnerungen ins Bewußtsein vordringen".

Die Greens erstellten als Nächstes eine Studie, in der eine Gruppe lernte, täglich für eine bestimmte Zeit den Theta-Zustand zu erreichen, während die Kontrollgruppe sich einfach nur entspannen sollte. Sie entdeckten, daß die Theta-Trainer wiederholt über lebhafte Erinnerungen von längst vergessenen Kindheitsereignissen berichteten: „Es war nicht nur eine einfache Erinnerung, sondern mehr wie ein umfassendes Erlebnis, ein Wieder-Erleben." Und sie fanden heraus, daß diejenigen, die öfter Theta-Wellen produzierten, kreativer wurden und „neue und wertvolle Ideen oder Synthesen von Ideen" entwickelten.

Die Greens waren überrascht, daß die Versuchspersonen, die sie in Theta unterrichteten, über tiefe Einsichten oder das, was die Forscher „integrative Erfahrungen, die durch Gefühle des psychologischen Wohlergehens herbeigeführt werden", nennen, verfügten. Sie verliebten sich, entdeckten neue Talente, entschieden sich, den Job zu wechseln, und steuerten in neue, befriedigendere Richtungen. Fazit: Diese Menschen fühlten, daß sich ihr Leben transformierte. Bei psychologischen Tests fanden die Greens heraus, daß die Theta-Versuchspersonen „psychologisch gesünder, sozial gelassener, weniger steif und konform, selbstsicherer und kreativer" waren als die Kontrollgruppe.

Abschließend und zu ihrer Überraschung stellten die Greens auch fest, daß die Theta-Erfahrenen sehr viel gesünder waren. Die Mitglieder der Kontrollgruppe hatten die „normale" Anzahl von Krankheiten und Störungen, während die Mitglieder der Theta-Gruppe gar keine Krankheiten vorweisen konnten.

Die Greens fühlten, daß sie in etwas Unvorhersehbares gestolpert waren. Sie berichteten, daß die Thetawellen der Grund seien, daß Menschen „eine neue Art des Körperbewußtseins erfahren, das sehr eng mit einem völligen Wohlergehen zusammenhängt". Physiologisch betrachtet, bringt der Theta-Zustand „physische Gesundheit und körperliche Regeneration" mit sich. In der emotionalen Domäne manifestiert der Theta-Zustand „Verbesserung der Beziehungen zu anderen Menschen, eine größere Toleranz, Verständnis und Liebe für sich selbst und für die Welt". Im mentalen Bereich produziert der Theta-Zustand „neue und wertvolle Ideen oder Synthesen von Ideen, weniger aufgrund von logischen Schlußfolgerungen, sondern basierend auf ihrer Intuition und ihrem Unterbewußtsein". Alles in allem scheint etwas Magisches am Theta-Zustand zu sein.

Zu ähnlichen Ergebnissen kommt der unabhängige Biofeedback-Forscher und Psychologe Dr. Thomas Budzynski vom Medical Center der University of Colorado. Er betreibt ausgedehnte Forschungen über die Eigenschaften des Theta-Zustands, den er „Dämmerzustand" nennt. Menschen in Theta, so fand er heraus, sind hyper-beeinflußbar, als wenn sie in hypnotischer Trance wären. Sie sind außerdem fähig, enorme Mengen Stoff in sehr kurzer Zeit zu lernen. Theta, so Budzynski, sei der Zustand, in dem „Superlearning" angesiedelt ist – wenn die Menschen in Theta sind, dann sind sie extrem bereit und fähig, neue Sprachen zu lernen, Suggestionen für Veränderungen in ihrem Verhalten und ihren Einstellungen zu akzeptieren und große Mengen von Informationen zu speichern. Thomas Budzynski sagt: „... daß während des hypnagogen Stadiums, dem Dämmerzustand zwischen Wachen und Schlaf, der Mensch die Eigenschaft hat, verbalen Lernstoff und fast alles, was sich verarbeiten läßt, unkritisch aufzunehmen."

Der kritische Punkt

Diese Entdeckungen über Theta waren zwar aufregend, aber nie weiter verbreitet worden. 1989 stellten Dr. Eugene Peniston und Dr. Paul Kulkosky von der University of Southern

Colorado (wo sie einige Techniken von den Greens von der Menninger Foundation lernten) Verhaltensstudien vor, in denen sie EEG-Biofeedback einsetzten, um eine Gruppe von chronischen Alkoholikern erst in den Alpha-Zustand zu führen und dann in den Theta-Zustand, während eine andere Gruppe Alkoholiker als Kontrollgruppe diente. Die Forscher entdeckten, daß die Alpha-Theta-Gruppe eine außergewöhnliche hohe Besserungsrate gegenüber der Kontrollgruppe zeigte. Noch beeindruckender war, daß nach 13 Monaten die Mitglieder der Alpha-Theta-Gruppe immer noch nicht rückfällig wurden, und am beeindruckendsten war, daß eine Folgestudie weitere drei Jahre später die gleiche Rückfallresistenz aufwies.

Die faszinierendste Entdeckung war, daß die Alpha-Theta-Gruppe eine tiefe persönliche Transformation erlebte. Zu den außergewöhnlichen Veränderungen ihrer Versuchspersonen, so fanden Peniston und Kulkosky heraus, gehörte die Steigerung von Qualitäten wie Wärme, Fähigkeit zu abstraktem Denken, Stabilität, Gewissenhaftigkeit, Mut, Einfallsreichtum und Selbstkontrolle, sowie ein signifikanter Rückgang von Depressionen, Sorgen und anderen Ängsten.

Überwindung von Süchten, Transformation der Persönlichkeit – dies klingt wie magische Versprechungen. Aber wenn sich herausstellt, daß die Peniston-Studie tatsächlich eine Relevanz für Suchtverhalten und persönliche Transformation aufweist, ist sie von hohem Interesse für Millionen von Menschen. Denn Millionen von Menschen durchlaufen das 12-Stufen-Programm, das von den Anonymen Alkoholikern entwickelt wurde, um ihre Sucht (dasselbe gilt für Sex-, Freß-, Spiel- oder Kaufsucht) zu überwinden. Sie alle suchen die Transformation ihrer gegenwärtigen Suchtpersönlichkeit, indem sie sich von falschen Masken befreien und mit ihrem „inneren Kind" kommunizieren.

Da EEG-Alpha-Theta-Feedback Menschen helfen kann, ihre Sucht zu überwinden und sich zu einer glücklicheren Persönlichkeit zu entwickeln, erweckte die Peniston-Kulkosky-Studie bei Biofeedback-Forschern und Klinikern ein enormes Interesse. Durch Modifikationen und Erweiterungen dieser Arbeit haben viele damit begonnen, mehrkanalige „Brain-Mapping"-EEGs einzusetzen, um zu sehen, was in den Gehirnen der Menschen passiert, wenn sie die Persönlichkeitstransformation nach Peniston und Kulkosky durchlaufen. Was sie herausfanden, war, daß bei einer tief entspannten Person die Alpha-Aktivität im ganzen Gehirn zunimmt. Wenn die Entspannung weiter wächst, produziert die Person mehr und mehr Thetawellen. Und wenn die Theta-Amplitude steigt, scheint sich Alpha zu verringern oder zu verschwinden, bis Alpha schließlich durch Theta abgelöst wird.

An diesem Punkt – den einige Forscher den Kreuzungs- oder den kritischen Punkt nennen – erfahren die Versuchspersonen wichtige emotionale Veränderungen, Momente, die ihr Leben transformieren. Diese bestehen häufig aus kreativem Verständnis und intensiven Erinnerungen an die Kindheit, bei Vietnam-Kriegsveteranen aus dem posttraumatischen

Streßsyndrom und bei Erwachsenen aus der Erinnerung, als Kind mißbraucht worden zu sein ... also dem Auftauchen von unterdrückten oder verdrängten Erfahrungen. Versuchspersonen berichteten häufig, daß diese Momente tiefgründig, bewegend, erweckend, eben spirituell seien. Einer der Kliniker, der Therapeut William Beckwith aus Houston, berichtete, daß seine Klienten an diesem Kreuzungspunkt „oft von bisher nicht zugänglichen Erinnerungen begleitet werden, die spontan aufsteigen und oft aus der frühen Kindheit stammen".

Der magische Rhythmus

Inzwischen waren auch andere Wissenschaftler fasziniert davon, daß der Theta-Zustand offenbar die Lernleistungen steigert und eine konstante, kraftvolle Gedächtnisleistung produziert. Sie begannen damit, die Beziehung zwischen Theta und Gedächtnis näher zu untersuchen.

Dabei zeigte sich, daß bei der Formung des Gedächtnisses unser Gehirn den Prozeß der Langzeitpotenzierung (LTP) durchlaufen muß, welcher elektrische und chemische Veränderungen in den Neuronen verursacht, damit unsere Erinnerungen gespeichert werden können. Wenn LTP nicht stattfindet, werden Informationen, die das Gehirn erreichen, nicht gespeichert und „vergessen". Der Neurophysiologe Dr. Gary Lynch und seine Mitarbeiter an der University of California entdeckten, daß der Schlüssel zu LTP die Theta-Wellen sind. „Wir haben den magischen Rhythmus, der LTP ausmacht, gefunden", sagt Lynch. „Es gibt einen magischen Rhythmus, den Theta-Rhythmus."

Bezeichnenderweise ist der Theta-Rhythmus das, was Lynch „den natürlichen, angeborenen Rhythmus" des Hippocampus nennt, der wesentlich für die Bildung und Speicherung von neuen Erinnerungen und den Abruf alter Erinnerungen ist.

Kindheitserinnerungen und Theta-Wellen

Jeder, der Mind Machines benutzt, entdeckt, daß Theta-Wellen die Erinnerung an langvergessene Kindheitserlebnisse weckt. Eine Erklärung für den Zusammenhang zwischen Theta-Wellen und Kindheit ist, daß Erwachsene sehr wenig Theta-Wellen produzieren, Kinder hingegen die meiste Zeit in Theta sind – bis zum Alter von etwa sechs Jahren produzieren Kinder sogar überwiegend Theta. Wenn sie dann erwachsen werden, sinkt der Theta-Anteil wieder, mit anderen Worten, Kinder verbringen die meiste Zeit in einem Zustand, den wir Erwachsenen als einen tranceähnlichen, erweiterten Zustand des Bewußtseins bezeichnen. Dieser ist extrem offen und aufnahmefähig für das Erlernen von neuen Informationen und beinhaltet ein perfektes Gedächtnis.

In den vergangenen Jahren hat eine große Zahl wissenschaftlicher Studien ein Phänomen erforscht, das sich Zustands-Grenze oder zustandsabhängiges Lernen nennt. Sie kamen zu dem Ergebnis, daß Dinge, die in einem Bewußtseinszustand erfahren wurden, leichter in exakt diesem Zustand wieder erinnert werden. An Dinge, die wir lernten, als wir glücklich waren, erinnern wir uns leichter, wenn wir glücklich sind; an das, was wir lernten, als es kalt war, erinnern wir uns besser, wenn es wieder kalt ist, usw.

Das ist eine Erklärung für das Auftauchen von Kindheitserinnerungen bei Erwachsenen im Theta-Zustand. Kinder sind die meiste Zeit in Theta, ganz im Gegensatz zu den Erwachsenen. Die meisten von uns erleben Theta nur ein paar Sekunden, kurz bevor wir einschlafen. Das ist alles. Während dieses kurzen Moments erleben wir blitzartige Erinnerungen, intensive Bilder, merkwürdige unzusammenhängende Ideen, aber wir schlafen danach zu schnell ein. Praktisch all unsere Erinnerungen aus der Kindheit sind zustandsabhängig – sie sind in Theta „gespeichert". Aber Theta ist ein Zustand, den wir als Erwachsener fast nie erfahren. Um uns zu erinnern, müssen wir in den Zustand zurück, in dem die Erinnerungen erlebt wurden.

Charakteristisch für Mind Machines ist, daß sie Menschen in den Theta-Zustand bringen und sie dort für eine lange Periode lassen, ohne daß sie einschlafen. Mind Machines bringen uns somit zurück in den (Theta-)Zustand unserer Kindheit. Das bedeutet, daß all die Erinnerungen, kreativen Ideen, spontanen Bilder und integrativen Erfahrungen, die in Theta geschehen sind, unserem Bewußtsein zugänglich werden – wir werden uns dessen bewußt, was wir in unserem Unterbewußtsein gespeichert haben, und wir erinnern uns daran, wenn wir aus dem Theta-Zustand auftauchen. Dies ist einer der Gründe, warum Thomas Budzynski einen Typ von Mind Machines „eine Hilfe für das unbewußte Bergen" von Erinnerungen nennt.

Kreative Theta-Wellen

Über Tausende von Jahren waren sich die Menschen über den kreativen Wert des Theta-Zustands wohl bewußt. Budzynski bemerkte, daß „schamanistische und andere primitive Zeremonien oft Prozeduren mit einschließen, die diesen Zustand erzeugten. Man glaubte (in bestimmten Kulturen bis heute), daß diese traumähnlichen Bilder im Dämmerzustand dem Träumer ermöglichen, Ereignisse vorherzusagen, Hinweise für Heilung und wichtige Informationen weiterzugeben."

Der Mystiker Emanuel Swedenborg aus dem 18. Jahrhundert beschrieb detailliert seine eigenen Theta-Erfahrungen sowie verschiedene Wege, diese zu induzieren. Der visionäre Chemiker Friedrich Kekulé beschrieb lebhaft seinen Zustand der „Träumerei", in dem plötzlich das Bild von Molekülen auftauchte, die sich zu Ketten formierten, und Schlangen, die sich selbst in den Schwanz bissen. Dies führte zu seiner Entdeckung der organischen Verbindungen, die sich durch geschlossene Ringe ergeben – bekannt als „die brillanteste Prophezeihung, die es in der Geschichte der organischen Chemie gibt". Es existieren unendlich viele Geschichten über solche Momente der Inspiration und Kreativität, die sich ergeben, wenn die Denker in den Schlaf flüchten, wandernden Wolken zuschauen oder ins Feuer starren. Und alle berichten von Schläfrigkeit, Entspannung, von einer Flut innerer Bilder und den anderen typischen Merkmalen des Theta-Zustands.

Einer der elementarsten Effekte der Mind-Machine-Technologie, die ich Ihnen vorstellen und näher beschreiben werde, ist ihre Fähigkeit, uns in diesen ebenso vorteilhaften wie produktiven Bewußtseinszustand zu bringen.

Der erwachende Geist

Beta-Aktivität ist verbunden mit Aufmerksamkeit, Erregung und Konzentration; Alpha-Wellen mit Entspannung; Theta mit Kreativität, Erinnerung, integrativen Erfahrungen und Heilung; Delta mit Schlaf, tiefer Ruhe und der Freisetzung von Wachstumshormonen. Wäre es nicht schön, wenn wir diese unterschiedlichen Aktivitäten miteinander verbinden könnten?

Zu glauben, daß im Alpha-Zustand unser Gehirn nur Alpha-Wellen, in Theta nur Theta-Wellen usw. produziert, ist ein weitverbreitetes Mißverständnis. Wenn wir jedoch die Gehirnwellenaktivität an einem Vollspektrum-EEG beobachten, das die Aktivitäten aller Frequenzen gleichzeitig darstellt, können wir feststellen, daß im Gehirn sämtliche Frequenzen mehr oder weniger simultan vorhanden sind. Im Alpha-Zustand ist jedoch die Amplitude, also die „Kraft" der Alpha-Wellen, viel stärker als die Amplituden von Beta, Theta und Delta, aber diese sind (außer in besonderen Fällen) immer noch vohanden.

Vor gut 20 Jahren begann der britische Biofeedback-Forscher C. Maxwell Cade, mit einem neuen Typ von EEG zu arbeiten, das speziell dafür konzipiert war, das gesamte Gehirnwellenspektrum darzustellen. Als er mit Menschen arbeitete, die besonders leicht die höheren Zustände des Bewußtseins erreichten, konnte er Ähnlichkeiten in ihren Gehirnwellenmustern beobachten.

Als er diese Menschen mit seinen anderen Tausenden von Versuchspersonen verglich, stellte er eine deutliche Progression fest. In der ersten Stufe lernten die meisten Menschen, schnell in den Alpha-Zustand zu gelangen, indem sich Beta verringerte und Alpha zur dominierenden Frequenz wurde. Die Weiterentwicklung ihrer Fähigkeiten führte dazu, daß sie lernten, in den Theta-Zustand zu gelangen, indem Beta, Alpha und Delta sich verringerten und Thetawellen dominierten. Hier decken sich seine Entdeckungen mit den Studien über die Zen-Mönche.

Darüber hinaus fand Cade heraus, daß Menschen, die außergewöhnliche mentale Spitzenleistungen erbrachten, sich schnell und simultan in den unterschiedlichen Mustern bewegen konnten. Wenn sie im Bereich ihrer Spitzenleistung waren, zeigte ihr EEG-Muster starke Alpha- und Theta-Aktivitäten, während gleichzeitig ausgeprägte Beta- und Delta-Aktivitäten vorlagen – und alles zur gleichen Zeit.

Cade nennt diese außergewöhnlichen Gehirnwellenmuster den „erwachten Geist" (Awakened Mind). Er entdeckte, daß die Spitzenkönner diese Muster während des Lesens, während schwerer mathematischer Berechnungen und sogar in Gesprächen aufrechterhalten konnten. Anscheinend waren diese Individuen in der Lage, die Entspannung (die zentrale Eigenschaft des Alpha-Zustands), Kreativität und Erinnerungsvermögen im Theta-Bereich sowie Heilungsprozesse, eine „grundlegende" Eigenschaft des Delta-Zustands, und die Konzentration und externe Orientierung des Beta-Zustands miteinander zu kombinieren. Cades EEG-Analysetechniken waren neuartig, während die frühen Studien über die Zen-Mönche aufgrund des Stands der Technik nicht die Muster des erwachten Geistes darstellen konnten.

Durch den Einsatz seines Multikanal-EEGs (Mind Mirror) war Cade in der Lage, „gewöhnliche" Menschen dahingehend zu unterrichten, daß sie den erwachten Geist erreichten. Er entdeckte, daß beim Lernen dieser Gehirnwellenaktivitäten Muster entstanden, die mit denen der Spitzenleister (und deren zu erlernenden Spitzenleistungen) identisch waren ... „normale" Menschen transformierten sich selbst zu Spitzenleistungen hin. Wie wir später noch sehen werden, sind viele der neuen Mind-Technologien speziell darauf ausgelegt, das Gehirn so zu stimulieren, daß es in verschiedenen Frequenzen gleichzeitig operieren kann.

Gehirn und Transzendenz

Inzwischen benutzen Forscher neue EEGs mit 20 oder mehr Elektroden, die eine Monitorisierung der Aktivität des gesamten Cortex simultan erlauben und diese in Form von visuellen, farbigen „Brain Maps" präsentieren. Die Erfinder, darunter F. Holmes Atwater vom Monroe Institute und Dr. Ed Wilson von der Colorado Association for Psychophysiologic Research, können Brain Maps von zahlreichen Menschen, vom normalen Wachbewußtsein bis zur Spitzenleistung oder dem transzendenten Gehirnzustand, vergleichen. Dabei kristallisierte sich die These heraus, daß auf dem Weg zur Transzendenz das Gehirn verschiedene auffällige Muster produziert oder durchläuft.

Ruhezustand Alpha

Normales Wachbewußtsein, so fanden die Forscher heraus, wird durch Vorherrschen von Beta-Aktivität charakterisiert, zusammen mit einer Menge von Alpha-Aktivitäten im hinteren

Teil des Cortex. Dieses „back-of-the-head"-Alpha nennt sich „Ruhezustand Alpha". Es scheint wie ein „Anker" bereitzustehen als eine stabilisierende Kraft, die uns mit den Modalitäten der mentalen Prozesse verbindet.

Der dissoziative Zustand

Wenn Versuchspersonen den erweiterten Zustand des Bewußtseins erreichten, verloren sie das Bewußtsein für die physische Welt und endeten an einen Punkt, den Atwater wie folgt beschrieb: „... wenn nicht-physische Phänomene das ganze Feld der Wahrnehmung bilden, so daß es keinen Eindruck mehr gibt, daß man ‚normal' im physischen Körper ist, so, als ob der physische Körper schläft oder völlig verzaubert ist." Das nennt Atwater den dissoziativen Zustand. Im dissoziativen Zustand verschwindet der Ruhezustand Alpha und wird durch hoch-amplitude Theta- und Delta-Aktivität im Zentrum des Kopfes (die Mitte des zentralen Cortex) ersetzt. Interessanterweise verlaufen die Theta- und Delta-Aktivitäten synchron. Dieser dissoziative Zustand scheint essentiell das zu sein, was Forscher wie die Greens früher als Theta-Zustand beschrieben haben, und er ist vergleichbar mit dem Zustand der erfahrenen Zen-Mönche, die durch Alpha immer tiefer sinken. Es scheint auch so zu sein, daß dies der Zugang zu dem ist, was man unbewußten Geist oder das persönliche Unbewußte nennt.

Der transzendente Zustand

Hinter Theta, dem persönlichen Unbewußten, hinter dem dissoziativen Zustand liegt der Zustand, den Atwater Transzendenz nennt. In diesem Zustand bewegen sich die Individuen hinter ihr eigenes Ego, hinter den persönlich unbewußten Geist, in einen Spitzenzustand des universellen Bewußtseins. Atwaters Beobachtung: „Erfahrungen in diesem Zustand sind vielfach unsagbar und können nicht erklärt oder in Worten beschrieben werden. Erfahrungen in diesem Reich sind mehr als passive Unterhaltung. Die kreative Kraft kann die Art der Realitätswahrnehmung völlig verändern."

Zusätzliche Literatur:

- „Beyond Biofeedback" von Elmer und Alyce Green, Delacorte, New York 1977. Dieses Buch stellt eine sehr gute Einführung in das Thema EEG Biofeedback dar und gibt exzellente Informationen über die Theta-Gehirnwellen.
- „The Awakened Mind: Biofeedback and the Development of Higher States of Awareness" von C. Maxwell Cade und Nona Coxhead, Delacorte, New York 1979. Dieses Buch bietet Informationen über die EEG-Muster des erwachenden Geistes.

DREI
Die Kraft der beiden Hirne

All die ungewöhnlichen Fertigkeiten, zu denen manche Menschen fähig sind ... gehen einher mit Veränderungen der EEG-Muster in Richtung einer eher symmetrischen und integrierten Form ... meine Forschung hat mich zu der Überzeugung gebracht, daß der „höhere Geist" auf der neuropsychologischen Ebene dem entspricht, was C.G. Jung transzendente Funktion genannt hat. Dieser Zustand wird durch die Integration links- und rechtshirniger Funktionen manifestiert. – C. Maxwell Cade in *The Awakened Mind*

Synchronisation

Einer der Wege, um Topleistungsgehirne zu untersuchen, bestand darin, erfahrene Meditierende ins Labor zu lotsen, Elektroden an ihrem Kopf zu befestigen, ihnen einen Knopf zu geben, auf den sie drücken sollen, wenn sie „dort" sind, und diese Aktivität mit dem EEG aufzunehmen. Dabei zeigte sich, daß im Moment der Spitzenleistung die Gehirnaktivität einen Zustand erreichte, den man Synchronisation nennt.

Die Synchronisation ist ein sehr spezifischer Zustand und bedeutet nicht, daß das gesamte Gehirn eine dominante Welle der gleichen Frequenz produziert, etwa 10 Hz im Alpha-Bereich. Man muß sich die Gehirnwellen eher als Gipfel und Täler vorstellen – und Synchronisation ist dann erreicht, wenn die Gehirnwellen ihre Spitzen alle gleichzeitig (synchron) erreichen. Wenn die Gehirnwellen synchron sind, steigt die „Kraft" des Gehirns und damit die Amplituden der Wellen (wenn zwei Wellen aufeinandertreffen, produzieren sie eine größere Welle). Als die Forscher sahen, daß die Meditierenden Synchronisation produzierten, konnten sie eine enorme Steigerung der Amplituden im ganzen Gehirn feststellen.

Was ist der Effekt der Synchronisation? Einer der führenden Forscher der Gehirnwellensynchronisation, Dr. Lester Fehmi vom Princeton Biofeedback Research Institute, drückt es so aus: „Synchronisation ist die maximale Effizienz des Informationstransports im gesamten Gehirn." Das bedeutet, daß die Synchronisation einen steilen Anstieg in den Effekten der verschiedenen Gehirnwellenzustände produziert. Fehmi merkt hierzu an: „Phasen-Synchronisation ... wird beobachtet bei der Verstärkung von Intensität und dem Auftreten eines subjektiven Phänomens in Verbindung mit Alpha und Theta" und auch Beta. Zum Beispiel wird das Phänomen in Verbindung gebracht mit intensiven Bildern, einem besseren Zugang zum Gedächtnis, spontanen kreativen Einblicken und integrativen Erfahrungen. Sie alle verbessern die „Größe und das Ereignis" der Synchronisation.

Einige der Forscher und Kliniker, die EEG-„Bifurkationspunkt"-Training einsetzen, glauben, daß ein Teil der außergewöhnlichen transformatorischen Kraft, die sich durch den kritischen Punkt, wo die Theta-Wellen den Alpha-Anteil übertreffen, das Resultat der Synchronisation ist. William Beckwith beobachtete, daß „die Produktion von synchronisierter, kohärenter, elektromagnetischer Energie der Gehirnwellen im menschlichen Gehirn durch eine ‚laser-ähnliche' Konditionierung zustande kommt, die zur Steigerung der Amplitude und der Stärke der Gehirnwellen führt." Er bemerkte, daß „die Klienten lernen, ihre Alpha-Amplitude zu steigern und Theta-Wellen zu produzieren, ohne dabei ihr Bewußtsein zu verlieren und einzuschlafen. Der kritische Punkt ist erreicht, wenn die Theta-Amplitude beginnt, die Alpha-Amplitude zu übersteigen. Kreuzlaterale Gehirnwellen-Synchronisation entwickelt sich und erschafft ein kohärenteres System. An diesem Punkt gibt es eine tiefgreifende Änderung in der Stimmung und im Verhalten der Klienten, inklusive einer scheinbar wundersamen Lösungsfähigkeit von komplexen psychologischen Problemen ... Es kommt zu einer plötzlichen Neuorientierung und Neuordnung der gesamten Persönlichkeit, die nicht durch andere Modelle erklärt werden können."

Und viele der Mind Machines, die wir später untersuchen werden, sind speziell dafür geschaffen worden, das ganze Gehirn so zu stimulieren, daß es die Synchronisation leichter einleiten kann.

Symmetrische Gefühle

Es ist bewiesen, daß zusätzlich zur Synchronisation die Ganzhirn-Symmetrie oder Hemisphären-Synchronisation (das relative Gleichgewicht der EEG-Aktivität zwischen der rechten und der linken Hemisphäre) ein wichtiger Schlüssel zu zerebraler Spitzenleistung ist.

Halte einmal kurz inne und achte auf deinen emotionalen Zustand: Bist du glücklich, traurig, fröhlich, depressiv? Gut, jetzt halte die linke Seite des Gesichts bewegungslos und bewege die rechte Seite mehrmals – lache kräftig, bewege dabei nicht nur die Muskeln in der Wange, sondern auch die Muskeln um das rechte Auge. Hör jetzt damit auf und beobachte dich selbst. Hat sich dein emotionaler Zustand verändert?

Wenn du wie die meisten Menschen die rechte Seite des Gesichts bewegst, dann löst das möglicherweise positive Emotionen wie Freude, eine leichte Großspurigkeit und eine Aktivierung des Geistes aus. Wenn du die linke Seite des Gesichts bewegst, dann fühlt man möglicherweise eine unerklärliche Traurigkeit und Depression.

Diese eindeutige Verbindung zwischen der Aktivität der linken Gesichtshälfte und Gefühlen wie Traurigkeit, und der Aktivität der rechten Seite und Glücksgefühlen ist kürzlich wissenschaftlich dokumentiert worden. In einigen Studien baten die Wissenschaftler die Versuchspersonen, eine von beiden Seiten des Gesichts nachdrücklich und kräftig zu bewegen. Sie fanden klare Beweise (bei über 90% der Versuchspersonen), daß muskuläre Aktivitäten einer Gesichtshälfte eindeutige Emotionen produzieren: Mit der linken Seite des Gesichts werden Traurigkeit und negative Emotionen produziert und mit der rechten Seite Glück und positive Emotionen.

Dieses Ergebnis beruht auf den Forschungsergebnissen eines Therapeuten, der bemerkte, daß seine Klienten oft die Therapie mit einer Gesichtsasymmetrie begannen, die verschwand, als sich der Distreß verringerte. In einer anderen Studie hat man nur die vorherigen Studien beschrieben und arbeitete mit den aktuellen Gefühlen gegenüber dem Gesichtsausdruck. Sie fanden heraus, daß Streß bei den Versuchspersonen selbst ein Grund für solche Gesichtsasymmetrien sein kann.

Sonne und Regen

Warum wirkt sich die Gesichtsasymmetrie auf unsere Gefühle aus? Verschiedene Gruppen von Wissenschaftlern arbeiteten unabhängig voneinander und fanden heraus, daß Menschen mit einer hohen Aktivität im linken frontalen Cortex gewöhnlich ein fröhlicheres und positiveres Temperament haben – sie verfügen über Selbstvertrauen, sind kontaktfreudig, interessiert an Menschen und externen Ereignissen, sie sind unverwüstlich, optimistisch und glücklich. Auf der anderen Seite tendieren die Menschen, bei denen das EEG eine stärkere Aktivität im rechten frontalen Cortex zeigt, eher zu Trauer und Negativität – sie sehen die Welt als Streß und Bedrohung an, sie sind mißtrauischer gegenüber ihren Mitmenschen, sie fühlen weit mehr Angst, Ekel, Sorge, Selbstvorwürfe und Hoffnungslosigkeit gegenüber der links-aktiven Gruppe. Diese Entdeckungen zeigen, daß die Mind Machines für eine schnelle Veränderung der Hemisphärendominanz eine eindeutige und überprüfbare Kompetenz aufweisen.

Der biologische Marker einer Heulsuse

Es gilt als sicher, daß die Gehirnwellen-Asymmetrie mit Depressionen in Verbindung steht. Die Wissenschaftler verglichen die EEGs einer Gruppe normaler, nicht-depressiver Versuchspersonen und einer Gruppe, die zuerst an Depression litten und später erfolgreich behandelt wurden. Sie dokumentierten, daß die depressiven (und erfolgreich behandelten) Versuchspersonen im EEG weniger links-frontale und weit mehr rechts-frontale Aktivität aufwiesen als die, die niemals depressiv waren.

Eine weitere, kürzlich an depressiven Patienten durchgeführte Brain-Mapping-Studie von C. Norman Shealy zeigte, daß 100% der Patienten von der Norm abweichende Gehirnwellenaktivitäten aufwiesen. Die gemeinsame Entdeckung war: „Asymmetrie der zwei Hemisphären und rechtshemisphärische Dominanz."

Eine andere Studie beschrieb, daß Patienten, bei denen man gerade Depressionen diagnostiziert und mit der Behandlung begonnen hatte, weniger links-frontale Aktivität aufwiesen als nicht-depressive Menschen. „Man kann ähnliche Gehirnmuster bei akut depressiven Menschen, bei Menschen, die früher Depressionen gehabt haben, und bei zu negativen Stimmungen neigenden Menschen feststellen", schreibt Dr. John Davidson von der University of Wisconsin in Madison. „Wir vermuten, daß Menschen mit diesen Mustern im Gehirn in hohem Maße anfällig für Depressionen sind."

Es gibt auch Hinweise darauf, daß die Gehirnwellenmuster und die entsprechenden Emotionen eventuell vererbbar oder genetisch beeinflußt sind. Davidson studiert das Verhalten und die EEG-Muster von 10 Monate alten Säuglingen während kurzer Perioden (eine Minute) der Trennung von der Mutter, und er fand heraus, daß „die Kinder, die bei der Trennung von der Mutter schrien, eine größere rechts-frontale Aktivität gegenüber der vorangegangenen Grundlinie zeigten, verglichen mit den Kindern, die nicht schrien". John Davidson: „Jedes Kind, das schrie, hatte eine stärkere rechts-frontale Auslösung. Jedes Kind, das nicht schrie, hatte eine stärkere links-frontale Aktivität." Er kommt zu dem Schluß, „daß eine frontal ausgelöste Asymmetrie vielleicht ein zustandsunabhängiger Marker für individuelle Unterschiede der Reaktionsschwelle gegenüber Streß und Verletzlichkeit bei speziellen Emotionen ist."

Die eindeutige Verbindung zwischen der frontal ausgelösten Asymmetrie führt viele Forscher zu dem Glauben, daß diese speziellen Gehirnmuster bei der Diagnose, besonders bei der Diagnose von depressionsanfälligen Menschen, von Nutzen sein können. Nochmal John Davidson: „Wir glauben, daß zuviel Streß im Leben, Arbeitslosigkeit oder Scheidung ins Gesicht geschrieben sind", und die rechts-frontale Auslösung „wahrscheinlich besonders von Depressionen beeinflußt ist".

Die fröhlichen Schläfenlappen

Der nächste Schritt geht von der Analyse der bestehenden Gehirnwellen zur Nutzung dieser Muster für die Diagnose, um diese dann mit Mind Machines zu verändern. Wie Davidson es ausdrückt: „Wenn man lernt, seine negativen Gefühle besser zu regulieren, lernt man automatisch, wie man die Aktivität in seinem frontalen rechten Schläfenlappen verändert."

Jetzt ist klar, daß die vorige Übung – in der wir die rechte Seite des Gesichts verzogen, um gute Gefühle zu induzieren – eine Technik ist, um die Aktivität im linken frontalen

Schläfenlappen zu steuern. Wir wissen, daß das Gehirn über Kreuz mit dem Körper verbunden ist, daß also die linke Hemisphäre die rechte Körperhälfte steuert und umgekehrt. Und wenn wir die rechte Seite des Gesichts aktivieren, dann aktivieren wir entsprechend die linke Seite des Gehirns: die Seite, die mit positiven Gefühlen verbunden ist.

Die optimale Balance

Diese Forschungen werfen ein neues Licht auf die Unterschiede zwischen der rechten und der linken Hemisphäre. Bei den meisten Menschen ist die linke Gehirnhälfte bei der Verarbeitung verbalen Materials überlegen, während die rechte Hälfte bei der Verarbeitung visueller und räumlicher Informationen dominiert. Studien des Neurowissenschaftlers David Shannahoff-Khalsa vom Salk Institute for Biological Sciences zeigen, daß die Hemisphärendominanz zwischen der rechten und der linken Hemisphäre konstant mit einem durchschnittlichen Zyklus von 90 bis 120 Minuten hin- und herpendelt.

Andere Wissenschaftler erreichten ähnliche Test-Ergebnisse mit Personen, die in regulären Intervallen verbale (links-hemisphärische) und räumliche (rechts-hemisphärische) Aufgaben gestellt bekamen. Sie zeigten, daß, wenn die verbale Fähigkeit dominiert, die räumlichen Fähigkeiten entsprechend niedrig sind und umgekehrt. Diese Entdeckungen, so Shannahoff-Khalsa, legen nahe, daß wir mehr Kontrolle über unsere alltäglichen mentalen Funktionen ausüben können. Zum Beispiel ist es vorstellbar, daß man bestimmte kognitive Funktionen gezielt verstärken könnte, etwa sprachliche Fertigkeiten, Mathematik und andere rationale Prozesse, von denen man annimmt, daß sie vorwiegend in der linken Hemisphäre ihren Sitz haben – indem man die Gehirndominanz „mit Gewalt ändert". Und ebenso könnte man „den Akzent eher auf Kreativität legen, von der man ja annimmt, daß sie charakteristisch für rechtshemisphärische Dominanz ist" – wieder, indem man entsprechenden Einfluß ausübt. Es scheint klar, daß Mind Machines sehr effektive Werkzeuge für einen „entsprechenden Einfluß" der hemisphärischen Dominanz darstellen.

Wie kann man sicher sein, welche Gehirnhälfte gerade dominiert? Eine einfache Technik ist, sich ruhig hinzusetzen und zu atmen, um dann zu fühlen, welches Nasenloch „offener" ist, welches also mehr Luft durchläßt. Ist das rechte Nasenloch offener, ist man in einem links-hemisphärisch dominanten Zustand.

Die Kontrolle über die hemisphärische Dominanz ist ein hervorragendes Hilfsmittel, um effektiver zu arbeiten. Wenn man in eine Konferenz geht, eine Prüfungsarbeit schreibt, oder eine andere Fähigkeit ausführt, die eher linkshemisphärische Kapazitäten erfordert, und dabei feststellt, daß man sich in einer rechtshemisphärischen Dominanz befindet, kann man mit diesem Hilfsmittel schnell in die linkshemisphärische Dominanz umschalten.

Die Schlüsselentdeckung dieser Studien war, daß jedesmal, wenn die Dominanz von einer Hemisphäre zur anderen wechselt, es einen Punkt gibt, wo die Dominanz zwischen beiden Hemisphären ausgeglichen ist. Forscher fanden heraus, daß an diesem Punkt und während dieser kurzen Zeitperiode das Gehirn am kraftvollsten und kreativsten arbeitet.

Eine mögliche These ist, daß zwei Gehirne besser arbeiten als eins: weil jede Hemisphäre ihre eigenen vorteilhaften Kapazitäten besitzt. Die rechte Hemisphäre wird mit visuell/räumlichen Fähigkeiten assoziiert; emotionaler und musikalischer Sensitivität; intuitiven, zeitlosen, bildlichen Gedanken; aber auch mit Depression, Zweifel, Trauer, Feindseligkeit, Paranoia und eher negativen Emotionen. Die linke wird mit verbalen Fähigkeiten verbunden, Zeit-Orientierung; rationalem, logischem, analytischem Denken; Glück und positiven Emotionen. Aber bloßes analytisches Denken ohne intuitives, emotionales, bildhaftes, zeitfreies Verständnis ist sehr rigide und wenig kreativ.

Beide Gehirnhälften sind notwendig und gehören zusammen, sie funktionieren am besten, wenn sie sich synergetisch zuarbeiten. EEG-Studien von Meditierenden demonstrieren klar, daß Spitzen-Zustände charakterisiert sind durch Synchronisation und Symmetrie der beiden Hemisphären. Und wie das Statement am Anfang dieses Kapitels zeigt, führten C. Maxwell Cades Forschungen dahin, daß mentale Spitzenfunktionen mit dem bilateralen symmetrischen EEG in Zusammenhang stehen.

Dies beweist, daß ein hochintegriertes Gehirn, ein Gehirn, in dem beide Hemisphären in Symmetrie, Synchronisation, Harmonie und Einigkeit zusammenarbeiten, den Schlüssel zu mentalen und allgemeinen Spitzenleistungen darstellt. Die Geschichte zeigt, daß es für Menschen nicht einfach ist, beide Hemisphären gezielt und bewußt zusammenzubringen und sich simultan zu orientieren. Die meiste Zeit unseres Lebens verbringen wir mit dem Hin- und Herpendeln zwischen den links- und rechts-dominanten Zuständen.

Wenn man ihre Kapazität zur Integration und Synchronisation voraussetzt, präsentieren Mind Machines weitreichende Möglichkeiten. Forschungen deuten darauf hin, daß sie in der Lage sind, hemisphärische Asymmetrie und Ungleichgewichte schnell zu verändern, um symmetrische und ausbalancierte Gehirnwellenmuster zu produzieren. Und vielfältige Studien legen nahe, daß mentale Spitzenleistungen eng mit der Integration beider Gehirnhälften einhergehen.

VIER
Gehirnjogging: Mind-Fitneß
– die neue Wissenschaft des (Gehirn-)Wachstums

Die Gehirnrevolution schreitet an vielen Fronten gleichzeitig voran. Während andere Wissenschaftler, allen voran eine Gruppe von der University of California in Berkeley, die aktuelle Struktur des Gehirns untersuchten, machten sie in ihren Implikationen erstaunliche Entdeckungen, die – gelinde gesagt – einen Schock für die wissenschaftliche Welt darstellten. Sie fanden heraus, daß ein bestimmter Typus von Stimulation nicht nur die Chemie, sondern die gesamte physische Struktur unseres Gehirns verändern kann – es ist also möglich, das Gehirn physisch größer und kraftvoller werden zu lassen und die Intelligenz zu steigern.

Ratten zeigten den Weg

Eine Serie von bahnbrechenden Entdeckungen begann damit, daß eine Gruppe von Wissenschaftlern aus Berkeley herauszufinden versuchte, warum einige Laborratten intelligenter sind als andere. Sie entwickelten ein Experiment, indem eine Gruppe von jungen Ratten, die genetisch identisch waren, nach dem Zufallsprinzip in drei Gruppen aufgeteilt wurde. Jede Gruppe wuchs in einer anderen Umgebung auf – eine in „standardmäßiger Laborumgebung", eine zweite in einer „reizarmen" Umgebung (eine Ratte wird mit wenig Stimulation isoliert) und eine in einer „reich ausgestatteten Umgebung" (wo die Ratten in Spielgruppen von 10 oder 12 Tieren in großen Käfigen aufwuchsen, die mit Spielzeug und variablen Stimulationsmöglichkeiten ausgestattet waren).

Bereits nach einigen Tagen fanden die Forscher heraus, daß die Ratten in der reicher ausgestatteten Umgebung intelligenter waren als die Ratten in der Standardumgebung, während die Ratten in der reizarmen Umgebung am „dümmsten" blieben. Als die Gehirne der Ratten analysiert wurden, waren die Wissenschaftler über ihre Entdeckung regelrecht schockiert ... die Gehirne der Ratten aus dem reicher ausgestatteten Environment waren größer und schwerer als die Gehirne der Vergleichsratten aus den anderen beiden Umgebungen.

Diese Entdeckungen waren so erstaunlich, daß bei der Veröffentlichung der Resultate viele Wissenschaftler weltweit kategorisch äußerten, daß dies unmöglich sei. Die Berkeley-Forscher steckten in einer Vielzahl von Studien, die nicht nur ihre früheren Entdeckungen bestätigten, sondern auch zeigten, was sich anatomisch ereignete, damit die Gehirne der

Tiere aus der reicher ausgestatteten Umgebung so viel größer werden konnten. Unter der Leitung der Neuroanatomin Marian Diamond entdeckten sie, daß die Gehirne der Tiere aus der reicher ausgestatteten Umgebung auf vielerlei Wegen größer wurden.

Hier einige der Veränderungen: ein dickerer zerebraler Cortex (die graue Masse, die mit den höheren Denkfunktionen in Verbindung gebracht wird); der aktuelle Anstieg einer Vielzahl von Gehirnzellentypen, die man Gliazellen nennt (sie stehen im Zusammenhang mit gesteigerter Intelligenz); der Anstieg der Größe und Komplexität von individuellen Neuronen oder Gehirnzellen inklusive des Wachstums der zu den Neuronen gehörenden Dendriten, die die Schlüssel zur Übertragung von Informationen zwischen den Neuronen darstellen; der Anstieg bei der Zahl, Dichte und Komplexität der synaptischen Verbindungen und des Netzwerks zwischen den Neuronen. Diamond folgerte nun, daß das Resultat auf Stimulation „jeden Teil der Nervenzelle vom Soma (Zellkörper) bis zu den Synapsen in all ihren Dimensionen verändert".

Diese Entdeckungen – wiederholt und bestätigt von anderen Forschern – waren in ihren Auswirkungen geradezu sensationell. Denn die Essenz ist, daß die Stimulation des Gehirns dieses größer, kraftvoller, intelligenter, gesünder und qualitativ überlegener machen kann. Interessiert?

Es ist nie zu spät ...

Diamond und andere entdeckten dabei, daß sich dieses dramatische Gehirnwachstum in einer überraschenden Geschwindigkeit ereignet – es bedarf weniger Stunden in einer reicher ausgestatteten Umgebung, um schlauer zu werden. Spätere Forschungen, bei denen die Ratten durch Affen, Schimpansen und andere Tiere in „super-reich ausgestatteten Umgebungen" ersetzt wurden, ergaben, daß einige Arten von Stimulation unverzüglich zu Gehirnwachstum führten.

Ein Forscher entwickelte daraufhin ein Verfahren, mit dem Ratten lernten, einen Irrgarten zu durchlaufen, während nur eine Hemisphäre Informationen empfing (die Informationen zur anderen Hemisphäre wurden blockiert). Die Folge war ein gesteigertes Neuronenwachstum in der Hemisphäre, die den Input empfing, aber keines in der anderen. Die Gleichung ging auf: mehr Information, mehr Wachstum; keine Stimulation, kein Wachstum.

Als nächstes waren die Forscher überrascht, herauszufinden, daß diese Art des Gehirnwachstums nicht auf junge Tiere beschränkt war, sondern sich auf jedes Alter bezog. Erwachsene und sogar uralte Ratten reagierten auf Stimulation ebenso mit Gehirnwachstum und gesteigerter Intelligenz wie Jungtiere. Die Forscher entwickelten daraufhin Experimente, in denen alte Ratten ein Leben lang in reizarmer Umgebung lebten, und verglichen dies mit Ratten, die in reich ausgestatteter Umgebung lebten. Die Ratten aus der reich ausgestatteten Umgebung waren intelligenter. Aber dann – wie in der Geschichte „Der Prinz und der Bettelknabe" – wurden die Ratten aus der ärmlichen Umgebung in die reich ausgestattete Umgebung gesetzt und umgekehrt. Unmittelbar danach wiesen die dummen Ratten ein Gehirnwachstum und eine rapide Steigerung der Intelligenz auf, während sich die anderen Ratten zurückentwickelten; ihr Gehirn schrumpfte, und ihre Intelligenz nahm ab.

Diamond und ihre Mitarbeiter prüften in mehreren Studien die Informationsübermittlung in Form von Herausforderungen, Neuigkeiten und Übung ... Fazit: Gehirnwachstum und Steigerung kann in jedem Lebensalter geschehen. Zum Lernen ist es nie zu spät.

Aufwachen, hier geht's um dein Gehirn!

Während sich die anfänglichen Studien von Diamond auf die Gehirne von Tieren beschränkten, hat sich die Forschung in den letzten Jahren auch auf das menschliche Gehirn ausgedehnt. Diamond hat die Gehirne von Tausenden von Menschen analysiert. Sie hat diese mit den Konditionen der Gehirne und mit den Mengen an Stimulation, die diese Personen erreichten, verglichen. Was sie und andere Forscher herausfanden, widerspricht dem Glauben, daß die Kraft des menschlichen Gehirns mit dem Alter abnehmen muß. Sie überprüften eindeutig, daß auch ältere Menschen, die ihrem Gehirn eine reich ausgestattete Umgebung vermittelten – in Form von stimulierenden Erfahrungen, intellektuellen Herausforderungen, Veränderungen und Neuigkeiten – ein genauso großes und kraftvolles Gehirn haben wie junge Leute.

Eine Studie des National Institute of Aging nutzte einen Brain-Scan, um die Gehirne von Männern zwischen 21 und 83 Jahren zu studieren. Sie kamen zu dem Schluß, daß ein „gesundes altes Gehirn genauso aktiv und effizient sein kann wie ein gesundes junges Gehirn".

Ein Neurowissenschaftler der University of California in Los Angeles nahm Proben von über 20 menschlichen Gehirnen und analysierte sie unter dem Mikroskop. Er belegte eine klare und definierte Beziehung zwischen den Bildungsjahren und der Dendritenlänge: Je länger (mehr) die Menschen gelernt haben, um so länger waren ihre Dendriten. Dieser Forscher kam zu dem Schluß, daß das Resultat die „Umgebungsdiversitäts"-Studien von Diamond und anderen Forschern unterstützt. Dies beweist zum ersten Mal in der menschlichen Forschung, „daß intellektuelle Herausforderung einen positiven Effekt auf das Dendritensystem hat".

Frau Diamond kommt zu folgendem Ergebnis: Wenn man genügend Stimulation und Herausforderungen anbietet, gibt es klare Beweise dafür, daß mit fortschreitendem Alter keine drastischen strukturellen Veränderungen auftauchen. Sie stellt fest: „Wenn ich unterrichte, dann zeige ich meine Hand – meine Handfläche ist der Zellkörper, und meine Finger sind die Dendriten. Dendriten können sich ausweiten, aber sie können ohne Stimulation auch schrumpfen. Es ist ganz einfach: Man gebraucht sie, oder man verliert sie ... der Hauptfaktor (das Vermitteln einer reiz-reichen Umgebung) ist dabei die Stimulation. Nervenzellen sind dafür bestimmt, Signale zu empfangen."

Das heißt, daß, egal wie alt man ist, unser Gehirn die Kapazität zum Wachsen hat – und zur Steigerung der Intelligenz. Das bedeutet weiterhin, daß, je mehr man lernt, desto größer die Kapazität für neues und weiteres Lernen wird. Und je mehr man sein Gehirn herausfordert, um so kraftvoller wird es; je mehr Informationen man in sein Gehirn steckt, um so offener wird es. Aber ohne genügend Stimulation, egal in welchem Alter, wird diese Wachstumskapazität nicht bereitgestellt.

Wie intelligent kann ich werden?

Eine „reicher ausgestattete Umgebung" ermöglicht ein rapides Wachstum an Gehirnstruktur und Intelligenz. „Super-ausgestattete" Umgebungen produzieren ein noch schnelleres Gehirnwachstum. Es scheint, daß bei einer „reizvolleren" Umgebung – also mehr Komplexität, Stimulation, Herausforderung und Neuheiten – das Gehirn mit größerem Wachstum antwortet. Bestimmt gibt es ein Ende der „reiz-vollen" Umgebung, doch bis jetzt hat diese Grenze niemand erreicht.

Wie intelligent kann das Gehirn werden? Wir können vermutlich diese Frage nicht beantworten, bevor wir die ultimative Stimulation gefunden haben, die in jeder Hinsicht optimale Umgebung – die an jeden von uns individuell angepaßt sein muß, da jedes Gehirn einzigartig ist. Nach dem Motto: „Ich lasse dich in meine reich ausgestattete Umgebung, wenn ich in deine kann ..."

Fitneßtrainer fürs Gehirn

Viele Forscher und Kliniker glauben inzwischen, daß Mind Machines eine Art „super-ausgestattete Umgebung" darstellen, eine Art „Fitneßstudio für das Gehirn". Sie versorgen das Gehirn mit Megadosen von Stimulationen, Neuheiten, Training und Herausforderungen. Und sie glauben, daß Mind Machines ein schnelles und gesundes Wachstum im Gehirn fördern und dessen Fähigkeiten stimulieren.

In den letzten 20 Jahren haben wir ein außergewöhnliches Bewußtsein für körperliche Fitneß entwickelt. In diesen fitneßbewußten 90ern ist es schwer, sich an Zeiten zu erinnern, in denen „Jogger" noch selten waren; als die Menschen, die gesundes Essen zu sich nahmen, als „Körnerfresser" diskreditiert wurden, als jeder, der auf sein Gewicht achtete, gleich ein Narzißt war und als Nautilus-Maschinen, Stairmasters, Ski-Tracks und Aerobic noch nicht erfunden waren.

Heute gilt Fitneß nicht mehr als verrückt, denn die Vorteile überwiegen – eine stabilere Gesundheit, eine bessere Produktivität, mehr Kreativität, Glück und ein erfülltes Leben. So ergibt auch das Konzept der Gehirnfitneß für immer mehr Menschen einen Sinn. Immer mehr sind sich bewußt, daß das Gehirn – wie der Körper – Training, Herausforderungen und Stimulation benötigt, um gesund zu bleiben. Und wie ein Körpertraining, das zu mehr Muskeln und Vitalität führt, kann Gehirnjogging uns zu größerer Geisteskraft führen. Ein Signal sind die „Brain-Gyms" und „Mind-Spas", die wie Pilze aus dem Boden schießen. Ein weiteres Signal ist der explosionsartig angestiegene Verkauf von Mind Machines für den Hausgebrauch.

Viele von uns erinnern sich noch an die erste Generation von Fitneßgeräten – sie sahen seltsam und eher abschreckend aus. Aber bald wurde klar, daß sie für einen ganz bestimmten Bedarf konstruiert waren – die optimale Stimulation der Muskeln. Und sie funktionieren! Einige der heutigen gehirnstimulierenden Mind Machines kommen vielen Menschen seltsam und eher abschreckend vor. Aber sie decken (siehe oben) einen bestimmten Funktionsbereich ab – es wird eine perfekte mentale Stimulation erreicht. Und es gibt jede Menge von Beweisen, daß sie tatsächlich funktionieren. Und was diese Maschinen ermöglichen und wie sie funktionieren, das können Sie im zweiten Teil dieses Buches erfahren.

Zusätzliche Literatur:

- „Enriching Heredity: The Impact of the Environment on the Anatomy of the Brain" von Marian Cleeves Diamond, Free Press, New York 1988.

Teil Zwei

Freier Zugang zu den Werkzeugen

Stünden die Pforten der Wahrnehmung offen, erschiene dem Menschen alles so, wie es ist – unendlich. Doch der Mensch hat sich selbst so eingemauert, daß er alle Dinge nur durch die engen Ritzen seiner eigenen Höhle sieht.

– WILLIAM BLAKE

FÜNF
Volle Ladung:
Biofeedback und Brain-Power

Freiwillige Selbstkontrolle

Halten Sie einen Moment inne und verändern Sie jetzt Ihre Gehirnwellen in Richtung Alpha. Kein Problem, die Frage ist nur: Wie? Woher weiß ich, wann mein Gehirn in Alpha ist? Und wie ist es möglich, meine Gehirnwellen absichtlich zu verändern?

Eine der zentralen Thesen in der westlichen Physiologie ist, daß es fundamentale Unterschiede zwischen Teilen des menschlichen Körpers gibt, die wir bewußt kontrollieren können – die sogenannten willkürlichen Komponenten –, und den Teilen, die wir nicht bewußt kontrollieren können – die unwillkürlichen Komponenten. Zu den unwillkürlichen Komponenten zählen die Gehirnwellen, körperliche Funktionen wie Ausdehnung und Kontraktion der Blutgefäße, aber auch Blutdruck, Herzfrequenz, die Ausschüttung von Hormonen, die Heilung und die Aktivitäten des Immunsystems.

Doch mit der Entwicklung empfindlicher Instrumente fanden Wissenschaftler durch die Darstellung unwillkürlicher Prozesse bei Versuchspersonen heraus, daß eine Rückkopplung mit visuellen oder auditiven Signalen dazu führt, daß die Versuchspersonen sehr wohl lernen können, diesen Prozeß unter ihre Kontrolle zu bringen. Sie nannten diesen Prozeß Biofeedback.

Bodymind und Körpergeist

In einer Fülle von sensationellen Studien belegten Biofeedback-Forscher, daß wir praktisch jeden physiologischen Prozeß kontrollieren können – selbst das Feuern und den Rhythmus von einzelnen Nervenzellen. Der Forscher John Basmajian entdeckte, daß seine Versuchspersonen die Signalfrequenz eines spezifischen Neurons (motorische Einheit) kontrollieren können. Jedesmal, wenn ein Neuron feuert, erhält die Versuchsperson Feedback durch einen Ton, der sich wie ein Paukenschlag anhört. Erstaunlicherweise lernten die Versuchspersonen sehr schnell, wie man den Rhythmus, in dem die Zellen feuerten, kontrolliert. Sie erschufen dadurch komplizierte Drum-Rolls, -Wirbel und -Beats. Elmer und Alyce Green schrieben: „Unter bestimmten Umständen ist die bewußte Kontrolle jedes physiologischen Prozesses möglich, und zwar durch die kontinuierliche Darstellung, Verstärkung und Sichtbarmachung."

Dies war eine grundlegende Entdeckung – und bedeutete, daß der weitverbreitete Glaube, es existiere eine klare Trennung zwischen willkürlichen und unwillkürlichen Komponenten im Körper, nicht zutraf. Das hieß ferner, daß Prozesse wie die Ausschüttung von Hormonen und die Aktivität des Immunsystems theoretisch auch kontrolliert werden können. Daraus folgt außerdem, daß die gesamte Grundlage des Körper-Geist-Dualismus, auf dem das westliche Denken basierte – eine klare und notwendige Trennung zwischen Geist und Körper – hinfällig ist.

Diese Forschungen markierten den Beginn eines Paradigmenwechsels, der uns zu den Entwicklungen der Psychoneuroimmunologie und der Psychobiologie führte – und zur Entstehung einer neuen Vision. Daß nämlich Körper und Geist ein untrennbares Ganzes, ein umfassendes Feld der Intelligenz und eine einzige Körper-Geist-Einheit (Bodymind) darstellen.

Tiefenentspannung

Neben den theoretischen Implikationen wurde schnell klar, daß die Durchbrüche der Biofeedback-Forschung auch enorme praktische Bedeutung hatten. Die Nutzung von Temperatur-Biofeedback führte dazu, daß Migränepatienten lernten, ihre Hände warm werden zu lassen, den peripheren Blutfluß zu steigern und ihre Migräne zu lindern. Menschen mit Herzfehlern lernten, ihre Herzfrequenz zu kontrollieren. Biofeedback-Training hilft Menschen, ihren Blutdruck zu senken, Magen-Darm-Probleme, Geschwüre, zuviel Magensäure, Reizdarmsyndrome und alle Probleme, die mit Muskelverspannung zusammenhängen, beispielsweise Zähneknirschen, Schläfen-Unterkiefer-Gelenkprobleme, Spannungskopfschmerzen, zerebrale Lähmung, Lähmungserscheinungen durch Gehirnschäden und vieles mehr zu kontrollieren.

Viele Forscher meinen, daß die unterschiedlichen Typen von Biofeedback-Instrumenten, Elektromyograph oder EMG, galvanische Hautwiderstandsmesser, EEG-Feedback usw., potente Hilfsmittel sind, um sich tief zu entspannen. In vielen Fällen konnten die Versuchspersonen innerhalb von nur zwei Trainingssitzungen lernen, sich schnell in einen Zustand der tiefen Entspannung zu bringen. Durch die Nutzung von Biofeedback-Entspannungstraining waren die Forscher fähig, eine Reihe von positiven psychologischen und physiologischen Effekten – inklusive der Behandlung von Phobien und psychosomatischen Störungen und der Steigerung des IQs – zu produzieren.

Zugucken macht Spaß

Fingerspitzentemperatur-Monitoring, EMG und andere Biofeedback-Instrumente sind kraftvolle Hilfen für die Selbstregulation des Menschen. Insbesondere ein Typ von Biofeedback-Instrumenten fesselt die Aufmerksamkeit von Wissenschaftlern und der Öffentlichkeit gleichermaßen: das EEG. Es ist sicher interessant zu sehen, wie die Hände wärmer oder kälter werden, aber viel faszinierender ist es, seinem eigenen Gehirn zuzusehen, wie es sich beim Denken beobachtet.

Ich hatte meinen ersten Kontakt damit in den frühen 70er Jahren, als ich zufällig jemandem zuhörte, der über ein Experiment an der New York University (NYU) berichtete und mich durch Ernennung zum NYU-Student in die Experimentiergruppe aufnahm. Ich lernte durch eine Maschine, die lediglich klick-klick machte, Alpha-Wellen zu erzeugen. Für längere Zeit saß ich an der Maschine, die mich an einem zeitlosen Faden zu den wunderschönen Klicks führte. Es war aufregend und mysteriös. Ein großer Teil der Aufregung und des Mysteriums war es, daß ich der Aktivität meines eigenen Gehirns lauschte und mir jeder kleinen und unaufdringlichen Veränderung bewußt wurde, die sich ereignete. Ich lernte, daß, wenn ich bestimmte Dinge dachte, der Klick stoppte, und wenn ich andere Dinge dachte oder aufhörte, etwas zu denken, dieses den Klick beeinflussen konnte.

Für mich war es besonders aufregend zu lernen, daß ich wirklich mein Gehirn und die inneren Vorgänge kontrollieren konnte. Was für eine Power! Bis dahin nahm ich an, daß alles, was immer in meinem Geist vorging – Trauer, Ärger, Verwirrung, Freude usw. – einfach passierte und daß es so lange anhielt, bis es von selbst aufhörte und etwas anderes begann. Aber als ich vor meinem Alpha-Trainer saß und lernte, eine einfühlsame Kette von Klicks zu spinnen, lernte ich, daß man seinen Geist kontrolliert verändern kann. Es war ähnlich wie das Zappen an der Fernbedienung: Wenn du die Seifenoper auf Kanal 2 nicht sehen willst, wechsel einfach zum Western auf Kanal 4.

Das gab mir jede Menge Kraft. Nicht die Kraft, eine Tonne Gewicht zu stemmen oder Bäume auszureißen, sondern eine bescheidene, sehr persönliche Kraft – die Kraft, sich seines eigenen Geistes bewußt zu sein und zu wissen, daß man die Kontrolle über ihn hat. Ich ging viele Jahre immer wieder ins Labor, bis plötzlich das Experiment beendet wurde. Und so gingen auch meine Erfahrungen mit dem EEG zu Ende. Das war's für die nächsten 12 Jahre.

Einer der Gründe, warum sich die Alpha-Trainer nicht so recht durchsetzten, war, daß die Maschinen einfach zu simpel waren. Das war vor der Erfindung des Mikrochips, der dazu führte, daß die Geräte von Koffergröße auf die Dimension einer Zigarettenschachtel reduziert wurden. Ein anderer Grund bestand darin, daß Alpha nicht alles ist und viele Testpersonen übertriebene Erwartungen hatten. Sie hörten, daß Alpha ein mystischer Zustand sei, der Satori, Glück und plötzliche Erleuchtung versprach. Wie bereits gesagt,

Alpha gibt einem das Gefühl von Kraft, aber es ist eine sehr bescheidene Art von Kraft, deren Zweckmäßigkeit nicht gleich offensichtlich ist – so, als wenn man weiß, wie man mit den Ohren wackeln kann.

So verlor die Öffentlichkeit das Interesse am EEG-Biofeedback. Die Forscher begannen einige neue Entdeckungen zu machen, die wirklich großartig waren, und sie hatten etwas mit den Theta-Wellen und der Ganzhirnsynchronisation zu tun: Anders als Alpha sind diese Zustände wirklich magisch, mysteriös und eindrucksvoll.

Forscher wie Les Fehmi begannen, ausschließlich mit Synchronisation zu arbeiten und entwickelten Biofeedback-Maschinen, die den Versuchspersonen ein Ton- oder Licht-Feedback gaben, wenn sie in diesem synchronisierten Zustand waren. Sie fanden heraus, daß Versuchspersonen, die lernten, in diesen Zustand zu gelangen und dort zu bleiben, dramatische Veränderungen erlebten: bessere Noten in der Schule, Leistungssteigerungen bei Managern und Sportlern usw. Und wieder berichteten die Versuchspersonen über außergewöhnliche Erfahrungen mit höheren Bewußtseinszuständen – emotionale Durchbrüche, Gefühle des Einsseins mit dem Kosmos und Ekstase. Fehmi, der selbst Zen-Meditation praktiziert, kommt zu dem Schluß, daß der Zustand der Synchronisation in vielen Fällen identisch ist mit dem Zustand des Zen-Satori.

Andere Forscher, wie Thomas Budzynski und die Greens, entwickelten EEG-Biofeedback-Systeme, die es den Versuchspersonen ermöglichten, in den Theta-Zustand einzutauchen. Aber all diese Forschungen benötigten EEG-Maschinen, die Tausende von Dollar kosteten und nicht einfach zu verstehen und anzuwenden waren. Damit konnte zu jener Zeit kaum ein öffentliches Interesse geweckt werden.

Doch das, was entdeckt wurde, war fundamental. Die Forscher, die das EEG-Biofeedback-Training untersuchten, fanden heraus, daß eine eindeutige Steigerung der menschlichen Gehirnkapazität möglich ist. Diese Steigerung des IQs und anderer Arten der Intelligenz scheinen nicht nur das Resultat von veränderten Zuständen der Gehirnwellen als Ergebnis von EEG-Biofeedback zu sein, sondern auch das Ergebnis von physiologischem Gehirnwachstum als Reaktion auf die Stimulation der Mind-Werkzeuge ... ähnlich dem Effekt einer „reizvoll" ausgestatteten Umgebung.

Zu den Forschern, die eine IQ-Steigerung als Reaktion auf Biofeedback-Training bewiesen, gehören Professor Harold Russell und John Carter von der University of Houston. Sie berichten: „Das Erkennen der Selbstregulation durch EEG-Frequenzen und Amplituden-Aktivität ist ein komplexes und zeitaufwendiges Verfahren. Es erfordert gezielte Konzentration, ein Bewußtsein für die Gehirnaktivitäten sowie die Wiederholung spezieller Muster der mentalen Aktivität, die die gewünschte Frequenz und Amplitude produzieren. Wenn die Kontrolle von EEG-Aktivitäten richtig erlernt und lange genug praktiziert wird, steigt die

Funktion des menschlichen Gehirns meßbar an: Werte bei standardisierten Tests erreichten eine IQ-Steigerung von 12 bis 20 Punkten."

Mit anderen Worten, es scheint so zu sein, daß sich durch die Manipulation der Gehirnwellen das Gehirn vergrößert. Das könnte ein Grund für das explosionsartig angestiegene Interesse an EEG-Biofeedback sein, welches in den letzten Jahren zu beobachten war. Und in der Neuro-Szene ist bereits die nächste Generation mikro-gesteuerter und anwenderfreundlicher EEG-Geräte erhältlich. Probieren Sie es aus!

SECHS
Klang: Herzschlag des Lebens

Wie klingt meine Mama?

Die Wirkung von Musik haben Menschen schon immer mit Interesse betrachtet. Sie hatten auch ein intuitives Verständnis für die bewußtseinserweiternden Effekte und die Synchronisation der Gehirnwellen durch rhythmische Klänge. Denn der erste Ton, den wir hören, ist der kraftvollste und der, der uns am besten in Erinnerung bleibt: der Herzschlag, das rhythmische Pulsieren des Blutes in unseren Ohren, das wir schon im Mutterleib wahrnahmen.

Die Menschen waren schon immer erfinderisch, wenn es um das Nachahmen und den Einsatz solcher neuro-aktiven Rhythmen geht. Man kann darüber streiten, ob der gezielte Einsatz von Klängen höhere Stufen des Bewußtseins hervorruft, aber es war eine der ersten Entdeckungen der Menschheit in bezug auf Bewußtseinstechnologie. Stellen Sie sich den ersten Neandertaler vor, wie er einen Stock in die Hand nahm – und damit auf einen hohlen Baumstamm schlug. Bumm, bumm!!! Nochmal und nochmal, immer und immer wieder, während sich die anderen Mitglieder des Stammes umdrehten, zusahen, sich hinsetzten, zuhörten – und schließlich mitmachten. Ungläubig staunend und fasziniert von der magischen Anziehungskraft des Klangs.

Körper, Kopf und Klang

Rhythmische Klänge können die Gehirnwellenaktivität dramatisch verändern. Forscher entdeckten, daß sie eindeutige Gehirnwellen-Kopplungen in vielen Teilen des Gehirns produzieren – nicht nur in den Teilen, die mit dem Hören in Verbindung gebracht werden. Dem Anthropologen Michael Harner zufolge fanden Wissenschaftler, die schamanistische Rituale studierten, heraus, „daß durch Trommelschläge induzierte Theta-Frequenzen während der Initiation vorherrschen". Einfacher gesagt, wenn man einen Klang in einer bestimmten Frequenz erzeugt, diese Frequenz in einen Rhythmus bringt und dann kontinuierlich wiederholt, so verändern sich die Gehirnwellen. Mit anderen Worten: Mit einer einfachen Trommel kann man Zuhörer vom wachen Beta-Rhythmus in den entspannenden Alpha-Zustand und noch tiefer in den mysteriösen Theta-Zustand bringen – eine ideale Ausgangsbasis, um durch das Erzählen von Geschichten oder das Singen von Liedern tiefgehende Wirkungen zu erzielen.

Hemi-Sync: Binaurikulare Schwingungen

Hören Sie sich einmal Aufnahmen von tibetanischen Mönchen oder gregorianischen Chören an. Wenn Sie aufmerksam lauschen, bekommen Sie das Gefühl, daß die Stimmen eins werden und einen einzigen, pulsierenden Ton erzeugen. Und einer der eindeutigsten Effekte des Musizierens und des Gesangs bei ungefähr gleicher Tonhöhe ist, daß man gewöhnlich einen Vibrationseffekt wahrnimmt, die typische „Schwebung". Wenn die Töne in Einklang kommen, verlangsamt sich diese Schwebung; wenn sich die Töne wieder auseinanderbewegen, steigt sie wieder an.

Wenn man zwei Stimmgabeln, die auf zwei geringfügig verschiedene Tonhöhen gestimmt sind, gleichzeitig anschlägt, erzeugen sie ebenfalls eine an- und abschwellende Schwebung. Zum Beispiel erzeugen die Frequenzen von 200 Hz und von 204 Hz eine (neben anderen Obertönen) pulsierende Schwebung von 4 Hz. Gitarristen und Streicher, wie z.B. Violinisten, nutzen dieses Phänomen, wenn sie ihre Instrumente stimmen: Wenn sich die Schwebung auf Null reduziert, sind die Saiten exakt gestimmt.

Dieses Phänomen mag für Nicht-Musiker von nur geringem Interesses sein, nicht jedoch für die Arbeit eines der großen Entdecker und Kartographen innerer Räume – Robert Monroe. Monroe wurde erstmals in den 60er Jahren durch sein Buch „Der Mann mit den zwei Leben – Reisen außerhalb des Körpers" (Ansata-Verlag, Interlaken 1981) einer breiten Öffentlichkeit bekannt. Darin beschreibt er eine Reihe von außergewöhnlichen Erfahrungen, die er im Schlaf machte, genauer gesagt, während sein physischer Körper schlief. Monroe war daran interessiert, diese außerkörperlichen Erfahrungen kontrolliert einzuleiten, und erinnerte sich, daß dieses Phänomen mit bestimmten Vibrationen im Körper einherging – so begann er, ähnliche Effekte musikalisch zu erzeugen.

Monroe fand heraus, daß die Wissenschaft – obwohl sie seit Jahren diese Phänomene (über Stereo-Kopfhörer eingespielt) kannte – diese nicht weiter untersucht hatte. So holte er dies nach und entdeckte, daß zwei Töne, die stereophon rechts und links getrennt in beide Ohren eingespielt wurden, etwas produzierten, was er eine „binaurikulare Schwingung" nannte. Gelangen zwei unterschiedliche Töne ins Gehirn (beispielsweise 200 HZ in das eine und 204 Hz in das andere), „konstruieren" die beiden Gehirnhälften einen dritten, einen Phantom-Ton: die binaurikulare Schwingung. Sie ist die Differenz zwischen den beiden Tönen. Diese Frequenz ist kein „echter" Ton, sondern ein elektrisches Signal, das nur dann erzeugt wird, wenn beide Gehirnhälften synchron zusammenarbeiten.

Monroe fand zu seinem Erstaunen heraus, daß, wenn exakt kontrollierte Töne im Gehirn kombiniert werden, ein Teil unseres Gehirns – der Nucleus olivaris – beginnt, sich an diese binaurikulare Schwingung anzukoppeln. Dieses Phänomen nennt man die Frequenzfolgereaktion (FFR). Schwingt sich der Nucleus olivaris auf die binaurikulare Schwingung ein, sendet er Signale an die Großhirnrinde weiter, die diese mit dem existierenden Muster der Gehirnwellen mischt, um so eine bemerkenswerte Bewußtseinsveränderung hervorzurufen. Als Monroe seine Untersuchungen intensivierte, fand er heraus, daß bestimmte Frequenzen einen einzigartigen, kohärenten Zustand des Gehirns auslösen können, die „Hemisphärensynchronisation".

Was binaurikulare Schwingungen vermitteln können, ist ein einfacher, aber wirkungsvoller Weg zur Veränderung der Gehirnwellen. Die Kombination eines Signals von 200 Hz im einen Ohr mit dem Signal von 210 Hz im anderen Ohr produziert einen subtilen, sanft vibrierenden Effekt, der den Zuhörer auf eine Gehirnfrequenz von 10 Hz bringt. Diese Technik ist weit weniger aufdringlich und irritierend, als wenn beispielsweise eine Trommel 10 mal pro Sekunde geschlagen wird. Es ist eine Methode für schnelle, an der Grenze der Wahrnehmung liegende und sogar subliminale Veränderungen der Gehirnwellen. Sie führen den Zuhörer in einen Zustand komplexer, kohärenter Ordnung und versetzen ihn in einen veränderten, erweiterten Bewußtseinszustand.

EEG-Forscher fanden außerdem heraus, daß diese sorgfältig aufeinander abgestimmten binaurikularen Schwingungen sich schichtweise übereinanderlegen lassen, um so eine komplexe Klangmatrix mit noch wirkungsvolleren Effekten zu produzieren. Bestimmte Frequenzkombinationen können zum Beispiel stabile Alpha-Aktivität produzieren, während andere Kombinationen effektiv Alpha unterdrücken und synchron die Theta- und Betawellen ansteigen lassen. Es gibt zahlreiche Forschungen, die die Effektivität hinsichtlich einer Vielzahl von Anwendungen überprüft haben, wobei der Bereich vom Superlearning über Schmerzlinderung bis hin zur Stimulierung der Immunfunktionen reicht. Eine neuere Studie von Dale Foster (Memphis State University) benutzte EEGs, um die Menge der Alpha-Wellen bei Versuchspersonen zu messen, die Biofeedback-EEG-Training machten. Einige Versuchspersonen bekamen binaurikulare Alpha-Schwingungen zu hören, andere benutzten eine Kombination von Biofeedback und binaurikularen Schwingungen, und es gab noch eine Kontrollgruppe. Fosters Zusammenfassung:

„Ein interaktiver Effekt wurde in der Gruppe gefunden, die binaurikulare Alpha-Schwingungen und Alpha-Biofeedback benutzten, sie produzierten mehr heilsames Alpha als die Gruppe, die nur Alpha-Biofeedback bekam." Zusätzlich berichteten zahlreiche Versuchspersonen, die binaurikulare Schwingungen und Feedback erhielten, daß „sie fähig sind, die Alpha-Produktion durch ihre Konzentration auf die binaurikularen Alpha-Schwingungen zu kontrollieren". Foster faßte zusammen, „daß die Kombination von binaurikularen Alpha-Schwingungen und Alpha-Gehirnwellen-Feedback signifikant mehr Alpha-Wellen produziert als Alpha-Feedback alleine".

Einen anderen Beweis erbrachte der Lehrer Jo Dee Owens aus Washington, der feststellte, daß die Kombination von binaurikularen Delta-Schwingungen mit hohen Beta-Schwingungen einen außerordentlich vitalisierenden Effekt auf ältere Menschen hat.

Nucleus olivaris

Binaurikulare Schwingungen finden Sie auf einer ganzen Reihe von Kassetten und CDs. Sie haben vielleicht schon mal Werbung gesehen, die diesen Effekt als „Ultra-Meditation", „Hemi-Sync" oder „High-Tech-Meditation" usw. beschreibt.

Während einige dieser Kassetten durchaus eine Wirkung zeigen, sind andere schlicht ein Flop. Viele Hersteller machen es sich allzu leicht und glauben, daß sie die Gehirnwellen beeinflussen können, indem sie einfach binaurikulare Schwingungen über die Ohren ins Gehirn senden. Aber wie EEG-Forscher, wie z.B. F. Holmes Atwater, bemerken, „beruht dieses Konzept des klassisch-evozierenden Potentials von Anfang an auf einem Mißverständnis". Die binaurikularen Schwingungen funktionieren leider nicht so simpel.

Die EEG-Forschung zeigt, daß binaurikulare Schwingungen nicht direkt die Gehirnwellenaktivität verändern; vielmehr werden sie in den tieferen Hörzentren „gehört" – im Nucleus olivaris beider Hemisphären, tief im Inneren des Gehirns. Dort können direkt Oszillationen als Reaktion auf binaurikulare Schwingungen gemessen werden. Um den gewünschten bewußtseinsveränderten Effekt in der Großhirnrinde zu erzeugen, müssen die binaurikularen Schwingungen in einer hochspezifischen Mischung kombiniert werden, die Atwater den „audio-enzephalographischen Interferometer-Effekt" nennt. Als Essenz: Die Oszillation der binaurikularen Schwingung muß via Nucleus olivaris mit existierenden Gehirnwellenmustern gemischt werden, damit „Interferenzmuster" oder Wellenkombinationen erzeugt werden können, die dann Muster einer höheren Ordnung produzieren. Erst dadurch entstehen die erweiterten Bewußtseinszustände.

Klang und Energieversorgung

Rhythmische Geräusche wie Klicken, Trommeln und die binaurikularen Schwingungen haben verschiedene Effekte auf das Gehirn. Eine andere Art Klang – der hochfrequente Sound – hat vielleicht noch weitreichendere Effekte. Der erste Wissenschaftler, der die Effekte der hochfrequenten Klänge systematisch erforschte, war der französische Hals-, Nasen- und Ohren-Spezialist Dr. med. Alfred Tomatis. Er bewies, daß unsere Gehirnentwicklung maßgeblich durch die Geräusche, die wir im Mutterleib hören, beeinflußt wird. Während dieser Zeit schweben wir im Fruchtwasser, das auch unsere Ohren ausfüllt. Da sich

Töne im Wasser fünfmal schneller ausbreiten als in der Luft, ist unser pränataler Gehörsinn auch fünfmal so scharf. Tomatis dichtete Mikrophone und Lautsprecher ab und versenkte sie unter Wasser, um verschiedene Arten von Klängen zu erzeugen und aufzunehmen, so wie sie Babies (gefiltert durch das Fruchtwasser) hören – der Pulsschlag, die Atmung, die Stimme der Mutter, Darmgeräusche, Herzschlag und all die anderen Töne, die durch Mutters straffen Bauch gefiltert werden. Er fand dabei heraus, daß diese Klänge vorwiegend aus hochtönigem Piepsen, Zischen, Rascheln und Pfeifen im Frequenzbereich von über 8000 Hz bestehen.

Tomatis nahm die mütterliche Stimme und andere Klänge im hochfrequenten Bereich auf und spielte sie dann Kindern mit Lernschwäche, Autismus, Legasthenie und Hyperaktivität vor – und bemerkte eine unmittelbare und dramatische Verbesserung in bezug auf Lernen und Verhalten. Dieser hochfrequente Sound, so die Theorie von Tomatis, „erweckt ein Gefühl für die archaische Beziehung zur Mutter". Diese Sounds scheinen unsere historischen und archaischen Erinnerungen zu berühren – das Glück und das Einssein mit der Mutter –, und sie vermitteln dem Zuhörer eine Erfahrung des psychischen und physischen Einsseins und der Unversehrtheit. Tomatis entdeckte auch, daß die Klänge die Kraft des Gehirns steigern, den Körper energetisieren und streßbezogene Probleme aller Art reduzieren können.

Musik bringt Mönche wieder auf den Teppich

Tomatis' Forschungen und seine klinischen Erfahrungen ließen ihn zu dem Schluß kommen, daß das Ohr das primäre Organ unseres Bewußtseins ist. Bis dahin glaubten die meisten Menschen und auch die Wissenschaft, daß das Ohr nur eine einzige Funktion hat: das Hören. Sie waren sich nicht bewußt, daß das Hören nur ein Aspekt eines viel größeren und dynamischeren Prozesses ist, eines Prozesses, der buchstäblich jede Zelle in unserem Körper berührt.

Tomatis entdeckte weiterhin, daß unser Ohr nicht nur hört, sondern daß die vibrierenden Schallwellen auch die sensorischen Nerven des Innenohrs stimulieren, wo sie dann in elektrische Impulse umgewandelt werden, die durch die verschiedensten Nervenbahnen das Gehirn erreichen. Einige gelangen zu den Hörzentren (wo sie in Klang umgewandelt werden), andere senden ihr elektrisches Potential zum Kleinhirn (das die Körperbewegungen und den Gleichgewichtssinn kontrolliert), und von dort geht es weiter ins limbische System (das unsere Gefühle und die Freisetzung von Hormonen und anderer biochemischen Stoffe im ganzen Körper beeinflußt).

Das feine elektrische Potential, das durch Klänge hervorgerufen wird, gelangt zur Großhirnrinde, die die höheren Funktionen unseres Bewußtseins kontrolliert. Diese Sounds stellen so etwas wie „Kopf- und Körper-Nahrung" in Form von elektro-neuronaler Stimulation dar. Klänge laden das Gehirn so auf, wie man eine Batterie auflädt.

Tomatis vermutete, daß, wenn Klänge Nahrung für Kopf und Körper sind, eine Unterversorgung mit Klängen, besonders in den hochfrequenten Bereichen, ähnliche Effekte haben könnte wie Unterernährung oder Nährstoffmangel (die zu einer Erschöpfung unserer Ressourcen führen und der Beginn von Krankheiten sein können).

Einmal wurde Tomatis zur Behandlung der Mönche eines Benediktinerklosters gerufen, die plötzlich an Müdigkeit und Lustlosigkeit litten. Tomatis fand heraus, daß der neue Abt den bis dato obligatorischen Gesang von sechs bis acht Stunden täglich abgesetzt hatte. Mit den hohen, widerhallenden Obertönen war der Gesang eine nie versiegende Quelle für hochfrequente Schwingung. Nachdem Tomatis die Mönche überredete, ihren Gesang wiederaufzunehmen, kam auch schnell wieder ihre Energie zurück. Tomatis folgerte: „Einige Klänge haben durchaus die Wirkung von ein, zwei Tassen Kaffee. Und gregorianische Gesänge sind eine geradezu phantastische Energiequelle."

Als Tomatis den Verwandlungsprozeß von Klängen in Nervenenergie im Innenohr beobachtete, fand er heraus, daß die hohen Frequenzen – 8000 Hz und mehr – den Wiederaufladungsprozeß beschleunigen. Bedauerlicherweise führt unsere Zivilisation durch Krach und Lärmbelästigung zu physischem und psychischem Dauerstreß – und damit zu einer dramatischen Verringerung des Hörbereichs bei den meisten Menschen. In unserer lauten und hektischen Zeit weisen selbst Kinder streßbedingte Hörverluste in den hochfrequenten Bereichen auf. Das bedeutet, daß viele Menschen in unserer modernen Gesellschaft taub sind gegenüber der energetisierenden und heilenden Wirkung bestimmter Klänge. Wir befinden uns zunehmend in einem Zustand des „Klang-Entzuges".

Elektrische Ohren

Tomatis entwickelte daraufhin ein Aufnahmeverfahren, das „elektrische Ohr", bei dem normale Klänge gefiltert werden, während die hochfrequenten Klänge erhalten bleiben und sogar verstärkt werden. Mit diesem „Fitneßcenter für das Innenohr" konnte er zwischen hochfrequenten und niederfrequenten Klängen hin- und herschalten und somit ein wechselweises An- und Entspannen der kleinen Muskeln in den Ohren des Zuhörers erreichen. So wie man durch Gewichtheben die Muskeln fördert, behauptet Tomatis, kann man auch durch wiederholte Kontraktion und Dehnung die Ohrmuskeln stärken. So kann sich das Ohr langsam wieder regenerieren und seine Hörfähigkeit bei hohen Frequenzen wiedererlangen. Und wenn sich das Ohr wieder „geöffnet hat", so Tomatis, kann sich unser Gehirn durch die Absorption der Energie des vollen Klangspektrums wieder aufladen.

Eine der wichtigsten Entdeckungen von Tomatis war es, „daß unsere Stimme nur das wiedergibt, was unser Ohr hören kann". Und seit sich unser Hörbereich durch Streß und Lärm zunehmend verringert, hat auch unsere verbale Ausdrucksfähigkeit an Reichtum verloren. Ein Großteil unserer Kommunikation (und unseres Hörens) ist auf das schmale Frequenzband zwischen 300 und 3.000 Hz begrenzt – ähnlich einer Diät, die nur aus Fleisch und Kartoffeln besteht. Tomatis schrieb: Wenn die Ohren für die hochfrequenten Klänge „offen" sind, erlangt man nicht nur die Hörfähigkeit des Hörens von hohen Frequenzen wieder, sondern es geht damit auch ein Heilungsprozeß und ein energetisierender Effekt einher. Mit zunehmender Hörfähigkeit wird man sich wieder stärker der Außenwelt bewußt, begleitet von einer deutlichen Zunahme mentaler Kräfte und einer bemerkenswerten Bereicherung des Stimmumfangs.

Stellen Sie sich einmal bildlich die schmalen, leblosen Frequenzbereiche von kranken, depressiven oder gestreßten Menschen vor und vergleichen sie diese mit dem reichhaltigen Ton- und Sprachspektrum vitaler Sänger, Redner oder religiöser Führer. Menschen, deren vokaler und auditiver Umfang sehr groß ist, sind offener, selbstbewußter und aufgeschlossener gegenüber ihrer Umgebung. Das ist das Resultat der hohen sensitiven Fähigkeit, andere „zu hören". Das ist vielleicht einer der Gründe, warum Dirigenten zu den langlebigsten Menschen gehören. Der direkte Zusammenhang zwischen Streß und Stimme zeigt sich auch, wenn professionelle Sänger unter Streß stehen: Dann leiden sie meist an Kehlkopfentzündungen oder bekommen andere Stimmprobleme.

Tomatis begann damit, Hochfrequenzgeräusche des „elektrischen Ohres" für therapeutische Zwecke einzusetzen. Damit erreichte er außerordentliche Erfolge in der Behandlung vieler Krankheiten. Was als Tomatis-Effekt bekannt wird, wurde wissenschaftlich getestet und weltweit durch Forscher und Therapeuten bestätigt. Die Technik, bei der nach und nach immere höhere Frequenzen eingespielt werden und die sich mit tiefen bzw. sich über das ganze Klangspektrum erstreckenden Töne abwechseln, wird weltweit in mehr als 180 Zentren zur Therapie von Taubheit, emotionaler Unruhe, Hypertonie, Schlaflosigkeit, Sprachstörungen, Epilepsie, Hyperaktivität, Legasthenie, Autismus, Depression usw. eingesetzt.

Viele Musiker nehmen inzwischen diese Technik in Anspruch, um ihre musikalischen Fähigkeiten durch die Steigerung ihrer Hör- und Gesangsfähigkeit zu erweitern. Andere, gut dokumentierte Studien zeigen, daß die Tomatis-Methode noch eine Reihe anderer Resultate liefert: höhere Kreativität und mentale Kapazität, Steigerung der Gedächtnis- und Konzentrationsfähigkeit, Tiefenentspannung, Gewichtsabnahme und vieles mehr.

Der Weg ist der Walkman

Die Tomatis-Methode konnte sich bisher aber nicht weiter durchsetzen, da die Patienten täglich viele Stunden Musik hören mußten, die durch das „elektrische Ohr" gefiltert wurde. Dies geschah meist in der therapeutischen Praxis und kostete viel Zeit und Geld. Die Erfindung des Walkmans änderte dies schlagartig. 1984 schrieb die Schriftstellerin Patricia Joudry das Buch *Gesundheit aus dem Walkman* (Verlag Bruno Martin, Südergellersen 1984) und produzierte eine Serie von „gefilterten" klassischen Musikkassetten, die sie „Klangtherapie für den Walkman" nannte. Wofür man früher Zubehör von DM 30.000 und mehr benötigte (und entsprechend hohe Behandlungskosten verlangte), ist jetzt für einen Kostenaufwand von knapp DM 500 und weniger realisierbar. Dies ermöglichte dem Anwender auch, die Kassetten nebenbei zu hören, statt stundenlang in einer Praxis rumzusitzen.

Optimal ist klassische Musik, die im vollen Frequenzspektrum aufgenommen wurde, abwechselnd mit der gleichen Musik, die durch einen Hochpaßfilter lief, Töne zwischen ungefähr 8.000 Hz bis über 15.000 Hz. Diese hochfrequenten Töne „zischen" und liegen in Bereichen, die man nicht wirklich „hört", aber dennoch haben sie einen stimulierenden Effekt auf unser Gehirn. Dieser Wechsel zwischen hoch- und vollfrequenter Musik dehnt und kontrahiert die kleinen Ohrmuskeln und öffnet unser Hören zunehmend für weitere Bereiche.

Seit Joudry ihre Kassetten produzierte, sind immer neue Techniken entstanden, die hochfrequente Töne liefern und manche Wiedergabeprobleme im hochfrequenten Bereich vermeiden.

Unhörbare Stimulation für die Ohren?

Das betrifft auch die Klangtherapie-CDs der deutschen Firma Lambdona, die in europäischen Kliniken weit verbreitet sind und zu beeindruckenden Resultaten geführt haben. Aber der wichtigste Durchbruch ist das neue Patent des „Silent Stim"-Verfahrens. Neuere Tests konnten zeigen, daß damit Klangtherapie-CDs und -kassetten produziert werden können, die in den hohen Frequenzbereichen über 75 Dezibel stärker (mathematisch heißt das, rund 12 Millionen mal kraftvoller) sind als die Originalkassetten von Joudry.

Die Effizienz dieses Verfahrens basiert auf der Begrenzung (Frequenzmodulation) der hohen Frequenzen von etwa 6.000 bis 18.000 Hz und der niedrigen zwischen 20 und 200 Hz. Da die tiefen und hohen Frequenzbänder teilweise außerhalb unseres normalen Hörvermögens liegen, können sie auf den CDs und Kassetten die ganze Zeit in einer höheren Lautstärke abgespielt werden. Sie können eine äußerst wirksame Stimulation des Gehirns bewirken, ohne direkt hörbar zu sein ... und dennoch sind sie stets präsent.

SIEBEN
Die Kraft des Lichts

> Dein Auge gibt dem Körper Licht.
> Wenn dein Auge gesund ist,
> dann wird auch dein ganzer Körper hell sein.
> Wenn es aber krank ist,
> dann wird dein Körper finster sein.
> – Lk 11,34

> Die Sonne, mein Liebling, die Sonne ist Gott.
> – Joseph Mallord William Turner; Sterbeworte

> Mehr Licht ... mehr Licht!
> – Goethe; Sterbeworte

> Alle Materie ist gefrorener Geist.
> – David Bohm, Physiker

Alles Leben auf unserem Planeten ist abhängig vom Licht der Sonne. Es gelangt in Form von elektromagnetischen Wellen zur Erde, inklusive des schmalen Bereichs der sichtbaren Farben und der unsichtbaren ultravioletten Wellenlängen. Wir entwickelten uns als Lebewesen, die die meiste Zeit unseres Lebens in der Sonne zubringen. Wir nutzen die spezifische Balance der Sonnenstrahlen zum Sehen und zur Steuerung unserer Körperfunktionen, bis hin zur Produktion von Neurochemikalien und Hormonen, die den natürlichen Rhythmus unseres Körpers organisieren.

Heute verbringen viele Menschen ihre Zeit in geschlossenen Räumen und hinter Brillen, Sonnenbrillen, Autoscheiben oder Fenstergläsern. All dies blockiert die natürliche ultraviolette Strahlung und andere Frequenzbereiche der Sonne, wodurch nur ein verzerrter Ausschnitt zum visuellen Bereich des Gehirns gelangt. Und immer mehr Forschungen zeigen, daß natürliches Vollspektrumlicht ein essentieller Nährstoff für Kopf und Körper ist.

Viele von uns, darunter etliche Wissenschaftler, haben lange geglaubt, daß das Auge nur einen Sinn hat: zu sehen. Aber eine Serie von außergewöhnlichen Studien hat in den 70er Jahren festgestellt, daß das Sehen nur ein Aspekt des dynamischen Prozesses ist, der jede unserer Zellen im Körper beeinflußt. Wenn Lichtwellen in die Augen gelangen, stimulieren sie die Nerven der Photorezeptoren, die dann in elektrische Impulse übersetzt werden. Einige fließen dann zum visuellen Cortex, wo sie Bilder hervorbringen, und wirken auf den zerebralen Cortex, der die Motivation, die Sprache, logisches Denken, Lernen, Gedächtnis usw. kontrolliert. Andere durch das Licht erzeugte elektrische Impulse gelangen direkt in den Hypothalamus des Gehirns, eine Super-Drüse, die die meisten unserer lebenserhaltenden Funktionen steuert und koordiniert. Durch den Hypothalamus beeinflussen die lichterzeugten Impulse das autonome Nervensystem. Durch die Hirnanhangdrüse regulieren sie jede wichtige Drüse im endokrinen System. Das Licht wird direkt vom Auge zum Hirnstamm weitergeleitet, der Gleichgewichts-, kardiovaskuläre und gastrointestinale (Magen-Darm-) Aktivitäten kontrolliert.

Mit anderen Worten: Das Licht beeinflußt alle unsere Körperfunktionen und geistigen Zustände direkt. Wie der Nobelpreisträger und Entdecker des Vitamin C, Albert Szent-Györgyi in seiner Arbeit zur Bioelektronik zusammenfaßte, „rührt alle Energie, die wir in unseren Körper aufnehmen, von der Sonne her".

Hunger nach Licht

Licht ist ein wichtiger Nährstoff, und ohne Licht kommen wir aus dem Gleichgewicht, wir werden depressiv, und unser Immunsystem macht schlapp. So, wie wir einen Tagesbedarf an verschiedenen Vitaminen und anderen Nährstoffen haben, benötigen wir auch unsere tägliche Dosis Licht. Wissenschaftler haben die Auswirkungen von zuwenig Licht an Individuen und an ganzen Bevölkerungen (wie der der nordeuropäischen Länder während der dunklen Winterzeit) untersucht und fanden eine direkte Beziehung zwischen zuwenig Licht und Symptomen wie Reizbarkeit, Müdigkeit, Krankheit, Schlaflosigkeit, Depressionen, Selbstmordgedanken, Alkoholismus und anderen Krankheiten. Auf der anderen Seite haben Lichtforscher gezeigt, daß eine Bestrahlung mit Sonnenlicht zu einer Senkung der Herzfrequenz, des Blutdrucks, des Blutzuckers und des Milchsäuregehalts im Blut führen kann, sowie zu Steigerungen der Körperkraft, der Energie, der Ausdauer, der Streßtoleranz und der Fähigkeit, Sauerstoff im Blut zu absorbieren und zu transportieren.

Wenn wir also körperlich und geistig auf der Höhe bleiben wollen, ist es absolut notwendig, daß wir eine gesunde Quelle für vollspektrales Licht finden. Seit unsere Gesellschaft uns die meiste Zeit des Lebens vom natürlichen Licht fernhält, sind eine Vielzahl von gesunden, vollspektralen künstlichen Lichtquellen entwickelt worden, die immer stärker genutzt werden. (Vollspektrales Licht beinhaltet die gleiche Balance von sichtbaren Farben und der unsichtbaren, ultravioletten Wellenlänge, wie sie das Sonnenlicht aufweist.)

Die Farben des Lebens

Im Lauf der Zeit hat unsere Spezies gelernt, Farben zu sehen und sich durch diese beeinflussen zu lassen. Geist, Gehirn und Körper reagieren natürlich und instinktiv auf Farben wie auf das Grün des Dschungels, der Planzen und Gräser; das Blau des Himmels und des Wassers; das Rot und Violett der aufgehenden und untergehenden Sonne usw. Wir sprechen von „Königsblau", „schreiendem Rot", fühlen uns „grün vor Neid" und sehen die Welt „durch eine rosarote Brille". Neue Forschungen zeigen, daß bestimmte Farben eine Flut von Neurochemikalien und Hormonen ausschütten, die unsere Stimmung verändern. Ferner können Farben die Mechanismen des Gedächtnisses aktivieren und das autonome Nervensystem anregen, während andere Farben eher eine beruhigende Wirkung haben.

Unser körperliches Enzymsystem ist so empfindlich gegenüber Licht und Farben, daß verschiedene Farben den Fluß der Chemikalien durch die Zellmembranen verändern können. Farben sind der Grund dafür, daß einige Enzyme über 500% effektiver sind. Neue Forschungen des Neurologen C. Norman Shealy haben gezeigt, daß eine kurze Bestrahlung mit spezifischen Farben zu einem steilen Anstieg in der Produktion von Noradrenalin, Serotonin, Beta-Endorphin, Cholinesterase, Melatonin, Oxytocin, Wachstumshormonen, Gonadoliberin und anderen Hormonen und Neurochemikalien führen kann. Farbe ist also ein effektiver Regulator für viele biologische Schlüsselsysteme und Funktionen.

So wie das natürliche (Vollspektrum-)Licht ein essentieller Nährstoff ist, wissen wir auch, daß auch Farben als Nährstoffe verabreicht werden können. Wenn wir in einer Welt aus künstlichem Licht leben und unserem Gehirn und unserem Körper nur verzerrte, unnatürliche Wellenlängen und Farben zuführen, wirkt das so toxisch auf unsere Gesundheit wie synthetische und denaturierte Lebensmittel. Und um Spitzenleistung zu bringen, brauchen wir täglich eine Mindestmenge an Farben. Da heute ein Großteil der Menschen diese natürlichen Farben nicht in der Natur „zu sich nehmen" kann, sind neue Systeme entwickelt worden, die sich als potente Hilfsmittel für die zerebrale Versorgung mit Farb-Nährstoffen für das hungrige Gehirn etabliert haben.

Licht auf Rezept?

Dr. John Ott hat die Effekte von Licht auf Lebewesen viele Jahrzehnte lang untersucht. Sein Buch *Health and Light* ist voller bahnbrechender Entdeckungen über die Wichtigkeit des vollspektralen Lichts. Eine Schlüsselentdeckung ist, konträr zu allen Alarmmeldungen und Warnungen bezüglich der Gefahren einer zu hohen ultravioletten Bestrahlung, daß UV-Licht einen elementaren Teil des Vollspektrums des natürlichen Lichtes darstellt und absolut wichtig für die menschliche Gesundheit ist. Andere Wissenschaftler haben Otts Entdeckung bestätigt. Wir wissen beispielsweise, daß UV-Licht die Vitamin-D-Synthese aktiviert, eine Voraussetzung für die Aufnahme von Kalzium und anderer Mineralien, den Blutdruck und den Cholesterol-Spiegel reduziert, die Sexualhormone steigert, eine effektive Therapie für Schuppenflechte, Tuberkulose, Asthma und anderer Krankheiten darstellt und ein Schlüsselhormon in der Haut aktiviert, das viele körperregulierende Systeme und das Immunsystem beeinflußt.

Die gegenwärtige Hysterie gegenüber dem UV-Licht, besonders in bezug auf Hautkrebs, hat ein Klima der Angst vor Sonnenlicht geschaffen und führt dazu, daß sich viele Menschen vollständig von diesem lebenswichtigen Nährstoff distanzieren. Wie Ott in einem anderen Beispiel betont, können zu hohe Dosen von Sauerstoff bei der Geburt Babies erblinden lassen. „Es wäre genauso dumm daraus zu schließen, daß Sauerstoff schädlich für unsere Gesundheit sei und daß wir ohne Sauerstoff leben sollten. Ähnliches trifft auch auf die Erklärung für das UV-Licht zu ... die Öffentlichkeit muß verstehen, daß Licht ein ‚Nährstoff' ist, so wie Vitamine oder Mineralien."

Im Widerspruch zum augenblicklichen Glauben über UV-Licht steht, daß Hautkrebs (so zeigen kontinuierlich erscheinende Studien) viel öfter bei Büroangestellten auftritt als bei Menschen, die dem Sonnenlicht ausgesetzt sind. Eine Untersuchung hat gezeigt, daß fluoreszierendes Bürolicht eine Strahlung emittiert, die die Ursache für Mutationen von Hautzellen sein könnten. Eine Lösung dieser Probleme kann die Sonne sein. Die Photobiologie hat sich durch John Otts Arbeit weiterentwickelt. Zu den Entdeckungen der letzten Jahre gehören:

Cholesterol: Zuwenig Licht kann im Zusammenhang mit den endokrinen Funktionen beispielsweise die Kalziumabsorption stören und zu ansteigenden Werten von Cholesterol führen.

Depression: Jahreszeitlich bedingte Gemütsstörungen (Seasonal affective disorder, SAD) sind zyklische Stimmungsstörungen, die durch Herbst/Winter-Depressionen gekennzeichnet sind, die ihre Ursache in zuwenig Licht haben. Schätzungsweise leiden fünf Millionen Amerikaner unter SAD. Studien des National Institute of Mental Health haben gezeigt, daß die Bestrahlung mit vollspektralem Licht zwei bis sechs Stunden lang täglich eine heilende Wirkung darauf hat.

Elektromagnetische Strahlung: Vollspektrales Licht kann durch Elektrosmog verursachten Schäden vorbeugen. Computer zum Beispiel emittieren EM-Strahlung, die zur Polarisierung und zur Koagulation von Eisen in den roten Blutkörperchen führt. Dies wiederum hemmt den Blutfluß und unsere Sauerstoffversorgung. Die Folgen sind Kopfschmerzen, Übelkeit,

Überanstrengung der Augen, Müdigkeit – und man vermutet, daß dies mit ein Grund für viele degenerative Krankheiten, wie Alzheimer, sein kann. Außerdem wurde eine Häufung von Fehlgeburten bei Frauen festgestellt, die viel am Computer arbeiteten. Doch Ott beobachtete, daß wenn man diese koagulierten Blutzellen vollspektralem Licht aussetzt, sich die Koagulation auflöst. Seine Forschungen zeigen weiterhin, daß das vollspektrale Licht dazu beiträgt, sich vor den negativen Effekten der elektromagnetischen-Strahlung des Bildschirms zu schützen.

Gesundheit und Produktivität: Vollspektrales Licht (mit einem Anteil an ultraviolettem Licht) steigert die Produktivität, die krankheitsbedingte Abwesenheit sinkt, es steigert die Sehschärfe und reduziert die Überanstrengung der Augen.

Lernen: An Schulen wurden Studien durchgeführt, bei denen man unterschiedliche Schülergruppen jeweils vollspektralem oder fluoreszierendem Licht aussetzte. Die Schüler, die vollspektrales Licht erhielten, konnten bessere Noten vorweisen, hatten geringere Fehlzeiten und litten weit weniger unter Hyperaktivität.

Sportliche Leistung: Vollspektrales Licht steigert die Körperkraft und die sportliche Leistung. Für eine Studie der University of Illinois wurde eine Sportgruppe in zwei Hälften geteilt. Die eine Gruppe, die Licht mit ultravioletten Lichtanteilen erhielt, steigerte ihre Leistung um 20 Prozent. Die andere Hälfte, die dieses Licht nicht erhielt, nur um ein Prozent.

Streß: Künstliches, nicht-vollspektrales Licht steigert die Produktion von Streß-Biochemikalien wie dem adrenokortikotropen Hormon (ACTH) und Cortisol. Es machte die Probanden reizbar, reduzierte die Produktivität von Fabrikarbeitern und Büroangestellten und steigerte ihren Streßlevel.

Als Resultat von Otts Pionierarbeit ist eine Vielzahl von vollspektralen Lichtarten entwickelt worden, die auf dem Markt erhältlich sind. Fragen Sie Ihren Elektriker, Heilpraktiker oder Therapeuten ...

Licht- und Farbtherapie

Der therapeutische Gebrauch von Licht und Farben hat eine lange Tradition. Im späten 19. Jahrhundert erzielten Ärzte beachtliche Heilerfolge mit dem Einsatz verschiedener Farben. Sie filterten das Sonnenlicht durch farbige Gläser und nutzten später farbige Filter für künstliches Licht. Niels Finsen aus Dänemark erhielt 1903 für seine Lichttherapie, inklusive der Behandlung von Tuberkulose, den Nobelpreis. Er benutzte Licht für scheinbare Wunderkuren bei Tausenden von Patienten. Und zu Beginn des 20. Jahrhunderts erweiterten Dinshah Ghadiali und Dr. Harry Riley Spitler die Wissenschaft der Lichttherapie durch die Entwicklung immer effektiverer Systeme zur Heilung mit Farben.

Die wissenschaftlich fundierte Lichttherapie erreichte immer mehr Menschen, bis 1939 das Sulfonamid entdeckt wurde. Diese Entwicklung verdrängte jedoch die Anwendung der nicht-invasiven Lichttherapie, und der Zweite Weltkrieg mit seinem Bedarf an schnellen und wirkungsvollen Pharmazeutika führte uns in eine Ära der totalen pharmazeutischen Dominanz. Trotzdem setzten die Schüler von Ghadiali und Spitler ihre Forschungen in den 50er, 60er und 70er Jahren fort. Der Durchbruch der Gehirnrevolution ermöglichte es, den außergewöhnlichen Einfluß des Lichts für den Menschen neu zu erkennen und zu erfassen. Das trieb die Untersuchungen von Licht und Farben weiter voran und führte in den letzten Jahren zu neuen Theorien, Techniken und Geräten, um Licht und Farben ins Gehirn zu bringen.

Das Lumatron

Das Lumatron ist ein Gerät, das in den letzten Jahren von John Downing entwickelt wurde. Es benutzt Xenongas als vollspektrale Lichtquelle. Das Licht gelangt durch einen von 11 Farbfiltern, die einfach gewechselt werden können. Diese Filter erzeugen also 11 verschiedene Farben, von Violett, Indigo und Blau auf der einen Seite des Spektrums bis zu Rotorange, Rot und Rubin auf der anderen Seite. Durch eine runde Linse – so groß wie ein Groschen – wird das farbige Licht direkt auf das Auge projiziert. John Downing:

„Der entsprechende Farbstimulus stellt die biologische Uhr optimal ein und hat ausgeglichenere Entladungsprozesse des Hypothalamus zur Folge. Dies wiederum trägt zum Gleichgewicht des neuroendokrinen Systems bei ... Weiter wird die Effizienz des Sehnervs und anderer damit verbundener Nervenbahnen verstärkt, so daß das Gehirn auf natürliche Weise mehr lebenswichtige Lichtenergie aus der Umgebung assimilieren kann. Auf diese zusätzliche photoelektrische Energie reagiert das Gehirn mit der Bildung neuer synaptischer Verbindungen und erhöhter Leistung."

Ein anderes Gerät ist der „Color Receptivity Trainer", der ähnliche Effekte erzeugt wie das Lumatron. Beide Geräte liefern die Farben in rhythmischen Pulsationen. Wie der Forscher Steven Vazquez beobachtete: „Die Frequenz der Lichtimpulse hat oft einen profunderen Effekt als die unterschiedlichen Farben." Sie kann von 1 Hz bis über 60 Hz variieren. Und in der Praxis liefert jede einzelne Farbe eine passende Frequenz.

Eine kurze Serie von Tests untermauerte, daß Farben sehr effektiv auf die Versuchspersonen wirken. Die Versuchspersonen saßen in einem dunklen Raum unter einer speziellen Maske und starrten in das Gerät. Dieses emittierte das Wellenband des farbigen Lichts, das direkt auf die Retina fokussiert wurde.

Die meisten Anwender berichteten über eine bessere Wahrnehmung sowie mentale und emotionale Erfahrungen während der Sitzungen. Aus einem praktischen Erfahrungserlebnis kann ich berichten, daß die runde flackernde Linse ihre Größe, Schärfe und Farbe wechselte, während Emotionen hochkamen und sich entluden und der Geist mit außergewöhnlicher Klarheit und Kraft arbeitete.

Für den therapeutischen Einsatz, so behauptete Downing, benötigen die meisten Menschen rund drei bis fünf Sitzungen à 20 Minuten pro Woche, insgesamt 20 bis 60 Sitzungen, damit der Effekt anhält und vielleicht auch eine permanente Veränderung im Hypothalamus bewirkt. C. Norman Shealy belegte in einer neueren Studie, daß dieser Effekt auch schnell eintreten und dramatisch sein kann.

Die Hormonpumpe

Shealy hat die Menge der Ausschüttung von Neurochemikalien und Hormonen bei Versuchspersonen vor und 10 Minuten nach einer 20-minütigen Sitzung mit violettem, grünem oder rotem Licht (und bei einer Frequenz von 7,8 Hz) gemessen. Er dokumentierte, daß bei der Produktion und Ausschüttung von Schlüsselhormonen, wie dem Wachstumshormon (welches das Wachstum unterstützt und den Fettstoffwechsel steigert), dem Gonadoliberin (welches die weiblichen und männlichen Sexualhormone und Organe stimuliert und die sexuelle Erregung steigert) und dem Oxytocin (welches Gefühle wie Liebe und Bindungsverhalten unterstützt), unter diesen Bedingungen eine „signifikante Steigerung von 25% und mehr" erreicht wird. Zusätzlich konnte er eine signifikante Steigerung von Serotonin, Beta-Endorphin und anderen Biochemikalien nachweisen. Shealy testete eine Person mit einer Frequenz von 31,2 Hz (4 mal 7,8) und fand heraus, daß der Anstieg bei dem Wachstumshormon, bei Gonadoliberin und bei Oxytocin sogar „signifikant stärker war als bei 7,8 Hz".

Shealy folgerte daraus unter anderem, daß „die Farben des Lichts einen signifikanten Effekt auf der neurochemischen Achse aufweisen".

Da Shealys Studien eine unmittelbare neurochemische Veränderung zeigen, ist vermutlich der dramatische Effekt auch kummulativ ... über eine Periode von 20 oder mehr Sitzungen. Eine Frau, mit der ich sprach, litt ihr Leben lang unter Lernschwäche – ihr Gehirn schien so schnell zu arbeiten, daß sie es für unmöglich hielt, ihre Gedanken soweit zu verlangsamen, daß sie die Aufmerksamkeit auf geschriebene Wörter richten konnte. Nach einer Serie von Sitzungen am Lumatron – mit violettem Licht und 8 Hz – wurde sie ruhiger und konzentrierter. Viel wichtiger für sie war aber, daß es ihr möglich wurde zu lesen. „Für mich ist es eine ganz neue Welt", so erzählte sie mir. „Ich denke, diese Welt der Bücher und des Lesens habe ich mein ganzes Leben lang vermißt."

Diese Frau litt unter einer chronischen Übererregung des autonomen Nervensystems. Viele Versuchspersonen leiden auch unter Untererregung, erfahren dies als Depression, chronische Müdigkeit und Lernschwäche. Wenn sie einer Lichtstimulation mit Gelb, Gelborange, Orange, Rotorange, Rot, Rubin und einem Frequenzbereich von 12 bis 15 Hz oder höher ausgesetzt wurden, erlebten sie gesteigerte Energie, eine Erhöhung des IQ und eine Verbesserung der Stimmung.

Eine kontrollierte klinische Studie der Psychotherapeutin Jill Ammon-Wexler hat ergeben, daß Lichttherapie effektiv in der Behandlung von Phobien eingesetzt werden kann. In einem Prozeß von 20 experimentellen Sitzungen fand sie heraus, daß es „klinisch einige bemerkenswerte Lösungen im phobischen System der Versuchspersonen gibt. Es lassen sich auch allgemeine Beweise für ein erhöhtes Selbstwertgefühl und klinisch signifikante Reduktionen bei Ängsten und Depressionen finden."

Eine andere, kürzlich beendete Studie von Carol J. Rustigan – Spezialistin für Lernschwächen an der California State University, Sacramento – hat einen Beweis dafür erbracht, daß 20 Sitzungen mit dem Lumatron das Erinnerungsvermögen steigern, schnelleres Lesen ermöglichen, das Leseverständnis und andere kognitive Fähigkeiten bei Erwachsenen mit Lernstörungen fördern können.

Eine Studie des EEG-Forschers Robert Boustany aus Houston ergab, daß das Lumatron die Synchronisation des Gehirns und die Gehirnwellen-Amplitude in beiden Hemisphären verstärkt. Berichte von Medizinern aus aller Welt zeigen, daß das Lumatron eine außergewöhnliche Bandbreite verschiedener Effekte hervorruft. Es ist wiederholt mit Erfolg bei der Behandlung von verschiedenen Krankheitsbildern wie Allergien, Ängste, Asthma, Farbblindheit, Taubheit, Depressionen (inklusive manischer Depression), Epilepsie, Müdigkeit, Schlaflosigkeit, Migräne, Schmerz, prämenstruellem Syndrom, Hautproblemen, Schlaganfall u.v.a. eingesetzt worden.

Bei gesunden Menschen kann das Lumatron zu drastischen Verbesserungen der Gehirnleistung und des Zusammenspiels von Geist und Körper führen. Ich erhielt Berichte über Verbesserungen bei Lernschwächen, beschleunigtes Lesen und Verständnis des Gelesenen, gesteigerte mathematische Fähigkeiten, Gedächtnis-Verbesserung, Verbesserung der Aufmerksamkeit, der Konzentration, der Kreativität, des visuellen Gedächtnisses, der Farb- und Tiefenwahrnehmung, des peripheren Sehens, des Sehens im Dunkeln, der Immunreaktion, der Koordination Hände-Augen, der sportlichen Leistungen, des Gleichgewichts u.v.m.

Die unbehagliche Zone

Jacob Liberman, Autor des Klassikers *Die heilende Kraft des Lichts* (Scherz Verlag, München 1993), fand heraus, daß spezielle Farben durch das „Loslassen von toxischen Erinnerungen" oder vergangenen Erfahrungen therapeutisch wirken können. Liberman hat eine Technik entwickelt, um zu sehen, welche Farben beim Patienten beunruhigend wirken und Unbehagen auslösen. Er schreibt, daß „die beunruhigenden Farben wahrscheinlich angstvolle Erfahrungen aus dem Leben des Patienten repräsentieren oder mit diesen zusammenhängen". Liberman arrangiert die Farben zur Behandlung von wenig beunruhigend bis zu stark beunruhigend, und dann bewegt sich der Patient behutsam in die progressiv stark beunruhigenden Farbzonen hinein. Wenn er diesen Weg durchläuft, kommen tiefe und schmerzvolle Erinnerungen und Erlebnisse an die Oberfläche und können sich lösen.

ACHT
Die Technicolor-Symphonie: Harmonie durch Licht und Ton

Anthropologen berichten, daß Schimpansen weite Strecken zurücklegen, um auf Wasseroberflächen zu starren, auf denen sich das Sonnenlicht spiegelt. Diese Geschichte erinnert mich an Erfahrungen unserer Vorfahren, die bereits die Möglichkeiten des flackernden Lichts entdeckten, Ursache für mysteriöse visuelle Halluzinationen und Bewußtseinsveränderungen. Seit die Menschen das Feuer entdeckten, haben sie versucht, sein Flackern zu kontrollieren. Schamanen und Poeten der Antike nutzten die Kraft und Vorstellung flackernder Flammen, um tiefer in die Mysterien einzudringen.

Wissenschaftler entdeckten sehr früh die praktische Anwendung. 125 Jahre vor Christus experimentierte Apuleius mit flackerndem Licht, das durch die Rotation einer Töpferscheibe entstand, und er fand heraus, daß es zur Therapie eines Typs der Epilepsie eingesetzt werden kann. Als Ptolemäus etwa 200 Jahre vor Christus ein sich drehendes Rad zwischen die Sonne und einen Betrachter stellte, bemerkte er, daß das Flackern des Sonnenlichts durch die Speichen des sich drehenden Rades Muster und Farben vor dem Auge des Betrachters entstehen ließ, die ein Gefühl der Benommenheit und Euphorie erzeugen konnten. Um die Jahrhundertwende beobachtete der französische Psychologe Pierre Janet, daß die Patienten des Salpêtrière-Krankenhauses in Paris weniger hysterische Anfälle hatten und entspannter wurden, wenn man sie flackerndem Licht aussetzte.

Die moderne wissenschaftliche Erforschung der Effekte von rhythmischem Licht und Klängen begann Mitte der 30er Jahre, als Wissenschaftler entdeckten, daß sich die Gehirnwellen auf den Rhythmus der blitzenden Lichtstimulation einstimmten. Diesen Prozeß nennt man Kopplung. Wenn zum Beispiel ein Stroboskop mit einer Frequenz von 10 Hz auf das Auge gerichtet ist, kann man an Hand der EEG-Aufzeichnungen feststellen, daß sich die Gehirnwellen der Versuchsperson auf eine Frequenz von 10 Hz einstimmen.

Während des Zweiten Weltkrieges war der Radartechniker Sidney Schneider fasziniert von den Effekten der rhythmischen Lichtblitze auf den Radarschirmen. Diese führten zu veränderten Zuständen des Personals, das kontinuierlich auf die Radarschirme starrte. Er entwickelte das erste kommerziell/medizinische Gerät, das speziell zur Kopplung von Gehirnwellen erschaffen wurde. Die erste Produktion begann Ende der 40er Jahre, und das Gerät hieß „Brainwave Synchronizer"; es war ein frequenzvariables Stroboskop. Es ist heute immer noch auf dem Markt erhältlich und wird überall auf der Welt als Hilfsmittel in der Hypnotherapie eingesetzt.

Ende der 40er Jahre schaltete die Forschung in einen höherem Gang, als der große britische Neurowissenschaftler W. Gray Walter ein elektronisches Stroboskop und ein EEG benutzte, um das „Flackerphänomen" zu untersuchen. Er fand heraus, daß rhythmisch flackerndes Licht schnell die Gehirnwellenaktivität verändert; es produziert einen tranceähnlichen Zustand mit tiefer Entspannung, begleitet von mentalen Bildern. Er fand auch heraus, daß das Flackern die Gehirnwellenaktivität im gesamten Cortex verändert, anstatt nur die Aktivität des Gehirnbereichs, der mit dem Sehen in Zusammenhang steht. Walter schrieb damals: „Die rhythmische Folge der Blitze zerstört zum Teil anscheinend die physiologischen Barrieren zwischen verschiedenen Gehirnregionen. Der Stimulus des Flackerns, der von der visuellen Projektionsfläche des Cortex empfangen wird, durchbricht Grenzen – und strahlt in andere Bereiche aus." Noch rätselhafter waren die subjektiven Erfahrungen der Menschen, die den Blitzen ausgesetzt waren: „Die Versuchspersonen berichteten von Visionen, von Kometen, überirdischen Farben, Farben geistiger, nicht visueller Art."

Walters Forschung erweckte die Aufmerksamkeit vieler Künstler, inklusive des amerikanischen Novellisten William Burroughs, der eine simple Flackermaschine zusammenbaute, die „Dream Machine" (Traum-Maschine). Wie Burroughs damals schrieb: „Die Versuchspersonen berichten von blendenden Lichtern von überirdischer Strahlungskraft und Farbe ... Aufwendige geometrische Konstruktionen von unglaublicher Komplexität verwandeln sich aus einem multidimensionalen Mosaik in lebende Feuerbälle (wie die Mandalas der östlichen Mystik). Oder sie lösen sich von einem Augenblick zum anderen in scheinbar individuelle Bilder und packende dramatische Szenen, wie farbenprächtige Träume, auf."

Eine Flut von wissenschaftlichen Forschungen in den 60er und 70er Jahren belegte, daß der Flacker-Effekt verschiedener Frequenzen eine enorme Kraft besitzt. Viele Wissenschaftler entdeckten, daß die photische Stimulation eine Vielzahl von positiven Effekten auslösen kann, darunter einen gesteigerten IQ, erweiterte intellektuelle Funktionen und eine größere Synchronisation der beiden Hemisphären. Andere Forscher meinten, daß zusätzliche, rhythmisch-auditive Signale dramatische Steigerungen der Effekte bewirken. In Kapitel 7 berichteten wir über einige der klinischen Vorzüge von flackernden Geräten, z.B. dem Lumatron.

Vom Lagerfeuer zum Laserstrahl

In den letzten Kapiteln wurden Licht und Ton separat diskutiert, doch die Menschen haben schon immer versucht, rhythmische Töne und rhythmische Lichtstimulation zu kombinieren. Antike Rituale zur Herstellung von Trancezuständen werden häufig durch rhythmische Töne (wie Trommelschläge, Rasseln oder Singen) und flackerndes Licht erzeugt (durch Kerzen, Fackeln, Leuchtfeuer oder lange Schlangen von menschlichen Körpern, die in

Acht – Die Technicolor-Symphonie: Harmonie durch Licht und Ton

wellenartigen Bewegungen am Feuer vorbeitanzen, um damit das Licht in hypnotisierende rhythmische Blitze zu verwandeln). Von griechischen Spielen bis hin zu westlichen Opern ist die populärste Unterhaltungsform die Kombination von Licht und Ton. Viele Komponisten, wie der visionäre Scriabin, komponierten Musik, deren Intention es war, mit rhythmischen Licht-Bildern kombiniert zu werden.

Der technologische Fortschritt ermöglichte immer effektivere Kombinationen. Zu bewegten Bildern wurden Soundtracks entwickelt, und die Filmemacher nutzen dieses Potential, um die Ausdruckskraft der bewegten und flackernden Bilder auf der Leinwand zu steigern. Filme wie *Vom Winde verweht*, *Der Zauberer von Oz* bis hin zum *Star-Wars*-Epos, sind audiovisuelle Erfahrungen, in denen der rhythmische Soundtrack mit den bewegten und flackernden Lichtbildern und dem rhythmischen Flackern der Filmtechnik verschmilzt. Das Zusammenspiel von elektronisch verstärkten Musikinstrumenten und psychedelischen Lightshows hat sich in den 60er Jahren auch in der Rockmusik etabliert und produziert eine schnelle, tiefgreifende Erweiterung des Bewußtseins.

Meilensteine bei der Nutzung von Licht und Ton

In den 80er Jahren war die Zeit reif für einen Durchbruch bei der Kombination von Licht und Ton. Der Katalysator war die Revolution in der Mikroelektronik, eine Revolution, die es den Heimelektronikern und den Garagen-Erfindern durch die Mikrochiptechnologie ermöglichte, überraschend komplexe LS-Geräte zu bauen. Diese computerisierten Geräte beinhalten eine reiche Mischung von Tönen, Akkorden und Frequenzen. Computerähnliche Programmkapazitäten ermöglichen es dem Anwender, zwischen verschiedenen Einstellungen zu wählen, die unterschiedliche Zustände hervorrufen. Der Bereich reichte von Schlaf über Meditation bis hin zu extremer Bewußtheit ... alles auf Knopfdruck. 1990 erreichten die Geräte eine enorme Popularität, die dazu führte, daß die Geräte nun auch über Kataloge und Kaufhäuser angeboten werden.

Wie beim PC entstanden immer neue Weiterentwicklungen, neue Maschinen und Updates der älteren Geräte; und wie beim PC wurden sie immer kleiner, flexibler, ausgefeilter und gleichzeitig immer preiswerter. Während ich dieses Buch schrieb, waren weltweit rund 40 verschiedene LS-Maschinen in der Produktion – und eine neue Generation befindet sich in der Entwicklung. Diese neuen Geräte können Programme aus externen Quellen in den Systemspeicher laden oder mit einem CD-Player kombiniert werden. Ferner kann man die LS-Stimulation mit EEG-Biofeedback kombinieren, bei den neuen LS-EEG-Geräten mißt das Gerät die dominante Gehirnwellenaktivität und spielt die optimale Frequenz des LS so ein, daß die Gehirnwellenaktivität zur „Ziel"-Frequenz hin gekoppelt wird. Verschiedene solcher Geräte sind jetzt auf dem Markt erhältlich und werden verstärkt auch zur klinischen Behandlung von Lernstörungen, Ängsten, Depressionen und beim Drogenentzug eingesetzt.

Eine andere Entwicklung betrifft LS-Systeme, die sich nur noch auf einem Board befinden und so in einen freien Steckplatz oder den seriellen Anschluß des Computers integriert werden können. Diese Boards ermöglichen dem Benutzer, Hunderte von Programmen in fast jeder Länge und Komplexität zu kombinieren. Andere LS-Systeme werden mit cranialer Elektrostimulation (CES) verbunden, so daß der Benutzer zusätzlich pulsierende elektrische Mikroströme in der Frequenz der LS-Geräte erhält.

Diese Entwicklungen weisen den Weg in die Zukunft. Schon bald werden wir interaktive Systeme haben, die dem Benutzer mit ein paar Elektroden ermöglichen, sein EEG oder andere physiologische Indikatoren am Bildschirm in Echtzeit anzusehen. Das System monitorisiert und analysiert die Informationen und vermittelt ein Feedback für den optimalen individuellen Typ von LS-Stimulation (wie CES, geeignete digitale binaurikulare Schwingungen, Hochfrequenzsignale, Musikauswahl, vorprogrammierte Audio-Subliminals, periphere Suggestionen, hypnotische Induktionen, Informationen für beschleunigtes Lernen usw.). Diese Systeme werden Tausende von Programmen speichern, mit denen der Benutzer den gewünschten Geisteszustand erreichen oder Erfahrungen machen kann, während er wie beim Fernsehen die Programme auswählt. Die Technologie für solch ein System ist bereits erhältlich. Die Zukunft der optisch-akustischen Systeme wird mit Sicherheit in Richtungen gehen, die bisher kaum vorstellbar sind.

Licht- und Ton-Forschung

In den letzten 50 Jahren hat sich die Forschung der LS-Geräte so rapide entwickelt, daß sie Tiefenentspannung, gesteigerte Suggestibilität, erhöhte Aufnahmebereitschaft und den Zugang zum Unterbewußtsein ermöglichen. Neuere Studien aus aller Welt zeigen, daß die Maschinen Linderung von migräneartigen Kopfschmerzen, Behandlung von Lernstörungen, Schmerzreduktion, Steigerung der Immunfunktion und vieles mehr bieten. Nachfolgend eine Zusammenfassung der interessantesten Arbeiten, die in den letzten zehn Jahren durchgeführt wurden.

Viel hilft viel ...

Der kalifornische Psychologe Julian Isaacs arbeitet mit einer privaten Forschungsgruppe, die sich „Die anderen 90%" nennt. Sie studieren die Effekte der LS-Geräte an fortschrittlichen Brain-Mapping-EEGs. Sie fanden einen „sehr klaren Beweis für die Beeinflussung der

Gehirnwellen" (Brainwave Driving), in Form einer Korrelation zwischen der Lichtintensität (egal ob rote LEDs oder helleuchtende Birnen) und der Gehirn-Kopplung: je stärker das Licht, desto größer die Kopplung.

Steigerung

Forschungen von Dr. C. Norman Shealy und anderen zeigen, daß die alleinige Lichtstimulation (mit dem Lumatron und einfachen roten LED-Brillen) und mit LS-Geräten den Spiegel einer Vielzahl von Neurochemikalien und Hormonen, inklusive Endorphinen und Wachstumshormonen, steigern kann. Dies erklärt, warum Benutzer über diverse Vorzüge wie Linderung von Streß, Ängsten, Depressionen und Schmerz bis zur Steigerung des mentalen Bewußtseins und des Gedächtnisses berichten.

Das Tor zum Unterbewußtsein

Dr. Thomas Budzynski hat ausgedehnte klinische Anwendungen von LS-Geräten durchgeführt und bemerkt: „Die Ergebnisse waren unterschiedlich und schwankten zwischen schläfrig hypnagogen Zuständen (wenn Theta-Wellen verwendet wurden) und lebhaften holographischen Bildern. Gelegentlich kamen Bilder aus der Kindheit an die Oberfläche." Dies führte dazu, daß Budzynski über die Geräte als „Herbeiführer hypnotischer Zustände" sprach und sie als „Fundbüro des Unterbewußtseins" mit einem immensen therapeutischen Wert bezeichnete. Die Geräte scheinen es zu ermöglichen, daß die Versuchspersonen Kindheitserinnerungen mit einer hohen „Vergegenwärtigungsqualität" wiedererlebten. Er fand auch heraus, daß die LS-Geräte effektiv für beschleunigtes Lernen zu nutzen sind, da sie den Benutzer in den Theta-Zustand (oder „Dämmerzustand") der Hyper-Beeinflußbarkeit und höchsten Wahrnehmung von neuen Informationen versetzen können.

Tiefenentspannung

Dr. Norman Thomas und sein Mitarbeiter David Siever von der University of Alberta verabreichten einer Gruppe von Versuchspersonen alphafrequente LS-Stimulation von 15 Minuten. Während dieser Zeit haben sie mit dem Elektromyographen (EMG) die Muskelspannung und die Fingertemperatur gemessen. Eine Kontrollgruppe sollte sich ohne LS-Geräte einfach nur entspannen, ebenfalls 15 Minuten lang. Signifikanterweise waren beide Gruppen das, was Forscher „resistent" oder „nicht-hypnotisierbar" nennen. Während die Versuchspersonen der Kontrollgruppe glaubten, daß sie entspannt waren, zeigten das EMG und die Fingertemperatur eine gesteigerte Muskelanspannung und eine absinkende Fingertemperatur (was in Zusammenhang mit Streß oder Spannung steht). Auf der anderen Seite zeigte die LS-Gruppe einen dramatischen Anstieg bei der Entspannung, einen profunden Entspannungszustand, der sogar noch lange Zeit nach den 15 Minuten der LS-Stimulation anhielt. Die Forscher schrieben hierzu: „Es scheint, daß die audio-visuelle Stimulation ein einfaches hypnotisches Werkzeug für sonst widerstandsfähige Versuchspersonen ist."

Enthusiasmus

1988 führte der Anästhesist Robert Cosgrove Jr. erste vorbereitende Studien über LS durch. In seiner anfänglichen Einschätzung kam Cosgrove – eine Autorität der Pharmazie und des biomedizinischen Ingenieurwesens – zu dem Ergebnis, daß die LS-Stimulation „sehr wirksam in ihrer Fähigkeit zur tiefen Entspannung für die meisten Versuchspersonen ist. Die Effektivität ist so groß, daß wir sehr enthusiastisch in Anbetracht der Aussicht sind, diese Geräte mit ihren beruhigenden Eigenschaften vor, während und nach Operationen einzusetzen. Wir erarbeiten auch Studien, in denen wir sie auf ihre Nützlichkeit bei chronischem Streß testen."

Neuro-Trainingsgeräte

Cosgrove bemerkt, daß „LS mit geeigneter, selektiver Stimulation, so unsere protokollierten Beobachtungen, als exzellentes neuro-leitendes Trainingsgerät eingesetzt werden kann. Ferner glauben wir an ihr großes Potential zur Unterstützung zerebraler Leistung ... Zusätzlich lassen sich durch eine reguläre Nutzung der Geräte langfristige Effekte aufrechterhalten und die zerebrale Leistung im Leben steigern. Ferner läßt sich möglicherweise der Degenerationsprozeß des normalen Gehirns durch den Alterungsprozeß um Jahrzehnte herauszögern."

Kreativer und flexibler

Der Medizinforscher Dr. Gene W. Brockopp spekuliert, daß LS „womöglich das Gehirn nicht ‚energetisiert', sondern einen Zustand der Deaktivierung hervorruft, in dem das Gehirn passiv ist, aber nicht schläft; wach ist, aber nicht in das Gewirr des Alltagslebens involviert. Wenn das stimmt, könnte es sich um einen Zustand handeln, in dem sich neue kognitive Strategien entwerfen und entwickeln lassen." Brockopp vermutet ferner:

„Wenn wir einem Menschen zur bewußten Erfahrung unterschiedlicher Gehirnwellenzustände verhelfen können, indem wir diese extern stimulieren, fördern wir womöglich die Fähigkeit des Individuums, eine größere Bandbreite von Verhaltensfunktionen zuzulassen, indem wir Muster auf der neuralen Ebene zerstören. Das könnte den betreffenden Menschen bei der Entwicklung der Fähigkeit zum ‚Umschalten' oder ‚Hin- und Herpendeln' helfen und sie von gewohnheitsmäßigen Verhaltensmustern abbringen, so daß sie flexibler und kreativer würden und elegantere Funktionsstrategien entwickeln könnten."

Stoppt Migräne

Lichtstimulation (durch rote LED-Brillen) wurde bei sieben Menschen eingesetzt, die unter migräneartigen Kopfschmerzen litten – bei keinem konnte sie durch Medikamente gelindert werden. Von 50 Migräne-Probanden kamen 49 zu dem Resultat einer „Besserung", bei 36 Probanden kam es zur Auflösung der Kopfschmerzen durch photische Stimulation. Signifikanterweise bedeutet kräftigeres Licht auch hier mehr Effektivität.

Chronische Schmerzen

Frederick Boesma und Constance Gagnon vom Department of Educational Psychology der University of Alberta studierten den Effekt der regulären LS an drei chronischen Schmerzpatienten über eine Periode von neun bis siebzehn Monaten. Am Anfang der Studie litten alle drei unter so starkem Schmerz und Streß, daß zwei von ihnen bereits Suizidgedanken hegten. Doch während der Behandlung zeigte jede Versuchsperson eine bedeutende Schmerzreduktion, und sie brauchten weniger Medikamente. Der Effekt der LS verringerte sich nicht mit der Zeit, sondern die Effektivität wurde durch stetige, reguläre Benutzung eher gesteigert. Der konsequente Einsatz von LS kann in Verbindung gebracht werden mit den niedrigeren Schmerzstufen, einem leichteren Schlaf und verbessertem Umgang mit Streß. Langfristige Nutzung scheint die Gedanken an Selbstmord zu verringern oder auszulöschen. Die Patienten berichteten außerdem, daß der Umgang mit LS zu einer größeren Kontrolle über das eigene Leben führte.

Weniger Sorgen, weniger Streß

Dr. Juan Abascal und Dr. Laurel Brucato haben verschiedene LS-Studien (inklusive Studien bei den Offizieren des Metro-Dade Police Department) am „Mindwork" durchgeführt. Das Mindwork ist ein Psychotherapie- und Streßreduktionscenter. Ihre Studien zeigten, daß LS signifikante Streßsymptome wie Herzfrequenz, Blutdruck, Muskelspannung, Zustandsangst und Eigenschaftsangst reduziert. Zustandsangst mißt den Grad der Angst, die während der Zeit der Messung vorhanden ist, während die Eigenschaftsangst eher grundlegend und recht stabil über die Zeit ist.

Besseres Immunsystem

William Harris ist Direktor der Penwell Foundation, einer Organisation für die Untersuchung, Erforschung und Anwendung verschiedener Modalitäten in der AIDS/HIV-Behandlung. Er fand heraus, daß die LS-Geräte sehr effektiv sind. Er spekuliert darauf, daß diese Geräte das Immunsystem durch die Produktion von Zuständen tiefer Entspannung stärken. Mit ihnen kann die Heilung angeregt und die Fähigkeit der Visualisierung verstärkt werden. „An diesem Punkt", so vermutet Harris, „wirkt dieser Typ von Geräten stimulierend ... der Körper produziert seine eigenen chemischen Substanzen", und diese natürlichen Substanzen verstärken die Immunfunktion und die Heilung.

Besseres Lernen

Eine Vielzahl von Forschungen und klinischen Arbeiten haben demonstriert, daß es keinen Zweifel mehr daran gibt, daß der Einsatz von LS-Geräten im Beta-Bereich zu einer gesteigerten Gehirnwellenaktivität führt, die wiederum den IQ dramatisch erhöht und die Persönlichkeit verändert.

Ekstase und Samadhi

1990 fand Bruce Harrah-Conforth von der Indiana University heraus, daß eine Gruppe, die LS-Stimulation erhielt, als Reaktion auf die Frequenz des LS-Gerätes dramatische Veränderungen in den EEG-Mustern zeigte, ein Beleg für hemisphärische Synchronisation. Eine Kontrollgruppe hörte mit geschlossenen Augen entspannende Musik. Harrah-Conforth folgerte daraus, daß die LS-Geräte die Ursache für simultane, *ergotropische Erregung* sind, d.h. eine Erregung des sympathischen Nervensystems und des zerebralen Cortex – der mit „kreativen" und „ekstatischen Erfahrungen" in Verbindung gebracht wird – und *trophotropische Erregung* oder die Erregung des parasympathischen Nervensystems – das mit tiefer Entspannung und dem „zeitlosen, ozeanischen Zustand von mystischen Erfahrungen" in Verbindung steht. Beim Menschen, so Harrah-Conforth, werden diese „beiden Zustände als hyper- und hypno-erregend interpretiert, oder als Ekstase und Samadhi".

NEUN
Das elektrische Gehirn: Wie man seine Batterien auflädt

Beth wurde bei der Geburt ihres ersten Kindes anästhesiert und später fand sie heraus, daß sie einen Teil ihres Gedächtnisses verloren hatte. Sie mußte daraufhin ihren Job in einer Flugzeugfabrik aufgeben. Jahre später gab ihr ein Freund ein kleines craniales Elektrostimulationsgerät (CES), und sie begann es zu benutzen. „Fast über Nacht", sagte sie, „kamen alle meine Erinnerungen wieder, selbst die Telefonnummern aus der Fabrik. Es war unheimlich – all diese alten Nummern von Leuten, an die ich jahrelang nicht gedacht hatte."

Diese Geschichte, die mir der Forscher Bob Beck erzählte, ist ein Beleg für einen der Schlüsselfaktoren: Unsere Gehirne werden elektrisch betrieben. Jedes der Milliarden von Neuronen in unserem Gehirn ist ein kleiner elektrischer Generator, so komplex wie ein Minicomputer. Er feuert ein elektrisches Signal, das verschiedene Neurochemikalien freisetzt und Verbindungen mit Tausenden von anderen Neuronen herstellt. Das Bewußtsein selbst ist ein Produkt des synchronen elektrischen Feuerns von komplexen Neuronennetzwerken. „Das Gehirn ist wie ein Weihnachtsbaum mit 10 Milliarden Kerzen", so Dr. Christof Koch, Neurowissenschaftler am California Institute of Technolgy. „Wenn wir unsere Aufmerksamkeit auf 10.000 synchrone Neuronen richten, flackern sie gleichzeitig 100 Millisekunden lang auf. Dann desynchronisieren sie sich wieder und die nächsten 10.000 sind dran." Zusätzlich zu den Neuronen enthält das Gehirn auch Gliazellen – vielleicht zehnmal mehr als Neuronen –, die sich durch Erzeugung, Übermittlung und Verstärkung von elektrischen Signalen organisieren und entsprechend kommunizieren.

Wenn unsere Gedanken, unsere Wahrnehmung aus komplexen Netzwerken elektrischer Ströme bestehen, die durch unser Hirn fließen, macht es Sinn, daß eine elektrische Stimulation des Gehirns nachhaltige Effekte auf unsere Bewußtseinszustände und Gehirn-Funktionen haben kann.

Wir haben bereits gesehen, wie Stimulation durch Licht und Ton als „Nahrung für das Gehirn" betrachtet werden kann. Wir haben gesehen, wie Licht und Ton das Gehirn energetisiert; wie heilende Effekte durch die Stimulation der elektrischen Gehirnaktivität erzeugt werden können. Licht, das auf die Photorezeptoren fällt, wird in elektrische Impulse umgesetzt, die dann das gesamte Gehirn über den visuellen Cortex und den Hypothalamus stimulieren. Töne stimulieren die Nervenenden im Ohr, die in elektrische Impulse umgewandelt werden. Über das vestibuläre System, das Kleinhirn, das limbische System und den Cortex stimulieren sie das ganze Gehirn. Aber es gibt einen direkteren Weg, um elektrische

Impulse ins Gehirn zu bringen: Man nehme dieselbe rhythmische Pulsation von Elektrizität, die die Gehirnzellen selbst verwenden. Wenn Licht und Töne Nährstoffe sind, die das Gehirn mit ihrer elektrischen Aktivität anreichern, wie sehr dann erst die elektrischen Impulse selbst, wenn sie in der dem Gehirn gemäßen Form und der Intensität geliefert werden.

Es gibt Beweise, daß diese Art der direkten Stimulation der Neuronen profunde, optimierende und normalisierende Effekte auf die Gehirnfunktionen hat. In den Worten des führenden CES-Forschers Dr. Ray Smith: „Ich denke, CES bringt wahrscheinlich das Gehirn in sein normales Gleichgewicht zurück – zu der Funktionsweise, für die wir geboren worden sind." Viele Jahre lang wurde CES zur Therapie von Depressionen, Schlaflosigkeit, Anhedonie (die Unfähigkeit Freude zu erfahren) und der unangenehmen Begleiterscheinungen von Drogen- und Alkoholentzug eingesetzt. Aber neuere Durchbrüche zeigen, daß CES noch weit mehr Möglichkeiten bietet.

Strom an – besser lernen

CES kann die kognitiven Funktionen vielfach verbessern. Eine Studie von Dr. Daniel Kirsch und Dr. Richard Madden – beide City University of Los Angeles – zeigt, daß die Versuchspersonen, die CES erhielten, psychomotorische Aufgaben besser lösten und konzentrierter bzw. wacher waren als die Kontrollgruppe.

Studien, bei denen die Versuchspersonen unter kognitiven Defiziten durch Gehirnschäden litten, zeigen, daß die CES-Behandlung nicht nur die kognitiven Funktionen steigert, sondern auch eine Heilung des Gehirnschadens herbeiführen kann, der der Grund für die kognitiven Defizite war. Dr. Smith, der diese Forschungen leitet, glaubt, daß CES die Gehirnfunktionen durch die selektive Stimulierung von Gehirnteilen verbessert.

In neueren Studien, bei denen es um „Konzentration auf etwas ganz Bestimmtes", um die Beeinträchtigung des Kurzzeitgedächtnisses und anderer Lernschwächen geht, die das Resultat von Gehirnverletzungen sind, wurde gezeigt, daß eine CES-Behandlung zu einer „signifikanten Steigerung" in den Bereichen mentale Geschwindigkeit, visuelle und auditive Wahrnehmung, Konzentration und Kurzzeitgedächtnis führt.

Verhaltensmodifikation

Noch faszinierender ist, daß CES – systematisch über mehrere Wochen benutzt – zu einer Persönlichkeitstransformation führen kann. In einer kontrollierten Studie erhielten Versuchspersonen Behandlungen mit CES als Teil ihrer Therapie beim Drogenentzug ... mit dramatischen Persönlichkeitsveränderungen. Die Versuchspersonen verdoppelten oder verdreifachten in vielen Fällen ihre Werte hinsichtlich Selbstgenügsamkeit, Ichstärke, Dominanz oder Selbstbehauptung. (Die Mitglieder der Kontrollgruppe, die keine Behandlungen mit CES erhielten, zeigten diese Veränderungen nicht.)

Die Wissenschaftler wissen noch nicht exakt, wie CES das Gedächtnis, die Lernfähigkeit und andere kognitive Funktionen verbessert und die Persönlichkeit beeinflußt. Sie diskutieren verschiedene Mechanismen. CES scheint direkt die Nervenzellen zu stimulieren, so daß Neuropeptide freigesetzt werden ... Endorphine und andere Stoffe wie Noradrenalin und Dopamin, die in Verbindung mit Gedächtnis, Lernen und anderen kognitiven Funktionen stehen.

Aufmerksamkeit und Konzentration

CES scheint auch die Aufmerksamkeit und Konzentration zu steigern – vielleicht durch Effekte am Retikulär-Aktivierenden System (RAS). Es befindet sich oben am Hirnstamm und hat zwei Komponenten, die beide in vielfältiger Verbindung zu allen anderen Teilen des Gehirns stehen. Die eine Komponente kontrolliert unser Erregungsniveau, die andere unsere Aufmerksamkeit. In der Studie von Kirsch und Madden steigerten die Versuchspersonen durch CES ihre Lernfähigkeit. Durch wiederholte Versuche sank bei der Kontrollgruppe die Lernfähigkeit, wahrscheinlich aufgrund von mangelnder Konzentration und Langeweile. Die Gruppe, die CES erhielt, lernte dagegen mit jedem Versuch leichter und leichter; Konzentration und Aufmerksamkeit wurden aufrechterhalten. Vielleicht aktiviert die elektrische Stimulation das retikulär-aktivierende System so, daß die Aufmerksamkeit beibehalten wird und die Konzentration fokussiert bleibt. Dieses Ergebnis führte zu der Annahme, daß CES die Konzentration und die Aufmerksamkeit durch sanftes Drehen am Lautstärkeregler und ein genaues Justieren im Gehirn steigern könne.

Forscher zeigten auch, daß CES das autonome Nervensystem direkt stimuliert und das parasympathische Nervensystem aktiviert, das die „Entspannungsreaktion" elektrisch auslöst.

Und immer mehr Forscher, wie z. B. Robert O. Becker, glauben, daß CES ausgesprochen wichtige Effekte auf das bioelektrische System des gesamten Körpers hat. Das noch sehr wenig verstandene, halbleitende Gleichstrom-Kommunikationssystem, das jede Zelle im menschlichen Körper beeinflußt und reguliert, funktioniert unabhängig vom weitaus besser erforschten zentralen Nervensystem.

Optimierung der Gehirnfunktionen

Smith vermutet, daß CES seine Vielzahl von Vorzügen nicht durch die Stimulation spezieller Teile des Gehirns bewirkt, sondern durch einen generellen Optimierungseffekt auf das ganze Gehirn. Smith vergleicht die CES-Effekte mit der Entladung einer Batterie die aus sechs Zellen besteht, von denen eine Zelle fast trocken ist. „Wenn man Wasser nachfüllt und wartet, kann es sein, daß sie sich wieder auflädt. Wenn man jedoch nicht nachfüllt, kommt auch die Ladung nicht zurück. Andererseits, wenn man Wasser und eine Säure hineinfüllt, kann man feststellen, daß die Batterie wieder normal funktioniert. Sie ist so gut wie die anderen, auch wenn sie schon tot oder fast tot war, als man damit begann ..." Die elektrische Ladung stimuliert nur die Zellen, die nicht richtig funktionieren. „Teile des Gehirns kontrollieren sich typischerweise gegenseitig in ihrer homöostatischen Beziehung. Sollte ein Teil des Gehirns nicht richtig funktionieren, kann ein anderer diese Funktionen übernehmen, so daß er das Gleichgewicht wiederherstellt. Ich denke, daß CES eine Art ‚Weckerfunktion' hat. Es weckt die Teile, macht sie wieder gesund und funktionsfähig, so wie sie vorher waren."

Die kleine Chemikalienpumpe

Eine Vielzahl von Studien haben gezeigt, daß CES unmittelbare und durchschlagende Effekte in der Steigerung von Beta-Endorphinen, Serotonin, Adrenocorticotropem Hormon (ACTH), Noradrenalin und Cholinesterase aufweist. Forscher fanden heraus, daß CES effektiv in der Behandlung von Depressionen eingesetzt werden kann. Man vermutet, daß ihr Einfluß auf die Neurochemikalien eine Erklärung für den antidepressiven Effekt sei. Dr. Norman Shealy nutzte CES für die Behandlung von chronischen Depressionen und fand heraus, daß CES eine Effektivität von 45 bis 50% besitzt, wenn man sie alleine anwendet. Wenn sie mit anderen gehirnstimulierenden Techniken zusammen angewandt wird, so Shealy, „kann es zu einer Steigerung bis zu 70% kommen".

Shealys Forschungen legten nahe, daß CES auch extreme Effekte auf die Behandlung von Schlaflosigkeit und die Folgen des Jet-lag haben kann. Andere CES-Forschungen zeigen effektive Behandlungserfolge bei Schmerzen, Kopfschmerzen, Migräne, spastischer Lähmung und Parkinson, Lernschwächen, bei sensorischer Integration und feinmotorischer Koordination und bei Kindern mit zerebralen Lähmungen.

ZEHN
Fit for Fun: Das bewegte Gehirn

Der Präsident eines Technologieunternehmens an der Wall Street, bekannt für seine sprühende Intelligenz und Kreativität, entwickelte einige der innovativen IBM-Computer, die den ersten Menschen auf den Mond brachten. Er begleitete mich in ein kleines Büro, wo er sich auf ein Gerät legt, das ihn immer wieder im Kreis durch ein elektrostatisches Feld dreht. Nach 15 Minuten sagt er zu mir: „Das ist wunderbar! Mein Gehirn kribbelt! Ich empfinde es so, als wenn Licht durch mein Gehirn wirbelt." Ein paar Minuten später, als wir dann in seiner Limousine den Riverside Drive hinunterfahren, scheint er tief entspannt zu sein ... seine Aufmerksamkeit ist nach innen gerichtet. Plötzlich holt er einen Stift heraus und schreibt wild auf einem Blatt Papier herum. Nach ein paar Minuten dreht er sich zu mir. „Ich habe gerade ein Problem gelöst, mit dem ich schon seit Wochen kämpfe. Aber gerade kam mir die Lösung wie ein Blitz." Monate später, als ich wieder mit ihm sprach, erfuhr ich, daß seine damalige Einsicht ihm eine Lösung brachte, die zur Entwicklung eines neuen Produktes führte.

Kreisverkehr

Eine weitere Technik, das Gehirn aufzuladen, ist physische Bewegung, insbesondere Kreisbewegungen. Forschungen mit bewegungslosen Labortieren und mit gelähmten Menschen stellen einen Beweis für die entscheidende Wichtigkeit von Bewegung für die menschliche Entwicklung und für das Wohlergehen dar. Bewegung ist ein essentieller Nährstoff: Ohne Bewegung kann sich das Gehirn nicht voll entwickeln. Als Babys schaukeln wir; als Kinder rollen wir die Abhänge hinunter und drehen uns, bis wir schwindelig sind; als Erwachsene tauchen wir, fahren schnell im Kreis, tanzen, und wenn wir müde sind, setzen wir uns in einen Schaukelstuhl. Diese Bewegungen sind nicht nur angenehm, sie stimulieren auch unseren Körper und unser Nervensystem. Und wenn wir nicht täglich unseren minimalen Bewegungsbedarf decken, werden wir empfänglich für chronische Gesundheitsprobleme.

Unglaublich, aber heute leiden tatsächlich viele Menschen unter Bewegungsmangel. Verglichen mit unseren Vorfahren, nomadisierenden Jägern und Sammlern, sind die heutigen sitzenden Arbeiter weitgehend bewegungslos und decken kaum ihren täglichen Bewegungsbedarf.

Ein wichtiger Effekt der Bewegung ist die Stimulation der Flüssigkeit im Innenohr, bekannt als Vestibular-System. Diese Stimulation sendet eine Flut von elektrischen Impulsen an das Kleinhirn und von dort an den Rest des Gehirns, inklusive der Freude- und Lernzentren des limbischen Systems. Dies mag die Vorteile der Bewegung für Lernen und Intelligenz erklären: Bewegung stimuliert direkt das Lernen und Wohlbefinden.

Tanz den NEQ

Das EEG und andere Meßverfahren zeigen, daß Kreisbewegungen einen weitreichenden Optimierungseffekt auf den *Neuro-Effizienz-Quotienten* (NEQ) haben. Er ist das Maß dafür, wie schnell elektrische Signale durch die Neuronen von einem zum anderen Teil des Gehirns übertragen werden – dem Intelligenz-Quotienten (IQ) vergleichbar. Neuere Forschungen aus Berkeley beweisen, daß der NEQ im direkten Bezug zum IQ steht.

Einige Benutzer von Bewegungssystemen zeigen beispielsweise eine NEQ-Steigerung (statistisch equivalent zur Steigerung des IQs) von 30 Punkten und mehr. Interessiert? Dann unterbrechen Sie Ihre Arbeit, und kreiseln Sie ein paar Minuten lang mit dem Schreibtisch-Stuhl, etwa jede halbe Stunde. Oder stehen Sie auf und tanzen. Let's dance ...

Bewegung beeinflußt auch die Flüssigkeiten, die rund 90% unseres Körpergewichtes ausmachen, inklusive dem Liquor cerebrospinalis, dem Blut und der Lymphflüssigkeit. Mit anderen Worten: Heftige oder wiederholende Bewegungen sind eine „Massage" des Körpers von innen durch die Bewegung der Flüssigkeiten. Sie sind eine effiziente Form neurologischer „Übungen" für das Nervensystem.

Die Kombination von natürlichen Tönen und Licht hat der Entwicklung von Technologien zur Herstellung entsprechender Geräte einen Anstoß gegeben. Und auch unser „sitzender Lebensstil" hat zur Entwicklung einer Vielzahl von „Bewegungs-Systemen" geführt. Diese Geräte halten den Benutzer konstant in Bewegung und vermitteln vestibuläre und Bewegungsstimulation und Gehirnübungen in konzentrierter Form.

Heilung durch Bewegung

Zu Beginn dieses Buches wurden verschiedene Fälle und Erfahrungen aus erster Hand beschrieben, unter anderem die einer depressiven jungen Frau, die eine lebensverändernde Begegnung mit ihrer verstorbenen Mutter hatte, während sie ein Bewegungsgerät benutzte. Oder die einer Frau, die seit über 20 Jahren an chronischen Nackenschmerzen litt, die nach einer Sitzung mit einem Bewegungssystem verschwunden waren. Als ich meine ersten Recherchen für das Buch *MEGABRAIN – Geist und Maschine* (Sphinx Verlag, Basel 1989) durchführte, traf ich ein Paar, dessen Sohn durch Kohlenmonoxid einen Gehirnschaden erlitten hatte und vom Nacken an gelähmt war. Auf mein Anraten hin schafften sie sich ein Bewegungssystem an und legten ihren Sohn 24 Stunden am Tag darauf. Schon bald war er in der Lage, den Kopf zu heben und seine Arme zu bewegen. Kürzlich erhielt ich einen Brief von seiner Mutter, mit einem Foto ihres Jungen, der eine bemerkenswerte Wiedererweckung erlebte.

Ich besuchte auch Patienten mit verschiedenen Gehirnschäden, die bemerkenswerte Verbesserungen durch Bewegungssysteme erlebten. Ein System war beispielsweise in einem Krankenhauszimmer installiert worden, in dem ein junger Mann schon seit vielen Monaten im Koma lag. Als er auf dem Gerät befestigt wurde, war seine Familie anwesend. Die Veränderung ging so rapide vonstatten, daß die Großmutter in Tränen ausbrach. In den kommenden Wochen lag der junge Mann täglich 12 Stunden lang auf dem Gerät. Der Lungenstau, an dem er seit langem litt, verbesserte sich drastisch, sein Muskeltonus ebenfalls. Interessanter jedoch war, daß er seine Augen während des Tages lange Zeit geöffnet hatte, um die Menschen und Bewegungen um ihn herum zu beobachten. Während ich dies schrieb, verbesserte sich seine Situation immer weiter.

Zusätzliche Literatur:

- Weitere Informationen über Bewegung und Bewegungssysteme finden Sie im Kapitel 14 meines Buches „Megabrain" (Sphinx Verlag, Basel 1989).

ELF
Aufladung der Sinne: Akustische Feldgeneratoren

Immer populärer wird die „definitive Mind Machine", ein System, das unterschiedliche Stimulationen miteinander verbindet und dem Körper eine multisensorische Erfahrung vermittelt; inklusive Licht, Ton und physischer Vibration. Die Geräte sind bekannt als „Whole Body Acoustic Field Generators", „Sound Tables", „Music Beds" und „Vibro-Tactile Stimulators". Wie die Namen schon erkennen lassen, ist die Schlüsselstimulation der Sound – Sound, der nicht nur durchs Ohr gehört, sondern auch als Vibration im ganzen Körper wahrgenommen wird.

Dazu gehören einfache Massagetische mit Lautsprechern und Tonwandlern, oder State-of-the-Art-computerisierte kuppelartige Strukturen, die komplexe und verfeinerte Sound-Processing Systeme nutzen, damit der Körper mit dem optimal psychophysischen Aufprall in Resonanz schwingt. Sie sind mit musikmodulierenden Brillen oder farbigen Videodisplaysystemen ausgestattet, die im Gleichklang mit der Musik aufblitzen, so daß man die Musik so „sehen" kann, wie man sie hört und fühlt ... um einen Zustand der sensorischen Resonanz herzustellen.

Einige dieser „Klangliegen" beinhalten als Sonderausstattung Schallwandler, die unten an den Füßen befestigt werden können, am Bauch oder am Nacken, wo sie die Schultern berühren und direkte Vibrationen an der Hautoberfläche des Körpers erzeugen. Das teuerste System (die Preise schwanken zwischen $ 15.000 und $ 50.000) besitzt sogar Biofeedback-Fähigkeiten: Es nimmt kontinuierliche Messungen vor und gibt dann eine emotional-physische Antwort an die Sinne weiter. Dies geschieht durch Veränderungen der Qualität, Lautstärke und Konfiguration der LS-Stimulation zur Intensivierung der Erfahrung. So kann man seine eigene multisensorische Erfahrung durch den aktuellen Zustand und durch die Reaktionen auf die aktuelle Erfahrung „erschaffen".

Forscher und Anwender, die diese Geräte bei ihren Klienten einsetzen, berichten über extrem aussagekräftige Ergebnisse, ebenso wie die Menschen, die diese Geräte regelmäßig nutzen: ich zum Beispiel. Seit über einem Jahr habe ich solch ein Gerät in meinem Büro stehen, viele Besucher lagen seit dieser Zeit auf dem Gerät, um aus ihren Sitzungen aufzutauchen, erstaunt und voller Ehrfurcht. Viele meinen, daß es sogar „besser als Sex" sein soll ... ein beliebtes Bonmot in unserem Büro.

Klinische Erfahrungen

Dr. George Fritz ist Biofeedback-Forscher, hat eine eigene Biofeedback-Klinik in Bethlehem, Pennsylvania, und begleitete über 3.000 Sitzungen an verschiedenen Biofeedback-Geräten (inklusive „Genesis" und der „Betar-Unit"). Er fand tiefgreifende Effekte bei der klinischen Schmerzkontrolle, genauso wie bei anderen therapeutischen Möglichkeiten. Dr. George Fritz: „Meine Erfahrungen zeigen, daß die Biofeedback-Effekte des bioakustischen Feldes von all den neuen Technologien am potentesten und praktischsten sind ... Meine Brain-Mapping-Daten zeigen", so Fritz, „eine eindeutige Korrelation zwischen den Veränderungen der Gehirnwellen, dem Wechsel der Aufmerksamkeitsstrategien und den energetischen Feldeffekten während des bi-akustischen Feedbacks. Mit ‚Betar' kann das Feld des Biofeedbacks durch Bioakustik ins Magnet-EEG-Biofeedback bewegt werden ... sehr einflußreiche Sache!" Er folgert, daß dieser Typ der Biofeedback-Effekte durch bioakustische Felder „die Zukunft der Biofeedback-Interventionen" repräsentiert.

Dr. Juanita McElwain, Direktorin für Musiktherapie an der Phillips University, leitet eine Pilotstudie mit Sitzungen am Somatron und berichtet von hundertprozentigen Erfolgen bei der kompletten Eliminierung von Migräne, Stirnhöhlen- und Spannungskopfschmerzen.

Beth Denish, Musiktherapeutin an der Massachusetts Association for the Blind, nutzt eine Klangliege für geistig zurückgebliebene bzw. schwerbehinderte Kinder. Sie berichtet, daß „ihre Fähigkeit sich zu entspannen und sich wohl zu fühlen ansteigt, und sich das Gerät als unentbehrliches Hilfsmittel erweist".

Das Children's Cancer Center in Tampa, Florida, benutzt das Somatron während der sehr schmerzhaften Knochenmarkaspiration und Behandlung der Kinderlähmung. Die Somatron-Bettruhe vor und nach der Prozedur reduziert die Ängste und die Unruhe der Kinder, die durch diese Erfahrung leiden, sowie ihren Medikamentenbedarf.

Der Komponist David Ison von der Harvard University hat verschiedene Arten der therapeutischen Musik komponiert, die er „Vibro-Tactile Software" nennt. Sie wird bei den akustischen Feldgeneratoren eingesetzt. David Ison: „Normalerweise ist die spezielle Erinnerung eines einzelnen Traumas an einem bestimmten Platz im Körper gespeichert. Durch meine Arbeit mit ‚vibro-taktiler Musik' weiß ich, an welchen Stellen im Körper welche Arten von Traumata gespeichert sind und wie man an diese herankommen kann. Ich helfe dem Körper, in Resonanz zu der externen Klangquelle zu gelangen. Atme langsam ein, und die traumatische Erinnerung taucht auf, und dann kann man sie loslassen."

Charles Wilson, Co-Entwickler des „Discovery Sound Tables", entwickelte kürzlich ein zweiwöchiges Zertifikationsprogramm für Sound-Table-Bediener. Er bietet mit einem praktizierenden Psychologen in Marin County (Kalifornien) therapeutische Sitzungen mit der Klangliege an. Charles Wilson: „Ich kann dem Patienten helfen, schneller in eine tiefe

Erfahrung zu gelangen, als andere Wege es könnten, die ich kenne. Viele Therapeuten brauchen die meiste Zeit dafür, die Menschen in ‚den Zustand' zu bringen. Die Sound-Table-Technologie bringt den Benutzer innerhalb von 15 Minuten dazu, daß er mit seinen Gefühlen und Emotionen in Berührung kommt. Zustandsspezifische Erinnerungen und Traumata tauchen auf. Der Patient braucht den Wiedereinstieg in verschiedene psychophysische Zustände, um seine oder ihre Arbeit zu erledigen. Ich kann beim Wiedereintauchen in diese Zustände behilflich sein, und ich kann dies schnell und zuverlässig erreichen, da die Klangliege Zugang zu vielen Sinnen bietet."

Good Vibrations, Thrills und Endorphine

Eine weitere Erklärung für die Stimulation durch diese Geräte ist die Freisetzung von Neurochemikalien. Dr. Avram Goldstein, Vorsitzender des Addiction Research Center in Palo Alto und Professor der Pharmakologie in Stanford, fand eine Beziehung zwischen „musikalischen Thrills", die einen durch emotional bewegende Musik in Ekstase bringen, und gesteigerter Endorphinproduktion.

Die intensive Arbeit des Sound-Forschers Dr. Jeffrey Thompson mit dem „Somatron" führte zur Entwicklung seiner eigenen „PSI Sound-Table". Er berichtet: „Eine sehr große Sektion des Hirnstamms und des Nervensystems basiert auf der Wahrnehmung und Verarbeitung von Vibrationen. Das Rückenmark besteht aus Nervenbündeln, die unterschiedliche Arten von Empfindungen transportieren, wie Hitze, Kälte, Schmerz, Druck, Vibration usw. Zwei ganze Kolonnen von Sinnesvibrationen nutzen fast die ganze hintere Hälfte des Rückenmarks. Ein großer Teil des tiefen, ältesten Teils des Gehirns, nahe dem Hirnstamm, widmet sich der Vibrationsverarbeitung. Wenn man also auf der Klangliege liegt, gelangen kraftvolle emotionale Informationen in Form von musikalischen Vibrationen direkt in den Teil des Gehirns, in dem die emotionalen Programme tief verborgen liegen. Dies ist ein Grund, warum die Klangliegen so effektive Resultate erzeugen."

Sensorische Resonanz

Don Estes, der Entwickler des „Vibrasounds", lobt die Effekte seines Gerätes, das auf dem Prinzip der „sensorischen Resonanz" beruht. In diesem Zustand vermitteln die Sinne dem Gehirn komplett deckungsgleiche Informationen.

Don Estes: „Sensorische Deprivation, so wie wir sie im Isolationstank erleben, ist eine Form der sensorischen Resonanz. Alle sensorischen Inputs laufen simultan und kongruent. Auf dem ‚Vibrasound' gehen alle Sinne in Konvergenz ... simultane Stimulation. Wenn wir uns normalerweise auf einen einzelnen Stimulus fokussieren, werden durch das retikulär-aktivierende System unzählige ‚Hintergrund'-Empfindungen abgebildet. Wenn nun das Vibrasound diese Hintergrund-Unaufmerksamkeiten ‚übertönt', dann wird die Aufmerksamkeit und die mentale Energie, die sonst für das Sortieren von Inputs benutzt wird, freigesetzt. Dies ist an und für sich sehr ungewöhnlich, und es bedeutet, daß man mehr Bewußtsein zur Verfügung hat, als man normalerweise annimmt.

Und was präsentiert dieses Bewußtsein? Musik, also Frequenz, Amplitude und Wellenform – wenn diese Elemente miteinander kombiniert werden, dann sind wunderschöne und mitreißende Erlebnisse möglich. Musik ist die höchste Form der Kommunikation, die der Mensch erschaffen hat. Sie kann emotional gehaltvoll, ästhetisch kraftvoll, mental angenehm, physisch heilend und tief entspannend sein. Und auf das Bewußtsein wirkt sie einzigartig befreiend. Kein Wunder, daß die Ergebnisse so tiefgehend sind."

Der Mensch, so Dr. Patrick Flanagan – ein privater Forscher, der das einzigartige „Neurophon" entwickelt hat –, nimmt Klänge durch die Haut auf und leitet sie zum Gehirn. Flanagan studiert seit über 30 Jahren die Effekte von Klängen auf den Körper und beobachtete: „Jeder Hohlraum im Körper ist ein Helmholtz-Resonator ... er hat eine spezifische Frequenz, mit der er wie eine Stimmgabel in Resonanz tritt. Wenn der Körper auf diese Art mit der Musik in Resonanz tritt, werden verschiedene Teile des Körpers zu jeder Frequenz in eine starke Resonanz gebracht."

Akustische Ganzkörperstimulation ist so wirksam, weil, so Flanagan, die menschliche Haut selbst ein Sinnesorgan ist: „Sie ist mehr als eine bloße Hülle; sie ist ein sensitives Organ mit Hunderttausenden von Rezeptoren für Temperatur und vibro-taktile Erregung. Jedes Organ unserer Wahrnehmung entwickelte sich ontologisch und phylogenetisch aus der Haut. Aus Hautfalten des Embryos formen sich Augen und Ohren. Unsere Haut enthält vielleicht latente Kapazitäten zur Wahrnehmung von Licht und Ton. Ich glaube, wenn man die Haut auf richtigem Wege mit Energie stimuliert, so kann man potentiell das Gehirn repolarisieren und energetisch aufladen."

ZWÖLF
Der Klang der Stille: Weniger ist mehr

Gelassenheit, Friedlichkeit, Ruhe, Tatenlosigkeit – das sind die Stufen des Universums, die ultimative Perfektion des Tao. – *Chuang Tzu*

Am anderen Ende des Spektrums der sensorischen Überlastung durch akustische Feldsysteme steht die sensorische Einschränkung durch den Isolationstank (engl. Floating Tank). Für viele ist der Tank das ultimative Entspannungs- und Trainings-Gerät. Die Benutzer floaten schwerelos in totaler Dunkelheit in 25 cm tiefem Wasser. Es wird auf Körpertemperatur erwärmt, ist mit 350 kg Epsomer Bittersalz angereichert und die Neurowissenschaftler bezeichnen das Ergebnis als „die tiefste Entspannungsmöglichkeit auf diesem Planeten".

Ohne die normalen externen Stimulationen wie Licht, Ton, Bewegung und Schwerkraft verstummt das „Plappermaul" im Kopf des Floaters. Der Tank ermöglicht Zustände von außergewöhnlicher Klarheit, Ruhe und Frieden. Ferner produziert er einen unübertroffenen hyper-metabolischen Zustand, der natürliche homöostatische Mechanismen auslöst, die zur Regeneration von Körper und Geist führen.

Feinabstimmung des Gehirns

Eine Erklärung, warum das Floaten solche tiefgreifenden Effekte bringt, ist die Aktivität des retikulär-aktivierenden Systems. Dieses Nervenzentrum an der Spitze des Hirnstamms kontrolliert die Stufen der Erregung und lenkt unsere Aufmerksamkeit. Das Aufmerksamkeitskontrollsystem funktioniert wie der Tuning-Knopf am Radio. So können wir uns auf einem belebten Flughafen auf das Lesen eines Buches konzentrieren. Genauso ignorieren wir den Druck der Kleidung, die am Körper anliegt, während wir sofort eine Mücke bemerken, die sich auf die Haut setzt.

Das retikulär-aktivierende System ist ein Produkt der Evolution, und dem Prinzip der Evolution zufolge dient es der Überlebenssicherung. Auf diese Weise schenken wir den Dingen unsere Aufmerksamkeit, die in unserer Umgebung neu oder neuartig sind, während wir unveränderte Dinge ignorieren. Neue Stimuli dagegen sind potentiell lebensbedrohend.

Die zweite Komponente des retikulär-aktivierenden Systems ist das Erregungskontrollsystem, vergleichbar mit dem Lautstärkeregler am Fernsehgerät oder Radio. Wenn

Empfindungen von den Sinnen zum Gehirn gelangen, werden diese vom retikulär-aktivierenden System verstärkt, geschwächt oder ausgeschaltet. Wenn das System einen Stimulus verstärkt, wie den tropfenden Wasserhahn im Nebenzimmer, dann kann dieser minimale Stimulus intern eine unheimliche Lautstärke erzeugen und unsere Erregungsstufe dramatisch steigern. Wenn das System Stimuli dagegen schwächt oder ausschaltet, kann ein Düsenjet, der direkt über uns hinwegfliegt, uns völlig kalt lassen.

Im Isolations-Tank passiert nun folgendes: Das Erregungskontrollsystem des retikulär-aktivierenden Systems erhält unveränderte externe Empfindungen – kein Licht, wenig Geräusche und minimale Körperempfindungen, da das Wasser Körpertemperatur besitzt. Der Floater verliert das Gefühl dafür, wo sein Körper endet und wo das Wasser beginnt. Und wenn das System nur minimale oder gar keine externen Stimuli erhält, antwortet es mit der Reduzierung des Erregungslevels – die Aktivitäten im EEG verlangsamen sich von Beta zu Alpha, Theta und sogar Delta.

Gleichzeitig nimmt der Teil des retikular aktivierenden Systems, der unsere Aufmerksamkeit lenkt, wahr, daß die von außen ankommenden Sinneseindrücke gleichbleibend, monoton, ohne Muster und Bedeutung sind. Da er Wert auf neue Informationen legt, findet er nichts Interessantes an den äußeren Sinneseindrücken und verschiebt unsere Aufmerksamkeit von der äußeren auf die innere Welt. So erscheinen uns unsere inneren Sinneswahrnehmungen wesentlich stärker und deutlicher. Bilder, Ideen, Erinnerungen, Gefühle, die normalerweise von den von außen eindringenden Sinneseindrücken überlagert werden, sind plötzlich lebhaft und klar. So wie die Sterne, die tagsüber durch die helle Sonne überstrahlt werden und unsichtbar sind, in dunklen Neumondnächten aber leuchten und glitzern.

Forschungs-Überblick

Das Floaten gehört zu den am intensivsten wissenschaftlich erforschten Mind-Technologien. Es gibt Hunderte von Studien, die die psycho-biologischen Effekte dokumentieren; hier eine kurze Zusammenfassung der geprüften Vorzüge:

Streßreduktion: Die Werte der streßbezogenen Biochemikalien (Cortisol, ACTH) sinken erheblich, ebenso der Blutdruck und die Herzfrequenz. Diese Reduktion ereignet sich während des Floatens und hält manchmal Tage und Wochen an.

Erhöhte Streßtoleranz: Forscher fanden heraus, daß das Floaten den Nullpunkt in den endokrin-homöostatischen Mechanismen verändern kann, so daß die Individuen einen niedrigeren adrenalen Aktivitätszustand erfahren – das heißt, der einzelne hat eine größere Streßtoleranz.

Tiefe Entspannung: Muskelspannung, Sauerstoffverbrauch, der galvanische Hautwiderstand und andere Meßwerte der Erregung und Spannung sinken auf beispiellose Werte. Als Resultat der Ausdehnung von Blutgefäßen – inklusive der Kapillaren, die das Blut in alle Teile des Gehirns transportieren – steigert sich beim Floaten der Blutfluß und der Sauerstoffgehalt im Gehirn.

Gesteigerte Brainpower und Gesundheit: Der gesteigerte Blutfluß im Gehirn regt Funktionen wie die gesteigerte Proteinsynthese an. Der daraus folgende Aufbau neuen Gehirngewebes führt zu erhöhtem Dendritenwachstum. Durch die gesteigerte Proteinsynthese wird das Blut im Gehirn angereichert, was zur Verbesserung der Gedächtnisfunktionen führt.

Veränderung der Gehirnwellen: Die Gehirnwellen verändern sich von den Beta-Wellen des normalen Bewußtseins zu den niedrigeren Frequenzen der Alpha- und Theta-Wellen. In einer Studie haben Forscher erhöhte Levels der Theta-Aktivität über drei Wochen hin gemessen, nachdem die Person nur eine Stunde im Isolationstank verbracht hatte. Wenn die Gehirnwellen sich verlangsamen (also vermehrt Theta-Wellen entstehen), dann steigert sich die Synchronisation der beiden Hemisphären und der unterschiedlichen Gehirnbereiche. Dies deutet auf eine Erweiterung des Blickwinkels der Wahrnehmung hin.

Erhöhte Aufmerksamkeit: Mit evozierten EEG-Tests läßt sich die Aufmerksamkeit messen, indem man den Grad der Gewöhnung an bestimmte Reize beobachtet – etwa an ein klickendes Geräusch. Versuchspersonen im normalen Bewußtseinszustand gewöhnen sich schnell an Reize, während Menschen im meditativen Zustand einen hohen Grad an Aufmerksamkeit behalten.

Höchste Beeinflußbarkeit: Wenn das retikulär-aktivierende System erst einmal den Lautstärkekontrollbereich des Gehirns verstärkt hat, ist das Gehirn „hungrig" nach Stimulation. Es akzeptiert nahezu alle Informationen, die im Isolationstank wahrgenommen werden. Versuchspersonen, die normalerweise schwer zu hypnotisieren sind, werden im Tank zu wahren „Hypnosevirtuosen". Studien zeigen, daß Suggestionen, die im Tank gemacht wurden, eine ausgesprochene Langzeitwirkung haben ... sie behalten ihre Kraft über Monate, wie aus verschiedenen Studien hervorgeht, oder sogar für Jahre.

Höchste mentale Metaphorik: Über 90% der Gehirnenergie wird für die Verarbeitung von externen Stimuli benötigt. Von dieser Verantwortung befreit richtet sich der Geist im Isolationstank nach innen, und unsere Kraft der Erschaffung und Manipulation von mentalen Bildern (Visualisieren) steigert sich dramatisch.

Superlearning: Durch die niedrigeren Levels von Streß und den ablenkenden „Geräuschen" sowie durch den dadurch entstehenden „Stimulationshunger" – für den das retikulär-aktivierende System verantwortlich ist – ist der Floater extrem aufnahmefähig für Informationen ... Floater können viel mehr und komplexeren Stoff lernen als Nicht-Floater.

Gesteigerte Sinneswahrnehmung: Benutzer berichten nach dem Floaten, daß die Welt intensiver wirke, die Farben frischer und die sinnliche Freude ausgeprägter. Tests zeigen eine dramatische Steigerung der visuellen und der akustischen Wahrnehmung.

Gesteigerte Kreativität: Kreativität steht in Beziehung zu mentalen Bildern, die durch das Floaten intensiviert werden. Das Gehirn wird von gewohnheitsmäßigen Mustern befreit und ermöglicht dadurch eine Öffnung gegenüber neuen Wegen und kreativen Einsichten.

Gesteigerte Freude: Floaten steigert das Niveau der positiv wirkenden Neurochemikalien, etwa der Endorphine.

Eine in Schwung gebrachte Immunfunktion: Floaten steigert eine Vielzahl von Immunkomponenten, wie das Immunoglobulin A.

Das Gesamtergebnis dieser Vorzüge zeigt: Floaten besitzt eine wissenschaftlich dokumentierte Effektivität bei einer Vielzahl von Anwendungen, die vom Sporttraining bis zur Behandlung bei Drogenentzug reichen. Ich habe viele dieser Forschungen in meinem Buch *The Book of Floating* beschrieben. Es gibt zusätzlich verschiedene Sammlungen von bemerkens- und lesenswerten wissenschaftlichen Aufsätzen über die Floating-Forschung. Lesen Sie selbst!

Pack den Tiger in den Tank

Der Isolationstank ist ein einmaliger Platz zum Lernen, zur Selbsterforschung und für das Mentaltraining. Es gibt unzählige Beweise dafür, daß er die mentalen Kräfte, das Gedächtnis und die Kreativität steigert (siehe auch Kapitel 19). Ich persönlich empfinde den Isolationstank als einen wundervollen Platz, um Artikel zu überdenken – die Ideen fließen, und ich habe die Fähigkeit, von oben herab zu „sehen", wie sich alles in einem Buch oder Artikel zusammenfügt. Ganze Passagen erschienen mir wie mit einem Schlag, und ich konnte mich auch noch klar an sie erinnern, als ich aus dem Tank stieg und mich an den Computer setzte. Viele Anwälte, Choreographen, Architekten, Musiker, Maler, Ärzte, Schauspieler und andere Kopfarbeiter halten den Isolationstank für unübertroffen, wenn es um angenehme, entspannte und gleichzeitig fokussierte, kreative Arbeit geht. Ferner ist der Isolationstank ein idealer Platz für persönliches Wachstum. Die Abwesenheit externer Stimulationen führt zum „Auftauchen" verdrängter negativer Glaubensmuster, Eigenschaften und Verhaltensweisen. Diese können anschließend eliminiert, ersetzt, eingefroren, umgeformt oder in neuer Gestalt wieder verinnerlicht werden. Das macht den Isolationstank zu einem perfekten Platz für Selbstentdeckung, Selbsthypnose, Auto-Suggestion und zum Hören von Kassetten- und CD-Programmen ... für das persönliche Wachstum und zur Transformation.

Floating mit Neuro-Spielzeug

Die Vorteile anderer Mind-Techniken zeigen in Verbindung mit dem Isolationstank eine deutlich gesteigerte Wirkung. Binaurikulare Schwingungen, Klangtherapie und andere Audio-Programme können im Tank benutzt werden, manische Psychonauten wollen sogar entdeckt haben, daß es möglich ist, CES (mit korrekter Elektrodenplazierung) und LS-Maschinen im Isolationstank zu benutzen. Geräte wie Bewegungssysteme, LS-Geräte und CES verstärken die Effekte, wenn sie vor oder nach der Benutzung des Isolationstanks eingesetzt werden.

Ich persönlich glaube, daß der Isolationstank das bedeutendste Hilfsmittel für Tiefenentspannung und Verbesserung diverser Gehirnfunktionen ist, das bis jetzt entwickelt wurde.

Die totale Dunkelkammer

Im Isolationstank sind alle äußeren Lichtquellen ausgeschaltet: Man kann die Augen weit öffnen und sieht nichts außer Dunkelheit. Ohne äußere Ablenkung tendiert man dazu, in einen veränderten Bewußtseinszustand zu fallen, der durch langsame, synchrone Gehirnwellenaktivität, hypnagoge Bilder, freie Assoziation von Ideen und tiefe Entspannung gekennzeichnet ist.

Wissenschaftler haben noch eine andere Technik zum Ausschalten des externen Bewußtseins entdeckt: Anstatt sich (wie im Isolationstank) aktiv von externen visuellen Stimulationen zu trennen, werden die Augen durch monotone und gleichbleibende Stimulation ausgeschaltet. Ein Sehen, ein Blick ohne jede Information. Der Psychologe Robert Ornstein vom Langley Porter Neuropsychiatric Institute berichtet: „Eine Konsequenz aus der Funktion des zentralen Nervensystems scheint die Begrenztheit des Bewußtseins für unveränderte Stimulation zu sein ... die Folge ist ein Ausblenden des Bewußtseins von der Außenwelt."

Die Wolke des Nichtwissens

Wenn ein visueller Reiz unverändert ist, entscheidet das retikulär-aktivierende System, ob er ausgeblendet und unsere Aufmerksamkeit auf andere Sinne gelenkt wird. Wenn es nichts zu sehen gibt, entscheidet dieses System, daß keine wichtige visuelle Information von außen kommt und es lenkt seine Aufmerksamkeit auf die anderen Sinne. Es entsteht etwas, das man als „Blank-Out" bezeichnet. Wissenschaftler versuchten den Weg der monotonen, gleichbleibenden Stimulationen im Gehirn zu verfolgen. Sie fanden heraus, daß diese Stimulation über die Retina ins Gehirn gelangt, aber an irgendeinem Punkt einfach irgendwo im zentralen Nervensystem verschwindet. Das retikulär-aktivierende System hat entschieden, daß diese Stimulation unwichtig ist und die Aufmerksamkeit des Gehirns wird anderweitig verlagert.

In seinen Forschungen entdeckte Robert Ornstein den Blank-Out: „Er bedeutet nicht nur die Erfahrung, nichts zu sehen, sondern die Erfahrung des Nichtsehens, des vollkommenen Verschwindens des Sehsinns ... während des Blank-Outs wußten die Probanden nicht mehr, ob ihre Augen offen oder geschlossen waren." Andere Forscher konnten zeigen, daß eine Periode der monotonen Stimulation „eine funktionelle Ähnlichkeit zwischen kontinuierlicher und keiner Stimulation vermittelt". Was immer das bedeuten mag ...

Die Menschen sind sich seit Tausenden von Jahren dieses Effekts bewußt. Eine alte Meditationstechnik besteht aus dem simplen Anstarren des wolkenlosen, blauen Himmels. Eine allgemeine Yoga-Meditationspraxis ist das „Tratak", das „auf eine Stelle starren". Hier wird die Konzentration auf ein unveränderliches äußeres Objekt fixiert, einen Stein oder ein Mandala. Die Wiederholung eines einzelnen Wortes oder Satzes führt durch monotone Stimulation zum Zustand des Blank-Outs. Diese Praktiken gibt es in allen spirituellen Traditionen, diese wiederum beschreiben ihn als „Stille", „Leere", „Nichts" oder „die Wolke des Nichtwissens".

Der Blank-Out-Effekt scheint der Schlüssel zu vielen gut dokumentierten Effekten der Meditation zu sein, von Streßreduktion über gesteigerte Sinneswahrnehmung und mentale Klarheit bis zur verbesserten Immunfunktion. Doch wie die Meditations-Praktiker bescheinigen, ist es nicht einfach, diesen Effekt auch zuverlässig zu erreichen.

Tischtennisbälle und weißer Nebel

Moderne Forscher haben versucht, den Blank-Out im Labor zu erzielen und zu untersuchen. Sie benutzten Hilfsmittel wie dichten, gleichförmigen Nebel bis hin zu undurchsichtigen Augengläsern. Eine ebenso simple wie wirkungsvolle Technik, die mittlerweile viele Wissenschaftler benutzen, ist die der „halbierten Tischtennisbälle". Sie setzen den

Versuchspersonen die Ball-Hälften auf die Augen und schicken einen Lichtstrahl durch die weißen Halbkugeln, während die Versuchspersonen auf die weißen Felder vor ihren Augen starren. Dies erzeugt gleichbleibende visuelle Inputs ohne besondere Merkmale, die die Wissenschaftler das „Ganzfeld" nennen.

Gründliche Forschungen machten das Ganzfeld zu einem besonderen Werkzeug in der Laborforschung, da es eine äußerst effektive und zuverlässige Technik zur Erzeugung des Blank-Outs ist. Wenn man mit offenen Augen in das Ganzfeld hineinschaut, bekommt man einen entspannten, weichen Blick. Man sieht etwas gleichförmig Erleuchtetes, ohne besondere visuelle Merkmale. Dies ist eine sehr ungewöhnliche Situation, die wir normalerweise nie erfahren. Da das retikulär-aktivierende System nur auf Veränderungen achtet, erzeugt ein unveränderlicher visueller Input diese einzigartigen Effekte.

Als erstes verschwindet die Farbe aus dem visuellen Feld – das Feld wird grau und scheint zunehmend aus unserem peripheren Blick zu verschwinden. Ein nebliger Raum scheint sich uns zu öffnen, und schon bald ist es schwierig zu sagen, ob die Augen geöffnet oder geschlossen sind. An diesem Punkt zeigen EEG-Studien starke Alpha-Wellen – die normalerweise nicht produziert werden, wenn die Augen geöffnet sind.

Die Monotonie des merkmalslosen visuellen Feldes ist die Ursache dafür, daß das retikulär-aktivierende System die Erregung sinken läßt. Man wird ruhiger und sinkt tiefer und tiefer in niedrigere Stufen der Erregung und produziert eine Menge Theta-Wellen. Das Bewußtsein für das visuelle Feld verschwindet komplett – man erfährt den Blank-Out. Dies ist ein idealer Zeitpunkt für totale mentale Stille, für beschleunigtes Lernen, Autosuggestionen oder Suggestionen zur Verhaltensänderung. Wenn die Menschen aus dem Ganzfeld auftauchen, scheint es, als sei der Lautstärkeregler ihrer Sinne voll aufgedreht – die Farben sind kräftig und leuchtend; Klänge sind voluminös und intensiv, und die Haut ist sehr empfindsam.

Faszinierenderweise deutet eine Vielzahl von kontrollierten statistischen Studien von Parapsychologen darauf hin, daß die Nutzung des Ganzfeldes eine signifikante Steigerung der parapsychischen Fähigkeiten der Versuchspersonen mit sich bringt. Hierzu gehören Telepathie, Psychokinese und Ferndiagnose. Der Parapsychologe Julian Isaacs von der John F. Kennedy University in Kalifornien: „Kopfhörer versorgen die Versuchspersonen mit ‚rosa Rauschen', und das Ganzfeld schaltet die externen sensorischen Prozesse aus. Man dämmert dann in einen Zustand, in dem man sich für außersinnliche Wahrnehmungen öffnet ... das erlaubt eine bessere Wahrnehmung von außersinnlicher Wahrnehmung." Einer der berühmtesten Forscher von parapsychologischen Phänomenen ist Charles Honorton, früher Direktor der Psychophysical Research Laboratories in Princeton, New Jersey. Er fand heraus, daß das Ganzfeld das effektivste Werkzeug für die Verbesserung der parapsychischen Performance darstellt, dem er je begegnete.

Die Effekte können noch gesteigert werden, wenn man monotone oder gleichbleibende akustische Quellen dazuschaltet, etwa das sogenannte „rosa Rauschen" oder binaurikulare Schwingungen. Sie sorgen dafür, daß die externen Geräusche schon nach wenigen Minuten verschwinden ... man erreicht den Blank-Out, und die Aufmerksamkeit verlagert sich nach innen.

Für viele Benutzer ist das Ganzfeld ein tragbarer Isolationstank, das ein schnelles Ausbrechen aus externen Stimulationen ermöglicht, um in eine vollkommene Gelassenheit einzusteigen. Das Ganzfeld produziert auf seine Art – auf einem etwas geringeren Niveau – die gleichen Effekte wie der Isolationstank.

Teil Drei

Vom Gehirnbesitzer zum Gehirnbenutzer (Megabrain) – die Welt der Mind Machines

> Die meisten Menschen leben ... in einem äußerst eingeschränkten Umkreis ihres Potentials. Sie machen nur von einem kleinen Teil ihres möglichen Bewußtseins und der Ressourcen ihrer Seele Gebrauch, so wie ein Mann, der sich angewöhnt hat, anstelle des ganzen Körpers nur den kleinen Finger zu bewegen.
>
> – WILLIAM JAMES

EINLEITUNG
Megabrain-Software –
Gebrauchsanweisung, Technik und Techniken

Es gibt faszinierende Parallelen zwischen der Entwicklung der Mind Machines und den Anfängen des Personal Computers. In den 70er Jahren betrachteten die meisten Menschen den Computer als Machtinstrument, als eine teure und immens komplizierte Maschine, die von den Behörden und dem Militär benutzt wird. Die meisten Computer standen in wissenschaftlichen Labors und Universitäten. Wer sollte sie benutzen? Warum in aller Welt sollte man einen Computer zu Hause oder in seinem Büro stehen haben? Und wenn, was hätte man damit machen können? Heute haben die Computer praktisch alle Aspekte unseres Lebens verändert und es ist für uns nur noch schwer vorstellbar, wie wir ohne Computer leben sollten.

Was geschah, damit sich die Branche in zehn Jahren zu einem Massenmarkt entwickeln konnte? Zuerst durchlief die Hardware eine Reihe von außerordentlich schnellen Entwicklungssprüngen: Jede neue Generation wurde kleiner, leistungsfähiger und preiswerter.

Der zweite Schlüssel war die Entwicklung unzähliger Softwareprogramme, um die geballte Rechenleistung sinnvoll anzuwenden; z.B. für Textverarbeitung, E-Mails, Desktop-Publishing und Computerspiele. Ohne die passende Software hätte die Hardware wenig genützt und wäre praktisch unzugänglich geblieben. Stellen Sie sich vor, wie oft Sie Ihren Computer benutzen würden, wenn Sie Ihre Programme selbst schreiben müßten.

Das sind auch die Parallelen: Die Mind Machines waren zunächst unerschwinglich teuer, kompliziert und standen in der bizarren Welt der Laboratorien. Sie machten dann eine rapide Entwicklung durch ... und sind jetzt klein, einfach zu handhaben, billig und sehen aus wie ein kleiner Walkman.

Und es gibt immer wieder neue Hardware, preiswert und mit einem innovativen Design. Die zunehmende Zahl wissenschaftlicher Studien deutet darauf hin, daß – wenn sie geschickt eingesetzt werden – Sie damit mentale Spitzenleistungen erreichen und die Zusammenarbeit von Kopf und Körper klar verbessern können. Doch Mind Machines werden meist nur mit kurzen Anleitungen ausgeliefert, die lediglich die technischen Details erklären: Wie man sie anschaltet, die Batterien wechselt, die Programme reguliert usw. Was der Mind-Hardware heute fehlt, sind die Softwareprogramme, -systeme, -techniken und eine stimulierende Umgebung, die es dem Benutzer ermöglicht, die neue Technologie individuell einzusetzen und für seine Zwecke anzuwenden. Wie kann man die Maschine zur

Streßreduktion einsetzen, zur Senkung des Blutdrucks, um Schmerzen zu lindern oder um abzunehmen? Mangels geeigneter Programme legen viele, viel zu viele Mind-Machine-Käufer die Geräte nach einiger Zeit wieder in die Schublade, wenn sich die erste Faszination und der Reiz des Neuen verflüchtigt haben.

Die nächsten Kapitel (13 bis 25) sind der „Megabrain-Software" gewidmet. Hier werden Strategien, Systeme, Anwendungsbeispiele und Techniken vorgestellt, die ich als extrem effektiv in Kombination mit Mind Machines erfahren habe. Sie entstanden aus eigenen Experimenten und aus der Beobachtung von Tausenden von Menschen in meinen Megabrain-Workshops; sie kommen aus der Arbeit erfahrener Therapeuten und Kliniken, die Mind Machines in ihren Praxen einsetzen, und sie stammen aus Gesprächen und Korrespondenzen mit unzähligen Entdeckern und Experimentatoren aus aller Welt. Ich selbst habe unterschiedliche Arten von Mind Machines während eines Jahrzehnts immer wieder unter anderen Bedingungen getestet. Meine Anwendungen reichen von „Just-for-fun"-Testläufen neuer Maschinen über systematische und analytische Untersuchungen einzelner Geräte bis hin zum Notfalleinsatz bei extremem Streß oder starken Schmerzen.

Definition: Was sind Mind-Technologien?

Generell möchte ich noch einmal anmerken, daß die hier vorgestellten Techniken in Verbindung mit allen erhältlichen Mind-Technologien wirken, einschließlich Licht- und Ton-Geräten (LS), binaurikularen Schwingungen (Hemi-Sync), cranialer Elektrostimulation (CES), Bewegungsgeräten, akustischen Feldsystemen, Isolationstank, Elektroenzephalographie (EEG) und galvanischem Hautwiderstands-Biofeedback. Zusätzlich können Sie Mind-Technologien miteinander kombinieren und synergetisch anwenden – z.B. LS-Stimulation auf einem Bewegungs-System, CES mit der Benutzung eines Ganzfeldes, binaurikulare Schwingungen und hypno-subliminale Kassetten, während man im Isolationstank floatet.

DREIZEHN
Gehirn-Tuning:
Feineinstellung von Sender und Empfänger

Die Erforschung veränderter Bewußtseinszustände unterstützt die Konzepte von C.G. Jung, der meinte, wir könnten in unseren Träumen und Visionen Mythen erfahren, die nicht unserer eigenen Kultur entstammen und die uns bis dahin weder aus Gesprächen oder Beschreibungen noch aus künstlerischen Darstellungen bekannt waren. Dies ist die Welt des „kollektiven Unbewußten", ein endloses Meer des Wissens, aus dem wir schöpfen können. In einem Zeitalter fortgeschrittener Technologie können wir das kollektive Unbewußte mit einer Sendestation vergleichen, die ununterbrochen jedes Stück Programmaterial und Information ausstrahlt, das jemals im Radio und Fernsehen gesendet wurde. Wir können jederzeit „den Sender wechseln", uns von dem Alltagssender, den wir normalerweise hören, abkoppeln und statt dessen durch eine endlosen Zahl anderer Sender zappen, die die Grenze von Zeit, Raum und selbst der Arten überschreiten. Es ist fast unmöglich, sich vorzustellen, daß wir immer von dieser Information umgeben sind und sie jederzeit anzapfen können. Aber unser Vergleich mit Radiowellen gibt uns ein ungefähres Bild von dem riesigen Ausmaß an Informationen, die uns durch das kollektive Unbewußte zugänglich sind. – *Stanislav Grof, Die Welt der Psyche* (München 1993)

Die Kraft, den Zustand zu verändern

Der erste Schritt in Richtung aktiver, systematischer und produktiver Nutzung der Mind-Tools beginnt damit, zu lernen, wie man seinen Zustand verändert:

Es war ein klassischer U-Bahn-Alptraum: Rush-hour in Manhattan an einem schwülen Sommernachmittag. In der Downtown-Bahn standen wir schwitzend und keuchend so dicht nebeneinander, daß keiner mehr den Arm heben konnte. Plötzlich stoppte der Zug. Das Brummen des Motors verstummte. Der Zug hatte sich verabschiedet. Ein kollektives Stöhnen kam auf. Und dann gingen die Lichter aus. Das Stöhnen wurde lauter. Von irgendwo unten kam ein hysterischer Schrei der Panik. Eine Stimme schrie: „Hey, hier hat irgend jemand eine Herzattacke!" Stimmen riefen, man solle die Fenster öffnen, und wieder andere riefen, daß sie nicht atmen konnten. „Ich brauche Luft, ich brauche Luft!" Schreie der Panik waren zu hören. Ich fühlte, wie sich ein Ring um meine Brust schnürte, mein Atem wurde schwer. Die Stimme des Schaffners kam über die Lautsprecher und berichtete uns, daß jemand an der 34. Straße vor den Zug gesprungen sei und wir warten müßten, bis die Situation geklärt sei. Einige schrien in Panik weiter, aber die meisten von uns lehnten sich in der Dunkelheit zurück. Es war eine ganz gewöhnliche Notbremsung im Staate New York City.

Ich war gerade dabei, ein Buch über die Nutzung des Isolationstanks zu schreiben und floatete mehrmals wöchentlich. Und ich dachte, ich könnte ja mit dieser Situation so umgehen, als wäre ich im Isolationstank. Auch der Isolationstank war ein Ort der völligen Dunkelheit. Ich atmete ein, langsam wieder aus und suggerierte mir, daß ich friedlich im Isolationstank floatete. Ich erinnerte mich an die ungeheure Leichtigkeit, die meine Glieder im Tank erfüllte, das Gefühl von Befreiung, das Gefühl des Floatens, von der Schwerkraft befreit, in Dunkelheit und unendlicher Weite. Und dann passierte es – innerhalb von Sekunden merkte ich, wie die Spannung meinen Körper verließ. Meine Brust entspannte sich, und ich konnte tief und leicht durchatmen. Die Anspannung in meinem Gesicht verwandelte sich in ein Lächeln. Ich floatete ... nach einem Moment der friedlichen Ruhe erinnerte ich mich daran, wo ich mich gerade befand und fing an zu lachen. Die ganze Szene war makaber und komisch zugleich. Ich entspannte mich.

Dies war eine meiner ersten Erfahrungen mit bewußter, absichtlicher Zustandsveränderung. Durch diese Veränderung meines mentalen Zustands änderte ich auch meinen körperlichen Zustand. Durch die Veränderung meines Mind-/Körper-Zustands war ich in der Lage, mein Verhalten und meine Eigenschaften zu verändern. In einem sehr realen Sinne war ich in der Lage, meine Realität zu verändern. Es war ein direktes Ergebnis meiner Erfahrungen mit der Mind-Technologie – dem Isolationstank.

On- und Off-Zustände

Wir befinden uns jeden Moment unseres Lebens in bestimmten Bewußtseinszuständen. Einige dieser Zustände sind sehr angenehm: Spaß, Freude, Vertrauen, Glaube, Liebe, Konzentration, Ekstase, Energie, Luzidität, Klarheit, Mut, Entschlossenheit usw. Wenn wir uns in diesen Zuständen befinden, haben wir die Kraft, positiv zu handeln, Dinge zu erledigen und uns des Lebens zu freuen. Diese Zustände sind notwendig, um Zufriedenheit, aber auch Spitzenleistung und Spitzenerfahrungen zu erreichen.

Andere Zustände dagegen sind nicht so angenehm: Angst, Sorge, Depression, Traurigkeit, Frustration, Hilflosigkeit, Zorn, Verwirrung, Schwäche, Sinnlosigkeit, Einsamkeit, Schuld, Langeweile, Erschöpfung. Diese Zustände behindern, hemmen, unterdrücken, verdrängen und durchkreuzen oft unsere Pläne. Sie blockieren uns und drohen unsere Kraft zu unterwandern oder zu zerstören.

Abhängig vom Prägungszustand

Wie ich schon erwähnte, haben Wissenschaftler entdeckt, daß auch unser Gedächtnis „zustandsabhängig" ist: An Dinge, die man lernt, wenn man fröhlich ist, kann man sich in diesem Zustand am besten erinnern. Und was man in Trauer lernt, an das kann man sich am besten erinnern, wenn man traurig ist. Dr. Gordon Bower von der Stanford University – einer der Pioniere der Erforschung des zustandsabhängigen Gedächtnisses – folgert daraus, daß diese Zustände „verschiedenen Bibliotheken gleichen, in die eine Person Gedächtnisprotokolle ablegt. Ein bestimmtes Gedächtnisprotokoll bekommt man also nur, indem man in die betreffende Bibliothek zurückkehrt."

Haben Sie schon einmal Ihre Autoschlüssel verlegt? Nach einer Phase des heftigen Suchens hört man auf und denkt nach: „Was tat ich als erstes, als ich reinkam und den Schlüssel weglegte?" Wenn wir dies erfolgreich durchgehen, können wir uns plötzlich daran erinnern, wo der Schlüssel ist ... es trifft uns wie ein Geistesblitz. Mit anderen Worten, wir versuchen in den Zustand zurückzugehen, in dem wir den Schlüssel zuletzt in der Hand hatten: der Zugang zum zustandsabhängigen Gedächtnis.

Man kann dies auch anders sehen. Der gegenwärtige Zustand ist wie ein Magnet für Erinnerungen, die mit diesem Zustand in Verbindung stehen. Wenn Sie sich in trauriger Stimmung befinden, ziehen Sie traurige Erinnerungen und Assoziationen an. Beispielsweise gibt es in New York City Straßen, die für mich in Verbindung mit einer ehemaligen Liebe stehen. Wenn ich melancholisch bin und durch diese Straßen gehe, dann assoziiert jeder Platz traurige Erinnerungen. Wenn ich aber fröhlich bin und durch die gleichen Straßen gehe, erinnern mich die Dinge an Momente der Freude und der Liebe – und alles, was ich sehe, macht mich froh. Es hängt also alles davon ab, in welchem Zustand ich mich befinde.

Entsprechendes Verhalten

Viele von uns glauben, daß diese Zustände sich einfach ereignen, so wie das Wetter und außerhalb unserer Kontrolle. „Hey, ich würde heute gerne an den Strand gehen, aber es ist regnerisch." „Ich sollte heute mit meinen Kindern spielen, aber ich bin gerade so verärgert." „Ich sollte zu meiner Frau zärtlich sein, aber ich bin müde und depressiv. Vielleicht später, wenn ich mich besser fühle." Wir handeln so, weil wir uns in bestimmten Zuständen befinden.

Stellen Sie sich vor, Sie sind ängstlich und betreten einen Raum voller Menschen oder halten ein Referat vor einem kritischen Publikum. Wie wird Ihr Verhalten sein? Nun versetzen Sie sich in einen fröhlichen Zustand, und betreten Sie den gleichen Raum. Ihr Verhalten wird ein anderes sein, eben zustandsabhängig. Wenn wir also unsere Zustände verändern können, können wir auch unser Verhalten verändern.

Der perfekte Golfschlag

Denken Sie an das letzte Mal, als Sie einen perfekten Golfschlag 300 Yards direkt auf den Fairway schlugen ... oder an den Augenblick, als Sie einen kreativen Schub bekamen, die Antwort auf eine Frage, die Sie schon Jahre beschäftigte ... oder an ein prickelndes, ekstatisches sexuelles Erlebnis ... in was für einem Zustand befanden Sie sich? Wenn Sie diesen Zustand in seiner ganzen Fülle wiederholen können – sich an den Golfball, an die Einsicht oder an den Sex erinnern – dann können Sie wieder einen perfekten Schlag machen, einen neuen kreativen Durchbruch oder eine andere Spitzenerfahrung erleben.

Sportler kennen und praktizieren diese Technik. Für uns erscheint es wie ein bizarres Ritual, aber schauen Sie sich einen Hochspringer an, wie er ausspuckt, seinen Kopf nach unten hält, seine Arme schwingt oder eine Pause macht, bevor er zum Lauf ansetzt ... Sportler versuchen bewußt oder unbewußt, sich an optimale Momente zu erinnern – in den Zustand einzutauchen, in dem sie das letzte Mal einen perfekten Hochsprung oder den letzten perfekten Swing vollendet haben. Sie wissen, wie sie wieder in einen Zustand kommen können, um erneut Spitzenleistung zu bringen.

Ihr Verhalten ist zustandsabhängig. Wenn wir uns also irgendwie in den Zustand bringen könnten, in dem außergewöhnliche Performer außergewöhnliche Leistungen vollbringen, dann sollten wir wieder dazu fähig sein, außergewöhnlich zu agieren. In ihrem Buch *Supermemory – der Weg zum optimalen Gedächtnis* (Scherz, München 1992) schreiben Sheila Ostrander und Lynn Schroeder: „Wie erhalten wir Zugang zu dem, was wir wissen, und warum behalten wir nicht mehr? Weshalb nutzen wir nur einen Bruchteil der uns zugeschriebenen angeborenen Fähigkeiten? Vielleicht runzeln wir die Stirn über das Supergedächtnis eines Gedächtniskünstlers, über Olympiasieger im Hochsprung, über glänzende Werbestrategen oder wunderwirkende Selbstheiler, aber nur, weil wir nicht wissen, wie man in den Zustand gelangt, in dem diese Fähigkeiten erreicht werden können. Viele Menschen, die einmal zufällig in diesen Zustand geraten sind, wissen später nicht, wie man ihn wiederholt und bewußt herbeiführen kann."

Dinge passieren einfach?

Zustände kontrollieren unser Verhalten. Aber wie ich schon früher angemerkt habe, glauben viele von uns, daß diese Zustände sich einfach so ereignen. Sind wir in einer traurigen Stimmung, dann hält dieser Zustand also solange an, bis die Traurigkeit aufhört. Und wenn wir traurig sind, ist unser Verhalten anders, als wenn wir fröhlich wären. Und weil solche Zustände unser Verhalten kontrollieren, glauben wir, daß sich die Zustände einfach so wie das Wetter ereignen.

Dinge so zu sehen ist nur eine andere Art und Weise, um zu sagen, daß wir nicht für unser Verhalten verantwortlich sind. Schließlich sind wir auch nicht für das Wetter verantwortlich. Ich esse, rauche und trinke zuviel, aber ich bin gerade traurig und depressiv, weil meine Freundin mich verlassen hat ... und wir hoffen, daß sich das Wetter wieder ändern wird, Trauer und Depressionen lösen sich auf, und die Probleme werden schon irgendwann verschwinden. Die Dinge passieren einfach. Und dann verändern sich die Dinge, und andere Sachen passieren. Auf T-Shirts und Stickern wird diese Sicht oft philosophisch untermauert: „Shit happens." Fügen Sie am besten noch hinzu: „Und ich bin nicht verantwortlich."

Ist Sucht eine Krankheit?

Die Überzeugung, daß wir für unser Verhalten nicht verantwortlich sind, hat in den letzten Jahren zu einem seltsamen kulturellen Phänomen geführt: Sucht ist schuld an unerwünschtem Verhalten. Sucht ist – aus dieser Sicht – nur eine Krankheit. Schließlich machen wir doch auch niemanden für eine unheilbare Krankheit wie Diabetes oder Leukämie verantwortlich. Also können wir auch niemanden für seine Drogen-, Alkohol- oder Zigarettensucht verantwortlich machen. Der beste Weg, seine Sucht zu heilen, ist das 12-Stufen-Programm der Anonymen Alkoholiker. Der erste und wichtigste Schritt für den Süchtigen in diesem Prozeß ist, daß er oder sie sich die völlige „Willenlosigkeit" gegenüber dem Alkohol oder den Drogen eingesteht oder völlig akzeptiert. Es ist für den Süchtigen wichtig, zu akzeptieren, daß seine oder ihre Krankheit unheilbar ist. Nach diesem Eingeständnis der totalen Willenlosigkeit und der Akzeptanz gegenüber der Unheilbarkeit kann der Süchtige Gott oder eine andere höhere Kraft aufrufen, um das unerwünschte Verhalten zu ändern. Dieses 12-Stufen-Programm scheint zu funktionieren, auch für andere Kranke als nur Alkohol- und Drogensüchtige. Aber über 40 Jahre lang war dieses Programm nur auf Alkohol- oder Drogensucht beschränkt.

In den 80er Jahren kam der Durchbruch, daß diese Idee nicht nur bei den klassischen Süchten, sondern auch bei einer Vielzahl anderer pathologischer Verhaltensmuster funktioniert. Seit sich das „Krankheitsmodell" und die 12-Stufen-Methode bei der Behandlung von

Alkohol- und Drogensucht als erfolgreich erwiesen hat, sind viele Wissenschaftler und Kliniker dazu übergegangen, dieses Modell auch auf andere Arten der Sucht und deren Behandlung zu übertragen. Dies begann bei den Menschen, die mit Süchtigen zusammenleben: den Ehemännern, Ehefrauen oder Kindern. Also Mitglieder, die aus einer dysfunktionalen Familie kommen. In 12-Stufen- und Unterstützungsgruppen nutzen die Ehepartner oder Kinder von Süchtigen das 12-Stufen-Programm, um ihre eigene Mutlosigkeit gegenüber der Sucht zu überwinden.

Innerhalb von einigen Jahren entstand eine Vielzahl von Stufenprogrammen und Unterstützungsgruppen, auf dem Modell der Anonymen Alkoholiker basierend. Alle für Menschen, die ihre Sucht hinsichtlich Sex, Essen, Hungerkuren, Geld, Shopping, Wutanfällen, Romanzen, Männern, Arbeit, Faulheit, Fernsehen, das Sammeln von Coupons usw. aufgeben wollen. Für praktisch alles, das sich in unerwünschtem Verhalten niederschlägt und letztendlich als Sucht bezeichnet werden könnte, gibt es heute Netzwerke von Stufenprogrammen und Unterstützungsgruppen.

Die Sucht-Definition klingt sehr verlockend. Wenn unerwünschtes Verhalten zu einer Sucht wird, kann es bei genauer Definition als Krankheit bezeichnet werden, das heißt, wir sind nicht verantwortlich für diese Krankheit oder die Krankheit unserer Eltern, unseres Partners oder Geliebten. Und der erste Schritt zur Überwindung dieser Krankheit besteht in dem Annehmen, in dem Akzeptieren unserer Willensschwäche. Wenn wir schwach sind, sind wir nicht verantwortlich. Das Ergebnis ist, daß wir das Opfer unserer Krankheit sind. Und die Mitglieder der dysfunktionalen Familie sind doppelte Opfer, denn sie sind nicht durch ihr eigenes Verschulden in die Falle des unerwünschten Verhaltens getappt, sondern durch ihre süchtigen Eltern oder dysfunktionalen Familien. All dieses schädliche Verhalten ist das Resultat der krankheitsähnlichen Sucht, was ja bedeutet, daß es nicht unser Fehler ist. Wir sind also nicht verantwortlich. Unser Verhalten ist „über uns gekommen". Es ist das Resultat unserer mentalen Zustände und unsere Zustände sind das Resultat des Lebens in einer zerrütteten Familie. Wir müssen akzepieren, daß wir schwach und ohnmächtig sind. Shit happens.

Die Fernbedienung

Eine zentrale Entdeckung der Gehirnrevolution (und ein zentraler Gedanke dieses Buches) ist, daß unser (Gehirn-)Zustand und unser Verhalten sich nicht außerhalb unserer Kontrolle befinden. Wir sind keineswegs schwach und ohnmächtig, keine Opfer unserer Vergangenheit oder unserer Umgebung. Der neurowissenschaftliche Beweis liegt vor: Wir können diese Zustände absichtlich, schnell und willentlich ändern. Wir können die Kanäle unseres persönlichen Fernsehprogramms ändern und unsere Zustände „wegzappen". Wir haben die Fernbedienung in der Hand.

Dies ist eine Entdeckung, die viele Menschen während des Aufwachsens machen. Es ist eine Entdeckung, die die meisten von uns immer wieder machen, in verschiedenen Zuständen und unterschiedlichen Kontexten, bis es dann nichts Besonderes mehr darstellt. Ich glaube, daß diese Erfahrung einen wichtigen Teil dazu beiträgt, ein gesunder Erwachsener zu werden.

Diese Entdeckung machte ich zum ersten Mal – wie ich schon beschrieb – während des Biofeedback-Forschungsprogramms an der New York University. Ich entdeckte, daß ich den Alpha-Klicker bei unterschiedlichen Tätigkeiten für mein Gehirn einsetzen konnte. Durch den Alpha-Klicker stieg meine Alpha-Aktivität an ... ich konnte also meine Stimmung verändern. Ich fand heraus: Wenn ich Gefühle, die durch mich hindurchströmten, nicht halten konnte, dann wollte ich sie nicht. Was ich auf meinem eigenen, persönlichen, schwerfälligen Weg lernte, war der Prozeß der Zustandsveränderung. In diesem Maße lernte ich, daß Verhalten zustandsabhängig ist. Verhalten geschieht nicht einfach – wir wählen unser Verhalten.

Wenn wir ein bestimmtes Verhalten in eine andere Richtung lenken wollen, müssen wir unseren Zustand verändern. Zustandsveränderung ist nicht nur möglich, sie ist auch ziemlich einfach zu erlernen. Es ist wie das Wechseln der Fernsehkanäle, und ein Schlüssel in der menschlichen Geschichte ist die Suche nach und die Entdeckung entsprechender Techniken für Zustandsveränderungen. Die Menschen versuchen unermüdlich, zuverlässige Techniken zur Veränderung ihres Zustands zu entwickeln. Zahllose Methoden reichen von der Selbstgeißelung bis zur Masturbation, von Feldzügen bis zur Einnahme von Drogen, vom Nadeln bestimmter Akupunkturpunkte bis zum Fallschirmspringen. Es beinhaltet unterschiedliche Arten des Atmens, des Tanzens, des Singens, des Fastens, der Rituale, der Meditation, des Gebets, des Lesens, des Geschichtenerzählens, der Hypnose, der Visualisierung und der Sexualität.

Der Einsatz dieser Technologien ist nicht neu, und wir haben immer die neueste technologische und wissenschaftliche Entwicklung für die Suche nach zuverlässigen Werkzeugen dafür eingesetzt. Ein erster großer Durchbruch war das rhythmische Schlagen oder Trommeln, eine effektive Technik der Zustandsveränderung. Und auch der Buchdruck verbreitete sich schnell auf der ganzen Welt und führte zu einer der effektivsten Techniken für Zustandsveränderung in unserer Geschichte – dem Lesen.

Auch in unserem Jahrhundert wurde eine Vielzahl von methodischen Entwicklungen kombiniert, um diese Veränderungen hervorzurufen – das Kino, das sich in den Hollywood-Filmen widerspiegelt. Man wird durch eine Vielzahl von intensiven Zuständen katapultiert –

von Angst und Schrecken bis hin zu Liebe und Freude, Zorn oder Kummer. Manchmal halten diese Veränderungen lange an; ich kann mich lebhaft an einen Kinobesuch erinnern, wo ich als eines von Hunderten von Kindern dasaß und nach zwei Stunden als draufgängerischer Piratenkapitän wieder herauskam. Ich lief wie wild durch die Straßen der Stadt, sprang mit schwingendem Säbel über Mülleimer und suchte mit meinen Schiffskameraden in den hinteren Gassen von Pittsburgh einen vergrabenen Schatz.

Die Stimulation der Veränderung

Eine zentrale Entdeckung der Gehirnrevolution ist, daß alle Zustände durch physische Konditionen im Gehirn beeinflußt und erschlossen werden. So entdeckten Wissenschaftler beispielsweise kleine, aber spezifische „Freuden-Zentren" im Gehirn, die in der Nähe anderer Zentren (z.B. für Furcht und Wut) liegen. Sie entdeckten, daß bestimmte Neurochemikalien, Endorphine, freudige Zustände erzeugen können; während andere, wie Oxytocin, liebes-ähnliche Zustände produzieren. Sie entdeckten, daß eine hohe Aktivität in der rechten Frontalregion des Cortex mit Depressionen und negativen Gefühlszuständen einhergeht, während eine hohe Aktivität in der linken Frontalregion mit Glück und positiven Emotionen in Verbindung gebracht wird.

Noch wichtiger ist die Entdeckung, daß die gezielte Veränderung der physischen Konditionen des Gehirns die Zustände beeinflußt. Mit einem winzigen elektrischen Stimulus in einem ausgesuchten Bereich des Gehirns wird Freude stimuliert. Die Versuchsperson macht dann praktisch alles, um diese Erfahrung zu wiederholen. Wenn man den elektrischen Stimulus nur ein bißchen verlagert, kann er Wut und Schrecken erzeugen. In einigen Forschungen fanden Wissenschaftler heraus, daß eine aktiv induzierte Freisetzung von Beta-Endorphinen dazu führt, daß Euphorie produziert wird. Sie stellten bei den Versuchspersonen auch fest, daß die Veränderung der Gehirnwellenaktivität zu einer bestimmten Frequenz dazu führt, daß tranceähnliche Zustände erzeugt werden und daß ein Gefühl des Einsseins mit dem Universum entsteht. Mit dieser simplen und gefahrlosen Technologie kann man schnelle und dramatische Zustandsveränderungen herbeiführen.

Doch zurück zur meteorologischen Metapher: Viele von uns glauben, daß unsere Zustände wie das Wetter sind. Nun wissen wir aber, daß wir unsere Zustände bewußt verändern können und die dazu nötige Mind-Technologie inzwischen überall erhältlich ist. Jetzt kommen neue Fragen, neue Verantwortlichkeiten auf uns zu: In welchem Zustand wollen wir sein? Wenn wir die Fähigkeit zur Auswahl haben, dann haben wir auch die Verantwortung für die Auswahl der Zustände, die uns dabei helfen, unsere Ziele zu erreichen.

So entsteht die nächste Frage: Was sind unsere Ziele? Wollen wir Reichtum, Liebe, Kreativität, Kraft, Glück und Frieden auf Erden? Wir haben die Fähigkeit, uns aus hemmenden Zuständen herauszuholen und in erweiterte Zustände zu bringen; Zustände und Verhaltensweisen, die uns helfen, unsere Aufgaben zu erfüllen, die uns wichtig sind. Aber was ist wichtig?

Die Mind-Technologie öffnet neue Möglichkeiten für die menschliche Leistung. Diese Werkzeuge der Zustandsveränderung sind arbeitssparend, indem sie uns helfen, schnell die hemmenden Zustände zu verlassen und die erweiterten Zustände zu erreichen. Und sie helfen, das unerwünschte in wünschenswertes Verhalten zu verändern – etwas, das ohne Mind-Technologie Stunden, Tage oder Monate dauern würde.

Da die Mind-Tools sehr schnelle und durchschlagende Effekte erzeugen, beschuldigen uns einige Kritiker, daß sie „zu einfach" funktionieren. Aber das wäre genauso, als wenn wir Autos oder Flugzeuge anklagen würden, weil sie „zu schnell" sind. Ja, Autos und Flugzeuge bringen uns schneller an einen anderen Ort, als wenn wir laufen würden. Mind-Tools können Zustandsveränderungen erzeugen und bringen uns schneller in erweiterte, produktive Zustände, als wenn wir uns jahrelang diszipliniert selbst kontrollieren.

Aber Mind-Tools, ebenso wie Autos und Flugzeuge, sind in sich selbst weder schlecht noch gut. Sie sind einfach Werkzeuge, die uns dabei helfen können, bestimmte Dinge schneller zu erledigen, als es sonst der Fall wäre. Die Essenz, die übrigbleibt: Egal, ob wir laufen oder mit einem Jet fliegen, ob wir meditieren oder eine Mind Machine benutzen ... wir haben uns selbst für unser Ziel zu entscheiden.

Mind Machines existieren: Die Möglichkeit der schnellen Zustandsveränderung besteht. Jeder von uns muß sich selbst die Frage beantworten: Welchen Zustand suche ich? Welches Verhalten wünsche ich mir? Was sind die Ziele meines Lebens? Wie können wir nun diese Geräte zur Zustandsveränderung einsetzen, damit sie uns helfen, unsere Ziele zu erreichen? Wenn Sie sich eine Mind Machine gekauft haben, dann müssen Sie für sich entscheiden, was Sie damit anfangen wollen.

Durch dieses Buch lernen wir ein ganzes Sortiment von zustandsverändernden Techniken kennen. Diese Methoden helfen uns, Spitzenleistung zu erbringen und unsere Ziele effektiv zu erreichen. Aber zu welchem Zweck sollen wir uns auf Spitzenleistung trainieren? Und was für Ziele wollen wir eigentlich erreichen?

Ich glaube, daß die Mind-Tools selbst eine effektive Technik für eine Art der Selbst-Entdeckung darstellen, die es uns ermöglichen kann, diese Fragen zu beantworten.

Viele Menschen sind daran interessiert, die Mind-Tools für sehr gradlinige und selbstbeweisende Zustandsveränderungen einzusetzen: um Streß abzubauen, sich zu entspannen, den Blutdruck zu senken, die sexuelle Freude zu steigern, Schlaflosigkeit zu beseitigen, die Gedächtnisleistung zu steigern und so weiter. Und es erübrigt sich zu erwähnen, daß man die Mind Machines auch einfach nur zum Spaß benutzen kann – setzen Sie sie auf, schalten

Sie sie ein und warten Sie ab, was passiert. Die Menschen lieben es, die Zustände zu verändern. So wie wir alle Dinge im Leben machen: Fernsehen schauen, Drogen nehmen, Sex haben, essen, arbeiten, schlafen – entweder Sie verändern Ihren Zustand, oder Sie verdienen genügend Geld, um Ihren materiellen Zustand zu ändern. Da wir es sowieso tun, warum sollten wir es nicht mit Mind-Tools auf sicherere, schnellere und gesündere Weise machen?

Der Trainingseffekt

Einige Kritiker und Skeptiker merken an, daß die Mind Machines zu einfach funktionieren, als daß man damit lernen könnte, die eigenen Zustände zu verändern. Sie seien wie eine Krücke, die uns davon abhält, aus eigener Kraft zu gehen. Meine Erfahrung lautet, daß diese Maschinen vielmehr einen gegenteiligen Effekt haben – sie stimulieren und helfen den Menschen beim Lernen. Einige Kinder benutzen Stützräder, um das Fahrradfahren zu erlernen. Aber wenn sie es dann gelernt haben, legen sie die Stützräder schnell ab – denn wofür braucht man Stützräder, wenn man auf zwei Rädern abzischen kann?

Auf ähnliche Weise hilft die Mind-Technologie vielen Menschen, in mentale Zustände zu gelangen, die sie sonst nur schwer oder ohne Hilfe von außen gar nicht erreichen würden. Mit Mind-Werkzeugen erreichen wir sie schnell und zuverlässig. Wir lernen, wie sich diese Zustände anfühlen. Wir lernen zum Beispiel, wie wir vom Zustand des normalen Bewußtseins in einen tiefen Theta-Zustand, in einen konzentrierten Beta-Zustand oder einen synchronen und offen-fokussierten Alpha-Zustand gelangen.

Wenn wir diese schnellen Veränderungen mit Hilfe der Mind-Tools durch Wiederholung lernen, so erfahren wir, daß diese Zustände nicht nur möglich sind, sondern daß sie uns erfüllen. Durch Wiederholung nehmen wir in uns auf, wie sich diese Zustände anfühlen, und lernen, diese mit physischen Empfindungen (wie das Gefühl des Geistesblitzes, der Schwere oder des Kribbelns in den Fingerspitzen) oder Bildern (Visionen der absoluten Dunkelheit oder des Erfülltseins mit Licht) zu assoziieren.

Wenn wir erfahren haben, wie sich diese Zustände anfühlen, und wenn wir häufig mit Mind-Tech zwischen den normalen und höheren Zuständen gewechselt haben, dann haben wir auch gelernt, ohne fremde Hilfe in diese Zustände einzutauchen. Wir können nun „ohne Stützräder" fahren. Wir können die Zustandsveränderung in jeden Aspekt unseres Lebens integrieren. Wir haben gelernt und erfahren, daß Zustandsveränderungen möglich sind. Und diese Zustandsveränderung kann zu Verhaltensänderungen führen. Wir sind also für unser Verhalten selbst verantwortlich. „We make shit happen."

Dreizehn – Gehirn-Tuning: Feineinstellung von Sender und Empfänger 123

Zusätzliche Literatur:

❑ Eine exzellente Entdeckungsreise durch das zustandsveränderte Lernen und Verhalten liefert das Buch *Die Psychobiologie der Seele-Körper-Heilung – Neue Ansätze der therapeutischen Hypnose* von Ernest L. Rossi, Synthesis Verlag, Essen 1991.

VIERZEHN
Tiefenentspannung auf Kommando

Es ist völlig egal, ob Sie Mind Machines einsetzen, um den Sinn des Lebens zu erfahren, zur Erreichung wichtiger Ziele, zur Veränderung tiefsitzender Verhaltensmuster oder einfach zur Entspannung. Man wird das Optimum nur erreichen, wenn man sein Mind-Tool benutzt, um schnell in einen tiefen Zustand der Entspannung zu gelangen.

He, Moment mal, werden Sie sagen, das ist doch die Aufgabe der Maschine! Viele Hersteller beanspruchen in ihren Handbüchern den Begriff „Entspannungshelfer" für ihr Gerät, und die meisten präsentieren eine Unmenge von „Entspannungs"-Programmen, wie die Licht- und Ton-Geräte. In der Tat, eine Vielzahl von wissenschaftlichen Studien hat gezeigt, daß Mind-Tools bei unerfahrenen Menschen eine tiefe Entspannung induzieren können; einige Studien haben sogar herausgefunden, daß Mind-Tools bei unerfahrenen Versuchspersonen eine tiefere Entspannung hervorrufen können als bei Versuchspersonen, die Entspannungstechniken praktizieren.

Das Problem ist: Viele von uns starten ihre Sitzung auf einem hohen Level von Streß, Muskelanspannung und nervlicher Erregung. Relativ gesehen, entspannen sie sich mehr, aber absolut gesehen ist es mit ihrer Tiefenentspannung nicht so weit her. Entspannung geht einher mit einem hypo-metabolischen Zustand, in dem die Muskelspannung im gesamten Körper drastisch abnimmt. Viele Anwender beschreiben diesen Zustand so: Der Körper „fällt in den Schlaf", man schmilzt dahin oder verliert einfach das Bewußtsein für den physischen Körper. Wenn die Aktivität der Beta-Gehirnwellen des aktiven Bewußtseins nachläßt, steigt die Alpha- und Theta-Aktivität und fängt an zu dominieren.

Ein kürzlich fertiggestelltes Forschungsergebnis geht sogar noch weiter: Die meisten Menschen wissen nicht, wann sie wirklich entspannt sind! Beispielsweise sollten in einigen Experimenten die Versuchspersonen „entspannende" Musik hören, oder sie wurden instruiert, sich an einem dunklen und ruhigen Ort zu relaxen, während ihre Gehirnwellenaktivität, die Muskelspannung, der galvanische Hautwiderstand, die Fingerspitzentemperatur und andere Maßeinheiten aufgezeichnet wurden. Am Ende der Sitzung sollten sie ihren Zustand beschreiben und einschätzen, wie tief sie sich entspannt hatten. Die Versuchspersonen schätzten, daß sie sich sehr tief entspannt hatten, aber ihre Körper erzählten eine andere Geschichte: Das Spannungsniveau hatte sich nicht verändert, in vielen Fällen war es sogar gestiegen! Viele Menschen meinten, daß sie sich entspannt hätten, aber in Wirklichkeit waren sie erregt und angespannt.

Wer von uns hat nicht schon einmal die Erfahrung gemacht, verkrampft zu sein? Dann denkt man, daß Entspannung helfen könne. Wir wissen, daß unsere Mind Machine helfen kann, aber wir sind so mit uns selbst beschäftigt, daß wir sie nicht aufsetzen können. Oder sollten wir es schaffen, sie aufzusetzen, dann sind wir unfähig, uns in die Entspannung hineintragen zu lassen. Das Hauptproblem mit populärer Entspannung und Streßreduktions-Techniken aller Art – inklusive Biofeedback, „Entspannungsreaktion", Meditationstechniken und systematischen Entspannungsprozeduren – ist, was die Forscher das „Fehlen der Übertragung" nennen. Sie sind während eines Seminars, beim Arzt oder in der Praxis eines Therapeuten hocheffektiv, aber es ist extrem schwierig, sie unter Druck oder bei Dringlichkeiten des täglichen Lebens effektiv zu nutzen.

Natürlich sind Mind-Tools effektiv, um Entspannung zu erzeugen, doch für die meisten von uns dauert es immer noch 15 bis 20 Minuten, bis die Muskelanspannung, der innere Monolog oder das Abschweifen nachläßt und der wahre Entspannungszustand erreicht wird. Wenn wir uns 20 Minuten für die Entspannungssitzung Zeit genommen haben, dann bleibt uns wenig Zeit mehr übrig für die Verfolgung aktiver Strategien. Daher kann die souveräne Beherrschung einer Entspannungstechnik äußerst nützlich sein, um eine tiefe Entspannung innerhalb kürzester Zeit zu erreichen.

Tiefenentspannung ist also das Zauberwort und die Grundvoraussetzung für die meisten Techniken, die wir im restlichen Teil des Buches kennenlernen werden. Dazu zählen Superlearning, Visualisieren, Problemlösung, Selbstheilung, oder das Erreichen eines Zustands der Hyper-Beeinflußbarkeit: Leere, Ruhe oder, wie es in China heißt: Um Wasser zu schöpfen, müssen deine Hände leer sein.

Weil die Mind-Tools helfen, Tiefenentspannung zu induzieren, können sie den Lernprozeß enorm beschleunigen: Entspannungstechniken, für die man sonst Wochen des disziplinierten Praktizierens benötigt, können innerhalb von einigen Sitzungen erlernt werden. Die Forscher schlagen deshalb vor, daß alle Methoden der Entspannung, mentalen oder körperlichen Selbstregulierung mächtiger und effektiver funktionieren, wenn man sie in Kombination mit Mind Machines benutzt.

Der Zustand Null

Wir alle können die Wirkung der Mind Machines verstärken, indem wir eine Entspannungstechnik erlernen und sie damit verbinden. Ich empfehle Ihnen, jedesmal, wenn Sie Ihre Mind-Sitzung starten, mit Ihrer persönlichen Entspannungstechnik zu beginnen: Gehen Sie schnell in den Zustand Null. Nach einiger Zeit werden Sie das automatisch tun, und der Entspannungsprozeß wird sich beschleunigen. Eine Technik, mit der Sie anfangs zehn Minuten brauchten, um sich tief zu entspannen, wird nach kurzer Praxis nur noch wenige

Sekunden in Anspruch nehmen, so daß Sie schließlich zu Beginn Ihrer Mind-Tool-Sitzung nahezu automatisch in einen entspannten Zustand gelangen.

Dr. Herbert Benson von der Harvard Medical School hat die wohltuenden Effekte für unseren Körper und Geist untersucht, wenn wir in den Zustand Null gelangen – und nennt dies die „Entspannungsreaktion". Er dokumentierte viele Techniken, angefangen von traditionellen Meditationsübungen bis zu den modernen, die diese Reaktion auslösen. Und er entdeckte, daß sie alle aufgrund einer gemeinsamen Kombination von speziellen Techniken funktionieren. Die wichtigsten Elemente sind:

Mentale Hilfsmittel: Es muß eine Art konstanter Reiz oder Stimulus vorhanden sein, beispielsweise ein Wort oder ein kurzer Satz, der laut oder auch leise wiederholt wird, oder die Aufmerksamkeit wird auf ein Objekt oder einen Vorgang konzentriert. Dadurch, daß unsere Aufmerksamkeit auf diese mentalen Hilfsmittel gerichtet ist, werden wir allmählich von unserem logischen, nach außen orientierten Denken weggeführt.

Passive Einstellung: Lassen Sie den Prozeß einfach geschehen, versuchen Sie nicht, ihn zu kontrollieren. Tauchen störende Gedanken auf, nehmen Sie sie wahr, lassen Sie sie vorbeiziehen und kehren Sie wieder sanft zu Ihrem Entspannungsprozeß zurück.

Verringerte Muskelspannung: Machen Sie es sich so bequem, daß nur eine minimale Muskelanspannung erforderlich ist.

Ruhige Umgebung: Nutzen Sie Ihr Mind-Tool dort, wo Sie nicht durch äußere Reize gestört oder abgelenkt werden.

In vielen Fällen ist Ihr Mind-Tool das Element, das einen konstanten Stimulus liefert. Entweder in Form eines rhythmischen Tons und flackernder Lichter oder durch die Wiederholung von Sätzen oder Tönen einer Kassette. Sie können den Entspannungsprozeß steigern, indem Sie ein mentales Hilfsmittel hinzufügen. Es ist egal, ob es sich um das leise Wiederholen eines Wortes, wie „Entspannen", „Stille" oder „Null" handelt, oder die Aufmerksamkeit auf den Atem zu richten. Wenn Sie diese Elemente mit Ihrem Mind-Tool kombinieren, erreichen Sie schnell den Zustand Null. Deshalb folgen jetzt ein paar Entspannungstechniken, die Sie zur Steigerung Ihrer Mind-Tech-Sitzung einsetzen können.

In und Out: Der Atem

Die Bauchatmung: Entspannen Sie Ihre Bauchmuskeln, so daß sich Ihr Bauch beim Einatmen ausdehnt und beim Ausatmen wieder zusammenzieht. Wenn Sie einatmen, lassen

Sie Ihr Zwerchfell sacken, so daß sich die Lungen von unten her füllen können. Flaches Atmen (Dehnen und Zusammenziehen des Brustkorbes) ist physiologisch mit der „Kampf- oder-Flucht-Reaktion" verbunden. Die Brustatmung bewirkt, daß das autonome Nervensystem in einem erregten Zustand bleibt und dadurch Entspannung verhindert. In den folgenden Entspannungspraktiken wird immer die Bauchatmung mit einbezogen. Forcieren Sie nicht Ihre Atmung, lassen Sie sie einfach in sich selbst entstehen! Wenn Sie sich immer mehr entspannen, werden Sie merken, daß Ihre Atmung automatisch immer langsamer wird. Ein wichtiger physiologischer Effekt der Entspannungsreaktion ist die Reduzierung des Sauerstoffverbrauchs im Körper und die Verlangsamung des Stoffwechsels. Ihr Körper macht einen Wandel durch und nutzt den Sauerstoff effizienter: Wenn Sie weniger Sauerstoff benötigen, wird auch Ihre Atmung langsamer. Wenn sich Ihre Atmung verringert, wird sie schließlich so langsam, daß sie schon fast nicht mehr wahrnehmbar ist. So kann das Gefühl einer wunderbaren Anstrengungslosigkeit hervorgerufen werden, das man als „Fließen" oder „Leichtigkeit" beschreiben kann. Oder: „Der Körper atmet sich selbst."

Die Nasenatmung: Die Wirksamkeit dieser Technik besteht darin, Ihre Aufmerksamkeit auf den durch die Nase ein- und ausströmenden Atem zu richten. Führen Sie Ihre Bauchatmung fort. Konzentrieren Sie sich beim Einatmen auf die einströmende Luft und die Kühle in Ihrer Nasenspitze. Richten Sie beim Ausatmen Ihre Aufmerksamkeit dann auf die Wärme, die Sie dort erspüren. Und wenn Sie wollen, können Sie dabei die Atemzüge zählen. Zählen Sie von 1 bis 10 und wenn Sie bei 10 angekommen sind, fangen Sie wieder von vorne an. Sollten sich störende Gedanken einstellen, kämpfen Sie nicht dagegen an. Lassen Sie sie einfach vorüberziehen und richten Sie Ihre Aufmerksamkeit wieder auf Ihren Atem.

Die Körperreise: Konzentrieren Sie Ihre vollständige Aufmerksamkeit mit jedem Atemzug auf jeweils einen bestimmten Körperteil, und gehen Sie so systematisch Ihren ganzen Körper durch. Beispielsweise können Sie mit dem Kopf beginnen und sich mit jedem Atemzug durch Ihren Kopf, den Hals, die Brust, den rechten Arm und die Finger, den linken Arm und die Finger, den Rumpf, das rechte Bein und den rechten Fuß, das linke Bein und den linken Fuß – und wieder nach oben, zurück zum Kopf bewegen. Manche Menschen finden es effektiver, jeden Körperteil mit einer Zahl zu verbinden, angefangen mit Eins oben am Kopf, bis sie am Ende (etwa bei Sechzig) wieder beim Kopf ankommen. In dem Maße, wie Ihre Aufmerksamkeit von einem Körperteil zum nächsten wandert, wird diese Aufmerksamkeit von starken Körperempfindungen begleitet – von Gefühlen wie Dahinschmelzen, Auflösung, Wärme, Heiterkeit oder „Weicher-werden". Wenn Sie eine komplette Körperreise gemacht haben, werden Sie danach vollkommen entspannt sein.

Das Visualisieren von Licht: Die zuvor beschriebene Übung der Nasenatmung kann mit einer zusätzlichen Visualisierungsübung kombiniert werden: Stellen Sie sich die Luft, die durch Ihre Nase einströmt, als klares, weißes Licht vor. Folgen Sie beim Einatmen dem Fluß des Lichtes durch Ihre Nase in den Bauchraum, und stellen Sie sich dabei vor, wie sich das Licht in jedem Körperteil ausbreitet. Visualisieren Sie beim Ausatmen, wie das Licht wieder aus Ihrem Körper herausströmt – nun etwas dunkler, schmutziger und nebliger, denn es trägt dabei etwas von der Müdigkeit und den Giften aus Ihrem System mit sich.

Auch hier gibt es wieder unterschiedliche Variationen. Beispielsweise kann die Vorstellung von Licht mit der Technik der Körperreise verbunden werden. Beobachten Sie bei jeder Zahl – wenn Sie Ihre Aufmerksamkeit einem anderen Körperteil zuwenden – wie das Licht in diesen Teil des Körpers einströmt und Wärme ausstrahlt. Bewegen Sie das Licht durch Ihren Körper.

Die weiße Wolke: Diese Technik beruht auf der alten chinesischen Praktik des Qigong. Das Qi, Ki oder Chi ist das chinesische Wort für „Atem" oder „Luft" und kann als „Lebensenergie" oder „vitale Atmung" interpretiert werden. Stellen Sie sich vor, daß die Luft beim Einatmen in Ihre Nasenlöcher eine Wolke intensiven und puren weißen Lichts entstehen läßt. Das ist Qi, die „vitale Atmung", die Energie des Lebens. Wenn Sie einatmen, beobachten Sie die Wolke, wie sie durch die Nase zieht, hinunter in den Bauch und dann weiter bis zur Basis der Wirbelsäule. Stellen Sie sich nun die Wirbelsäule als ein Rohr vor, in das die weiße Wolke hineinzieht und dann nach oben wandert. Spüren Sie, wie die Wolke in Ihrer Wirbelsäule nach oben wandert, den Rücken entlang und in den Nacken, bis die Wolke als weißer Dampf aus der Spitze des Rohres aufsteigt. Die strahlend weiße Wolke strömt in Ihren Kopf, zirkuliert dort und füllt den Schädel. Wenn Sie durch den Mund ausatmen, so stoßen Sie die Wolke aus, diesmal wieder etwas dunkler, schmutziger und nebliger, sie trägt dabei etwas von der Müdigkeit und den Giften aus unserem System mit sich. Wiederholen Sie diese Atmung mehrere Male und konzentrieren Sie sich dabei ganz auf die Atmung.

Mindfulness – aktives Denken*

Bewußtes Atmen ist ein Teil einer Übung, die sich „aktives Denken" nennt. Sie ist nicht nur eine wirksame Entspannungstechnik, sondern kann bei regelmäßiger Anwendung auch zu transformierenden Veränderungen in Ihrem Leben führen. Zunächst bedeutet aktives

---

* Anm. d. Übers.: Im deutschen Text verwende ich der Übersichtlichkeit halber für Mindfulness und mindful „aktives Denken" und „aktiv denken". Mindlessness läßt sich problemlos mit „Gedankenlosigkeit" wiedergeben. (In Anlehnung an das Buch *Fit im Kopf* von Ellen J. Langer [Rowohlt, Reinbek 1993], die den Begriff als erste prägte.)

Denken lediglich, sich des Handelns voll bewußt zu werden, es ruhig, objektiv und ohne Beurteilung wahrzunehmen. Mit zunehmender Erfahrung kann das aktive Denken schließlich zu einem „Erwachen" aus dem Schlaf des normalen Bewußtseins führen, so daß jeder Moment vollständig erfahren wird, indem man einen direkten, unmittelbaren Zugang zu all seinen Fähigkeiten hat.

Der erste Schritt zum aktiven Denken ist die Bewußtwerdung der Atmung. Konzentrieren Sie Ihre Aufmerksamkeit vollständig auf Ihren Atem und werden Sie sich der Empfindungen bewußt, die Ihren Atem begleiten. Nehmen Sie die Gefühle wahr, die Sie begleiten, wenn der Atem durch Ihre Nase, die Lungen, den Bauch gelangt und den Körper wieder verläßt. Jeder Gedanke oder jede Wahrnehmung, die vom Gefühl der Atmung ablenkt, bedeutet Unaufmerksamkeit. Wenn Ihr Geist unaufmerksam wird, so müssen Sie sich wieder auf Ihre Atmung konzentrieren. Versuchen Sie, nicht einzugreifen, lassen Sie sich einfach treiben und versuchen Sie nicht, an Ihren Atem zu denken. Nehmen Sie ihn einfach wahr und konzentrieren Sie sich wieder auf Ihren Atem.

Menschen, die geistig sehr aktiv sind, finden sich häufig in einem Rasen von Gedanken, einem mentalen Geschwätz wieder, oder sie denken noch an die täglichen Aktivitäten und die unvollendeten Geschäfte. All dies lenkt sie vom aktiven Denken ab. Der erste Impuls ist, die Gedanken zu unterdrücken. Unterdrückte Gedanken sind auch nur eine Art der mentalen Aktivität. Besser ist es, sich dessen bewußt zu werden, was in Ihrem Geist vor sich geht, am besten mit einer Einstellung aus der Ferne und der folgenden Betrachtung: Sie sind der Beobachter und nicht der Akteur. Lassen Sie die Gedanken durch Ihren Geist laufen, ohne auf sie zu fokussieren, so wie einen Güterzug, der an Ihnen vorbeirauscht. Bringen Sie Ihr Bewußtsein zurück zur Atmung.

Wenn Gedanken auftauchen, kämpfen Sie nicht dagegen an, beurteilen Sie sie nicht, sondern nehmen Sie sie einfach nur wahr, und konzentrieren Sie sich wieder auf Ihren Atem. Wenn Sie sich innig um das Ein- und Ausatmen kümmern, werden Sie nach einiger Zeit einen feinsinnigen Wandel im Bewußtsein feststellen. Der Zen-Meister Thich Nhat Hanh beschreibt den Prozeß folgendermaßen: „Wenn wir einatmen, dann wissen wir, daß wir einatmen, und wenn wir ausatmen, dann wissen wir, daß wir ausatmen. Wenn wir dies tun, so beobachten wir viele Elemente der Freude in uns und um uns herum. Wir können uns am Atmen und an unserem Leben erfreuen."

Sie werden merken, daß diese Übung Körper und Geist schnell beruhigt. Sie werden sich dabei Ihrer Gefühle und Gedanken bewußt, und während Sie sie wahrnehmen und Ihre Aufmerksamkeit wieder auf Ihren Atem richten, stellen Sie fest, daß es nicht Ihre Gedanken oder Gefühle sind, sondern Sie sich von ihnen distanzieren können. Dies kann mit der Zeit zu einem Gefühl innerer Ruhe, Klarheit und Zentriertheit führen.

Body-Scan (Sensibilisierung der körperlichen Wahrnehmung): Wenn Sie in der Übung des aktiven Denkens Fortschritte machen, werden Sie feststellen, daß Sie Ihre Aufmerksamkeit ohne Unterbrechung immer länger auf Ihren Atem konzentrieren können, und werden vielleicht neugierig, eine andere Form des aktiven Denkens kennenzulernen. Eine Technik ist die Sensibilisierung der körpereigenen Wahrnehmung (Body-Scan). Entspannen Sie sich und lenken Sie Ihre Aufmerksamkeit weg von der Atmung, hin zu Ihrem Körper. Gehen Sie Schritt für Schritt durch Ihren ganzen Körper und konzentrieren Sie sich auf jedes einzelne Körperteil. Nehmen Sie alle Empfindungen, Gefühle, Gedanken wahr und was immer in Ihrem Bewußtsein auftaucht, und richten Sie Ihre Aufmerksamkeit wieder auf den Körperteil, auf den Sie sich gerade konzentrieren wollten. Fühlen Sie in möglichst allen Facetten, atmen Sie in diesen Körperteil hinein, gehen Sie ganz in diesem Teil des Körpers auf. Lassen Sie danach wieder los und fühlen Sie, wie alle Spannung und Müdigkeit aus diesem Teil hinausströmt. Wenden Sie sich nun dem nächsten Körperteil zu.

Das aktive Denken können Sie auch auf Musik ausrichten. Angenommen, Sie hören Musik in Verbindung mit ihrem Mind-Werkzeug und lenken Ihre Aufmerksamkeit vom Atem nun auf die Musik. Denken Sie nicht über die Musik nach, beurteilen Sie sie nicht, sondern nehmen Sie sie einfach wahr, jeden Augenblick als reinen Klang. Hören Sie jede einzelne Note. Wenn Gedanken auftauchen oder wenn Ihre Aufmerksamkeit abgelenkt wird, konzentrieren Sie sich wieder auf die Musik.

Vielleicht wollen Sie Ihr aktives Denken anschließend den Gedanken zuwenden, die Ihnen durch den Kopf gehen. Achten Sie auf ihren Inhalt und die Gefühle, die sie auslösen, aber beurteilen Sie sie nicht. Nehmen Sie sie lediglich als „Ereignis" wahr und lassen Sie sie dann wieder los. Beobachten Sie, welche Gedanken immer wieder auftauchen, welche Gefühle und Stimmungen. Lassen Sie sich nicht dazu verleiten, darüber nachzudenken, sondern nehmen Sie sie einfach wahr und lassen Sie sie wieder ziehen.

Atemübung für aktives Denken: Die folgende Übung stammt von Thich Nhat Hanh und demonstriert, wie aktives Denken uns zu tiefem Frieden und Verständnis führen kann. Ich fand heraus, daß sie hervorragend in Kombination mit Mind-Tools zur Eliminierung von Spannung, Streß und Angst geeignet ist und Sie schnell in einen tiefen Zustand der Ruhe und Entspannung bringt.

> Atme ein, ich weiß, daß ich einatme.
> Atme aus, ich weiß, daß ich ausatme.
> *Ein/Aus.*

Atme ein, ich sehe mich als Blume.
Atme aus, ich fühle mich frisch.
Blume/Frische.

Atme ein, ich sehe mich als Berg.
Atme aus, ich fühle mich kräftig.
Berg/Kraft.

Atme ein, ich sehe mich als stilles Wasser.
Atme aus, ich reflektiere Dinge so wie sie sind.
Wasser/Reflektion.

Atme ein, ich sehe mich als Raum.
Atme aus, ich fühle mich frei.
Raum/Freiheit.

Um diese Übung durchzuführen, sagen Sie die Wörter des ersten Verses zu sich selbst, während Sie ein- und ausatmen. Wiederholen Sie dieses fünf- bis zehnmal, bis Sie, wie Hanh sagen würde, „gestoppt haben, still sind und Ihre wahre Heimat des gegenwärtigen Augenblicks erreicht haben". Dann gehen Sie zu dem nachfolgenden Vers, wiederholen diesen so oft, bis Sie sich reif fühlen, zum nächsten Vers überzugehen. Wie Hanh beobachtete: „Bewußtes Ein- und Ausatmen hilft, den besten Zustand zu erreichen – Stille, Frische, Stabilität, Klarheit und Freiheit ... fähig zu sein, den gegenwärtigen Augenblick als den besten Moment des Lebens anzusehen."

Besserer Durchblick durch aktives Denken

Aktives Denken ist eine Technik, die Sie über Ihre Mind-Tech-Sitzungen hinaus in Ihr tägliches Leben integrieren können. Tatsächlich kann es tiefgreifende Wirkungen haben, angefangen von der Stärkung Ihres Immunsystems, über Steigerungen der zerebralen Funktionen bis hin zur Bewußtseinserweiterung, der Intensivierung der Lebensfreude und der Lebensqualität. In einer Untersuchungsreihe der Harvard Medical School wurden eine aktiv denkende und eine Kontrollgruppe auf Ihre Fähigkeiten hin untersucht, kurze, nur wenige Millisekunden andauernde Blitze von einem Spezialgerät, dem Tachioskop, wahrzunehmen. Die Wahrnehmungen der aktiv denkenden Gruppe waren dabei außergewöhnlich exakt. Während die Kontrollgruppe kaum in der Lage war, einzelne Blitze zu sehen oder einen vom anderen zu unterscheiden, konnte die aktiv denkende Gruppe die Impulse so deutlich erkennen, daß die Probanden sogar unterscheiden konnten, wann der Blitz begann, seine maximale Helligkeit erreichte und wieder nachließ, den Augenblick, als der Blitz verschwunden war, genau festmachen konnten und so weiter.

Solche Untersuchungen sind ein eindeutiger Hinweis darauf, daß aktives Denken enorme Auswirkungen auf die Tätigkeit des Gehirns und unser Bewußtsein haben kann. Berichte von Anwendern legen nahe, daß Mind-Technologie ein wirksames zusätzliches Hilfsmittel für die Praktizierung des aktiven Denkens sein kann. Es ist nicht nur für Anfänger hilfreich, die diese Technik erlernen möchten, sondern es kann auch unsere allgemeine Fähigkeit zur bewußten Achtsamkeit und Konzentration verbessern.

Zusätzliche Literatur:

- Eine Vielzahl von Entspannungstechniken liefert mein Buch *Book of Floating* (Morrow/Quill, New York 1984). Beachten Sie auch die beiden Bücher von Dr. Herbert Benson: *The Relaxation Response* (Morrow, New York 1975) und *The Mind/Body Effect* (Simon & Schuster, New York 1979). Ferner *The Relaxed Body* von Daniel Goleman u.a. (Doubleday, New York 1986), *Open Focus Handbook* von Lester Fehmi und George Fritz (Biofeedback Computers, Princeton 1982), und *Quality of Mind: Tools for Self Mastery and Enhanced Performance* von Joel und Michelle Levey (Wisdom, Boston 1991).

- Die beste Einführung in die Meditation des aktiven Denkens bietet *Full Catastrophe Living* von Jon Kabat-Zinn (Delacorte, New York 1990). Ich möchte noch einige Bücher von Thich Nhat Hanh empfehlen: *The Miracle of Mindfulness: A Manual on Meditation* (Beacon, Boston 1984) und *Touching Peace: Practicing the Art of Mindful Living* (Parallax, New York 1992). Andere exzellente Werke sind: *Seeking the Heart of Wisdom: The Path of Insight Meditation* von Joseph Goldstein und Jack Kornfeld (Shambala, Berkeley 1987), *A Gradual Awakening* von Stephen Levine (Anchor/Doubleday, New York 1979) und *Zen Mind, Beginner's Mind* von Shunryu Suzuki (Weatherhill, New York 1986).

FÜNFZEHN
Noch tiefere Entspannung: Selbsthypnose und Suggestion

Mein Kopf gehört mir!

Einer der direktesten und effektivsten Wege, um Veränderungseffekte mit Mind-Technologie zu erfahren, besteht darin, sich in einen offenen, hoch-suggestiblen und beeinflußbaren Zustand zu begeben – einen Trancezustand. Dies ist nur eine andere Art, von Selbsthypnose zu sprechen.

Eines der Charakteristika des Theta- oder Dämmer-Zustands, den wir bereits diskutiert haben, ist die Hyper-Suggestibilität (Beeinflußbarkeit). Mit anderen Worten, Suggestionen oder Sätze gelangen direkt in unser Gehirn oder in unseren unbewußten Geist und werden als wahr akzeptiert, da sie unsere mentalen Filter und kritischen Abwehrmechanismen, die sonst solche Sätze bewerten, umgehen. In Theta, so berichtete Thomas Budzynski, akzeptiert unser Geist unkritisch verbales Material und fast jeden Stoff, den er verarbeiten kann. Unsere subjektive Erfahrung von Theta ist ein schläfriger, höchst unbewußter Zustand. Wenn wir unser Wachbewußtsein wiedererlangen oder Bewußtheit erreichen, verlassen wir sofort Theta und sind nicht mehr hyper-beeinflußbar. Unsere kritische Kontrollinstanz arbeitet wieder.

Aus diesem Grund ist der Einsatz von Kassetten mit gesprochenen Suggestionen (diese Suggestionen werden von einer anderen Person gesprochen) der beste Weg, die Hyperbeeinflußbarkeit in Theta zu nutzen. Auf diese Art und Weise können wir in Theta bleiben und die Suggestionen direkt verinnerlichen, ohne daß wir unsere Aufmerksamkeit auf etwas richten müssen.

Selbsthypnose ermöglicht andererseits, daß wir den hyperbeeinflußbaren Zustand zulassen können und die Suggestionen aktiv für unsere persönlichen Aktionen oder Veränderungen aufnehmen können. Selbsthypnose ist nicht schwer und keineswegs geheimnisvoll. Sie ist einfach und kann mit Hilfe vieler populärwissenschaftlicher Bücher erlernt werden. Sie besteht hauptsächlich aus drei Elementen: Tiefenentspannung, konzentrierter Aufmerksamkeit und den Suggestionen. Zu guter Letzt, wie Sie sehen, ist tiefe Entspannung eben nicht notwendig. Der Hypnotherapeut Milton Erickson definiert die tiefe Trance oder den hypnotischen Zustand einfach als „einen auf das eigene Innere begrenzten Aufmerksamkeitsfokus".

Virtuose Hypnose

Sie wissen, daß Mind-Werkzeuge sehr effektiv bei der Erzeugung von Entspannungszuständen sind. Für die konzentrierte Aufmerksamkeit schlage ich ein Mind-Tool vor, das die externen Stimuli blockiert und eine Umgebung für einen stillen, klaren und fokussierten Geist erschafft. Es wurden schon einige Forschungen über Gehirn-Technologie und Hypnose durchgeführt: Es zeigt sich, daß Menschen, die Mind-Tools nutzen, in tiefere Zustände der Hypnose gelangen, als wenn man Menschen ohne Mind-Tools hypnotisiert. Zusätzlich liegen Beweise vor, die zeigen, daß Mind-Tools die Hypnotisierbarkeit signifikant steigern – das bedeutet, daß Menschen, die man sonst nicht hypnotisieren konnte, mit Hilfe von Mind-Tools in tiefe Hypnose gelangen können. Eine Studie über den Isolationstank ergab, daß einige Versuchspersonen, die anfänglich praktisch nicht hypnotisierbar waren, im Tank zu „Hypnosevirtuosen" geworden sind.

Der erste Schritt der Selbst-Hypnose ist die Induktion. Ohne Mind-Technologie kann dieser Prozeß sehr lange dauern, man benötigt die meiste Zeit dafür, sich tief zu entspannen, mental zu konzentrieren, und Mind-Tech beschleunigt diesen Vorgang erheblich. Der einfache Einsatz einer der zuvor beschriebenen Techniken ermöglicht ein schnelles Eintreten in den Zustand Null und dann in die Induktion.

Wenn Sie den Zustand Null erreicht haben, können Sie mit der Induktion beginnen; benutzen Sie eine Sequenz, die Sie zunehmend tiefer in Hypnose bringt. Eine bekannte Induktion ist der Countdown. Im Geiste zählen Sie langsam rückwärts von 10 bis 0, mit jedem Ausatmen eine Zahl. Mit dem Zählen geben Sie sich selbst Anordnungen, die Sie tiefer in Trance führen. Zum Beispiel suggerieren Sie sich im Geiste: 10 ... mit jeder Zahl zähle ich mich weiter runter, ich entspanne mich, werde beeinflußbarer, konzentrierter. 9 ... wenn ich die 0 erreicht habe, dann bin ich in einer tiefen, entspannten, konzentrierten, hyperbeeinflußbaren Trance. 8 ... mit jeder Zahl werde ich beeinflußbarer und aufnahmefähiger. 7 ... mit jedem Atemzug löse ich Spannungen auf, mein ganzer Körper gelangt in einen Zustand der tiefen Ruhe, des Behagens, des Friedens und der höchsten Beeinflußbarkeit ... wenn ich die 0 erreicht habe, dann bin ich in einem Zustand der Trance, offen, aufnahmefähig, beeinflußbar. 6 ... mit jeder Zahl gehe ich tiefer ... ... und so weiter, bis Sie die 0 erreicht haben.

Primäre Sinnesmodalitäten

Es gibt zahllose Wege, eine Trance zu induzieren, eine Induktion zu finden oder die Auswahl von Induktionen festzulegen, die bei einem selbst funktionieren, darin liegt das Geheimnis. Ein Schlüssel für diesen Lernprozeß ist die Anwendung Ihrer primären Sinnesmodalitäten (dieser Begriff stammt aus dem Neurolinguistischen Programmieren [NLP] von Richard Bandler und John Grinder, die Studenten von Milton Erickson waren).

Was auch immer die wahre Natur „der Realität" sein mag, jeder von uns erfährt seine eigene Realität durch seine eigenen Prozesse und Interpretationen. Wissenschaftler fanden heraus, daß die meisten Menschen diesen Prozeß oder die Interpretation von Realität durch einen oder mehrere Sinne entwickeln. Hinzu kommt, daß die meisten von uns Realität durch sich selbst repräsentieren, durch einen oder mehrere unserer drei wichtigsten Sinne: Sehen, Hören und Fühlen. Die meisten Menschen tendieren dazu, die Realität überwiegend auf visuellem, auditivem oder kinästhetischem Wege zu erfahren. Dies sind unsere „Repräsentationssysteme" oder Sinnesmodalitäten.

Was ist unsere primäre Sinnesmodalität? Welcher Sinn oder welche Sinne repräsentieren unsere Erfahrungen oder Gefühle über uns selbst? Über welchen Weg sind wir uns ihrer bewußt? Ein Weg, um das herauszufinden, besteht darin, uns selbst zuzuhören – und mit anderen zu sprechen. Die Wörter, die Sie benutzen, reflektieren die zur Zeit favorisierte Sinnesmodalität. Beachten Sie, wie unterschiedlich Menschen etwas erklären. „Ich sehe", sagt die eine Person, „ich höre", sagt eine andere Person. Eine dritte Person sagt: „Ich habe es" oder „Ich kann fühlen, wo es herkommt."

Hören Sie besonders auf die Wörter, die Sie und andere benutzen – diese Wörter zeigen, welche Art der Sinneserfahrung gerade primär im Bewußtsein vorherrscht. Diese Wörter enthüllen, in welcher Modalität oder in welchem Repräsentationssystem man sich gerade bevorzugt befindet.

Visuelle Modalität: Diese Modalität arbeitet, wenn die Menschen folgende Verben benutzen: sehen, schauen, untersuchen, finden, lesen, beobachten, blicken, vorstellen, gucken, starren. Visuelle Beschreibungen rufen folgende Kategorien (oder Submodalitäten) herbei: Farbe, Position, Fokus, Schärfe, Helligkeit, Bewegung oder Geschwindigkeit, Größe, Kontrast, Position, Entfernung und Tiefe.

Auditive Modalität: Diese Modalität wird durch folgende Verben beschrieben: hören, zuhören, erzählen, beschreiben, überhören, klingen, fragen, schreien, singen, reden, diskutieren, rufen, kreischen; oder durch solche Submodalitäten wie Klänge, Wörter, Tonlage, Tonalität, Sprache, Rhythmus und Lautstärke.

Kinästhetische Modalität: Gebräuchliche kinästhetische Verben beinhalten: gehen, greifen, kämpfen, raufen, halten, schlagen, klettern, rennen, werfen, gehen, treten, fühlen, fliegen. Die Submodalitäten beinhalten: Gewicht, Intensität, Temperatur, Bewegung, Gerichtetheit und Spannung.

Wenn Sie sich an etwas aus Ihrer Kindheit erinnern, erscheint diese Erinnerung dann als helles, mentales Bild, als Klang oder als körperliche Empfindung? Wenn Sie an ein besonders gutes Essen denken, stellen sich Ihre Empfindungen als ein kinästhetisches Gefühl (der aktuelle Geschmack von unterschiedlichen Speisen, von Freude, Wärme und einem vollem Bauch), eine Serie von Bildern (funkelnde Kristallgläser, farbenprächtiges Gemüse, aufsteigender Dampf von gebackenen Kartoffeln, die Farbe des Weins, weiße Tischdecken, flackernde Kerzen) oder als Klang dar (klirrende Kristallgläser, lachende Freunde am Tisch, klapperndes Besteck, Knabbern von rohen Karotten)? Die meisten von uns haben eine primäre Sinnesmodalität; ferner eine sekundäre Modalität, die wir zwar regelmäßig, aber nicht so oft wie die primäre Modalität benutzen, und eine dritte, die wir nur sehr selten einsetzen.

Wenn wir unsere primäre und sekundäre Modalität entdeckt haben, eröffnet sich eine Welt von Informationen über uns selbst und über andere. Ein Beispiel: Bei der bewußten Entdeckung der Sinnesmodalitäten, die Sie normalerweise nicht benutzen, kommen Sie an den Punkt, sich selbst in der Realität neu zu sehen – das ist ein Weg der „Selbst-Erweiterung" durch den verstärkten Gebrauch einer Reihe von Sinneserfahrungen. Mit dem Einsatz von Mind-Tech finden wir Wertvolles zur Entdeckung der Sinnesmodalitäten, die wir normalerweise nicht nutzen. Wenn zum Beispiel Menschen primär visuell gepolt sind, können sie mit den Mind-Tools ihre Aufmerksamkeit auf auditive und kinästhetische Modalitäten lenken und sich damit neue Bereiche des Bewußtseins erschließen. Oder wenn Sie bei Ihren Mind-Machine-Sitzungen vorwiegend mit einer Modalität arbeiten, können Sie versuchen, in eine andere zu wechseln: Diese Erfahrung wird für Sie neu sein und neue Informationen aufdecken und neue Gefühle freisetzen.

Eine andere Annäherung ist der Einsatz der primären Modalität, um sich die am wenigsten entwickelte Modalität zu erschließen. Zum Beispiel haben einige Menschen ein hohes visuelles, aber ein sehr schlechtes kinästhetisches Bewußtsein. Diese Menschen können visuelle Mind-Tools – wie die flackernden Lichter der optisch-akustischen Geräte – nutzen, um in einen entspannten Zustand zu kommen. Dann kombinieren sie diese Erfahrungen mit einigen kinästhetischen Erfahrungen – mit Bewegungsgeräten, Massagen, körperlichen Bewegungen, den Vibrationen auf einer Klangliege oder einem Wasserbett. Dabei stellt man fest, daß ein neues Bewußtsein durch die Kraft des kinästhetischen Bereichs erwacht. Oder, primär kinästhetische, gefühlsbetonte Menschen mit niedrigem auditiven Bewußtsein können zunächst kinästhetische Mind-Tools – Bewegungssysteme, Klangliegen oder craniale Elektrostimulation (CES) – benutzen, um sich zu entspannen und in einen empfänglichen Zustand zu gelangen, um danach primär auditive Mind-Tools einzusetzen – wie Hemi-Sync-Kassetten, verbale hypnotische Induktionen oder gesprochenes Lernmaterial.

Sinnesmodalitäten und Tranceinduktion

Wenn Sie Ihre primäre Sinnesmodalität gefunden haben, dann können Sie die Sprache dieser Sinnesmodalität als effektiven Weg nutzen, um in Trance zu gelangen. Zum Beispiel können Sie folgende Induktionen benutzen:

Visuell: Sehen Sie sich selbst Treppen heruntersteigen oder mit einer Reihe von Fahrstühlen nach unten fahren; jeder Fahrstuhl hat eine andere Farbe; und jeder bringt Sie tiefer in Hypnose.

Kinästhetisch: Fühlen Sie, wie Sie in Zeitlupe kopfüber Salto rückwärts schlagen und durch einen dunklen, unendlichen Raum treiben; mit jedem Salto gelangen Sie tiefer in Hypnose.

Auditiv: Hören Sie eine Stimme, die von 100 rückwärts zählt; mit jeder Zahl wird die Stimme leiser; mit jeder Zahl entspannen Sie sich mehr, werden konzentrierter und empfänglicher, und wenn die Stimme die Zahl Null erreicht hat, blendet die Stimme aus, und Sie befinden sich in tiefer Trance.

Multisensorische Induktionen

Viele Menschen behaupten, daß die effektivste Induktion diejenige ist, die verschiedene Modalitäten miteinander verbindet. Hier ein Beispiel für eine multisensorische Induktion:
    Stellen Sie sich vor, Sie tauchen durch klares, tropisches Wasser in die Tiefe. Sie sehen, wie das Boot an der Wasseroberfläche immer kleiner wird, während Sie immer tiefer sinken. Sie sehen Ihre Luftblasen nach oben steigen. Während Sie tiefer sinken, sehen Sie Korallenriffe vor sich auftauchen. Sie fühlen, wie der Wasserdruck mit der entsprechenden Schwere des Körpers zunimmt. Sie fühlen, wie Ihre Arme, Beine, Ihr ganzer Körper im Wasser schwebt, während Sie tiefer und tiefer tauchen. Mit jedem Atemzug hören Sie die Luftblasen nach oben steigen. Sie hören Ihre Stimme langsam rückwärts zählen. Während Sie tiefer und tiefer sinken, sinken Sie tiefer in eine entspannte, zu erhöhter Beeinflußbarkeit führende Trance ...

Suggestionen

Wenn Sie tief entspannt und fokussiert sind, sind Sie hyper-suggestibel, also extrem leicht zu beeinflussen. Im Trancezustand können Sie sich selbst mit Suggestionen für persönliche Veränderungen programmieren, und diese können weitgehende und langanhaltende Effekte haben. Ein paar Tricks erhöhen die Effektivität der Suggestionen.

Ausschalten der Bewertung: Glauben Sie Ihren Suggestionen. Suggestionen, an die Sie wirklich glauben, sind wahr, das haben Experimente immer wieder bestätigt. Sie wirken und haben die höchste Erfolgsaussicht. Wenn Sie Ihren Zensor im Kopf ausschalten, versuchen Sie, Ihre Suggestionen als wahr anzunehmen. Erleben Sie, daß Ihre Imaginationen real sind.

Seien Sie konkret und spezifisch: Die Gehirnforschung hat erkennen lassen, daß das Sprachverständnis der rechten Hemisphäre einfach und konkret ist. Es verarbeitet keine abstrakten Materialien. Viele Hypnotherapeuten fanden heraus, daß Suggestionen im Gehirn in Form von konkreten Bildern auftauchen. Die Suggestion „Ich will gewinnen" ist weniger effektiv als Suggestionen wie „Augen zu und durch". Auch das Wort „nicht" ist weder konkret noch ein Bild: Wenn Sie eine Suggestion wie „Ich will nicht rauchen" gebrauchen, dann entwickelt das Gehirn daraus ein Bild, in dem Sie rauchen, und diese Suggestion verstärkt eher Ihr Bild von sich als Raucher.

Seien Sie positiv: Richten Sie Ihre Suggestionen auf das aus, was Sie lieber wollen, als auf das, was Sie nicht wollen – positive Suggestionen haben mehr Kraft als negative Suggestionen. Statt: „Ich habe keine Angst" sollten Sie sich lieber sagen: „Ich bin mutig ..."; statt: „Ich will nicht rauchen", sollten Sie sagen: „Ich liebe meinen Körper und freue mich daran, ihn gesund zu erhalten"; statt: „Ich will nicht zu spät zu Verabredungen kommen", sollten Sie sagen: „Ich freue mich, wenn ich rechtzeitig zur Verabredung komme."

Benutzen Sie die Gegenwart: Suggerieren Sie sich: „Ich bin gesund" und nicht: „Ich will gesund werden." Für Suggestionen, die in der Zukunftsform ausgedrückt werden, wirkt diese Definition auch nur in der Zukunft, die wir nie erreichen werden.

Benutzen Sie die primäre Sinnesmodalität: Benutzen Sie nicht nur verbale Suggestionen, sondern beziehen Sie Ihre primäre Sinnesmodalität mit ein. Sind Sie sehr visuell ausgerichtet, verwenden Sie visuelle Suggestionen, indem Sie visuelle Submodalitäten, wie Farben, Helligkeit und Kontrast einsetzen. Sehen Sie sich selbst, wie Sie die Aktion erfolgreich durchführen.

Nutzen Sie viele Sinne: Stärken Sie die Suggestion durch die Einbeziehung Ihrer nicht-dominanten Sinnesmodalitäten. Wenn Ihre Suggestion primär visuell ist, so fügen Sie auditive und kinästhetische Elemente hinzu; fühlen, hören und sehen Sie die Suggestionen in Ihrem Selbst.

Wiederholung: Wiederholung ist die verbreiteste Suggestionstechnik und sie wird in der Politik und der Werbung eingesetzt. Wiederholen Sie Ihre Suggestionen mehrmals mit unterschiedlichen Wörtern, Bildern, Sinnesmodalitäten und Submodalitäten.

Nutzen Sie Rhythmus: Suggestionen sind effektiver, wenn Sie sie mit Ihrem eigenen Atem- oder Stimmrhythmus verbinden. Forscher fanden heraus, daß Stimmtonalität und Rhythmus die rechte Hemisphäre durchlaufen (die emotionale Hemisphäre), und das hat einen größeren emotionalen Effekt. Vergleichen Sie den kraftvollen Rhythmus und die ausdrucksvolle Intonation der Stimme von Gospel-Predigern oder eines Jesse Jackson mit den monotonen, unrhythmischen Sprachmustern eines Henry Kissinger oder George Bush.

Seien Sie überzeugend: Wir glauben an Informationen, die von Autoritäten kommen. Forscher haben herausgefunden, daß Suggestionen von einer Person im weißen Kittel (wo wir sofort sehen können, daß es sich um einen Arzt handelt) effektiver sind als von Personen ohne weißen Kittel. Packen Sie also ruhig etwas Kraft und einen Befehlston in Ihre Suggestionen und verleihen Sie sich die Ausstrahlung einer Autorität.

Allgemeine Suggestionen

Allgemeine Affirmationen sind sinnvoll, um einen positiven Zustand in Ihrer Trance zu erreichen, und das zu jedem Zeitpunkt Ihres Lebens. Einige Beispiele: *Ich mag mich. Ich bin ganz bei mir. Ich respektiere und schätze mich. Ich erfreue mich großer Vitalität und Gesundheit. Ich habe jetzt Kontrolle über meinen Geist, meinen Körper und meine Emotionen. Mein Körper heilt sich jederzeit selbst. Ich bin ein guter Mensch. Ich bin entspannt und friedlich.*

Persönliche Suggestionen

Solche Suggestionen und Affirmationen sind direkt auf unsere speziellen Ziele, Probleme und Fähigkeiten ausgerichtet. Wiederholen Sie sie in spezifischen Situationen, wenn sie gerade gebraucht werden und generell während des Tages. Zum Beispiel: *Ich lobe meine Kinder bei jeder sich gebenden Gelegenheit. Ich atme tief in meinen Bauch. Ich verbrenne überflüssiges Fett und reduziere meinen Bauch. Ich esse nur, wenn ich hungrig bin. Wann immer ich eine Zigarette möchte, atme ich tief durch.*

Aktive Suggestionen

Ein dritter Typ von Suggestionen, den Sie benutzen sollten, sind die kurzen Sätzen des Selbstgesprächs. Diese können Sie später in bestimmten Situationen einsetzen. Sie beinhalten unter anderem: *Jetzt volle Kraft. Einfach wegdrücken. Fokus. Durchgehen. Freilassen. Laß gehen. Denke direkt. Schnell.*

Sie können Situationen visualisieren, bei denen Sie diese Suggestionen einsetzen wollen. Somit können Sie die Suggestionen implantieren, damit bei jeder Wiederholung dieses Wortes oder des Satzes die gewünschte Aktion eintritt, die Sie zuvor visualisiert haben.

Bestätigende Suggestionen

Sicher wollen Sie Ihre generellen, persönlichen und aktiven Suggestionen durch Wiederholungen so stärken, daß Sie sie in jedem Lebensbereich einsetzen können. Durch Wiederholungen werden sie dann nicht nur zu einfachen Suggestionen oder Affirmationen, sondern gehen in habituelle (gewohnheitsmäßige) Gedankenmuster über. Tun Sie dies durch das Implantieren von bestätigenden Suggestionen.

Hypnotische Befehle

Profitieren Sie von Ihrer Hyper-Beeinflußbarkeit in der Trance, um generelle und persönliche Suggestionen zu stärken. In diesem Zustand können bestimmte externe Signale der Auslöser für bestimmte Affirmationen sein. Stellen Sie sich beispielsweise vor, daß Ihnen, wenn Sie den Kühlschrank aufmachen, folgende Suggestion in den Kopf kommt: „Ich esse nur, wenn ich Hunger habe." Oder stellen Sie sich vor, wenn das Telefon klingelt, kommt die Suggestion: „Ich bin entspannt und atme tief durch."

Stichwörter auf Abruf

Ein anderer Weg, um sich Suggestionen zu implantieren, ist der Einsatz eines Auslösers, eines Ankers, der Ihnen in Zukunft hilft, schnell und leicht in den hypnotischen Zustand zu gelangen. Viele Menschen nutzen dabei ein Signal oder ein Stichwort. Zum Beispiel können Sie sich in einem entspannten Zustand das Wort „Shazam" suggerieren; es ist dann das Signal für Sie, direkt in die hypnotische Trance zu gelangen, also sich zu entspannen, zu konzentrieren und hyper-beeinflußbar zu werden. Auf diesem Weg verkürzen Sie Ihre Induktion, und durch einige Übung können Sie die Induktion völlig umgehen und direkt vom Wachbewußtsein in den hypnotischen Zustand gelangen.

Ideomotorische Signale

In Trance haben Menschen einen direkteren Zugang zu versteckten oder unbewußten Materialien. Ein effektiver Weg, um an Informationen zu gelangen, die im Unterbewußtsein verborgen sind, ist das ideomotorische Fingersignal: Suggerieren Sie sich, daß Sie auf eine Frage eine entsprechende Antwort erhalten wollen. Wenn die Antwort auf diese Frage ja ist, bewegen Sie Ihren rechten Zeigefinger; wenn die Antwort nein ist, bewegen Sie Ihren linken Zeigefinger (oder erlauben Sie Ihrem Unterbewußtsein, selbst zu entscheiden, welches Signal Sie erhalten). Dies ist eine wertvolle Technik, um Informationen zu bekommen, von Hilfen bei der Entscheidungsfindung bis zur Erinnerung an den Ort, wo Ihr Autoschlüssel liegt.

Die Prozedur zur Problembewältigung beginnt mit der Frage an sich selbst, ob die Wurzeln für dieses Problem in der Vergangenheit liegen. Ist das ideomotorische Signal ja, kann man fragen, ob das Ereignis in den ersten 20 Lebensjahren stattfand. Wenn ja, so kreisen Sie die Zeitspanne durch die Konzentration auf bestimmte Gegebenheiten ein. Die spezifische Fragestellung, bei der das ideomotorische Signal mit ja oder nein antworten kann, ist eine andere Methode.

Ideomotorische Signale kann man auch gut zur Überprüfung des geistigen und körperlichen Zustands benutzen. Zum Beispiel befinden sich die meisten Sportler konstant an der Grenze zur Überbelastung durch das Training, was zu Krankheit oder Verletzung führen kann. Viele von ihnen benutzen ideomotorische Signale, um sich selbst Fragen zu stellen, wie die folgenden: Soll ich heute hart trainieren? Oder es lieber leichter angehen lassen? Ist heute der richtige Tag für Gewichtheben, um meinen Oberkörper zu stärken?

Diese Methode ist gleichfalls hilfreich für die Entdeckung der eigenen unbewußten Glaubensmuster. Wollen Sie wirklich den neuen Job? Ist das Ziel X für Sie jetzt wichtiger als das Ziel Y? Dies ist die Art, Fragen zu stellen, damit man eine wirklich wahre Antwort erhält – man muß nur wissen, wie man sich befragt. Oft weisen diese ideomotorischen Signale den richtigen Weg.

Anker setzen

Eine der bemerkenswertesten Eigenschaften der Trance ist, daß man sich selbst Suggestionen implantieren kann, die dann später, wenn man sich längst nicht mehr in Trance befindet, wirksam werden. Bekannt wurde der Begriff der posthypnotischen Suggestion durch die „Magischen Hypno-Shows". Beispiel: Der Hypnotiseur programmiert die zu hypnotisierende Person mit bestimmten Befehlen, z.B. daß sie später auf ein bestimmtes Signal hin zu bellen beginnt wie ein Hund. Eine neuere Variante ermöglicht dem Anwender, sich selbst Auslösemechanismen einzugeben, die dann später, wenn sie abgerufen werden, automatisch bestimmte Verhaltensweisen auslösen. Diese Technik wird „Ankern" oder „Setzen von Ankern" genannt.

Alle Erfahrungen werden über mehrere Komponenten gemacht: Wenn man durch eine Erfahrung hindurchgeht, so hört, sieht, fühlt, riecht und schmeckt man unterschiedliche

Dinge. Das Ankern hat die Tendenz, alle diese Komponenten einer Erfahrung zusammenzufassen, so daß man die ganze Erfahrung wiederholen kann. Wir alle kennen die Erfahrung, daß wir etwas schmecken und uns sofort an etwas Bestimmtes erinnern, was schon viele Jahre zurückliegen kann. Für Marcel Proust ist der Geschmack einer Madeleine (französisches Gebäck), die in den Tee getaucht wird, ein Anker, der eine ganze Welt durch eine immense Flut von Erinnerungen wiedererschafft. Hieraus ist der gewaltige Roman *Auf der Suche nach der verlorenen Zeit* entstanden.

Ein Anker ist im Grunde ein Ursache/Wirkungs-Mechanismus. Iwan Pawlow konditionierte seine Hunde darauf, beim Erklingen einer Glocke Speichel zu produzieren, indem er ihnen beibrachte, das Läuten der Glocke mit Futter in Verbindung zu bringen. Anker werden gesetzt, wenn wir uns in einem erweiterten oder intensiven Bewußtseinszustand befinden und auf dessen Höhepunkt ein bestimmtes Signal oder einen bestimmten Reiz ankern. An diesem Punkt wird eine neurologische Verbindung zwischen dem Stimulus und dem Zustand hergestellt. Pawlows Hunde befanden sich in einem erregten Zustand (Hunger), als sie das Futter erhielten, und am Höhepunkt der Erregung erklang die Glocke. Nach einiger Zeit reichte schon der Glockenton aus, um den Speichelfluß der Hunde anzuregen. Auf ähnliche Weise lösen Hunderte von Oldies Reaktionen in mir aus: Ich war beispielsweise auf dem Rücksitz meines Autos in einem Zustand sexueller Erregung, als ich zum ersten Mal die Beatles hörte. Der Titel *I Want to Hold Your Hand* löst auch heute noch – 30 Jahre später – eine Pawlowsche Reaktion in mir aus, ein Anker für einen intensiven psychophysiologischen Zustand.

Anker können in praktisch allen Lebenslagen kreiert werden – wir tun dies, wenn wir unbewußt einen bestimmten Werbeslogan mit einem bestimmten Produkt in Verbindung bringen („Nichts ist unmöglich"; „Nicht immer, aber immer öfter"; „Ich bin so frei"), ein Bild (Weihnachtsbaum) mit einem Gefühlszustand oder ein Signal (rote Ampel) mit einer Handlung. Sportler setzen sich ständig Anker: So üben z.B. Tennisprofis vor dem Spiel den Aufschlag, kneten zwei Bälle in der Hand oder lassen den Ball ein paarmal aufdopsen. Erst wenn sie sich dadurch in ein Gefühl des Selbstvertrauens geankert haben, sind sie bereit, ihr Spiel zu beginnen. Wir wissen, daß die Intensität und Beständigkeit des Ankers um so größer ist, je intensiver und konzentrierter unser mentaler Zustand ist.

Wie aus zahlreichen Untersuchungen hervorgeht, sind Mind Machines ein äußerst potentes Hilfsmittel für die Induzierung intensiver und erweiterter Bewußtseinszustände. In einer durch Selbsthypnose erreichten Trance begeben wir uns in einen erweiterten, intensivierten Zustand, die Hyper-Beeinflußbarkeit. Die Kombination von Selbsthypnose und Mind Machines ist eine der schnellsten und wirksamsten Methoden, die zum Ankern entwickelt wurden. Und die Meisterschaft in dieser Anker-Technik ist der Schlüssel zur schnellen

Zustandsveränderung und ein Schlüssel zur persönlichen Verhaltensmodifikation. Die Kombination von Suggestionen in Trance und Mind-Technologie stellt eine erstaunliche neue Technik zur Verhaltensveränderung dar.

Wie setzt man sich Anker? Als erstes müssen Sie sich in den Zustand versetzen, in dem Sie etwas ankern möchten. Dabei ist Selbsthypnose sehr wertvoll. Nehmen wir an, Sie werden bei Personalbesprechungen meist nervös, und es fällt Ihnen schwer, dem Gespräch zu folgen. Deshalb möchten Sie einen kühlen, klaren Kopf, Redegewandtheit und Kontrolle ankern. Nehmen Sie Ihre Mind Machine, begeben Sie sich in eine hypnotische Trance, und wenn Sie in einem hyper-beeinflußbaren Zustand sind, visualisieren Sie sich bei einer Personalbesprechung. Visualisieren und realisieren Sie diese Besprechung mit so vielen Details wie möglich. Stellen Sie sich Ihre Kollegen vor, lassen Sie den Sitzungsraum vor Ihrem inneren Auge entstehen, hören Sie die vielen Stimmen, riechen Sie die typischen Gerüche, spüren Sie den Stuhl ... alles in konkreten Details. Stellen Sie sich selbst als eloquent, souverän, einfallsreich, witzig und kontrolliert vor. Spüren Sie alles so intensiv wie möglich – und wenn das Gefühl am stärksten ist, wenn Sie ein perfektes Hoch empfinden, Selbstvertrauen und das Gefühl haben, die Situation zu meistern – dann setzen Sie sich an diesem Punkt Ihren Anker.

Der Anker kann ein bestimmter Reiz sein. Sie können z.B. Ihren Daumen an den ersten Knöchel Ihres Zeigefingers legen. Untersuchungen haben ergeben, daß die besten Anker diejenigen sind, die verschiedene Arten von Sinnesmodalitäten miteinander kombinieren, also Klänge, Bilder, Gefühle usw. Vielleicht möchten Sie einen Anker setzen, der die oben beschriebene Fingerhaltung mit einem gesprochenen Wort (z.B. „Jetzt spreche ich!") kombiniert, vielleicht wollen Sie diesen Anker auch zusätzlich mit einer bestimmten Vorstellung ergänzen (z.B. helles Licht, das durch den Körper strömt), oder vielleicht wollen Sie diesen Anker mit einem kinästhetischen Gefühl (z.B. kribbelnde Energie, die den Körper erfüllt) verbinden.

Sobald ein Anker gesetzt wurde, wirkt er als eine Art post-hypnotischer Befehl. Und wenn Sie bei Ihrem nächsten Meeting das Bedürfnis haben, etwas zu sagen, aktivieren Sie einfach Ihren Anker. Legen Sie Ihren Daumen an den ersten Knöchel des Zeigefingers, atmen tief durch und sagen Sie zu sich selbst: „Jetzt spreche ich!", oder sehen Sie, wie das Licht Sie erfüllt, oder fühlen Sie, wie es kribbelt. Sie werden merken, daß Sie über die gleiche Souveränität, Eloquenz und Lockerheit verfügen, die Sie in Ihrem Trancezustand erlebt haben. Denn all diese Gefühle sind jetzt neurologisch fest mit Ihrem Anker verbunden.

Wenn Sie Ihren Anker in einem äußerst konzentrierten und intensiven Zustand setzen, reicht bereits dieses eine Mal aus, um eine starke Wirkung zu erzeugen, wenn Sie ihn später aktivieren. Trotzdem kann – wie so häufig – durch Wiederholung ein Anker noch verstärkt werden. Indem Mind-Werkzeuge es Ihnen ermöglichen, sich jederzeit schnell und verläßlich in einen tiefen, entspannten und aufnahmebereiten Zustand zu versetzen, sind sie von unschätzbarem Wert für die Erzeugung wertvoller Anker.

Die kleine Ankerkollektion

Wenn ein Anker erfolgreich gesetzt wurde – das heißt, Sie haben einen Anker kreiert, ihn unter normalen Bedingungen des realen Lebens getestet und für effektiv befunden –, dann können Sie weitere Anker setzen. Seit man weiß, daß das Ankern neurologisch auf Signalen bzw. Stichwörtern für einen bestimmten Zustand oder Verhaltensweisen basiert, können Sie für jede gewünschte Zustands- oder Verhaltensänderung einen Anker setzen. Sie können sich ein ganzes Repertoire unterschiedlicher Anker für Zustände und Verhalten zurechtlegen – z.B. einen für Entspannung, für körperliche Energie, für Freude, intensive Konzentration, Kreativität, Selbstheilung, Schmerzlinderung, Selbstvertrauen, einen Anker für ein gutes Gedächtnis und eine erhöhte Sinneswahrnehmung usw. Das Anker-Potential ist grenzenlos.

Warum nutzen wir nur einen so geringen Teil unseres menschlichen Potentials? Warum haben wir nicht die außergewöhnliche Konstitution eines Sportlers, die musikalischen Fähigkeiten eines Virtuosen oder die Fähigkeit der Selbstheilung, wie sie einige Menschen besitzen? Die Antwort von Sheila Ostrander und Lynn Schroeder: „Weil wir nicht wissen, wie wir in solch einen Zustand gelangen, in dem diese Fähigkeiten schlummern."

Durch die beschriebenen Zustandsveränderungs- bzw. Verhaltensänderungstechniken können wir theoretisch riesige Reserven freisetzen. Einer der wichtigsten Aspekte der Anker-Technik ist, daß die geankerten Zustände oder das Verhalten etwas ist, das wir nicht unbedingt real erlebt haben. Die Fähigkeiten, Verankerungen zu erschaffen und zu benutzen, sind nur durch Ihre Imagination begrenzt. Wenn Sie Ihre Mind Machine benutzen, um in Trance zu kommen, so intensivieren Sie beispielsweise die Vorstellung, daß Sie ein Olympiasportler, ein musikalischer Virtuose, ein kreatives Genie, ein spiritueller Heiler sind. Durch das Fixieren dieses Zustands, also das Ankern, sind Sie in der Lage, diesen Zustand oder dieses Verhalten abzurufen, wann immer Sie es wollen.

Sicherlich, einige von uns haben die physische Begabung – teils genetisch, teils durch lebenslanges Training – ein Olympiasportler, ein musikalischer Virtuose, ein kreatives Genie oder ein spiritueller Heiler zu sein. Aber wir alle haben diese Kräfte in uns. Wir können sie freisetzen, indem wir diese Zustände ankern und später diese geankerten Zustände reaktivieren ... also Zustände erleben.

ACTION-TEIL – Übung
Ankern eines Spitzenzustandes

Wählen Sie einen Zustand der Spitzenleistung, zu dem Sie Zutritt haben möchten, wann immer Sie wollen. Oben wurden bereits geeignete Zustände zum Einstieg beschrieben, darunter hohe Energieniveaus, hervorragende körperliche Koordination, Kreativität, Heilung oder mentale Klarheit.

Finden Sie einen ruhigen Platz, setzen Sie Ihre gewünschte Mind-Technologie ein, gehen Sie in den Zustand Null und induzieren Sie einen Zustand der Hyper-Suggestibilität. Nun erinnern Sie sich so klar wie möglich an eine Gelegenheit, in der Sie Momente grenzenloser Energie und Kreativität erfahren haben. Erinnerungen aus der Kindheit sind meist besonders intensiv und effektiv. Sie stellen sich vielleicht vor, wie Sie Fahrrad fahren. Der Wind weht durch Ihr Haar, Ihr Körper kribbelt vor jugendlicher Vitalität. Lassen Sie Ihren aktuellen körperlich-geistigen Zustand mit der Erinnerung des Jugendlichen in Resonanz treten, so wie eine Stimmgabel in Resonanz tritt. Denken Sie nicht nur daran – seien Sie dort, nutzen Sie jede Sinnesmodalität, damit Sie dieses Erlebnis in jeder Zelle des Körpers sehen, fühlen, schmecken und hören, erleben können ... seien Sie vollständig das Erlebte.

Erleben Sie Ihre Gefühle, wie Sie Ihr jugendliches und hochenergetisches Selbst erfahren, sich erinnern, sich vorstellen und visualisieren. Bewegen Sie sich durch Ihren ganzen Körper. Kribbeln Ihre Finger? Ist Ihr Körper schwer? Leicht? Fließend? Vibrierend? Lächeln Sie dabei? Atmen Sie tief? Oder leicht? Bewegen Sie sich in Ihrem Bauch.

Wenn Sie nun diese Erinnerung voll spüren, setzen Sie sich einen Anker – ein Fingersignal, ein Signalwort, ein helles Bild (weißes Licht, das durch den Körper fließt) oder eine Kombination aus allem. Realisieren und erzählen Sie sich, daß jedesmal, wenn Sie sich in Zukunft dieses Signal geben, Sie diese neurale Schaltung des Körper-Geists aktivieren werden. Sie werden diesen Energiezustand voll erleben. Suggerieren Sie sich: *"Je häufiger ich diesen Anker benutze, desto kraftvoller und effektiver wird er."*

Beenden Sie dann Ihre Sitzung, setzen Sie sich hin und vergewissern Sie sich, daß Sie sich im Wachbewußtsein befinden. Nun aktivieren Sie Ihren Anker. Wenn Sie diesen Zustand erfolgreich geankert haben, können Sie ihn jetzt wiedererleben, wie auf Knopfdruck. Erfreuen Sie sich an dieser Erfahrung, und erinnern Sie sich daran, daß Wiederholungen den Anker intensivieren.

Anker und externe Stichwörter

Es ist klar, daß der Geist auf Stichwörter und Anker reagiert, an die er sich erinnert. Unglücklicherweise haben die meisten von uns das eine oder andere Mal entdeckt, daß der Geist sich selbst schlecht an etwas erinnern kann. Wenn wir beispielsweise tiefer atmen wollen, befolgen wir das schneller, wenn uns ein Freund daran erinnert. Aber meistens vergessen wir es für eine lange Zeit, bis uns ein internes oder externes Stichwort wieder daran erinnert. So wie ein Band am Finger, eine Gedächtnisstütze.

Wie wir entdeckten, haben wir die außergewöhnliche Fähigkeit, uns praktisch jeden persönlichen Zustand als Stichwort oder Stimulus zuzuweisen. So können wir den Zustand „Entspannung" über ein Fingersignal aktivieren, und immer dann, wenn wir uns das Signal geben, wird automatisch eine komplexe Entspannungsreaktion ausgelöst. In diesem Fall ist der Anker ein selbsterzeugtes Stichwort. Aber wie ich schon andeutete, sind wir hervorragend in der Reaktion auf die Stichwörter, aber wir haben ein ausgesprochen schlechtes Verhalten, wenn wir uns selbst daran erinnern sollen. Der Einsatz von externen Ankern oder Stichwörtern ist hier eine Lösung.

Eine Anker-Möglichkeit ist es, ein Stichwort von außen zu benutzen. Wir können, wenn wir uns im hyper-beeinflußbaren Trancezustand befinden, irgendwelche Wortfolgen benutzen, wie zum Beispiel „entspannen" oder „tief durchatmen" oder sogar das Klingeln des Telefons oder einer Autohupe. Wenn wir das entsprechende Stichwort, den externen Anker hören, entspannen wir uns automatisch oder atmen tief durch.

Der Mind-Vibrator

Es gibt eine effektivere Technik, und zwar den Stichwort-Generator, den wir bei uns tragen können. Ich fand ein kleines und billiges „absichtliches Erregungs-Gerät", das sich MotivAider nennt. Ich habe dieses Hilfsmittel bisher nicht beschrieben, da es in keine der Kategorien von Mind Machines fällt. Trotzdem ist es eines der kraftvollsten Hilfsmittel, denen ich je begegnet bin. Dieses Gerät sieht wie ein kleiner Pieper aus und wird am Gürtel oder am Armband festgeschnallt und kann auch in der Hosentasche getragen werden. Der MotivAider ist programmierbar und funktioniert zuverlässig und automatisch durch das periodische Aussenden von kurzen, leisen Vibrationen. Sie können das Timing festlegen, so daß Ihre Maschine die kurzen Vibrationen einmal pro Minute oder nur einmal täglich freisetzt. Sie können es auch so einstellen, daß die (durch die Vibration ausgelösten) Erinnerungen sich zufällig einstellen.

Dieses Gerät, eine Entwicklung des Psychologen Dr. Steve Levinson aus Minnesota, wurde ursprünglich für Patienten konstruiert, die ihre Medikamente streng nach Vorschrift einnehmen mußten. Mittlerweile wird es breitflächig eingesetzt, vom Sporttraining (Sportler, die sich an ihre Intervalle zum Entspannen oder Visualisieren erinnern möchten) über Raucherentwöhnung bis hin zum Abgewöhnen des Zähneknirschens.

Durch die Suggestion einer Wortfolge („atme tief") und die „Festigung" dieser Botschaft durch die Vibration des MotivAider wird die Vibration selbst zur Botschaft. Wenn man den

MotivAider in Kombination mit Mind-Tools anwendet, können Sie nicht nur die Botschaft festigen, sondern Sie können noch kraftvollere Botschaften zementieren: Sie können sie in einen kraftvollen Anker für Spitzenleistungen und powervolle Verhaltensmodifikationen umwandeln.

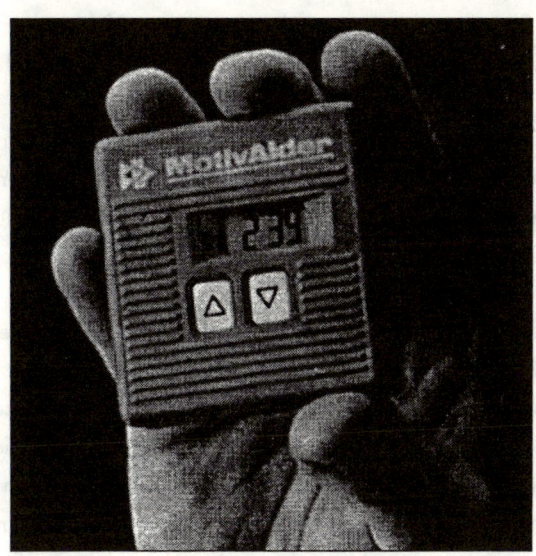

Der MotivAider

ACTION-TEIL – Übung
Ankern eines externen Stichwortes

Testen Sie, wie das Ankern eines externen Stichworts funktioniert. Als erstes entscheiden Sie, welchen Zustand oder welchen Inhalt Sie als Erlebnis für sich ankern wollen. Wenn Sie Lehrer sind, wünschen Sie sich ein Signal, das Sie an das „Loben von Hausarbeit" erinnert. Wenn Sie schlechte Laune haben, dann möchten Sie erinnert werden, wieder einmal herzhaft zu lachen. Krebspatienten benutzen diesen Vorgang, um sich an eine heilende Visualisierung oder die Erfahrung eines Gefühls der Heilung zu erinnern.

Wenn Sie sich entschieden haben, an welchen Vorgang Sie etwas ankern wollen, stellen Sie den Timer am MotivAider auf eine Vibration von einmal pro Minute ein. Plazieren Sie ihn in die Nähe einer Hand. Um sich zu entspannen und den Zustand Null zu erreichen, benutzen Sie Ihr Mind-Tool. Gehen Sie in den hypnotischen oder beeinflußbaren Zustand. Wenn Sie dort sind, ankern Sie den Zustand, den Sie sich vorher suggeriert haben. Denken Sie nicht nur daran – seien Sie wieder dort, spüren Sie diesen Zustand mit jeder Zelle Ihres Körpers und benutzen Sie jede Sinnesmodalität. Wenn Sie nun diesen Zustand vollständig erfahren, nehmen Sie den MotivAider in die Hand oder legen Sie sich ihn auf den Bauch. Fixieren oder ankern Sie jetzt diesen Zustand durch die Vibrationen des MotivAider. Suggerieren Sie sich, daß Sie jedesmal, wenn Sie in Zukunft diese good vibrations fühlen, automatisch eine verbale Nachricht auslösen werden (als „starke Energie", „Entspannung", „Meinungsäußerung" usw.), die dann die entsprechende neurale Schaltung aktiviert, basierend auf der Erinnerung an diesen geankerten Zustand. Lassen Sie nun im Trancezustand das Gerät vibrieren, einmal, zweimal, dreimal – und intensivieren Sie jedesmal die Verschmelzung dieses Zustandes mit der Vibration.

Wenn Sie aus Ihrer Mind-Tech-Sitzung wieder aufgetaucht sind, können Sie den MotivAider auf 5 Minuten, 30 Minuten oder auf „Zufallssteuerung" stellen. Kommt die Vibration, können Sie kontrollieren, wie gegenwärtig die Intention oder der Zustand in Ihrem eigenen Bewußtsein ist. Praktisch erreichen Sie durch die Experimente und Erfahrungen einen neuen Bewußtseinslevel. Die Gedanken oder die Intention produzieren dann die gewünschten Resultate.

Für diesen Prozeß ist der MotivAider das beste Hilfsmittel, das ich kenne. Sie können auch mit anderen Hilfsmitteln oder Stichwortgeneratoren Anker setzen, wie z.B. mit einer Uhr, die einen eingebauten Wecker hat, der dann stündlich klingelt. Was auch immer Sie benutzen, ich schlage Ihnen individuelle Experimente damit vor. Wir werden in den folgenden Kapiteln die Kombination von Mind-Tools und der Anker-Technik für unterschiedliche Anwendungen nutzen, beispielsweise für Lernen, Training, das Freisetzen von Emotionen, Schmerzreduktion und vieles mehr.

Fünfzehn – Noch tiefere Entspannung: Selbsthypnose und Suggestion

Zusätzliche Literatur:

- Eine Einführung in die Selbsthypnose liefert mein Buch *Book of Floating* (William Morrow/Quill, New York 1984). Drei weitere detaillierte Anleitungen sind *Self-Hypnotism* von Leslie Le Cron (Prentice-Hall, New York 1964), *Self-Mastery Through Self-Hypnosis* von Dr. Roger Bernhardt und David Martin (Bobbs-Merrill, Indianapolis 1977) und *Healing with Mind Power* von Richard Shames und Chuck Sterin (Rodale Press, Emmaus 1978). Eine hervorragende Quelle für Hypnose und Selbstsuggestion ist *Die Psychobiologie der Seele-Körper-Heilung* von Ernest L. Rossi (Synthesis, Essen 1991).

- Die Techniken des Neurolinguistischen Programmierens können für alle Aspekte der Selbsthypnose und der Selbstsuggestion eingesetzt werden, so wie auch beim Erlernen der Sinnesmodalitäten und der Anker-Techniken, die in diesem Kapitel beschrieben wurden. Die beste Einführung in die NLP-Techniken ist das Buch *Veränderung des subjektiven Erlebens – Fortgeschrittene Methoden des NLP* von Richard Bandler (Junfermann, Paderborn ⁵1995).

- Weitere Bücher der NLP-Begründer Richard Bandler und John Grinder sind angefüllt mit brillanten Geschichten und Techniken. Hierzu gehören: *Neue Wege der Kurzzeit-Therapie – Neurolinguistische Programme* (Junfermann, Paderborn ¹¹1994), *Therapie in Trance – Hypnose: Kommunikation mit dem Unbewußten* (Klett-Cotta, Stuttgart 1989) und *Reframing: Ein ökologischer Ansatz in der Psychotherapie (NLP)* (Junfermann, Paderborn ⁶1994). Ein nützliches Kompendium der NLP-Techniken ist *Grenzenlose Energie* von Anthony Robbins (Rentrop, Bonn 1990; als Taschenbuch bei Heyne, München).

SECHZEHN
Die innere Leinwand: Stell dir vor ...

Die Wörter oder die Sprache, die geschrieben oder ausgesprochen wurden, spielen keine Rolle in meinen Mechanismen des Denkens. Die physische Existenz, die als Element des Denkens dient, hat bestimmte Zeichen und mehr oder weniger klare Bilder, die freiwillig reproduziert und kombiniert werden können. – *Albert Einstein*

Die Fähigkeit, in visuellen Bildern statt in Wörtern zu denken, ist der erste und der wichtigste Schritt zur Erreichung des Meisterns höherer Bewußtseinszustände, zur Selbstkontrolle bei Schmerz usw. – *C. Maxwell Cade*

Wie wir feststellen können, ist die geistige Vorstellung ein Schlüssel, um sich tief zu entspannen und einen tranceähnlichen Zustand zu erreichen. Dort angekommen kann man effektiv mit Suggestionen arbeiten und wirkungsvolle Anker setzen. Wie sich aus der Diskussion über die Sinnesmodalitäten ergab, tendieren die meisten von uns zu den visuellen, auditiven oder kinästhetischen Modi. Aber schon das Wort Imagination beinhaltet bereits das visuelle Bild ... deshalb möchte ich hier der Praxis der Psychologen folgen und die Imagination als eine dieser nonverbalen Modalitäten der Kognition beschreiben – egal, ob es ein visuelles Bild (z.B. ein Gesicht), ein Klang (die Stimme der Mutter oder das Läuten einer Glocke), ein klares mentales kinästhetisches Gefühl (das Fühlen von Katzenfell) oder ein Geruch (Großmutters Haus, der Dachboden usw.) ist. Das sind alles Wege, um mentale Imaginationen einzusetzen.

Sehen heißt glauben

Was unser Geist in Form von hellen, mentalen Bildern wahrnimmt, das hält er für wahr. Der Physiologe und Entwickler der Progressiven Muskelrelaxation, Dr. Edmund Jacobson, etablierte diese Verbindung schon vor Jahren, als er Menschen visualisieren ließ, daß sie laufen. Als er dabei die Muskelkontraktion analysierte, zeigte sich, daß der Körper sich so verhielt, als würde er tatsächlich laufen. Spätere Experimente mit empfindlicheren Instrumenten zeigten, daß der Körper auf bildliche Vorstellungen reagiert – wenn das Gehirn erfährt, daß sich etwas ereignet hat, führt dies zu organischen Veränderungen im Körper.

Die Praxis des Visualisierens

In einem der bekanntesten psychologischen Experimente werden Jungen willkürlich in drei Gruppen aufgeteilt, um ihr Geschick bei Basketball-Freiwürfen zu dokumentieren. Die eine Gruppe trainiert täglich Freiwürfe; die zweite Gruppe visualisiert nur, daß sie Freiwürfe ausführt; und die dritte Gruppe trainiert nicht und visualisiert auch keine Freiwürfe. Am Ende der Studie wurden die Jungen wieder getestet. Wie erwartet, zeigt die dritte Gruppe keine Verbesserung. Und wie erwartet, steigert auch die erste Gruppe ihr Geschick – um 24%. Aber unerwarteter- und erstaunlicherweise zeigt auch die zweite Gruppe eine Verbesserung von 23%, also fast so viel wie die Gruppe, die trainierte – und das nur durch Visualisierung.

Eine Vielzahl von anderen Studien hat die Kraft der Visualisierung bestätigt. Eine faszinierende Studie über Dartwerfer zeigt, daß sich die Punktzahl bei denen, die sich vorstellten, nichts als Bull-Eyes zu werfen, um 28% verbesserte; während die andere Gruppe sich dadurch um 3% verschlechterte, da sie visualisierte, das Bull-Eye zu verfehlen. Eine andere Studie stellte fest, daß die Einbeziehung aller Sinne zu besseren Ergebnissen führte, als wenn man nur den Sehsinn benutzt. Die eine Gruppe der Dartwerfer visualisierte sich selbst beim Werfen von Bull-Eyes, die andere Gruppe hingegen sah nicht nur, sondern fühlte, hörte, schmeckte und ertastete auch das Visualisierte.

Imagine ...

Imagination ist nicht nur ein innerer Film, der unser Verhalten durch simples positives Denken oder gute Gefühle beeinflußt. Dies zeigen die immer zahlreicheren Studien über mentale Imagination ... die drastische und gravierende organische Veränderungen in unserem Körper hervorrufen kann.

Diverse sorgfältig dokumentierte Studien haben ergeben, daß beispielsweise Frauen durch mentale Imagination ein schnelles und signifikantes Wachstum in der Größe ihrer Brüste hervorrufen können. In einer Studie wurde den Frauen der Imaginations-Gruppe vorgegeben, sie sollten sich selbst so visualisieren, wie sie gern sein möchten ... eben mit größeren Brüsten. In einer anderen Studie visualisierten die Versuchspersonen, wie Blut und Energie in ihre Brüste fließt. In einer weiteren Studie sollten die Frauen visualisieren, daß ein warmes Handtuch auf ihren Brüsten liegt und daß eine Wärmelampe draufscheint. In allen drei Studien war die Zunahme der Brustgröße überraschend groß und vollzog sich überraschend schnell – innerhalb von wenigen Wochen. In einer dieser Studien nahm die Brustgröße im Durchschnitt um ca. 5 cm zu und in einer anderen lag die Zunahme bei knapp unter 3,8 cm. Eine sorgfältig kontrollierte 12-Wochen-Studie zeigte eine durchschnittliche Vergrößerung der Brust um 5,33 cm. Es ist klar, daß die Vergrößerung der Brust nicht auf zusätzliches Essen zurückzuführen ist – das Gegenteil ist der Fall. Die Frauen berichteten sogar davon, daß sie in diesen 12 Wochen abgenommen hätten. Interessanterweise wurde die Visualisierung geankert, als sich diese Frauen durch verschiedene Arten der Hypnose in einen Zustand der Hyper-Beeinflußbarkeit gebracht hatten. Dies hat wichtige Implikationen auf das effektive Potential der Mind-Technologie.

Was immer Sie über den positiven Wert dieser Brust-Visualisierungen denken, diese Studien demonstrieren eindeutig, daß mentale Imagination schnelle Veränderungen in unserem Körper hervorrufen kann. Wenn Frauen durch mentale Imagination ihre Brustgröße verändern können, dann gibt es keine Begründung dafür, daß wir nicht auch andere organische Veränderungen hervorrufen können: von der Steigerung unseres Immunsystems über erhöhtes Muskelwachstum bis hin zur Freisetzung von gewünschten Neurochemikalien, wie z.B. Wachstumshormonen.

Kürzlich durchgeführte Studien haben den körperverändernden Effekt der mentalen Imagination überprüft. In einer Studie wurde eine Gruppe hypnotisiert und eine Kontrollgruppe nicht. Beiden Gruppen wurde nun erzählt, daß sie eine Komponente ihres Immunsystems visualisieren sollten ... wie diese Komponente sich vergrößert und vermehrt. Nach ein paar Minuten wurde ihr Blut analysiert. Die hypnotisierten Visualisierer zeigten einen deutlichen Anstieg der weißen Blutkörperchen, bei der Kontrollgruppe trat keine Veränderung ein. Wieder zeigt sich, daß die Hypnose ein Schlüssel für die Kraft der Visualisierung ist und daß es wichtige Zusammenhänge mit dem Einsatz von Mind-Tools gibt.

Einer der bekanntesten Befürworter der medizinischen Visualisierung ist Dr. O. Carl Simonton. Er war Direktor des Cancer Counseling and Research Centers in Forth Worth, Texas. Simonton hat verschiedene populäre Bücher und eine Vielzahl von wissenschaftlichen Studien über die Arbeit mit unheilbaren Krebspatienten veröffentlicht. Diese Patienten sollten visualisieren, wie sich ihr Körper erfolgreich gegen Krebs wehrt und ihn besiegt. Er berät die Patienten dahingehend, daß sie sich ihre weißen Blutkörperchen als „riesige Armee" vorstellen, die mit der enormen Kraft eines Eisbären oder eines weißen Hais die Krebszellen vernichtet und verschlingt. Statistische Studien dieser Patienten haben gezeigt, daß die Patienten nach der Krebsdiagnose mit Visualisierung doppelt so lange lebten als ohne Vorstellung. Viele dieser Patienten konnten die Krankheit vollständig besiegen. Signifikanterweise unterrichtete Simonton seine Patienten als erstes darin, sich in einen tiefen Zustand der Entspannung zu begeben, bevor die Visualisierung begann. Auch er entdeckte, daß der tranceähnliche Zustand die Kraft der mentalen Imaginationen erhöht.

Die Zukunft erfinden

Forscher gehen davon aus, daß 15% von uns „Visualisierer" sind, also konstant mit aussagekräftigen und klaren, mentalen Bildern arbeiten können – die, die über „Mind-Movies" sprechen, befinden sich die meiste Zeit gedanklich in ihrem Kopf. Weitere 15% sind das, was die Forscher „Verbalisierer" nennen, deren innere Welt aus gesprochenen Gedanken, Ideen und Strukturen besteht. Die restlichen 70% der Bevölkerung befinden sich im Spektrum zwischen diesen beiden Extremen.

Es kann wertvoll sein – so einige Beweise –, wenn man lernt, die Kraft seiner Visualisierung zu steigern. Forschungen haben gezeigt, daß Visualisierer gleichmäßiger atmen als Verbalisierer. Andererseits atmen die Verbalisierer gleichmäßiger als die Menschen, die zur Visualisierung räumliche Anhaltspunkte benötigen. Und der Wissenschaftsautor Gordon Rattray Taylor zitiert Studien, die zeigen, daß stark-imaginierende Menschen entspannter, kreativer, reifer und flexibler sind als schwach-imaginierende Menschen.

Starke Visualisierung ist nicht nur eine Möglichkeit zur Produktion von Veränderungen im Körper, wie Kräftigung der Immunfunktionen und Veränderung des Atemrhythmus, sondern auch der Schlüssel zu einem besseren Gedächtnis. Visualisierung ist außerdem, so Taylor, eine Schlüsselkomponente der Kreativität. Durch das „Sehen" von Dingen, die nicht wirklich vorhanden sind, können wir die Zukunft erfinden, so wie wir im Geist neue Maschinen oder Kunstwerke erfinden können. In einer Studie wurden die Effekte des Lernens und Denkens bei einer bestimmten Art von Mind Machines (in diesem Fall dem Isolationstank) miteinander verglichen. Thomas Taylor von der Texas A&M fand heraus: „Wenn man die Resultate der Testgruppe von Personen, die eher bildlich denken (Visualisierer), mit den eher begrifflich (also nicht-visuell) denkenden Probanden vergleicht, so ist in der visuellen Gruppe ein größerer Lernerfolg als in der nicht-visuellen Gruppe erkennbar." Taylor stellte auch fest, daß die Tank-Gruppe anscheinend besser visualisierte als die Kontrollgruppe. Die Tank-Gruppe produzierte deutlich höhere Mengen von Theta-Wellen.

Der Psychologe Robert Sommer beschrieb diesen Sachverhalt folgendermaßen: „Es gibt eine Übereinstimmung unter den Imaginationsforschern darüber, daß jeder die Fähigkeit besitzt, visuell zu denken. Es ist ein angeborenes Potential wie das Malen, Spielen, die Sprache oder jede andere Eigenschaft, die wir als praktische Erfahrung entwickeln können. Wenn dieses Potential vorhanden ist, gibt es die Möglichkeit der Verbesserung durch Training. Nicht alle Menschen können super-imaginierende Menschen werden, aber jeder hat das Potential, die Schärfe seines Denkens zu steigern."

Mind Machines und Visualisieren

Angesichts der Studien ist klar, daß mentale Imaginationen kraftvoller werden, wenn man sie in einem tranceähnlichen Zustand durchführt. Wie man weiß, ist der typische und zuverlässigste Effekt von Mind-Tools der, den Anwender in einen Zustand der Tiefenentspannung und der Hyper-Beeinflußbarkeit zu bringen. Daraus folgt, daß die Benutzung von Mind-Werkzeugen eine Voraussetzung für die Steigerung der Imaginationsfähigkeit ist. Es gibt keinen Zweifel daran, daß Mind-Technologie die Imaginations-Kraft drastisch verstärkt und intensiviert. Imaginationsexperten fanden heraus, daß es eine direkte Korrelation zwischen Entspannung und Visualisierung gibt: Je tiefer die Entspannung, desto klarer und kontrollierbarer ist die mentale Imagination.

Bewußtseinszustände verändern

Die ganze Geschichte der Menschheit hindurch wurden Visualisationsmethoden angewandt – von der Yoga-Meditation bis zu Isolationstanks. Sie wirken am besten, wenn man Außenreize ausschaltet und so die Kapazität des Gehirns erhöht ... Veränderung der Gehirnwellen, der Gehirn-Chemie und der Aktivitätsmuster der Hemisphären. Wenn man durch Mind-Tools die Außenreize ausschaltet oder die richtige Stimulation bereitstellt (und somit eine schnelle Veränderung des Gehirnzustandes hervorruft), kann man einen internen Fokus erschaffen, der mentale Bilder erzeugt. Dieser Fokus kann die Fähigkeit des Benutzers steigern, eigene mentale Bilder zu erschaffen und zu manipulieren.

Wir wissen beispielsweise, daß Mind-Technologie eine starke Theta-Aktivität erzeugen kann, den „Dämmerzustand", der wiederum mit der Produktion intensiver mentaler Bilder einhergeht. Weiterhin gilt als sicher, daß Mind-Tools die Dominanz der Hemisphären schnell verändern und die Aktivität der rechten Hemisphäre steigern können, die bekanntlich mit mentaler Imagination in Zusammenhang steht. Wenn man sich das richtige Umfeld erschafft und entsprechend übt, kann die Produktion und Manipulation von mentalen Imaginationen gesteigert werden. Nachfolgend einige Techniken zur angewandten Visualisation mit Hilfe der Mind-Technologie.

ACTION-TEIL – Visualisieren

Wir wissen, daß das Unterbewußtsein mentale Vorstellungen als „real" bzw. als wirkliche Ereignisse und Erlebnisse betrachtet. Die äußere Realität in unser Unterbewußtsein zu transferieren ist also nichts anderes als mentale Imagination. Es ist das, was wir als aktive Visualisation definieren. Hier einige Möglichkeiten, um die Kraft der Visualisation zu stärken, die mentale Imagination zu kontrollieren und Ihre Kreativität zu steigern.

Farben: Wenn Sie sich mit Ihrem Mind-Tool in den Zustand Null gebracht haben, stellen Sie sich eine Ansammlung von Bildern oder Farben vor. Schauen Sie sich jede Farbe genau an. Stellen Sie sich Ihr eigenes Gesicht in den Farben vor ... und das Gesicht Ihrer Mutter. Wie wirkt die Farbe auf Sie? Wie verändert der Farbwechsel Ihre emotionale Reaktion? Stellen Sie sich nacheinander eine Pyramide, einen Würfel, eine Kugel und einen Zylinder vor. Malen Sie die Gegenstände zuerst rot an ... dann verändern Sie die Farbe ... Was für eine Veränderung fühlen Sie? Welche Wirkungen haben die verschiedenen Farben?

Bilder: Visualisieren Sie einige bekannte Comic-Figuren – Donald Duck, Goofy, Roadrunner, Snoopy usw. Stellen Sie sich diese Figuren beim Laufen oder Tanzen vor. Wählen Sie Ihre Lieblingsfilmszenen aus.

Erinnerungen: Visualisieren Sie eine Szene aus Ihrem Leben – vielleicht Ihr Klassenzimmer der ersten Klasse. Sehen Sie es klar und deutlich – die Tafel, die Kreide und jeden Tisch. Wer sitzt neben Ihnen? Sehen Sie die Radiergummistriche auf dem Boden? Sehen Sie sich die Gesichter an. Stellen Sie sich selbst beim Tanzen oder Spielen vor. Was geschieht, wenn der Präsident der Vereinigten Staaten in den Raum tritt? Was passiert, wenn Sie als Erwachsener in den Raum treten? Was werden Ihre alten Klassenkameraden dazu sagen? Was für Gefühle löst diese Szene in Ihnen aus?

Visualisieren Sie das Gesicht eines Menschen, den Sie lieben. Sehen Sie die Strukturen auf der Haut, dem Haar, die Bewegung der Lippen, wenn er zu Ihnen spricht. Was sagt er Ihnen? Vielleicht etwas Wichtiges?

Machen Sie einen imaginären Rundgang durch das Haus, in dem Sie aufgewachsen sind. Stellen Sie sich vor, wie Sie den alten Bergahorn in Ihr Baumhaus hochgeklettert sind ... Sehen Sie sich selbst in einem lebensgroßen Spiegel ... Nun fangen Sie an zu tanzen, zu singen und zu gestikulieren. Was sehen Sie?

Aktive Visualisierung zu praktizieren heißt nicht nur, die Imagination und die Aufmerksamkeit zu stärken, sie steigert auch Ihre Kreativität und Empfindsamkeit gegenüber visuellen Eindrücken. Und sie führt dazu, daß uns unser Geist mit interessanten und wichtigen Informationen versorgt. Zusätzlich ist die aktive Visualisation auch die Grundlage für eine Vielzahl von Aktivitäten, darunter sportliches Training, mentale Spitzenleistung, Heilung und Selbstheilung, Schmerzreduktion und andere selbstregulierende Techniken, die wir in den nächsten Kapiteln behandeln.

Rezeptive Visualisation

So wie wir Informationen aus der „Realität" in Form von Bildern in unser Unterbewußtsein transferieren, so kann unser Unterbewußtsein gespeicherte Realitäten in Form von Bildern wieder an die Oberfläche unseres Bewußtseins transferieren. Wir erleben diese visuellen Nachrichten aus dem Unterbewußtsein als Träume, Phantasien, Imaginationen und mentale Geistesblitze. Die Imagination scheint die „Sprache" zu sein, mit der unser bewußter und unser unbewußter Geist miteinander kommunizieren. Wenn wir diesen spontanen inneren Imaginationen Aufmerksamkeit schenken, nennt man das rezeptive Visualisation.

So wie wir durch aktives Visualisieren Informationen über Spitzenleistungen an unser Unterbewußtsein weitergeben, so erlangen wir Zugang zu den wichtigen Gedanken und Ideen unseres Unterbewußtseins, wenn wir uns auf diese Bilder konzentrieren. Eine der effektivsten Möglichkeiten wäre, sich mit einer Mind Machine in einen tief entspannten Zustand – den Zustand Null – zu bringen und dann einfach zu beobachten, welche inneren Bilder auftauchen. Versuchen Sie nicht, Bilder zu erschaffen, und versuchen Sie auch nicht, die auftauchenden Bilder zu verändern. Beobachten Sie diese Bilder einfach, ohne Bewertung, ohne gedankliche Kommentare und lassen Sie diese Bilder wieder verschwinden. Eine ganze Serie von Bildern oder Szenen wird an Ihnen vorüberziehen. Werden Sie sich dieser bewußt, und lassen Sie sie wieder gehen.

Nach einiger Zeit wollen Sie vielleicht vom Zustand des mühelosen Beobachtens zu einem Zustand der aktiven Analyse übergehen. Erinnern Sie sich, wie diese Bilder auftauchen. Sehen Sie, welche Wirkung diese Bilder auf Sie haben. Stehen die Bilder in irgendeinem Zusammenhang? Wie lautet die Botschaft, die Ihnen Ihr Unterbewußtsein mitteilen will?

Antworten aus dem Unterbewußtsein

Eine andere wertvolle Technik beginnt mit aktivem Visualisieren und führt in die rezeptive Visualisation. Der erste Schritt besteht in der Formulierung einer Frage oder der Definition eines Problems, für welches Ihr unterbewußter Geist eine kreative Lösung zur Verfügung stellen soll. Dies kann vor oder nach dem Erreichen des Zustands Null (durch die Mind Machine) gemacht werden. Wenn Ihr Problem oder die Frage klar formuliert ist, schicken Sie diese an Ihr Unterbewußtsein. Dann bleiben Sie einfach in einem Zustand des aktiven Denkens (Mindfulness) – Stille, Beobachtung, Mühelosigkeit –, so daß die Antwort in Form eines inneren Bildes auftauchen kann. Oft besteht die Antwort aus ausgesuchten Bildern, die eine klare Antwort oder Lösung ermöglichen. Manchmal können die auftauchenden Bilder auch irrelevant oder unklar erscheinen. Ignorieren Sie diese scheinbar zusammenhangslosen Bilder nicht – weitere Gedanken oder Analysen könnten ergeben, daß sie signifikante Nachrichten enthalten.

Die Regie innerer Filme

Viele Menschen finden es besonders sinnvoll, wenn sie ihre unterbewußten Bilder durch reichhaltige visuelle Szenarien stimulieren. Wenn Sie beispielsweise tief entspannt sind, stellen Sie sich vor, wie Sie sich an einem warmen und einsamen Strand räkeln. Erfahren Sie diese Situation mit all Ihren Sinnen. Schon bald werden Sie bemerken, wie eine Person auf Sie zukommt. Wer ist es? Lassen Sie diese Szene spontan ablaufen, und sehen Sie, wer auftaucht. Oder visualisieren Sie sich, wie Sie durch einen Wald gehen. Sie kommen an eine Wegkreuzung – ein Weg führt tiefer in den Wald und der andere auf einen Hügel. Wählen Sie einen Weg und folgen Sie Ihrer Reise. Wo gehen Sie hin? Wen treffen Sie?

In den folgenden Kapiteln werden wir weitere Techniken zur Steigerung der Visualisierungskraft kennenlernen. Sie beinhalten die Umwandlung der Vorstellung in verschiedene Sinnesmodalitäten, den Einsatz unterschiedlicher Submodalitäten, die Veränderung der Sichtweise, den Gebrauch von assoziierenden und dissoziierenden Bildern und vieles mehr. Bis gleich!

Zusätzliche Literatur:

- Eine hervorragende Einführung in die mentale Imagination bietet das Buch *Seeing with the Mind's Eye* von Dr. Mike Samuels und Nancy Samuels (Random House, New York 1975). *Kreativ Visualisieren* von Shakti Gawain (Sphinx, Basel 1984) enthält eine Vielzahl von Visualisierungstechniken. Die vom Psychiater Roberto Assagioli entwickelte Technik der Psychosynthese wendet viele außergewöhnliche und kraftvolle Visualisierungen als Hilfsmittel für die Selbsttransformation an. Von diesem Autor empfehle ich Ihnen *Die Schulung des Willens* (Junfermann, Paderborn ⁷1994).

SIEBZEHN
Das tiefe Selbst: Erforschung und Transformation

Entdeckung und Flow

In den letzten Kapiteln haben wir einige einfache Techniken zur Nutzung der Mind-Technologie umrissen, die Ihnen eine neue Welt eröffnen können. Dieses Kapitel zeigt, daß die Mind-Tools nicht einfach nur ein Weg zur Entspannung, zur Freude und zur passiven Unterhaltung sind, sondern daß sie vor allem vielseitige Hilfsmittel für die aktive Transformation Ihres Lebens sind. In diesem Kapitel werde ich einige Möglichkeiten aufzeigen, wie Sie Mind-Tech zur Selbsterforschung, zur Lösung von Problemen und zum persönlichen Wachstum einsetzen können. Viel Vergnügen!

Die Befreiung

Eine Technik, die ich in Kombination mit Mind-Werkzeugen als sehr effektiv empfunden habe, ist der Prozeß der bewußten und gezielten Freisetzung von Emotionen und erwünschten Gefühlen. Diese Technik wurde von Lester Levenson entwickelt. Als erfolgreicher und vielbeschäftigter Busineßmensch litt Levenson unter massiven Herzattacken, und die Ärzte diagnostizierten, daß er nur noch ein paar Wochen zu leben hätte. Er durchlief eine Phase der Selbstprüfung und beendete diese mit folgendem Gefühl: „Nicht die Welt um mich herum oder die anderen sind der Grund für meine Probleme." Ferner realisierte er, daß der Kampf gegen dieses Gefühl seine Gesundheit zerstörte und der Grund für sein Leiden waren. Levenson entdeckte, daß in ihm die Fähigkeit steckte, diese Gefühle komplett loszuwerden und loszulassen. Er wurde wieder gesund und fühlt sich seither wie das blühende Leben. Als Levenson damit begann, seine Erfahrungen anderen mitzuteilen, bemerkte er, daß alle Menschen diese angeborene Fähigkeit zur Gefühlsentladung haben.

Er entwickelte daraus ein System, das jeder für sich nutzen kann und das in alle Lebenssituationen paßt, von der Selbsterforschung über interpersonelle Beziehungen, von der Gesundheit bis hin zum Berufsleben. Er nannte dieses System die Sedona-Methode oder Befreiungstechnik.

Weg Nr. 1: Unterdrückung

Levenson fand heraus, daß die meisten Menschen drei Wege kennen, um mit Gefühlen fertigzuwerden. Der erste Weg ist, sie zu unterdrücken. Das, so Levenson, ist die schlechteste und destruktivste Art, mit Gefühlen umzugehen. Denn die unterdrückten Gefühle gehen nicht einfach weg, sie verstärken und manifestieren sich. Und sie sind die Ursache für Angst, Anspannung, Depressionen und eine Menge anderer Probleme. Die angestaute Energie der unterdrückten Gefühle erzeugt vielleicht sogar Kräfte, die wir weder wollen noch kontrollieren können.

Weg Nr. 2: Ausbruch

Der zweite Weg ist das Ausdrücken oder Freisetzen von Gefühlen. Durch „Explodieren" oder indem wir aus der Fassung geraten, lindern wir den Druck. Es fühlt sich zunächst gut an, die Emotionen auszuleben, aber es findet keine wirkliche Befreiung der Gefühle statt, es lindert nur vorübergehend den Druck. Ferner kann das Ausdrücken unserer negativen Emotionen unangenehm für die Person sein, die sie gerade abbekommt. Dies kann dann der Grund für verstärkten Distreß sein, da wir uns anschließend demjenigen gegenüber schuldig fühlen, dem wir durch unseren Ausbruch weh getan haben.

Weg Nr. 3: Flucht

Der dritte Weg, mit unseren Gefühlen fertig zu werden, ist der Versuch, diese Gefühle zu vermeiden. Diese werden dann durch Reden, Fernsehen, Essen, Rauchen, Trinken, Drogen, Sex und andere Ablenkungen kompensiert. Aber sie sind trotzdem noch vorhanden – und zeigen sich in erneutem Streß. Flucht ist also nichts anderes als eine andere Form der Unterdrückung.

Weg Nr. 4: Die Befreiung

Doch es gibt noch eine weitere Möglichkeit, mit unseren Gefühlen umzugehen: Lassen Sie sie frei und entladen Sie sie. Kennen Sie diese Erfahrung: Wir befinden uns inmitten einer emotionalen Explosion – ein Streit, ein Zornesausbruch, und plötzlich fangen wir an, über uns selbst zu lachen? Wir realisieren, wie dumm oder nutzlos unser Verhalten war. Es ist so, als würden wir die Reset-Taste an unserem Computer drücken ... wir löschen die durcheinandergeratenen Programme und starten unseren Computer erneut.

Vom evolutionären Standpunkt aus gesehen besitzt diese schnelle Befreiung von blockierenden Emotionen einen Überlebenswert – Vitalität und Fitneß einer Spezies, die diese Fähigkeit besitzt, sind erhöht. Ein Tier, das seiner irrationalen Angst und seinem Zorn freien Lauf lassen kann, um anschließend sinnvoll (und überlebensorientiert) zu handeln, hat einen evolutionären Vorteil gegenüber den Tieren, die von ihren Gefühlen beherrscht werden. Für den Menschen hat sich diese Fähigkeit zur Befreiung über Jahrmillionen hinweg entwickelt; sie ist eine angeborene, natürliche und instinktive Fähigkeit.

Für Levenson ist die Befreiung von Gefühlen der gesündeste Weg, mit Gefühlen fertigzuwerden bzw. damit umzugehen. Er entwickelte eine Technik, mit deren Hilfe man diese angeborene Fähigkeit bewußt einsetzen kann, wann immer man es will. Diese einfache Technik hat einen kumulativen Effekt: Jedesmal, wenn Sie eine Emotion befreien, entladen oder eliminieren Sie unterdrückte Energien. Sie werden ruhiger, bekommen einen klaren Kopf ... und erhöhen Ihre Fähigkeit, auf produktivere und gesündere Weise zu agieren. Mit der Zeit, wenn Sie mehr unterdrückte Energien durch die Befreiung von mehr Emotionen eliminiert haben, werden Sie einen gelassenen Zustand erreichen. Und nichts – keine Person und kein Ereignis – kann Sie aus Ihrem Gleichgewicht bringen oder Ihre innere Klarheit trüben.

Menschen, die diese Technik praktizierten, fanden schnell heraus, daß der Zweck, die Absicht und Richtung der Gefühle positiver und klarer wurden. Das Resultat: bessere Entscheidungsfindung und höhere Produktivität. Der Versicherungs-Riese Mony, Inc. gab beispielsweise eine Studie in Auftrag, bei der eine Gruppe von Verkäufern die Sedona-Methode testete. Das Unternehmen fand nach sechs Monaten heraus, daß die Sedona-trainierte Gruppe gegenüber der Kontrollgruppe ihr Auftragsvolumen um 33 % steigern konnte!

Die Befreiungstechnik

Subjektiv erzeugt die Befreiung Gefühle wie Entspannung, Stille und Freude oder ein befreiendes Gelächter.

Wissenschaftliche Forschungen zeigten, daß die Befreiungstechnik ein außergewöhnlich potentes Hilfsmittel zur Streßreduktion darstellt. Eine Studie von Dr. Richard Davidson vom Laboratory of Cognitive Psychobiology (State University New York in Purchase) in Zusammenarbeit mit Dr. David McClelland vom Department of Psychology and Social Relations (Harvard University) verglich die Effekte der Befreiungstechnik und anderer getesteter Streßtechniken (Progressive Entspannung) mit denen einer Kontrollgruppe, die keinerlei Training absolvierte. Alle drei Gruppen durchlebten äußerst streßvolle Ereignisse (z.B. einen Film über Industrieunfälle, emotionale Bilder mit extrem negativen Erlebnissen) und gingen durch andere stressige Emotionen, die jeweils über Herzschlag, Blutdruck,

Muskelspannung und andere Indikatoren gemessen wurden. Die Werte wurden bei den Versuchspersonen vor jedem Training, zwei Wochen nach dem Training und nochmals drei Monate nach dem Training gemessen. Die Ergebnisse waren beeindruckend.

Die Befreiungstechnik und die Progressive Muskelentspannung (nach Jacobson) erzeugten wie erwartet bei den Streßindikatoren wie Herzschlag, Muskelspannung und Blutdruck niedrige Werte. Bei praktisch allen Indikatoren war die Befreiungstechnik intensiver und effektiver in ihrer Wirkung als die Progressive Entspannung.

Noch interessanter war es, daß die Versuchspersonen während der Streß-Situationen den größten Abfall des Herzschlages und des diastolischen Blutdrucks zeigten. Während die Trainingsgruppen einen stressigen Film sahen, ergaben sich signifikante Reduktionen bei der Muskelspannung: eine Reduktion von 28% bei der Progressiven Entspannung und 26% bei der Befreiungstechnik. Bei der Progressiven Entspannung wird auf Muskelentspannung gesetzt, während die Befreiungstechnik eine innere Mentaltechnik ist.

Hier einige der wichtigsten Entdeckungen:
- Die Befreiungs-Gruppe zeigte eine Verringerung der Grundlinie beim Herzschlag, diese war doppelt so groß wie bei der Gruppe der Progressiven Entspannung. Die Kontrollgruppe zeigte keine Verringerung.
- Die Befreiungs-Gruppe zeigte einen plötzlichen Rückgang in der Streßreaktion (bei dem Film über Industrieunfälle). Die Reduktion war doppelt so stark wie bei der Gruppe der Progressiven Entspannung.
- Die Befreiungs-Gruppe zeigte ein Abfallen des diastolischen Blutdrucks, das dreimal so groß war wie bei der Gruppe der Progressiven Entspannung. Die Kontrollgruppe hingegen zeigte einen Anstieg beim diastolischen Blutdruck.
- Die Befreiungs-Gruppe zeigte auch wesentlich höhere Werte in den Konzentrationstests unter Streß.
- Die Befreiungs-Gruppe und die Gruppe der Progressiven Entspannung zeigten beide eine signifikante Verringerung bei ängstlicher Besorgnis.
- Selbst ein dreieinhalb Monate später durchgeführter Nachfolgetest zeigte diese drastischen Verringerungen unter Streß. Die Befreiungstechnik hat also auch langfristige Wirkung.

Davidson folgerte, daß „die Sedona-Methode tatsächlich ein effektives Gegenmittel gegen Streß" sei.

ACTION-TEIL – Befreiung

Die Befreiungstechnik ist selbst ohne technologische Hilfe sehr effektiv und mächtig. Doch Mind-Tech erleichtert und beschleunigt den Prozeß auf vielfache Art und Weise.

SCHRITT 1: Fokussieren Sie. Fokussieren entsteht, wenn Sie an ein Problem aus Ihrem Leben denken, an etwas, das sehr wichtig ist und Sie persönlich betrifft. Es mag eine Beziehung zu jemandem sein, den Sie lieben, ein Elternteil, ein Kind; es kann auch Ihr Job, Ihre Gesundheit oder Angst sein. Oder Sie fragen Ihren Geist ganz einfach: „Wie fühle ich mich jetzt? Welche Gefühle kann ich spüren?" Sie können dieses Fokussieren vor oder nach einer Mind-Tech-Sitzung durchführen. Wenn Sie Ihren Problembereich kennen, in dem Sie arbeiten wollen, so nutzen Sie Ihre Mind-Tools, um den Zustand Null zu erreichen, ansonsten gehen Sie in einen tief entspannten Zustand.

SCHRITT 2: Fühlen Sie. Wenn Sie sich entspannt haben, betrachten Sie das Problemgebiet, mit dem Sie arbeiten wollen. Fokussieren Sie sich darauf und gehen Sie in Ihre Gefühle. Sie können auch den ersten Schritt übergehen und direkt zu Ihren Gefühlen übergehen. Fragen Sie sich: „Was fühle ich jetzt?"

Lester Levenson fand heraus, daß man alle Emotionen in neun verschiedene Gefühlskategorien unterteilen kann.

Apathie: Viele andere Gefühle stehen im Zusammenhang mit Apathie oder sind das Resultat davon. Wenn wir uns fragen, wie wir uns fühlen, stehen dafür häufig Wörter wie: Langeweile, Unaufmerksamkeit, Kälte, Abgeschnittenheit, Tod, Ablehnung, Depression, Entmutigung, Desillusioniertheit, Belastung, Vergeßlichkeit, Sinnlosigkeit, Hoffnungslosigkeit, Humorlosigkeit, Nichtssagendheit, Gleichgültigkeit, Faulheit, Verlorenheit, Negativität, Gefühllosigkeit, Überwältigtsein, Kraftlosigkeit, Resignation, Schock, Verurteilung, Müdigkeit, Konzentrationsschwäche, Nutzlosigkeit, Wertlosigkeit. All diese Begriffe sind nach Levenson Subtypen der Apathie.

Kummer: Wir benutzen Wörter wie: Verlassensein, Mißbrauch, Beschuldigung, Qual, Scham, Verrat, Niedergeschlagenheit, Schwindel, Verlegenheit, Hilflosigkeit, Verletzung, Ignoranz, Sehnsucht, Verlust, Melancholie, Mißverständnis, Vernachlässigung, Mitgefühl, Selbstmitleid, Bedauern, Ablehnung, Reue, Trauer, Unglück.

Angst: Die Subtypen der Angst beinhalten Gefühle wie: Besorgnis, Angst, Vorsicht, Feigheit, Zweifel, Furcht, Unbehagen, Unsicherheit, Nervosität, Panik, Erschrecken, Schüchternheit, Skepsis, Lampenfieber, Mißtrauen, Angespanntheit, Beunruhigung.

Sinneslust: Das ist die „ich will"-Emotion. Wir fühlen: Erwartung, Verlangen, Wünsche, Vereinnahmung, Tatkraft, Neid, Frustration, Gier, Ungeduld, Manipulation, Bedarf, Nehmen, Ehrgeiz, Rücksichtslosigkeit, Selbstsucht, Bösartigkeit.

Zorn: Wir fühlen: Aggression, Ärger, Streitsucht, Aufsässigkeit, Anspruch, Feindseligkeit, Frustration, Wut, Haß, Ungeduld, Eifersucht, Wahnsinn, Rebellion, Groll, Empörung, Boshaftigkeit, Strenge, Rachsucht, Mürrischsein, Sturheit, Bösartigkeit, Gewalttätigkeit.

Stolz: Wir fühlen: Distanz, Arroganz, Prahlerei, Cleverness, Überheblichkeit, Kühle, Kritik, Bewertung, Gerechtigkeit, Selbstüberschätzung, Snobismus, Bosheit, Hochnäsigkeit, Nachtragen, Eitelkeit.

Mut: Dieser Subtyp enthält Gefühle wie: Abenteuerlust, Wachheit, Bewußtheit, Zentriertsein, Kompetenz, Zuversicht, Kreativität, Waghalsigkeit, Entschlußfreudigkeit, Lebhaftigkeit, Glück, Unabhängigkeit, Liebe, Motivation, Offenheit, Positivität, Einfallsreichtum, Stärke, Hilfsbereitschaft, Kraft.

Anerkennung: Wir fühlen: Gleichgewicht, Schönheit, Mitgefühl, Freude, Empathie (Einfühlungsvermögen), Freundlichkeit, Sanftmut, Liebe, Offenheit, Aufgeschlossenheit, Sicherheit, Verständnis.

Friede: Wir fühlen: Stille, Zentriertsein, Vollständigkeit, Freiheit, Erfüllung, Vollkommenheit, Reinheit, Ruhe, Gelassenheit, Friedlichkeit, Ganzheit.

SCHRITT 3: Identifizieren Sie sich mit dem Gefühl. Mit der obenstehenden Liste im Geist können Sie jetzt entscheiden: Was fühle ich wirklich? Öffnen Sie sich und werden Sie sich Ihrer körperlichen Gefühle bewußt – fühlen Sie Enge in der Brust? Spannung im Magen? Fühlen Sie sich schwer? Einen beschleunigten Herzschlag? Wenn Sie sich der körperlichen Gefühle bewußt werden, nehmen Sie die Spur auf, um Ihre eigenen Gefühle zu entdecken. Welches Wort kommt Ihnen in den Sinn?

Wenn Ihnen ein Wort in den Sinn kommt, versuchen Sie es in eine der neun Kategorien einzuordnen. Levenson fand heraus, daß die Freisetzung eines Gefühls um so intensiver ist, je klarer Sie es in seiner reinsten Form herauskristallisieren, also aus den neun Kategorien direkt benennen können. Wenn Sie z.B. ein Problemgebiet prüfen und Ihr Gefühl ist „Zögern" oder „Beunruhigung", dann können Sie dieses Gefühl freilassen und sich sofort erleichtert fühlen. Wenn Ihr Gefühl zur Kategorie Angst gehört, also stärker ist als nur Beunruhigung, dann ist auch das Resultat weit mächtiger. Sie setzen sich mit dem Problem direkt auseinander, anstatt es nur ein wenig zu verzieren und zu beschönigen.

SCHRITT 4: Spüren Sie dieses Gefühl. Wenn Sie Ihr wahres Gefühl gegenüber dem Problemgebiet herausgefunden haben, dann tauchen Sie ganz darin ein. Lassen Sie diese Emotion sich im gesamten Körper und Geist ausbreiten. Wenn es Kummer ist, brechen Sie vielleicht in Tränen aus oder fangen an zu schluchzen. Wenn es ein Gefühl des Zorns ist, fängt vielleicht Ihr Blut an zu kochen, und Ihr ganzer Körper gerät in Wallung. Das ist gut so: Jetzt ist es an der Zeit, das Gefühl richtig wahrzunehmen.

SCHRITT 5: Können Sie? Wenn Sie Ihr Gefühl zu diesem Problem richtig wahrnehmen, werden Sie sich fragen: „Kann ich dieses Gefühl gehen lassen?" Mit anderen Worten, ist es für Sie körperlich und emotional möglich, das Gefühl jetzt loszulassen? Denken Sie darüber nach. Werden Sie sich des Unterschieds zwischen Ihrem „Selbst" und dem „Ich" bewußt und dessen, was das Selbst fühlt. Manchmal können Sie Ihr Gefühl wie eine aufgeladene Batterie fühlen, die sich dort befindet, wo sonst Ihr Körper ist. Oder wie ein Schattenbild, das ein bißchen aus dem Fokus des aktuellen Selbst gerutscht ist. Sie werden an den Punkt kommen, wo Sie ein klares Gefühl dafür bekommen, daß diese Emotionen nicht Ihr Ich sind. Sie werden sich bewußt, daß es einen Unterschied zwischen dem gegenwärtigen Gefühl und dem Selbst gibt ... Sie sollten wahrnehmen, daß es für Sie möglich ist, Ihr Gefühl loszulassen. Ist es nicht möglich, verstärken Sie das Gefühl. Und früher oder später werden Sie den Punkt erreichen, an dem Sie zu sich selbst sagen können: „Ja, ich kann dieses Gefühl jetzt loslassen."

SCHRITT 6: Wollen Sie? Wenn Sie es loslassen können, lautet die nächste Frage, die Sie sich stellen müssen: „Will ich es wirklich loslassen?" Denken Sie darüber nach. Manchmal sind wir zwar imstande, Gefühle loszulassen, aber innerlich hängen wir an ihnen. Sie denken vielleicht: „Nein, ich behalte das Gefühl lieber, weil es gerade das richtige ist." Wenn es so ist, dann spüren Sie intensiv, was Sie wirklich fühlen. Früher oder später kommen Sie an den Punkt, an dem Sie sich sagen können: „Ja, ich will das Gefühl loslassen."

SCHRITT 7: Wann? Wenn Sie das Gefühl loslassen können, dann lautet die nächste Frage, die Sie sich selbst stellen müssen: „Wann?" Denken Sie darüber nach. Und an einem bestimmten Punkt werden Sie antworten: „Ich will das Gefühl jetzt loslassen."

SCHRITT 8: Die Befreiung. Irgendwann sagen Sie dann das Wort „JETZT". Lassen Sie los, befreien Sie es. In den meisten Fällen fühlen Sie körperlich und emotional eine Befreiung, wenn Sie das Gefühl loslassen. Sie brechen vielleicht in Gelächter aus, oder Sie fühlen, wie eine schwere Last von Ihren Schultern genommen wird. Vielleicht eine Gänsehaut, die über Ihren ganzen Körper zieht. Solche Reaktionen sind ein Zeichen für die Befreiung der Energie, die in Ihrem Körper festgehalten wurde. Sie fühlen sich gut, wenn Sie das Gefühl loslassen.

SCHRITT 9: Wiederholungen. Wenn Sie das Gefühl losgelassen haben, können Sie sich selbst überprüfen: Fühlen Sie noch etwas von dem Gefühl? Wenn noch etwas von diesem Gefühl vorhanden ist, gehen Sie diesen Prozeß noch einmal durch. Und noch einmal ... Befreiung ist wie eine Öffnung – Sie lassen etwas frei, und es öffnet sich hinter dieser Befreiung weit mehr. Einige Ihrer Emotionen sitzen so tief, daß sie eine Vielzahl von Befreiungen benötigen. Die Befreiung ist so lange notwendig, bis Sie keine von diesem Gefühl ausgehenden Signale mehr in sich spüren.

Die meisten Menschen, die mit dieser Form der Befreiung arbeiten, bemerken sehr schnell ein Abnehmen nervlicher und körperlicher Spannungen und fühlen sich entspannter, ruhiger und zentrierter. Durch den Einfluß der Emotionen auf die körperlichen Gefühle und durch die Befreiung kommt es zu einem regelrechten „Wegblasen" körperlicher Spannungen und zu einer schnellen Reduzierung aller Arten von Streß.

Durch diese Art der Selbstbefragung haben Sie gelernt, etwas zu befreien. Wenn Sie sich eines Gefühls bewußt werden, reicht dies häufig dazu aus, eine spontane Befreiung auszulösen. Sie bemerken beispielsweise, daß Sie sich des Gefühls von Kummer bewußt werden – und Sie können dieses Gefühl sofort gehen lassen. Denn wenn Sie gelernt haben, diese Technik richtig zu nutzen, können Sie sie in Ihrem täglichen Leben kontinuierlich einsetzen.

Das Bedürfnis nach Befreiung

Wenn man diese Form der Befreiung mehrmals praktiziert hat, kann man sich von speziellen Emotionen zu den Ursprungs-Emotionen bewegen, um diese zu befreien. Man wird sich immer tieferer Quellen der Unzufriedenheit bewußt – den eigentlichen Wünschen des Egos oder dessen „Bedürfnissen". Wenn wir Levenson folgen, so spüren wir unsere Unzufriedenheit durch die oben erwähnten neun Kategorien ... sie tauchen alle als Bedürfnisse wieder auf. Zwei Arten von Bedürfnissen sind dabei besonders wichtig: das Bedürfnis nach Anerkennung und das Bedürfnis nach Kontrolle. In Levensons Worten: „Ein Bedürfnis impliziert einen Mangel."

Die Bedeutung der ersten Person

Um diese Bedürfnisse zu entdecken, nutzen Sie Ihre Mind-Technologie. Gehen Sie in einen Zustand der Entspannung; finden Sie heraus, welches Gefühl gerade vorhanden ist, und dann fragen Sie sich: Ist das Gefühl ein Resultat meiner Bedürfnisse? Steht es in Zusammenhang mit meinem Bedürfnis nach Anerkennung? Mit meinem Bedürfnis nach Kontrolle? Als ich dieses Buch schrieb, durchlief ich eine schmerzvolle und endlose Scheidung samt Streit um das Sorgerecht unseres Kindes.

In den ersten Monaten dieses Kampfes fand ich mich immer wieder in gewaltigen Wellen von Kummer, Zorn, Angst und Sehnsucht nach meinem Sohn wieder, der 1.800 km weit entfernt war. Als ich begann, die Befreiungstechnik zu nutzen, konnte ich meine Gefühle befreien, und es blieben nur noch Ruhe, Stärke und Zuversicht zurück. Die Befreiungstechnik – ohne die Hilfe von Mind-Technologie – ist beruhigend und effektiv. Doch wenn man nun die Befreiungstechnik mit Mind-Tools kombiniert, steigt die Effektivität dieser Technik drastisch an.

Ich kombinierte meine Befreiungen mit einer Vielzahl von Mind-Tools, wie Licht- und Sound-Maschinen, mit der cranialen Elektrostimulation, dem Isolationstank, dem Ganzfeld, dem EEG-Biofeedback und einer ganzen Reihe von psycho-akustischen Kassetten. Die Gefühle traten klarer hervor, und ich konnte sie in der Tiefenentspannung oder in einem kohärenten Gehirnwellenzustand (Alpha oder Theta) leichter loslassen und befreien. Ich glaube mittlerweile, daß viel von der Effektivität der Peniston-Kulkosky-Technik – also des Alpha-Theta-Feedbacktrainings – durch die natürliche Befreiung der Emotionen in Theta herrührt.

Als ich lernte, die Mind-Technologie der Befreiung zu nutzen, stellte ich bei der Entladung meiner Gefühlsenergien fest, daß ich wieder mehr Energie für mein eigenes Leben bekam. Gefühle tauchten auf, ich spürte sie, ließ sie frei, und die Energie konnte sich entladen. Die Befreiung erstreckte sich über die eigentliche Mind-Tech-Sitzung hinaus. Ich erlebte mich selbst nicht mehr über das Ausleben meiner Gefühle, sondern konnte wieder voller Energie an meinem Buch arbeiten.

Die Befreiung meiner Gefühle hatte einen beruhigenden, zentrierenden und energetisierenden Effekt auf mich. An diesem Punkt angelangt, war ich bereit, den nächsten Schritt zu gehen: das Loslassen der Bedürfnisse. Ich erkannte nun, daß die Quelle des Zorns, des Kummers und der Angst eigentlich ein Bedürfnis war: Ich wollte, daß das Scheidungsgericht das richtige Urteil fällt; ich wollte meinen Sohn und mit ihm zusammenleben; ich wollte, daß meine geschiedene Frau dem Gericht folgt und mit der Sorgerechtsregelung einverstanden ist. Ich wollte, daß mein Sohn geborgen ist; ich wollte meine eigenen Gefühle effektiver kontrollieren. Als ich diese Gefühle spürte, entdeckte ich, daß es nur um ein Bedürfnis ging: Kontrolle.

Nun hatte ich die wahre Ursache meiner Unzufriedenheit herausgefunden, und ich war fähig, mein Bedürfnis nach Kontrolle zu befreien. Jedesmal, wenn eine Woge von Emotionen über mich kam, konnte ich immer präziser feststellen, daß diese Gefühle von meinen Bedürfnissen herrührten. Durch die Befreiung fühlte ich ein tiefgreifendes Gleichgewicht zwischen Frieden und Zuversicht.

Sie mögen jetzt denken: Schön, man fühlt sich gut, wenn man Dinge kontrollieren kann, oder man fühlt sich wohl, wenn man akzeptiert wird. Was ist falsch an diesen Bedürfnissen? Levenson betont, daß es einen Unterschied gibt zwischen dem Bedürfnis, etwas zu wollen, und dem Haben von etwas. Wenn wir sagen, daß uns etwas ein Bedürfnis ist, dann bedeutet dies, daß es uns an etwas mangelt: Wir wollen ein Eis haben und wenn wir dieses Eis haben, dann ist dieses Bedürfnis befriedigt. Wir haben etwas: Wir können es schmecken, genießen und uns daran erfreuen. Solange wir das Bedürfnis nach Kontrolle haben, können wir sicher sein, daß wir Kontrolle nicht besitzen. Wenn wir von dem Bedürfnis nach Anerkennung erfüllt sind, können wir sicher sein, daß wir keine Anerkennung bekommen.

Solange wir zum Beispiel das Bedürfnis nach Reichtum haben, wird uns dieses Bedürfnis bei der Erfüllung dieses Bedürfnisses lähmen oder behindern. Wenn wir mit Sehnsucht nach jemandem erfüllt sind, macht uns diese Sehnsucht zu jener Art von Mensch, bei dem sich die begehrenswerte Person nicht gerade wohl fühlt. Wenn wir aber unser Bedürfnis nach Anerkennung und Kontrolle befreien, haben wir den wichtigsten Schritt in Richtung echter Kontrolle und Anerkennung getan.

Ich sah, wie mein eigenes Handeln in einem starken Bedürfnis wurzelte: meinem Bedürfnis nach Sicherheit und Glück für meinen Sohn, das aus einer unbeschreiblichen Liebe für ihn entsprang. Es war das Bedürfnis der Kontrolle, der Wunsch, mit ihm zusammenzuleben und ihn vor Schaden zu bewahren. Aber das Bedürfnis stand in Zusammenhang mit dem „nicht haben". Ich verstand, daß mein Bedürfnis mich von dem abhielt, was ich eigentlich wollte. Das Bedürfnis, meinen Sohn vor der Welt zu schützen, war die eigentliche Ursache für meine Qualen, die mich davon abhielt, das Richtige zu tun, um meinen Sohn wirklich vor Schaden zu bewahren. Meine Erkenntnis: Wenn ich mein Bedürfnis befreie, kann ich ohne die ewige Last, die mein Verhalten blockiert, mein Handeln dahingehend lenken, daß meinem Sohn wirklich geholfen wird.

Die Quellen

Wir spüren alle unsere Emotionen innerhalb dieser neun Kategorien und können sie auf die zwei Bedürfnisquellen zurückführen. Nach Levenson können wir nun diese zwei Bedürfnisquellen auf ein einziges Urbedürfnis zurückführen: das Bedürfnis nach Sicherheit oder Überleben.

Hinter jeder Emotion, jedem Bedürfnis nach Kontrolle, jedem Bedürfnis nach Anerkennung steht das tiefe Bedürfnis nach Sicherheit oder Überleben ... die Stimme unseres Egos schreit: „Ich will! Ich will!" Es ist schön, wenn wir das Gefühl von Sicherheit haben. Aber Menschen, die gedankenverloren in ihrem Bedürfnis nach Sicherheit schwelgen, investieren soviel Energie und Aufmerksamkeit in dieses Bedürfnis, daß sie ihre Sicherheit selbst sabotieren. Es klingt paradox: Sie müssen das Bedürfnis nach Sicherheit loslassen, um wahre Sicherheit zu erreichen ... Sie müssen sie abgeben, um sicher zu sein. Wie das uralte Paradoxon: Geboren sein heißt sterben.

Durch die Entdeckung Ihrer aktuellen Emotionen oder Bedürfnisse sehen Sie die Quelle in einem tiefen Bedürfnis nach Sicherheit. Dies ist der Wunsch des Egos. Wenn Sie nun dieses Bedürfnis loslassen, werden Sie eine belebende Leichtigkeit und ein Gefühl von Freiheit erreichen, als wäre Ihnen eine schwere Last von den Schultern genommen worden.

In meinem Leben habe ich erfahren, was durch diese Befreiung möglich wird. Ich konnte mein Buch weiterschreiben, Vorträge halten, Seminare leiten und Kassetten produzieren. Und vor allem konnte ich den Kampf um die Obhut meines Sohnes beenden. Nach vielen Monaten war plötzlich eine Lösung in Sicht.

Unerschütterlich

Sicherheit ist an sich nichts Schlechtes, ebenso wie Kontrolle oder Anerkennung. Man muß beachten, daß die Gefühle aus den neun Kategorien auch positive Aspekte beinhalten, besonders die Kategorien Anerkennung und Friede. Sie mögen sich wundern, warum wir solche Gefühle befreien sollen. Sind es nicht Gefühle, die wir eigentlich haben wollen?

Die Antwort lautet: Ja, es ist gut, sich gut zu fühlen. Levenson fand heraus, daß es gut ist, auch positive Gefühle zu befreien, also Friede, Gelassenheit, Wunder, Liebe und Mut. Hinter diesen Gefühlen stecken versteckte Bedürfnisse und Wünsche des Egos. Wenn Sie diese guten Bedürfnisse befreien, fühlen Sie sich körperlich und emotional befreit, so, als hätten Sie negative Gefühle losgelassen. Was sich hinter den guten Gefühlen verbirgt, sind noch bessere Gefühle. Levenson nennt dies die Unerschütterlichkeit.

Diese Unerschütterlichkeit ist eine Qualität, die viele große spirituelle Meister besitzen: die Qualität, auf Gut und Böse zu schauen und beides loszulassen. Die Weisheit, daß das Leben weitergeht. Es ist nicht nur ein Gefühl, es ist ein Zustand. „Alles entsteht und verschwindet wieder", so Gautama Buddha. „Wenn Sie dies erkennen, dann überwinden Sie Ihren Kummer. Das ist der entscheidende Weg."

Wenn Sie die Befreiung praktizieren, erleben Sie auch Momente, in denen Sie Unerschütterlichkeit erfahren. Zuerst sind diese Momente vergänglich. Aber für Levenson und viele Anwender dieser Technik hat die Befreiung einen kumulativen Effekt. Als erstes entlädt sie nach und nach mehr von den negativen Energien, und Sie fühlen mehr und mehr die positiven Gefühle. Ihr Leben wird sich in jeder Art und Weise verbessern. Aber früher oder später werden Sie zu der Weisheit gelangen, die in der Entladung der positiven Gefühle liegt.

An diesem Punkt angelangt, werden Sie bemerken, wie Sie Spitzenleistungen erreichen können ... durch Unerschütterlichkeit.

Externe Auslöser

Die Befreiung ist stärker, wenn sie in allen Lebenslagen kontinuierlich praktiziert wird. Es ist dabei sehr hilfreich, wenn man ein Signal als externen Auslöser für die Befreiung besitzt. Wie schon in Kapitel 15 beschrieben, kann man eine Mind-Tech-Sitzung dazu nutzen, sich selbst zu programmieren, einen Anker mittels einer Uhr oder einem MotivAider zu setzen, der einen daran erinnert. In den ersten Tagen sollte der Anker – das Stichwort – alle paar Minuten ausgelöst werden. Und bald wird der Prozeß der Befreiung zu einem automatischen Teil des Lebens.

ACHTZEHN
Das Drehbuch verändern

Pawlows Hunde

Wir alle haben verschiedene Verhaltensweisen, die wir gerne ändern möchten. Einige von ihnen sind schädliche, selbstzerstörerische Muster, Verhaltensweisen, die uns davon abhalten, unser volles Potential zu leben.

Diese unbefriedigenden Verhaltensweisen sind häufig das Resultat von Erfahrungen, die sich in hoch-empfänglichen Zuständen in unserer Psyche eingeprägt haben, meistens in der Kindheit. Wenn wir über diese mentalen Bilder Bescheid wissen und erkennen, wie unser Geist mit ihnen arbeitet, ergibt es einen Sinn, diese als Formen oder Muster zu beschreiben. Die Umformung oder die Erweiterung dieses innerlichen Verhaltens ist ein wirksames therapeutisches Hilfsmittel für die Veränderung von unerwünschtem Verhalten. Es ist auch für den nicht-therapeutischen Einsatz empfehlenswert, zur Steigerung von Leistungen in Sport oder Beruf, unserer Lernfähigkeit und unserer Kreativität.

Lassen Sie uns zum Beispiel eine Form des Ausdrucks sexueller Energie beschreiben. Der Sexualforscher John Money berichtete folgendes: „Vernünftige Mütter und Väter rasten aus, wenn sie mit den ersten sexuellen Erfahrungen der Kinder konfrontiert werden." Die Szene erscheint harmlos: Das Kind beginnt etwas völlig Normales – es spielt mit seinen Genitalien. Die Eltern werden auf diese kindlichen Sexspiele aufmerksam, und unmittelbar darauf bedrohen oder bestrafen sie die Kinder in irgendeiner Weise. Sie schimpfen, oder sie holen mit der Hand zum Schlagen aus. Die Eltern brüllen: „Du bist böse!" oder: „Du bist ungezogen!", und an diesem Punkt wird etwas geprägt, an dieser Stelle wird die Grundlage für ein Muster gelegt. Als Ergebnis davon ändert sich das Gefühl der Kinder der Sexualität gegenüber, und dieses veränderte Verhalten wird es für den Rest seines Lebens begleiten. Von nun an ist Sexualität mit Gefühlen von Schuld, Angst oder Schlechtigkeit behaftet.

Oder: ein kleines Mädchen wurde ausgeschimpft und bekam einen Klaps von ihrem Vater, weil es nicht gehorchte. Er schrie sie an, daß sie lernen müsse, ihm zu gehorchen. Ein Muster wurde geprägt. Wenn nun später ein Mann in einem mißbilligenden Ton oder von einer autoritären Position aus etwas zu ihr sagt, dann wird sie mit (unpassender) Wut antworten. Die Form, das Muster wird automatisch aktiviert und löst Schmerz, Angst, Demütigung, Rebellion und Zorn aus.

Viele unserer unerwünschten, schädlichen oder negativen Verhaltensweisen sind das Resultat solcher Konditionierungen. Wenn wir uns an diese Kindheitsereignisse erinnern, in denen die Muster geprägt wurden, können wir rational dieses Ereignis als falsch ansehen. „Oh ja, ich erinnere mich sehr gut, ich war drei Monate alt und berührte meinen Penis. Meine Mutter wurde sehr zornig, weil sie einfach müde war; das bedeutete nicht, daß ich wirklich böse war, oder daß es ungezogen wäre, sexuelle Freude zu erleben." Es ist aber leider sehr schwierig, sich an solche Prägungen zu erinnern. Sie bleiben unbewußt zurück, da sie zustandsabhängig sind – oder sie sind unwiderruflich im Gedächtnis gespeichert, was die Wissenschaftler zustandsgebunden (state bound) nennen.

Der Theta-Speicher

Diese Erfahrungen sind zustandsgebunden, da sie in der Kindheit geprägt wurden. In dieser Zeit dominierten die Theta-Wellen im Gehirn, während wir uns als Erwachsene vorwiegend im Bereich der Beta-Wellen befinden. Nur wenn wir einschlafen, streifen wir kurz den Theta-Zustand. Für unseren bewußten, erwachsenen Geist ist also nur sehr wenig aus unserer Kindheit erreichbar: Wir sind einfach nicht mehr in dem gleichen Zustand. Wir glauben zwar, daß wir uns an Ereignisse aus der Kindheit erinnern können, aber es ist nur der Versuch, sich an einen Traum zu erinnern, jetzt, wo wir erwacht sind – und uns vorwiegend in Beta befinden.

Hinzu kommt, daß die meisten Kindheitserfahrungen, die schädliche und unerwünschte Zustände und Verhaltensweisen hervorbrachten, sich in mehr oder weniger dramatischen Bewußtseinszuständen ereigneten – Angst, Schock oder Trauma. „Dies führt dazu, daß das Kind in einen tranceähnlichen Zustand gelangt, der die Hemisphärendominanz in die rechte Hemisphäre verlagert, die emotional und vorwiegend non-verbal arbeitet", so der Biofeedback-Therapeut Dr. Thomas Budzynski. In diesem tranceähnlichen Theta-Zustand (rechtshemisphärisch dominierend) ist der Geist des Kindes völlig frei, offen, empfänglich und beeinflußbar. Der Geist „lernt" in diesem Zustand auf dem direktesten und intensivsten Weg, der möglich ist. Dr. Thomas Budzynski: „Wenn Sie einem Kind einen Klaps geben oder es sonstwie in einen veränderten Zustand versetzen ... und ihm dann etwas sagen, legen Sie ein Muster in seiner rechten Hemisphäre an, das später vielleicht niemals in das Bewußtsein der linken Hemisphäre gelangen wird. Dennoch wird es das Verhalten und die Einstellung dieses Kindes auch als Erwachsenen noch beeinflussen."

Dieses Muster bleibt auch aus anderen Gründen unbewußt. Da Muster bei Kindern häufig in der präverbalen Phase codiert werden, können sie sich, wenn sie erwachsen werden, nicht verbal an diese Erfahrungen erinnern oder sich diesen nähern – sie stellen sich uns nur als ein Gefühl dar.

Sie sind ferner unserem bewußten Geist nicht zugänglich – so haben es jüngste Entdeckungen in den Neurowissenschaften gezeigt –, da sie über das limbische System codiert ins Gedächtnis gelangen. Dieser Teil des Gehirns kontrolliert und erzeugt unsere Gefühle und reguliert unsere angeborenen biologischen Fähigkeiten, die unterhalb der Schwelle unseres normalen Bewußtseins liegen. An diese Erfahrungen gelangt man nicht durch logische, verbale oder intellektuelle Analyse oder durch andere „höhere" mentale Fähigkeiten des Neocortex. Man erreicht sie nur durch das präverbale, emotionale und primitive Bewußtsein des limbischen Gehirns. Dies erklärt zum Beispiel, warum Menschen in der Gesprächstherapie ihre frühen Erfahrungen nicht beschreiben können – wie sollen sie über etwas reden, für das sie keine Worte haben?

Muster sind ferner unbewußt, da es sich nicht einfach um Erinnerungen handelt, sondern um einen Seinszustand – es hat sich irgend etwas im ganzen Körper gleichzeitig ereignet. Muster werden nicht als Wort, Bild, Gefühl oder Idee geprägt, sondern als Ganzkörperzustand von muskulärer Spannung und Festhalten in der Atmung.

Am wichtigsten ist, daß das Muster unbewußt ist, weil es absichtlich vergessen wurde. Die Programmierung eines Musters kann eine traumatische Erfahrung sein: Der Betreffende war Opfer eines Krieges, einer Katastrophe, eines Flugzeugunfalls, eines Traumas oder traumatischer Kindheitserlebnisse. Der Geist versucht diese schmerzvollen Informationen in den tiefsten und sensitivsten Gebieten des Gehirns zu begraben, um sich selbst zu schützen oder zu heilen. Diese Prägung versteckt sich, oder wie der Psychiater Wilhelm Reich sagen würde: „Sie wird gepanzert."

Diese Erfahrungen sind zwar weitgehend verdrängt und vergessen, aber dennoch im täglichen Leben präsent. Budzynski nimmt Bezug auf Muster wie „Du taugst nichts!" und „Das lernst du nie!" Diese Formen sind besonders intensiv und wirksam. Die Eltern sind wütend; das Kind hat Angst und geht in einen tranceähnlichen, hyper-beeinflußbaren Zustand; während die bösen Eltern brüllen: „Aus dir wird sowieso nie was!" Und wie ein Schauspieler unter den Augen des tyrannisierenden Regisseurs folgt man ebenso unbewußt wie pflichtbewußt dem Muster. Das Kind wächst heran und wundert sich, warum es so einen Eifer bei selbstzerstörerischem oder selbst-sabotierendem Verhalten entwickelt. Selbst als Erwachsener folgt es einfach der Form, die unbewußt durch die Eltern programmiert wurde: „Aus dir wird sowieso nie etwas!"

Geist und Moleküle

Diese Muster sind so heimtückisch, weil sie sich nicht nur im Gehirn „verdrahten", sondern in jeder Zelle Ihres Körpers. Sie können sich als chronische körperliche Leiden manifestieren, die in mentale und körperliche Krankheiten münden. Der Psychologe Ernest Lawrence Rossi erläutert diese „Körper-Geist-Beziehung" in seinem Buch *Die Psychobiologie der Seele-*

Körper-Heilung: Neue Ansätze der therapeutischen Hypnose (Synthesis, Essen 1991). Er beschreibt, wie die „Sprache des Geistes" (Wörter, Ideen und Gefühle) mit dem limbischen System des Gehirns kommuniziert, in dieses System integriert und in die „Sprache des Körpers" übersetzt wird. Dies geschieht über neurochemische Botenstoffe mit Namen Neuropeptide. Diese wandern durch den ganzen Körper und kommunizieren direkt mit den einzelnen Organen und Zellen.

Wie wir wissen, transportieren diese Neuropeptide Nachrichten, die physiologisch das Äquivalent zu mentalen Erfahrungen sind. Sie transportieren molekular Intelligenz, Emotionen und Gedanken durch den Körper. Der ganze Körper muß als ein Intelligenz-Feld angesehen werden. Der Geist ist nicht auf das Gehirn beschränkt, sondern zirkuliert im ganzen Körper. Der Körper ist ein Gewebe aus Gedanken, ein Netzwerk des Geistes.

Jeder Körperteil übermittelt neurochemisch codiert seine eigenen Informationen, Gedanken und Emotionen an andere Teile des Körpers und an das limbische System, das dann die Sprache des Körpers in Wörter, Ideen, Emotionen und Empfindungen umwandelt – also in die Sprache des Geistes. Der Geist ist ein Netzwerk aus Molekülen, ein Gewebe des Körpers.

In den Beispielen haben wir gesehen, daß negative Muster oder Prägungen das limbische System erreichten und zu molekularen Emotionen wurden, die den Körper auf zellulärer Ebene veränderten, während sich das Kind in einem rechtshemisphärisch dominanten Theta-Zustand befand. Dies ist ein Zustand, in dem der Geist für neue Informationen außergewöhnlich empfänglich ist. In diesem Zustand lernt und inkorporiert er Verhaltensweisen, die sich auf das gesamte weitere Leben auswirken. So werden aus der Prägung – durch das Eintreten als molekulare Information in unser Intelligenz-Feld – habituelle Muster, die unseren Körper auf zellulärer, subzellulärer und genetischer (sie alle laufen unbewußt ab) Ebene transformieren.

Theoretisch können wir unsere unerwünschten habituellen Formen und Muster aufdecken und versuchen, sie bewußt zu ändern. Doch da diese Muster in einer zustandsabhängigen Situation geprägt wurden, besteht der einzige Weg, diese negativen Muster zu korrigieren darin, in genau den Körper-Geist-Zustand einzutauchen, in dem die ursprüngliche Prägung stattfand.

Dies erklärt, wieso und warum viele körperzentrierte psychotherapeutische Techniken wie Rolfing, Rebirthing, die Holotrope Atemarbeit, Bioenergetik usw. funktionieren: Sie ermutigen die Versuchspersonen, sich tief zu entspannen oder sich hochemotional zu entladen, so daß die Theta-Wellen, die rechte Hemisphäre und die Aktivität des limbischen Systems gesteigert werden können. Die Versuchspersonen können in die ursprünglichen Körper-Geist-Zustände eintreten, in denen die Muster geprägt wurden. Nun können neue Prägungen und Formen erlernt werden, die die alten ersetzen.

Eine andere effektive Technik, um tief verborgene Muster zu erwecken, ist die Hypnose. So wie bei den körperzentrierten Therapien überschreitet man die Grenzen der logischen, verbalen oder intellektuellen Analyse oder die „höheren" Fähigkeiten des Neocortex und kann mit dem präverbalen, emotionalen und primitiven Bewußtsein des limbischen Gehirns arbeiten. Man aktiviert die molekularen Geist-Beziehungen und erlangt Zutritt zum selbstinteragierenden Feld der Intelligenz ... dem Körper-Geist.

ACTION-TEIL – Muster überschreiben

Die neuen Mind-Technologien sind das bisher effektivste Hilfsmittel, um tiefsitzenden Mustern entgegenzuwirken. So wie bei den körperzentrierten Therapien wirken sie direkt auf den Körper-Geist, um die Gehirnwellenaktivität zu reduzieren, die rechte Hemisphäre zu aktivieren und die Aktivität des limbischen Systems zu erweitern. Aber die neuen Mind-Werkzeuge gehen viel weiter als die körperzentrierten Therapien, da sie den Theta-Bereich der Gehirnwellen mit einbeziehen. Optisch-akustische Geräte, die akustischen Feldgeneratoren, die Isolationstanks und das Ganzfeld unterbrechen aktiv die logischen und alltäglichen Gedankenmuster und führen den Anwender in eine nicht-lineare und unvorhersehbare Ganzkörper-Erfahrung. Diese Erfahrung löst eine Resonanz im emotionalen, limbischen Gehirn aus und aktiviert somit das Mind-Molekül-Gewebe der Informationen und ermöglicht den Zutritt in die zustandsabhängigen und -gebundenen Kindheitserfahrungen.

Zusätzlich ermöglicht die Gehirntechnologie einen direkten Zugang zu den hypnotischen Kräften, um – in Rossis Worten zu sprechen – in „das zustandsabhängige Gedächtnis einzutreten und es umzuformen". Es handelt sich um einen Prozeß, den man „Umformung" (Rescripting) oder „Überschreibung" nennt. Budzynski, der optisch-akustische Geräte zur Umformung in seiner Praxis therapeutisch einsetzt, beschreibt diesen Prozeß folgendermaßen: „Es handelt sich bei dieser Technik zunächst um das Aufdecken der Muster, dann um das Erstellen von neuen Mustern (die positive Lösungen haben) und schließlich um die Wiederholung der neuen Muster, vorzugsweise dann, wenn man sich in einem tiefen, entspannten oder hypnotisierten Zustand befindet. Die optisch-akustischen Geräte werden hier sowohl zur Erleichterung der Musteraufdeckung als auch für die Umformung selbst eingesetzt."

Budzynski setzt speziell optisch-akustische Geräte ein, doch es ist an dieser Stelle wichtig zu erwähnen, daß auch die anderen Arten der Gehirntechnologie für diese Überschreibungstechnik eingesetzt werden können.

1. Schritt: Muster aufdecken

Der erste Schritt, nachdem man ein Mind-Werkzeug zur Entspannung und zur Erreichung des Zustandes Null eingesetzt hat, ist die Aufdeckung. Wie das Wort schon sagt, beinhaltet der Prozeß so etwas wie das Öffnen eines Kochtopfs, um zu sehen, was darin köchelt. Sie haben vielleicht eine spezielle Frage, die Ihnen den Prozeß während der Sitzung erleichtern kann – einen bestimmten Zustand oder ein Verhalten, das die Ursache für das Problem sein könnte. Man muß sich also über seinen Zustand im klaren sein: „Ich möchte diese Sitzung nutzen, um meinen Zorn zu untersuchen (das Rauchen, meine Nackenschmerzen, mein Verhältnis zu meiner Mutter)." Nur so erhält Ihr Unterbewußtsein einen Kontext, in dem es sich selbst offenbaren kann.

Auf der anderen Seite haben sich viele wirkungsvolle Erfahrungen des Aufdeckens spontan und auf unvorhersehbare Weise in den Sitzungen erreignet, als die Benutzer eigentlich nur sehen wollten, was in ihrem Unterbewußtsein so vor sich geht. Wie auch immer, zu Beginn einer Sitzung ist eine bewußte Vereinbarung das wichtigste: zur Freisetzung, zum Laufenlassen, zum Abgeben der Kontrolle ... alles, um sich dem Strom des Unterbewußtseins hingeben zu können.

Notizen machen: Während der Sitzung tauchen häufig unterdrückte oder lang vergessene Erinnerungen in Form von visuellen Eingebungen oder Bildern auf. Wenn ein Freund anwesend ist, dann kann er oder sie den Aufdeckungsprozeß durch einfache und unaufdringliche Fragen erleichtern. Zum Beispiel: „Was fühlst du?", „Was siehst du?" Auch ein Kassettenrecorder ist ein gutes Hilfsmittel, um die an die Oberfläche drängenden Erinnerungen wahrzunehmen. Ohne den Fluß der Imaginationen zu unterbrechen, können Sie Ihre Erlebnisse beschreiben. Sie werden dabei herausfinden, daß eine „verbale Stenographie" eine effektive Möglichkeit sein kann. Bloße Stichwörter – wie z.B. Sommernächte ... 7 Jahre alt ... Jungs in den Bäumen ... große Trauer ... usw. – können später als Gedächtnisstütze eingesetzt werden und bringen die komplexen Szenen und Ideen wieder ins Bewußtsein. Das wichtigste ist die Beobachtung der Ereignisse und die Aufzeichnung dieser Erinnerungen, egal, ob mit dem Kassettenrecorder oder mit einem Therapeuten. Ziel ist es, den Prozeß nicht durch ein Aussteigen aus dem Zustand zu unterbrechen.

Das ideomotorische Fingersignal: Sie können mit dem ideomotorischen Fingersignal diesen Prozeß beschleunigen. In tiefer Trance können Sie sich beispielsweise fragen, ob das zu bearbeitende Problem mit einem traumatischen Erlebnis in Zusammenhang steht. Mit dem ideomotorischen Fingersignal können Sie den Zeitpunkt, den Ort usw. dieses Erlebnisses eingrenzen. Mit zusätzlichen Suggestionen können Sie das Erlebnis visualisieren. Und wieder kann ein Freund oder Therapeut diesen Prozeß durch Fragen und die Beobachtung der ideomotorischen Fingersignale erleichtern.

Die Handhabung von Emotionen: Egal, welche Technik Sie einsetzen, Sie kommen näher an das prägende Erlebnis heran, wenn Sie intensive Emotionen wie Kummer, Wut und Angst dazu benutzen. Budzynski betont, daß „das Aufdecken einer Form ein sehr empfindlicher und potentiell angsterzeugender Prozeß" ist, und empfiehlt daher, daß er nur von psychologisch geschulten Personen durchgeführt werden sollte. Vielleicht fühlen Sie sich aber stark genug, sich selbst mit diesen vergangenen Erlebnissen zu konfrontieren, oder die

Zusammenarbeit mit einem Freund gibt Ihnen die Sicherheit, nicht allein zu sein. Denken Sie daran, das Wissen über diese Technik ist extrem wirkungsvoll.

2. Schritt: Rescripting / Überschreiben

Wenn ein schädliches, negatives oder zerstörerisches Muster aufgedeckt wurde, ist der nächste Schritt die Erstellung einer Gegen-Form.

Während Sie sich in einem Zustand tiefer Entspannung befinden, sollten Sie in das prägende, traumatische Erlebnis eintauchen und möglichst viele konkrete Einzelheiten mit einbeziehen. Dann gilt es, das Erlebnis so zu verändern, daß es zu einem positiven Ergebnis führt. Budzynski beschreibt den Fall einer Frau, die unter einem unerklärlichen Schmerz in den Armen litt. Sie fand unter Anwendung von Hypnose und ideomotorischen Signalen heraus, daß ein Verwandter, während sie (nach einem Sturz vom Pferd) bewußtlos im Krankenhaus lag und eine Krankenschwester ihr gerade eine Injektion gab, bemerkte: „Das tut bestimmt weh!" Diesen Ausspruch muß das Unterbewußtsein der Frau sozusagen als Befehl mißverstanden haben. „Die folgende Umformung war dann ganz einfach", meinte Budzynski. „Ein alter, erfahrener Doktor wurde hinzugezogen. Als die auslösende Bemerkung fiel, sagte der Arzt: ‚Natürlich tut es ein paar Sekunden lang weh, aber dann fühlt man sich gleich viel besser.' Als die Patientin aufwachte, war der Schmerz verschwunden."

Überschreiben mit Submodalitäten

Es ist klar, daß die mentalen Bilder unsere Gefühle beeinflussen. Ein Weg, um diese Bilder zu verändern, ist das Überschreiben der Szene, also die Veränderung des Kontexts des mentalen Bildes. Ein weiterer Weg ist die Veränderung der Submodalitäten des Bildes. Submodalitäten sind, so der Mitentwickler des Neurolinguistischen Programmierens Richard Bandler, „universelle Elemente, die zur Umwandlung jedes visuellen Bildes eingesetzt werden können, egal, um welchen Kontext es sich handelt." Es gibt visuelle, kinästhetische und auditive Submodalitäten, aber ich will hier nur die visuellen Submodalitäten betrachten.

Zum Beispiel haben Sie eine sehr unerfreuliche Erinnerung, die Sie gerne überschreiben möchten. Sehen Sie diese unerfreuliche Erinnerung als einen Schwarzweiß-Film, und dimmen Sie ihn immer weiter herunter, so daß er an Schärfe verliert. Lassen Sie ihn dann ganz verschwinden. Spüren Sie, wie diese Szene auf Sie wirkt. Vielleicht fühlen Sie, daß der emotionale Aspekt – das unerfreuliche Gefühl – mit diesem Bild verblaßt. Denken Sie nun an eine erfreuliche Szene und bringen Sie viel Farbe und Helligkeit in diese hinein. Beobachten

Sie erneut Ihre Gefühle. Normalerweise steigern Helligkeit und Farbe die Intensität Ihrer Gefühle. Wie Bandler es ausdrückt, sind wir uns des Zusammenhangs zwischen mentalen Bildern und Verhalten bewußt:

„Die Menschen sprechen von einer ‚düsteren Zukunft' oder ‚glänzenden Aussichten'. Nun kann man sagen, daß es sich dabei um Metaphern handelt, aber sie geben exakt das wieder, was eine Person in ihrem Inneren erlebt. Wenn jemand sagt: ‚Etwas wirft mich aus der Bahn', dann können Sie erwidern, er solle dieses Bild runterdimmen. Wenn eine Person von düsterer Zukunft spricht, dann soll sie dieses Bild aufhellen. Das hört sich sehr einfach an ... und das ist es auch!"

Ausprobieren ist der beste Weg, um herauszufinden, welche Submodalitäten Ihre persönlichen Erlebnisse verändern können, um Ihnen bei der Überschreibung behilflich zu sein. Nehmen Sie ein Bild und gehen Sie durch alle Submodalitäten, um zu sehen, wie dies Ihr Erleben verändert. Als erstes verändern Sie nur eine Submodalität. So können Sie den Effekt dieser Veränderung – ohne den Einfluß anderer Submodalitäten – optimal wahrnehmen. Hier einige der visuellen Submodalitäten, wie Bandler sie beschreibt. Probieren Sie die Technik vielleicht zuerst an einem erfreulichen Erlebnis aus, bevor Sie zu den unerfreulichen Mustern übergehen.

Klarheit: Verändern Sie das Bild von kristallener Klarheit der Details zu verschwommener Ungenauigkeit.

Farbe: Variieren Sie die Intensität der Farbe von intensiven, hellen Farben zu schwarzweiß.

Tiefenschärfe: Verändern Sie das Bild von einem flachen zweidimensionalen Bild zu einem vollständig dreidimensionalen Bild.

Entfernung: Variieren Sie von ganz nah bis weit entfernt.

Dauer: Gehen Sie von einer kurzen, vorbeihuschenden Erscheinung zu einem stehenden Bild über, das einige Zeit unverändert bleibt.

Vorwärts/rückwärts: Was geschieht, wenn Sie eine Szene rückwärts laufen lassen, vom Ende zurück zum Anfang? Viele von uns finden das komisch, doch es ist ein großartiger Weg, um mit unerfreulichen Mustern umzugehen – lassen Sie sie rückwärts laufen, machen Sie diese Situation lächerlich und komisch. Oder lassen Sie diese Szene vom Ende zum Anfang laufen und dann wieder vorwärts, aber diesmal mit einem anderen Kontext, also als einen erfreulichen Film. Sie können die Szene auch in einen „Lösch-Modus" bringen; lassen Sie sie rückwärts laufen, und wenn sie am Anfang angekommen ist, wird sie gelöscht. Dies ist ein guter Weg, um sich von unerfreulichen Erlebnissen zu trennen.

Bewegung: Verändern Sie das Bild von einem Foto oder Dia zu einem Film.

Umfang: Gehen Sie von einem begrenzten Bild in einem Rahmen zu einem Panoramabild über, das sich auch hinter Ihrem Kopf ausbreitet, so daß Sie mehr davon sehen können, wenn Sie den Kopf drehen.

Verändern Sie bei ähnlichen Experimenten die kinästhetischen Submodalitäten (Gewicht, Größe, Druck, Intensität, Temperatur, Bewegung, Balance, Beschaffenheit, Rhythmus usw.) oder die auditiven Submodalitäten (Tonhöhe, Ton, Tonqualität, Tempo, Lautstärke, Dauer der Töne, Entfernung, Stimme, Wörter usw.).

Und wenn Sie die Effekte der einzelnen Submodalitäten erlebt haben, können Sie diese miteinander kombinieren, um Muster zu überschreiben. Bandler schreibt: „Es ist unvorstellbar für mich, aber es gibt Menschen, die diese Vorgehensweise genau umkehren. Sie denken an die guten Ereignisse, dimmen sie runter, distanzieren sich von ihnen und verwandeln sie in Schwarzweiß-Schnappschüsse. Und aus den schlechten Erlebnissen werden helle, farbenfrohe, dreidimensionale und umfangreiche Filme. Das ist ein besonders guter Weg, um depressiv zu werden und das Leben als etwas Wertloses anzusehen. Jeder von uns hat gute und schlechte Erinnerungen, aber es macht einen Unterschied, wie wir diese Erinnerungen wiedererleben."

Vom Standpunkt zum Fließpunkt

Eine andere einflußreiche Technik, um die Macht der Muster zu verändern, ist die Art, wie Sie Ihre Erlebnisse auswählen. Filmemacher legen ein besonderes Augenmerk auf das, was sie Standort oder Perspektive nennen. Sie wissen, daß dieser Standort eine Szene dominiert, also von größter Bedeutung ist, mit welcher Macht und Signifikanz sie auf den Zuschauer wirkt. Wollen wir die Szenen aus der Sichtweise eines der Schauspieler oder sollten wir die Szene aus der Distanz betrachten? Stellen Sie sich die Dusch-Szene aus *Psycho* vor, wenn diese aus der Sicht eines objektiven Beobachters gefilmt worden wäre.

Die Perspektive hat auf unsere inneren Filme und unser Gedächtnis den gleichen Einfluß. Erinnern Sie sich an etwas Schreckliches aus Ihrem Leben – und versuchen Sie es vollständig als ein erfreuliches Ereignis zu erleben. Gibt es einen Unterschied im Standort? Sehen Sie die Szene einmal mit Ihren eigenen Augen. Dies nennt man Assoziiertsein. Und wenn Sie dann die Szene aus der Distanz betrachten, aus der Ecke des Raumes, als würden Sie sich einen Film ansehen, nennt man das Dissoziation.

Nun nehmen Sie eine gute und eine schlechte Erinnerung, gehen Sie durch das Erlebnis durch, gehen Sie zurück und erleben es noch einmal aus einer anderen Perspektive. Wenn

Sie in einer freudigen Erinnerung assoziiert sind, dann durchleben Sie diese Szene auf dissoziierte Weise ... sehen Sie sich in einem Film. Wenn Sie dissoziiert sind, dann schlüpfen Sie jetzt in Ihren Körper und erleben Sie diese Szene noch einmal multisensorisch und mit Ihren eigenen Augen. Wie verändert sich jetzt Ihre Erinnerung?

Die meisten Menschen erleben assoziiert die Gefühle so, wie sie sie ursprünglich einmal durchlebten. Dissoziiert dagegen erleben wir die Szene meist ohne die ursprünglichen Gefühle. Beides kann immens wertvoll sein: Sie können Ihre freudigen Erinnerungen auf assoziierte Weise aufdecken. Sie fühlen all die angenehmen Gefühle, die dieses Ereignis begleiten. Unerfreuliche Erinnerungen können Sie auf dissoziierte Art aufdecken, also mit all den enthaltenen Informationen, aber ohne die negativen Gefühle. Bandler hierzu: „Warum sollen wir schlechte Gefühle noch einmal erleben? Einmal reicht!"

Aber die meisten Menschen gehen genau den umgekehrten Weg und assoziieren all ihre unerfreulichen Erinnerungen, während sie ihre erfreulichen Erinnerungen aus der Distanz betrachten, also dissoziiert. Achten Sie darauf!

Da Mind-Tech Ihre Erinnerungs- und Visualisierungskräfte enorm steigern kann, finden Sie es vielleicht sinnvoll, Ihre unerfreulichsten Erinnerungen noch einmal aus einer dissoziierten Perspektive zu durchleben. Erleben Sie auch eine Vielzahl von freudigen Ereignissen durch Ihre direkte Verbundenheit, assoziiert, damit Sie die damit verbundenen Freuden spüren können. Zusammenfassend kann man sagen, daß Sie gute Erinnerungen assoziieren und die schlechten besser dissoziieren sollten. Bandler fügt hinzu, daß das Wann und Wie des Assoziierens und des Dissoziierens „einer der besten und effektivsten Wege ist, um die Qualität eines Erlebnisses und das daraus resultierende Verhalten zu verändern. Die Dissoziation ist besonders sinnvoll für intensive und negative Erinnerungen." Dissoziation kann extrem wertvoll für die Menschen sein, die unter Vergewaltigungen, Kindesmißbrauch, Kriegserlebnissen oder anderen traumatischen Erlebnissen sowie auch unter dem posttraumatischen Streßsyndrom leiden.

Kennen Sie Ed?

Selbst glückliche, gesunde und positive Menschen haben Bereiche in ihrem Leben, die weitgehend unbefriedigender und unproduktiver Natur sind. Oder sie verfügen über Potentiale, die sie nicht voll ausschöpfen. Ein Freund von mir – ich nenne ihn Ed – ist ein erfolgreicher Geschäftsmann mit einer charismatischen Persönlichkeit und einer tollen Familie. Doch er nörgelt und ist meist unzufrieden, wenn er vor einer Gruppe sprechen soll. Er kann sich weder richtig entspannen noch richtig ausdrücken. In mehreren Sitzungen mit einer optisch-akustischen Mind Machine entdeckte er, daß es einen Teil in ihm gab, der gerne Entertainer wäre. Er begann verschiedene Erlebnisse aus seiner Kindheit aufzudecken, in denen er Erfahrungen mit künstlerischer Darbietung machte. Er hatte eine klare Erinnerung an einige Erlebnisse, bei denen er vor seinem Vater Kunststücke ausprobierte, etwas vorsang und vortanzte. Doch sein Vater war ein vielbeschäftigter Manager und hatte nicht genug Zeit, um sich von seinem sechsjährigen Sohn unterhalten zu lassen. Ed erinnerte sich an ein Erlebnis, als er nach einem Slapstick ungeduldig auf das Lachen seines Vaters wartete. Doch Ed erhielt kein ermutigendes Lob von seinem Vater und dachte, daß er als Entertainer offensichtlich nicht besonders begabt sei – und begann damit, diesen Aspekt seiner Persönlichkeit zu unterdrücken.

Nun begann Ed, dieses Erlebnis noch einmal zu erleben. Er erstellte ein Gegen-Script, in dem sein Vater sich bei ihm entschuldigte. Er erklärte ihm, daß er zu beschäftigt gewesen sei und daß es sein Fehler war und nicht der von Ed. Auch hätte dies überhaupt nichts mit seinem Talent zu tun. In diesem Gegen-Script war Ed noch einmal der sechsjährige Junge, sein Vater sitzt vor ihm, und Ed präsentiert seine Tricks, Slapsticks und Tanzschritte. Sein Vater lacht schallend, applaudiert, und am Ende umarmt er Ed mit beiden Armen. Er sagt ihm, wie sehr er ihn liebe und welches Talent in ihm stecke.

Ed entdeckte auch, daß seine Erinnerungen klare, assoziierte Szenen waren. Seine Erinnerungen aus der Schulzeit, wo er musizierte und in einer Gesangsgruppe mitmachte, waren dagegen eher gedämpft und dissoziiert – er sah sich aus dem Auditorium heraus. Er begann diese Erinnerungen noch einmal in assoziierter Form zu erleben und sich daran zu erfreuen. Diese Überschreibung wirkte sich sehr positiv auf sein Leben aus. Ed ist jetzt wesentlich selbstsicherer und hat einen großen Drang zu künstlerischen Aktivitäten. Er setzte sich ans Klavier – das er seit über 20 Jahren nicht mehr spielte – und begann, wieder Musik zu machen. Schon kurze Zeit später hatte er eine eigene Band und gab Konzerte in der ganzen Stadt.

So, wie es beim Ankern der Fall ist, gewinnt auch die Überschreibung durch Wiederholung an Kraft. Die umgeformten Erlebnisse werden klarer, sie verzaubern alle Sinne und werden wesentlich detaillierter. Überschreiben (Rescripting) verlangt Sensitivität und Imagination. Wie der Name bereits sagt, Sie werden zu einem Script-Schreiber oder Drehbuchautor. Nehmen Sie alte Szenen, betrachten Sie diese auf kreative Art, und wandeln Sie sie in neue, bessere Szenen um. Wie es bei allen Techniken in diesem Buch der Fall ist, werden solche Prozesse durch häufiges Praktizieren immer intensiver.

Swish dir was!

Eine weitere wirkungsvolle Umformungstechnik aus dem Neurolinguistischen Programmieren wurde von Richard Bandler entwickelt und nennt sich das „Swish-Muster". Mit Hilfe von NLP lernt man, wie ein Swish-Muster im normalen Bewußtseinszustand erzeugt wird. Ich kam zu der Überzeugung, daß diese (und andere NLP-Techniken) wesentlich effektiver sind, wenn sie während einer Mind-Tech-Sitzung, also im Zustand tiefer Entspannung, angewandt werden. Ich habe das Swish-Muster in vielen meiner Workshops benutzt und herausgefunden, daß damit schnelle, aufsehenerregende Ergebnisse erzielt werden können. Man kann sagen, ein Swish-Muster nimmt etwas Unerwünschtes oder Unangenehmes – eine Erinnerung, ein Bild, ein Verhalten, eine Eigenschaft oder einen Zustand – und wandelt es automatisch in etwas Wünschenswertes oder Angenehmes um. Wie Bandler es ausdrücken würde, es „direktionalisiert das Gehirn" durch die menschliche Tendenz, etwas Unangenehmes in etwas Angenehmes umzuwandeln.

Schlüsselbilder

Angenommen, Sie wollen die schlechte Eigenschaft X (rauchen, an den Fingernägeln kauen, zuviel essen usw.) verändern. Wenn Sie mit einem Mind-Tool in einer tiefen Entspannung oder dem Zustand Null sind, ist der nächste Schritt die Identifizierung des Schlüsselbildes. Es ist das, was Sie sofort wahrnehmen und was Ihr Verhalten fesselt. Für Raucher ist es z.B. die Hand, die zur Zigarettenschachtel greift; für Nägelkauer ist es die Hand, die sich zum Mund bewegt. Da es sich hierbei um den Auslöser für ein unerwünschtes Verhalten handelt, sollten Sie angesichts dieses Bildes ein unangenehmes Gefühl verspüren. Je unangenehmer dieses Gefühl empfunden wird, desto besser funktioniert die Sache.

Erschaffung von gewünschten Bildern

Der nächste Schritt ist nun die Erschaffung eines zweiten Bildes – ein Bild von Ihnen, wie Sie in Ihren eigenen Augen eigentlich aussehen möchten, so, als hätten Sie die gewünschte Veränderung bereits erreicht. Dieses Bild sollte möglichst attraktiv und angenehm sein, und vielleicht müssen Sie mehrere Bilder oder verschiedene Einstellungen ausprobieren, bis Sie dann das Richtige gefunden haben.

Der Swish

Machen Sie mit den beiden Bildern den „Swish". Beginnen Sie damit, indem Sie das auslösende Bild groß und klar sehen. Setzen Sie dann ein kleines, dunkles Bild der Zielvorstellung in die rechte untere Ecke. Das kleine und dunkle Bild wird blitzschnell größer werden und das erste Bild vollständig überdecken, so schnell, wie Sie „Swish" sagen können. Wiederholen Sie dann den Swish mehrmals. Das ist alles. Probieren Sie es aus!

Ein praktischer Test

Versuchen Sie, sich das erste Bild vorzustellen. Wenn der Swish effektiv wirkt, ist es sehr schwer, sich dieses erste Bild vorzustellen – das Bild wird dazu neigen zu verblassen, um automatisch durch das zweite Bild ersetzt zu werden, welches darstellt, wie Sie sein möchten.

Der Schlüssel des Swish liegt in der Schnelligkeit, Klarheit und Wiederholung. Wenn Sie sich im Theta-Zustand oder in Trance befinden, sollten Sie das Swish-Muster so oft wie möglich nutzen. Verwenden Sie nur eine Sekunde pro Wiederholung. Sind die Swish-Muster intensiv genug, so holen Sie alte und schädliche Eigenschaften hervor, und Sie werden sehen, daß sich diese sofort in neue Eigenschaften umwandeln. So entmachten Sie Ihr altes Verhalten und können anders mit ihm umgehen. Richard Bandler: „Sie können dieses Muster einen ‚Handlungszwang' nennen."

Externe Schlüsselwörter

Am Ende des 15. Kapitels sprachen wir über externe Schlüsselwörter und wie Sie diese als Signal zur Ankerung von Spitzenleistungen oder Verhaltensmodifikationen einsetzen könnten. Auf ähnliche Weise können Sie sich auf die Aktivierung von Swish-Mustern programmieren. Wenn das zu verändernde Verhalten mit Essen zu tun hat, sollten Sie sich während einer Mind-Tech-Sitzung suggerieren, daß das Öffnen des Kühlschranks ein Schlüssel für die Aktivierung eines Swish-Musters ist.

Während der Verhaltensumformung trägt anfänglich vor allem die kontinuierliche Wiederholung des Swishs zur Steigerung bei. Benutzen Sie Ihren externen Stichwortgenerator, stellen Sie Ihren MotivAider auf fünf oder zehn Minuten ein, damit der Swish regelmäßig aktiviert wird. Damit wird die Kraft der neuen Bilder verstärkt.

Zusätzliche Literatur:

❏ Zur Überschreibung schauen Sie sich die exzellenten Artikel von Thomas Budzynski, besonders „Brain Lateralization and Rescripting" (*Somatics* 3 [1-10], 1981) und *Clinical Applications of Non-drug-induced States* in B. Wolman und M. Ullman (Hrsg.) *Handbook of States of Consciousness* (Van Nostrand-Reinhold, New York 1986) an. Ein wundervoller Klassiker ist *Programming and Metaprogramming in the Human Biocomputer* von John C. Lilly (Julian, New York 1972). Ferner *Software for the Mind: How to Program Your Mind for Optimum Health and Performance* von Emmett Miller (Celestial Arts, Berkeley, CA 1987).

❏ Einen tiefen Einblick in die assoziierten und dissoziierten Zustände, veränderte Submodalitäten, des Swish und andere NLP-Techniken bietet *Veränderung des subjektiven Erlebens: Fortgeschrittene Methoden des NLP* von Richard

Bandler (Junfermann, Paderborn ⁵1995). Ferner die anderen Bücher von Richard Bandler und John Grinder, wie *Neue Wege der Kurzzeit-Therapie: Neurolinguistische Programme* (Junfermann, Paderborn [11]1994), *Therapie in Trance – Hypnose: Kommunikation mit dem Unbewußten* (Klett-Cotta, Stuttgart 1989) und *Reframing* (Junfermann, Paderborn ⁶1995).

NEUNZEHN
Super-Intelligenz

Das Gehirn bildet offensichtlich Neuronen aus, deren Kapazität niemals völlig ausgeschöpft werden kann. Je mehr Sie also wissen, desto mehr können Sie speichern und erschaffen. Vielleicht können wir daraus eine unglaubliche Hypothese ableiten: Letztlich ist die Aufnahmefähigkeit des Gehirns praktisch unendlich. – *George Leonard*

Superlearning

Eines der am meisten erwähnten Hilfsmittel in Zusammenhang mit Mind-Tools ist das Superlearning. Einige Braintechnologie-Hersteller titulieren ihre Produkte auch „Entspannungs- und Lerngeräte". Aber wie unterstützen diese Geräte das Lernen? Es gibt eine Vielzahl von Techniken, jede mit einem anderen Resultat, und diese können auch für unterschiedliche Arten des Lernens eingesetzt werden. Darum geht es in diesem Kapitel.

Vorweg sei bemerkt, daß die Versprechen der Hersteller, daß nämlich Mind Machines effektive Hilfsmittel für Superlearning sind, wissenschaftlich bewiesen sind. Ich werde einige der wichtigsten Studien vorstellen. Für detaillierte Informationen empfehle ich Ihnen die aktuelle Ausgabe von *Megabrain*.

Druck macht dumm

Streß macht dumm und schadet Ihrer Fähigkeit zu Spitzenleistungen! Wir kennen alle das Gefühl, wenn wir Höchstleistung bringen sollen, aber der Druck viel zu stark ist. Plötzlich erstarrt unser Gehirn zu Pudding. Dies steht in Verbindung mit dem Phänomen, das wir bereits diskutierten: „Bedürfnisse sabotieren das Haben." Durch das Bedürfnis nach zuviel Erfolg lähmen wir unsere Fähigkeit zur Umsetzung. Und Angst oder Lampenfieber sind lediglich nach außen hin sichtbare Manifestationen des Bedürfnisses nach Kontrolle, nach Anerkennung und des letztendlichen Bedürfnisses nach Sicherheit.

In dem „Großen Spiel des Lebens" stehen wir alle unter wechselnden Arten von Druck. Es sieht so aus, als ob das „scheußliche Würgemonster" um so größer wird, je größer der Druck ist. Nicht nur das, der Druck macht uns auch dümmer. Streß reduziert Ihren IQ! Eine Studie mit 4.000 Schulkindern zeigte, daß hoher Streß zu einer Reduzierung des IQs um rund 14 Punkte führte.

Zwischen Entspannung und Konzentration

Auf der anderen Seite zeigen immer mehr Studien, daß Zustände von Spitzenleistung eng mit Entspannung verbunden sind. Wir wissen, daß bei großen Sportlern alles so einfach aussieht, weil sie sich nicht nur auf das Ziel konzentrieren, sondern sich voll im Flow befinden. Sie haben sich von ihren Bedürfnissen befreit und sind in das pure Sein und Handeln eingetaucht.

Mühelosigkeit ist das Resultat von gesteigerter Gehirneffizienz und Kohärenz. Gehirnforschungen zeigen, daß dieses Phänomen wirklich eintritt. Am National Institute of Mental Health untersuchten Wissenschaftler die Gehirnaktivität von Menschen, die sich in unterschiedlichen Zuständen der Konzentration befanden. Sie entdeckten bei den Versuchspersonen weniger Aktivität im Cortex, wenn sie sich in einem konzentrierten Zustand von Spitzenleistung befanden. Im Gegensatz dazu zeigten die Versuchspersonen, die sich zu konzentrieren versuchten, eine hohe Aktivität im Cortex ... also das Bedürfnis nach Konzentration.

Weitere Beweise über cerebrale Kohärenz und Effizienz kommen aus der Neurophysiologie. Dr. Jean Hamilton untersuchte die „cortikale Aktivität" (die Menge der elektrischen Aktivität im zerebralen Cortex) bei Aufmerksamkeit und Konzentration. Sie fand dabei heraus, daß die Versuchspersonen, die den „Flow" kaum kannten, als Reaktion eine Steigerung der cortikalen Aktivität zeigten. Aber wenn Versuchspersonen, die den Zustand des Flows regelmäßig erreichten, sich konzentrierten, sank ihre cortikale Aktivität. Die Konzentration führt dazu, daß man weniger Mühe einsetzen muß, statt mehr. Separate Messungen der Aufmerksamkeit zeigten außerdem, daß die Menschen im mühelosen Flow-Zustand Ablenkungen besser widerstehen konnten.

Der Psychologe Mihaly Csikszentmihalyi von der University of Chicago ist der Entdecker des Flow-Zustands. Er sagt: „Die wahrscheinlichste Erklärung für diese ungewöhnliche Entdeckung ist, daß die Flow-Probanden berichteten, daß sie in der Lage waren, in jedem Informationskanal die mentale Aktivität zu reduzieren ... außer in dem Kanal, der die Konzentration durch blitzende Stimuli beeinflußt." Dies zeigt, so Csikszentmihalyi, daß Menschen, die sich im Flow befinden, die Fähigkeit besitzen, Stimulationen auszublenden und sich auf das zu konzentrieren, was für sie in diesem Moment wichtig ist. Unsere normale Aufmerksamkeit führt zu einer zusätzlichen Belastung der Informationsverarbeitung oberhalb der normalen Grundlinie, während Menschen, die ihre Aufmerksamkeit kontrollieren können, alle mentalen Prozesse außer der aktuell relevanten ausschalten können.

Wenn wir also alle mentalen Prozesse außer den aktuell wichtigen ausschalten können – dann schaltet das Gehirn in einen höheren Gang und funktioniert effizienter ... es braucht weniger Kraft. Wenn wir unter Streß stehen, haben wir manchmal das Gefühl, daß uns der

Kopf raucht. Das bedeutet einfach zuviel Kraftaufwand für zu viele parallele Prozesse. Dann müssen wir alle irrelevanten Prozesse ausschalten und in einen Zustand des mühelosen Flows eintauchen, um unsere Spitzenleistung zu erreichen.

Mind Machines und Superlearning

Die enge Beziehung zwischen Lernen und Visualisieren wird durch eine neuere, großangelegte und nach strengen Kriterien durchgeführte Studie an der Texas A&M University bekräftigt. Dort testete der Chemie-Professor Thomas Taylor zwei Gruppen von Studenten auf ihre Lern- und Denkfähigkeit. Die eine Gruppe hörte sich einen bestimmten Unterrichtsstoff an, während sie sich in einem dunklen Raum entspannte; die andere befand sich dabei in einem Isolationstank. Dann schloß man die Gruppen an ein EEG an und überprüfte, wieviel sie gelernt hatten. Das Lernen wurde auf drei Ebenen mit wachsendem Schwierigkeitsgrad ausgewertet: 1. einfache Erinnerungstests, also Routine-Lernen; 2. die Fähigkeit, die Informationen auf neue Situationen und Probleme anzuwenden; 3. „synthetisches Denken", also die Fähigkeit, die gelernten Gedanken in neuer und kreativer Weise zu verknüpfen.

Die Ergebnisse zeigten, daß die Tank-Gruppe auf jeder Ebene deutlich bessere Ergebnisse erzielt hatte als die Kontrollgruppe. Und noch bedeutsamer – mit wachsendem Schwierigkeits- und Komplexitätsgrad der Testaufgaben stieg die Überlegenheit der Tankbenutzer steil an. Thomas Taylor: „Es besteht kein Zweifel, daß die (Tank-)Gruppe mehr gelernt hatte. Am wichtigsten ist aber der Bereich, in dem sie lernte. Die Personen, die im Isolationstank schwebten, lernten auf einer anderen kognitiven Stufe. Die Auswertungen zeigten, daß der Leistungsunterschied zwischen den beiden Gruppen um so größer wurde, je schwieriger die Lernaufgaben waren."

Eine andere kontrollierte Lern-Studie stammt von Dr. Daniel Kirsch und seinem Kollegen Richard Madden. Sie entdeckten, daß sich durch schwache Elektrostimulation (CES) das Lernen psychomotorischer Aufgaben bei Menschen deutlich verbessern ließ. Sie wählten Versuchspersonen mit gleichen Voraussetzungen im Hinblick auf Alter, Bildung und Vorkenntnisse im getesteten Lerngebiet aus. Es ging um die Leistungen beim Eingeben von Daten in einen Computer. Alle Versuchspersonen wurden an den Ohrläppchen mit einem Elektrostimulationsgerät verbunden. Es war eine Doppelblindstudie: Weder die Wissenschaftler noch die Probanden wußten, wann oder ob die Stimulation gegeben wurde. Von den Ergebnissen waren selbst die Wissenschaftler überrascht: Die elektrisch stimulierte Gruppe lernte wesentlich schneller als die Kontrollgruppe. Etwa ein Drittel der Kontrollgruppe schnitt bei wiederholten Tests immer schlechter ab. Kirsch und Madden hatten angenommen, sie würden sich bei jedem Versuch verbessern, statt dessen aber verschlechterte sich der Lernerfolg durch Ermüdung und sinkende Aufmerksamkeit – sie langweilten sich. Die elektrisch stimulierte Gruppe aber wurde immer besser und lernte bei jedem Versuch mehr. Andere Studien zeigten ebenfalls eine Lernsteigerung als Resultat von Elektrostimulation, und wieder andere demonstrierten eine Steigerung des IQs, sogar bei Alkoholikern und Menschen mit Hirnschäden und Lernschwierigkeiten.

Intelligenz ist das schärfste Aphrodisiakum

Dies alles macht Sinn, wenn wir uns daran erinnern, was die meisten Menschen empfinden, wenn sie zum ersten Mal eine Mind Machine benutzen ... Freude. Es macht Spaß, sonst würden die Menschen Mind-Tech nicht benutzen. Aber es macht auch Spaß, etwas zu lernen. Denken Sie daran zurück, als Sie das letzte Mal etwas wirklich Wichtiges lernten. Wenn es Ihnen so geht wie mir, dann löst sich beim Lernen ein Nebel auf, und plötzlich sehen Sie etwas mit ganz anderen Augen. Sie fühlen sich großartig. Ein Schauer läuft über Ihren Rücken, auf Ihrem Gesicht taucht dieses dämliche Grinsen auf, und Ihr ganzer Körper fühlt die Freude.

Es gibt einen biologischen Grund, warum das so ist. Menschen sind zum Lernen geschaffen. Wie die meisten Tiere haben Sie ein „Belohnungssystem" in ihrem Gehirn. Die Neurowissenschaftlerin Candace Pert – eine ehemalige Forscherin am National Institute of Health, die inzwischen ihre eigene Biotech-Firma gegründet hat – studierte das Belohnungssystem. Candace Pert: „Wenn wir in der Zukunft einen Roboter entwickeln würden, so sollte er funktionieren und überleben ... wir würden ihm ein Verhalten mitgeben, daß das Überleben seiner Spezies gewährleistet – Sex und Essen zum Beispiel. Verhalten ist modifizierbar und wird durch die Erwartung von Freude oder Schmerz kontrolliert ... Belohnung oder Bestrafung. Und diese Erwartung ist im Gehirn codiert."

Sex und Essen ermöglichen das Überleben einer Spezies, aber das Lernen trägt wesentlich dazu bei. Sex und Essen werden mit Freude belohnt – eine Gewinnausschüttung von Neurochemikalien, inklusive der körpereigenen Opiate (Endorphine), den Catecholaminen wie Adrenalin und Dopamin. Auf die gleiche Art und Weise belohnt uns das Gehirn für etwas Neuerlerntes mit der Freisetzung von freudespendenden Neurochemikalien.

Eine Beziehung zwischen Freude und Lernen hat Aryeh Routtenberg von der Northwestern University belegt. Er war der erste, der diese „Fun-Fährten" (pleasure pathways) im Gehirn aufzeichnete. Diese Bahnen, so fand er heraus, seien ausgedehnter, als es sich jemand bisher vorstellte. Sie reichen vom tiefen Hirnstamm, dem ältesten Teil des Gehirns, bis zu den Schläfenlappen des Cortex, dem jüngsten Teil der zerebralen Evolution. Er entdeckte, daß diese Bahnen und Schaltungen bestimmte Neurochemikalien aktivieren, die eng mit Lust verbunden sind, wie z.B. Endorphine, Adrenalin und Dopamin.

Als Routtenberg diese Bahnen aufzeichnete, machte er eine faszinierende Entdeckung: Es handelte sich um die gleichen Bahnen, die andere Wissenschaftler als „Lern-Wege" (learning pathways) und Teile des „Lern-Belohnungs-Systems" identifiziert hatten. Das war für ihn ein klarer Beweis, „daß die Gehirn-belohnenden Bahnen eine wichtige Rolle beim Lernen und Erinnern spielen". Wie verhalten sich Lernen und Freude zueinander? Dazu Routtenberg: „Die Gehirnbahnen der Belohnung funktionieren wie die Bahnen der Erinnerung. Wenn etwas gelernt wird, dann erleichtert die Aktivierung der Belohnungs-Bahnen des Gehirns die Bildung von Erinnerungen. Der Beweis: ... wie die Verbindung der Belohnungs-Bahnen mit der Erinnerungsbildung erkennen läßt, spielt das neurale Substrat der Selbststimulation eine grundlegende Rolle in unserem Verhalten."

Wir lernen also aus dem gleichen Grund, wie wir Sex haben wollen: Wir möchten uns gut fühlen. Und die Evolution belohnt uns für beide Aktivitäten auf die gleiche Art ... mit Freude. Es gibt eine Vielzahl von Beweisen dafür, daß die Mind-Technologie die Neurochemie der Freude stimuliert. Die Forscher Thomas Fine und John Turner vom Medical College of Ohio fanden heraus, daß der Isolationstank unseren Endorphinlevel steigert, und in einer anderen Studie testete Dr. Avram Goldstein Versuchspersonen mit „musikalischer Erregung". Er entdeckte, daß die Freude-Reaktion das Ergebnis von höheren Endorphinwerten war. Dr. Norman Shealy und Dr. Roger K. Cady haben die Werte von Neurochemikalien im Blut und in der Gehirnflüssigkeit gemessen, während die Versuchspersonen an der CES oder an Licht- und Sound-Geräten angeschlossen waren. Bei beiden Gruppen dokumentierten die Wissenschaftler einen starken Anstieg der Endorphine, von Adrenalin und Dopamin. Und in einer neueren Studie fand Shealy heraus, daß ein Licht-Farb-Gerät die Ausschüttung von Hormonen erhöht, z.B. des Wachstumshormons und von Oxytocin (das mit Liebe in Verbindung gebracht wird), zusätzlich zu den Endorphinen und anderen Biochemikalien.

Lernen und Freude hängen eng zusammen. Es scheint eine nach beiden Seiten hin offene Feedback-Schleife zu sein: Wenn wir etwas lernen, belohnt uns das Gehirn mit einem guten Gefühl. Und wenn wir uns durch das Erlernte gut fühlen, sucht unser Gehirn nach neuen Herausforderungen zum Lernen. Die Beziehung zwischen Gehirntechnologie und Lernen ist offensichtlich eine Straße, die in beide Richtungen führt. Mind-Tools stimulieren unsere Gehirne, sich gut zu fühlen – wir werden durch Lernen belohnt. Und dann kommt auch der Wunsch nach noch mehr Lernen. Das Gehirn hat Geschmack an der Freude am Lernen gefunden, die Lern-Belohnungs-Schaltungen sind geöffnet, und das Gehirn hält sie jetzt offen. Mind-Tools stimulieren unsere Belohnungs-Bahnen dahingehend, daß wir in einen Zustand kommen, in dem wir immer mehr lernen wollen.

Das ist der Beweis dafür, daß Mind-Technologie ein exzellentes Hilfsmittel zum beschleunigten Lernen ist. Aber wie können wir dieses Hilfsmittel effektiv für die verschiedenen Arten des Lernens einsetzen? Darum geht es in dem nächsten Kapitel.

ACTION-TEIL – Die Lern-Sitzung

Superlearning

Die naheliegende Methode, den Lernprozeß mit Hilfe von Mind-Tech zu beschleunigen, besteht darin, sich den Lernstoff mittels einer Mind-Tech-Sitzung anzueignen. Die Untersuchungen des bulgarischen Psychiaters und Lehrers Georgi Lozanov (sie wurden später als „Superlearning" durch das gleichnamige Buch von Lynn Schroeder und Sheila Ostrander bekannt) legen nahe, daß man die enormen Lern- und Gedächtniskapazitäten des Gehirns vorteilhaft nutzen kann, wenn man den Lernstoff aufnimmt, während man sich in einem optimalen, lernbereiten Zustand befindet. Und zu den Elementen dieses optimalen Lernzustandes gehören Entspannung und Alpha- und/oder Theta-Aktivitäten.

Entspannung: Lozanovs Superlearning und ähnliche Techniken zur Beschleunigung des Lernens versuchen, die Entspannung durch rhythmisches Atmen und ruhige Musik (z.B. langsame Sätze der Barockmusik) zu induzieren. Dies führt zur Entspannung und zur Reduktion der Gehirnwellenaktivität. Zu einem interessanten Ergebnis kamen Forscher, die die Lozanov-Technik untersuchten: Sie fanden heraus, daß Tiefenentspannung nicht nur äußerst wichtig für den Lernprozeß ist, sondern daß die Lernfähigkeit der betreffenden Person sogar zunimmt, je tiefer die Entspannung ist.

Bei den verschiedenen Superlearning-Techniken wird Musik, Atmung und Entspannung eingesetzt, um die Gehirnaktivität dahingehend zu verändern, daß die Beta-Wellen des normalen Wachbewußtseins durch die langsameren Alpha- und Theta-Wellen abgelöst werden. Alpha- und Theta-Wellen zeichnen sich durch eine erhöhte Aufnahmefähigkeit gegenüber neuen Informationen aus und (wie aus der oben erwähnten von Texas A&M durchgeführten Untersuchung hervorgeht) durch eine gesteigerte Fähigkeit zur Synthese neuer Gedanken, zu kreativem Denken und zur Lösung schwieriger Aufgaben.

Superlearning-Techniken haben gezeigt, daß durch Entspannung die Lernfähigkeit erheblich gesteigert werden kann. Zahlreiche Untersuchungen über die Wirkung von Mind-Werkzeugen legen daher nahe, daß sie die Lernfähigkeit deutlich verbessern können; zum Teil deshalb, weil sie die wesentlichen Superlearning-Elemente leichter und schneller induzieren. Sie können dem Anwender dabei helfen, schnell in einen noch tieferen Zustand der Entspannung zu gelangen, als dies ohne Gerät möglich wäre.

Entspannung: Wie wir gesehen haben, können die Mind-Tools dabei helfen, schneller in tiefere Zustände der Entspannung zu gelangen, auch wenn die Benutzer in Entspannungstechniken bereits bestens bewandert und geschult sind.

Im Hinblick auf langsame Gehirnwellen läßt sich sagen, daß die meisten Mind-Tech-Programme dahingehend gestaltet sind, diese in Richtung Alpha- und Theta-Aktivität zu reduzieren. Und zwar mit Anpassungs-Techniken (Entrainment) und Reizentzug, durch äußere Stimuli oder rhythmische Bewegung des Körpers.

Der Weg zur Lern-Sitzung

Der Zustand Null

Ein ideales Programm für beschleunigtes Lernen würde mit einer Mind-Tech-Sitzung starten. Als erstes suchen Sie sich einen Ort, an dem Sie ungestört sind, dann benutzen Sie Ihre Mind Machine, um den Zustand Null oder einen Zustand der Tiefenentspannung zu erreichen.

Blockaden lösen

Als nächstes erforschen Sie alle negativen Emotionen oder Muster. Diese werden (mit Hilfe von Befreiung oder Überschreibung) durch positive Suggestionen ersetzt. Einige emotionale Blockaden rühren aus negativen Mustern, die normalerweise in der Kindheit geprägt wurden: „Das wirst du nie lernen" oder: „Dazu bist du ja zu dumm", „Du hast überhaupt keinen Sinn für Mathematik" usw. Diese in der Kindheit implantierten Formen halten wir später mit Suggestionen und Selbstgesprächen wie: „Ich bin so doof", „Ich habe kein musikalisches Talent", „Ich kann mir keine Namen merken" usw. aktiv.

Um diese Blockaden zu eliminieren, ersetzen wir die negativen Muster durch neue, positive Formen. Oder wir treten ihnen mit positiven Suggestionen entgegen, die wir im täglichen Leben kontinuierlich wiederholen. Der wohl effektivste Weg, um unerwünschte Muster durch erwünschtes Verhalten zu ersetzen, ist der Swish. Finden Sie ein Bild des unerwünschten Zustands (ein Bild, in dem es Ihnen beim Lernen an Selbstvertrauen fehlt) und ein zweites Bild, das zeigt, wie Sie sein möchten (wo Sie schnell und leichter lernen). Führen Sie mit diesen beiden Bildern den Swish durch.

Eine weitere Technik, diese Blockaden aufzuheben, ist die Befreiungstechnik: Finden Sie heraus, welche Emotionen in diesen Blockaden enthalten sind und befreien Sie diese Emotionen. Bestimmen Sie für sich, ob die Lernblockade dem Bedürfnis nach Anerkennung, Kontrolle oder Sicherheit unterliegt, und befreien Sie dieses Bedürfnis. Verändern Sie die negativen Formen durch positive, und gehen Sie dann direkt in das Lernerlebnis über.

Der Superlearning-Anker

Der nächste Schritt ist, den Anker für den optimalen Lernzustand zu aktivieren. Wenn Sie diesen Zustand noch nicht geankert haben, so gehen Sie bitte zurück zur Anker-Übung am Ende von Kapitel 15: Erinnern und erleben Sie einen erfreulichen, energetischen, angenehmen und intensiven Lernzustand. Ankern Sie diesen Zustand mit einem Fingersignal, einem Wort, einem Bild oder mit allem zusammen. Danach können Sie diesen Anker für den optimalen Lernzustand aktivieren, um etwas Neues zu lernen.

Komplementäre Anker

Wenn Sie Ihren optimalen Lernzustand aktiviert haben, möchten Sie vielleicht noch andere, komplementäre Zustände aktivieren, die Sie geankert haben: den Zustand tiefer Entspannung, höchster Konzentration, verstärkter Aufnahmefähigkeit sowie Zustände der Freude.

Die Präsentation

Anschließend, wenn Sie sich vollkommen entspannt haben, beginnen Sie den Lernstoff zu präsentieren. Dazu eignen sich hervorragend Audiokassetten, denn praktisch alle Mind-Tech-Geräte können Sie mit Kassetten kombinieren. Zusätzlich können einige Mind Machines (wie Elektrostimulation, binaurikulare Frequenzen, der Isolationstank und einige akustische Feldsysteme) mit Videos kombiniert werden. Wieder andere können sogar parallel zum Lesen, am Computer oder beim Joggen benutzt werden. Und wenn Sie mit einem Partner zusammenarbeiten, sagen Sie ihm, er solle den Kassetten-Recorder dann einschalten, wenn Sie ihm ein Fingersignal geben. Dies ist meist nach ca. 5 bis 10 Minuten der Fall, wenn Sie sich vollkommen entspannt haben ... den Zustand Null erreicht und Ihre Blockaden oder Bedürfnisse befreit haben. Sollten Sie alleine arbeiten, so nehmen Sie das zu lernende Material auf eine Kassette auf, die mit 5 bis 10 Minuten Entspannungsmusik oder binaurikularen Schwingungen beginnt – Sie haben somit genug Zeit, sich in einen optimalen Lernzustand zu versetzen. Nach dieser Entspannungsphase kann das eigentliche Lernen beginnen. Sie können auch zur Vereinfachung einen Kassettenrecorder neben sich legen. Mit ein wenig Übung sind Sie nach kurzer Zeit in der Lage, aus dem entspannten Zustand heraus den Recorder anzustellen, ohne die Tiefenentspannung zu verlassen.

Auftauchen

Es gibt Beweise dafür, daß Sie mehr lernen und speichern, wenn Ihre Sitzungen nur eine Stunde oder noch weniger lang dauern. Denn nach dieser Zeitspanne verändert sich Ihr täglicher Ruhe-Aktivitäts-Zyklus. Ferner werden Sie durch den Wechsel der Hemisphärendominanz spüren, daß Sie eine Pause brauchen. (Sehen Sie hierzu die Informationen über den täglichen Ruhe-Aktivitäts-Zyklus in Kapitel 25.) Mehrere kurze Lernsitzungen, die optimal in den Ruhe- und Aktivitäts-Zyklus eingegliedert werden, sind effektiver als eine Lern-Sitzung, die sich über mehrere Stunden hinzieht.

Ist Ihre Lernsitzung beendet, verinnerlichen Sie sich, daß das gelernte Material direkt im Langzeitgedächtnis gespeichert wird und daß Sie sich jederzeit an dieses Material erinnern können. Geben Sie sich selbst ein Zeichen – zählen Sie beispielsweise bis fünf –, bevor Sie die Augen öffnen, um aus Ihrem Lernzustand zu erwachen. Spüren Sie Energie, Selbstvertrauen und Freude.

Vom richtigen Zeitpunkt

Erinnern Sie sich an die Bedeutung des Tages-Rhythmus (lesen Sie bitte die Informationen über den täglichen Ruhe- und Aktivitäts-Zyklus). Um Informationen aufzunehmen, benötigen Sie eine aktive Aufmerksamkeit ... die beste Zeit dafür sind 30 oder 45 Minuten nachdem Sie einen Spitzenzustand erlebt haben. Diese Periode – während Sie sich auf der Talfahrt Ihres Zyklus befinden, aber bevor Sie die schläfrigen 20 Minuten der schwachen Energie (ultradiane Heilreaktion) erleben – ist die Zeit, in der Sie sich leicht entspannen können, während noch genügend Aufmerksamkeit vorhanden ist, um Informationen zu speichern. Dieser schläfrige und traumähnliche Zustand, den Sie dabei durchlaufen, erleichtert die Aufnahme der Informationen und überträgt diese direkt ins Langzeitgedächtnis. Ein anderer guter Zeitpunkt für das aktive Lernen sind die 30 Minuten, wenn Sie wieder aus dem Tal auftauchen ... also direkt nach der ultradianen Heilreaktion. Wollen Sie etwas lernen, das Ihren bewußten Geist direkt umgeht, so sind die 20 Minuten der schwachen Energie (ultradiane Heilreaktion) ideal, da in dieser Phase verstärkt Theta-Wellen vorherrschen.

Viele Menschen können schneller und effektiver lernen, wenn Sie das zu lernende Material in unterschiedlichen Zuständen aufnehmen. Hierbei handelt es sich um Bereiche zwischen entspannter Wachsamkeit und einem schläfrigen Dämmerzustand. Am besten beginnen Sie mit der Vergegenwärtigung von neu zu erlernendem Material, wenn Sie sich auf der Talfahrt Ihres Grundzyklus für Ruhe und Aktivität befinden. Später können Sie dann zu der 20-Minuten-Phase (ultradiane Heilreaktion) und dann zur Phase des Aufschwungs übergehen.

Lernen – Alpha oder Theta?

Seit man bei vielen Mind Machines eine spezifische Zielfrequenz für die Gehirnwellen einstellen kann, stellt sich die Frage: Was ist der beste Zustand, die optimale Frequenz zum Lernen? Der entspannte und aufnahmefähige Alpha-Zustand oder der hyper-beeinflußbare, schläfrige und traumähnliche Theta-Zustand? Studien zeigen, daß Alpha ideal ist für das Erlernen neuer Informationen, Fakten oder Daten. Also Material, das im Wachbewußtsein zur Verfügung stehen soll. Auf der anderen Seite ist Theta das ideale Frequenzfenster für die unkritische Akzeptanz externer Suggestionen. Diese umgehen direkt den Abwehrmechanismus des Gehirns, um die tieferen Regionen des Geistes zu erreichen. In Theta können Sie verhaltensändernde Nachrichten ans Unterbewußtsein schicken, ohne daß das Bewußtsein diese Meldungen bewertet. Budzynski berichtete hierzu: „Dieses Material wird ähnlich im Gehirn gespeichert wie die verbalen Informationen unter einer Vollnarkose ... man kann sie nicht wiedergeben, aber sie beeinflussen direkt das Verhalten."

Finden Sie mit Ihrer Mind Machine ein geeignetes Programm zum Lernen heraus. Wenn der Lernstoff informationsintensiv ist, sollten Sie mit einem Programm beginnen, das die Gehirnwellen von Beta (14 bis 18 Hz) auf Alpha (von 8 bis 10 Hz) verlangsamt. Experimentieren Sie jeweils in den einzelnen Frequenzfenstern! Verweilen Sie dann, bis der Lernzustand beendet ist, und lassen Sie sich von dem Programm wieder in einen entspannten, aber wachen Zustand (zwischen 10 und 14 Hz) zurückbringen.

Wenn das zu lernende Material mit Verhaltensmodifikationen gekoppelt ist, sollte das Programm von Beta- in Richtung Theta-Wellen absinken (effektiv sind Frequenzen zwischen 4 und 6 Hz). In diesem Bereich verweilen Sie während der gesamten Sitzung, anschließend bringt Sie das Programm wieder auf 10 bis 14 Hz. Bei beiden Lernarten ist es angebracht, nach der eigentlichen Lernperiode noch einige Minuten im entspannten Alpha- oder Theta-Zustand zu verweilen (das erlernte Material wird so besser assimiliert), bevor man wieder zurück in den Beta-Zustand aufsteigt ... also die Sitzung beendet und sich wieder im Wachbewußtsein befindet.

Ganz konzentriert im Hier und Jetzt

Haben Sie dabei Probleme mit der Konzentration oder spüren Sie andere Symptome von Unter-Erregung (chronische Müdigkeit, Vergeßlichkeit usw.), dann produziert Ihr Programm zuviel langsame Gehirnwellenaktivität (Delta und Theta) und nicht genug Beta-Wellen (15 bis 20 Hz), die Sie für die wache Aufmerksamkeit benötigen. In diesem Fall müssen Sie die Frequenz an der Mind Machine beschleunigen: Beginnen Sie bei 15 Hz, und wenn dies keine unangenehmen Nebenwirkungen erzeugt (Muskelanspannung, Reizbarkeit oder das

„Hyper"-Gefühl), steigern Sie die Frequenz bei jeder Sitzung, bis Sie 18 oder 20 Hz erreicht haben.

Craniale Elektrostimulationsgeräte (CES) ermöglichen einen weiten Bereich von Lernmodalitäten, inklusive Lesen, Schreiben, Tippen, das Benutzen eines Computers usw. Verschiedene Studien weisen darauf hin, daß die Nutzung von CES-Geräten zur Steigerung des Gedächtnisses und der Konzentration führt. Einige Menschen behaupten sogar, daß die elektrische Stimulation des Gehirns das retikulär-aktivierende System (das Kontrollsystem des Gehirns für Wachheit und Aufmerksamkeit) unterstützt. Ferner sollen CES-Geräte den Hippocampus (den Schlüssel zur Bildung von Erinnerungen) stimulieren.

40 Hz und mehr

Viele Forschungen stellen einen Zusammenhang zwischen den hohen Beta-Wellen und der Kognition her. Dr. Charles Gray vom Salk Institute und Dr. Wolf Singer vom Max-Planck-Institut in Deutschland haben herausgefunden, daß unterschiedliche Arten der Kognition, inklusive der „Bindung" von Informationen – d.h. weitverzweigte Netzwerke von Neuronen, die sich in unterschiedlichen Bereichen des Gehirns befinden, aber gleichzeitig feuern, um auf einen besonderen Stimulus zu antworten – zusammenwirken, wenn Neuronennetzwerke synchron mit 40 Hz und mehr feuern. Dies passiert, wenn das Gehirn eine Vielfalt von Stimuli „bindet", die mit einem Kontext oder einer Wahrnehmung einhergehen. Diese „Bindung" ist das Produkt eines synchronen Feuerns verschiedener Neuronengruppen.

Einige Theoretiker, darunter Sir Francis Crick, glauben, daß die synchrone Neuro-Zündung bei 40 Hz und mehr ein wichtiger Schlüssel zum menschlichen Bewußtsein ist. Einige Arten von Brain-Tools ermöglichen die hochfrequente Stimulation von 40 Hz und höheren Frequenzen, um versuchsweise diese elementare Kognition und den Prozeß des Bewußtseins zu erleichtern. Sie können dies vielleicht an sich selbst ausprobieren.

ACTION-TEIL – Vor der Sitzung lernen

Es gibt bestimmte Arten des Lernens, bei denen meiner Meinung nach die besten Ergebnisse erzielt werden, wenn man vor der eigentlichen Mind-Machine-Sitzung lernt. Das beste Beispiel dafür habe ich bereits in meinem Buch *Megabrain* beschrieben. Ein Blumenzüchter, der Holländisch lernen wollte (für seine Reisen nach Holland, um dort Blumen einzukaufen), benutzte den Isolationstank. Er erzählte mir, daß er kürzlich direkt nach seiner Holländisch-Stunde in den Tank stieg. Während der folgenden Tage hatte er keine Zeit, die Lektion zu wiederholen oder überhaupt zu lernen. Als er jedoch in die nächste Unterrichtsstunde ging, konnte er sich vollständig an die letzte Lektion erinnern, und sein Lehrer meinte, er habe wohl ziemlich intensiv gebüffelt. Er war der festen Überzeugung, daß die Tanksitzung zur Folge hatte, daß die Informationen in seinem Gehirn perfekt gespeichert wurden. Ist das möglich?

Der Erinnerungs-Effekt

Kurze Zeit später las ich einige Forschungsberichte über sensorische Deprivation, darunter eine Untersuchung, in der Forscher zwei Gruppen von Testpersonen einen längeren Abschnitt aus Tolstois *Krieg und Frieden* vorlasen. Sie hatten ihren Versuchspersonen nicht gesagt, daß sie sich diesen Abschnitt merken sollten, und auch nicht erwähnt, warum sie diesen Abschnitt vorlasen. Dann blieb die Kontrollgruppe in einem normalen Raum, während die Testgruppe sich in einen Raum begab, in dem die Sinnesreize vermindert wurden. Nach 24 Stunden wurden beide Gruppen nochmals getestet. Die Forscher fanden heraus, daß die Kontrollgruppe sich nur wenig von dem Tolstoi-Abschnitt gemerkt hatte, doch die Gruppe, bei der äußere Sinnesreize vermindert wurden, konnte sich nach 24 Stunden an mehr erinnern als direkt nach der Lesung.

Eine Befragung der Testpersonen ergab, daß keine von ihnen einen zweiten Test erwartet hatte, und lediglich eine gab an, daß sie in der Zwischenzeit überhaupt an Tolstoi gedacht hatte. Irgendwie wurde die Steigerung der Erinnerung an das, was vor der Deprivation geschah, dadurch erzielt, daß sich die Personen in einem Zustand sensorischer Deprivation befanden. Die Forscher nannten dies den „Erinnerungs-Effekt".

Wie ist das zu erklären? Wissenschaftler sind sich einig, daß es mindestens zwei verschiedene Arten des Gedächtnisses gibt, allgemein bekannt als Kurzzeitgedächtnis (KZG) und Langzeitgedächtnis (LZG). Das Kurzzeitgedächtnis umfaßt Informationen, die wir uns nur vorübergehend merken müssen, wie z.B. eine Telefonnummer, die wir dann aber schnell wieder vergessen. Es gibt aber auch eine andere Art von Informationen, die im Bewußtsein ebenso flüchtig gespeichert werden können wie eine Telefonnummer, die sich aber auch so fest speichern lassen, daß man sich noch am Ende seines Lebens deutlich daran erinnern kann. So kann man sich z.B. an ein kurzes Ereignis, das man als Kind nur einen Moment lang wahrgenommen hat, noch 90 Jahre später plastisch erinnern. Diese Information ist in das Langzeitgedächtnis übergegangen.

Untersuchungen, bei denen Drogen zur Unterdrückung der Proteinsynthese im Gehirn verabreicht wurden, haben bewiesen, daß das Kurzzeitgedächtnis auf kurzzeitig wirkenden, elektro-chemischen Veränderungen beruht, während für das Langzeitgedächtnis die Proteinsynthese im Gehirn (d.h. eine tatsächliche, physikalisch meßbare Vergrößerung von Axonen oder Dendriten, eine Zunahme der Gliazellen sowie eine Zunahme der Anzahl und des Umfangs dendritischer Verbindungen) notwendig ist. Wurden einem Probanden Drogen zur Unterdrückung der Proteinsynthese im Gehirn verabreicht (kurz nachdem er etwas gelernt hatte), wurde die Information vergessen, d.h., sie gelangte nicht ins Langzeitgedächtnis.

Wenn jedoch die Drogen zur Verhinderung der Proteinsynthese mehr als eine Stunde (in manchen Untersuchungen zwei Stunden) nach dem Lernprozeß verabreicht wurden, blieb die Information gespeichert. Das bedeutet, daß sie ein Teil des Langzeitgedächtnisses geworden ist. Anders ausgedrückt, in einem Zeitraum von ein oder zwei Stunden, nachdem die Information aufgenommen wurde, gelangt sie ins Langzeitgedächtnis ... über die Proteinsynthese im Gehirn.

Andere psychologische Untersuchungen zeigten ähnlich negative Auswirkungen auf das Lernen, wenn beispielsweise eine Ablenkung erfolgt und andere Ereignisse oder Informationen dazwischengeschaltet werden. Das heißt, wenn eine Person etwas lernen soll und dann innerhalb einer Stunde (d.h., bevor die Proteinsynthese im Gehirn stattgefunden hat und die Information ins Langzeitgedächtnis gelangt ist) etwas anderes geschieht, sei es ein lebhaftes Ereignis oder daß andere Informationen aus der Umwelt verarbeitet werden, dann kann sich die Person an die ursprüngliche Information nicht mehr so gut erinnern.

Um zum Erinnerungs-Effekt zurückzukehren: Wir können annehmen, daß sich dieser Effekt aus der Tatsache ergibt, daß die Gruppe, die der sensorischen Deprivation ausgesetzt wurde, nach Erhalt von Informationen von weiteren sensorischen Reizen abgeschnitten war, also nichts mehr aufnahm, was mit der für das Langzeitgedächtnis bestimmten Information im „Wettbewerb" stand. Somit blieb ausreichend Zeit für die Proteinsynthese. In diesem Fall konnte sich der Tolstoi-Abschnitt entsprechend „setzen" und Teil des Langzeitgedächtnisses werden. Und es gibt Beweise, daß durch die Stimulation des Gehirns audiovisuelle Mind Machines ähnliche Effekte haben. Sie unterbrechen die normale Wachsamkeit und die sensorischen Inputs von außen, die den Prozeß der Langzeit-Potenzierung unterbinden würden.

Lernen vor der Sitzung

Die Präsentation

Um gute Ergebnisse zu erzielen, können die Mind-Tech-Benutzer den Erinnerungs-Effekt und die Eliminierung von äußeren Reizen nutzen. Die zu lernende Information sollte vor der Sitzung präsentiert oder studiert worden sein. Während einer langen Sitzung, z.B. eines mehrstündigen Floats, kann das Material auch per Video oder Kassette noch im ersten Teil der Sitzung präsentiert werden.

Die Sitzung

Die Sitzung sollte eine Stunde dauern. Diese Zeit reicht aus, damit die notwendige Proteinsynthese die Informationen im Gehirn festigen kann. Nun können die Informationen im Langzeitgedächtnis gespeichert werden. Außer unaufdringlicher Musik oder Naturgeräuschen sollten keine externen Stimuli diesen Prozeß stören, damit keine Konkurrenz mit dem zu lernenden Material auftreten kann. Geräte mit frei wählbaren Frequenzen oder mit Programmen sollten auf den Theta- oder Delta-Bereich programmiert werden.

Der richtige Zeitpunkt

Erinnern Sie sich an die körperlichen Grundrhythmen (siehe Kapitel 25)? Eine ideale Phase zum Studieren oder zur Präsentation von Lernstoff ist es, wenn man sich auf der energetisierenden Spitze oder in der Phase kurz danach befindet, zu Beginn der Talfahrt. Nach einer Lernperiode von 5 bis 45 Minuten merken Sie, wie Ihre Energie und Aufmerksamkeit erlahmt. Das ist der Zeitpunkt, um die Sitzung zu beginnen, die Sie durch das Tal führt. Sie erwachen dann erfrischt und aufmerksam aus der Sitzung, und das erlernte Material ist nun permanenter Bestandteil des Gedächtnisses. Nach dem Auftauchen ist es vielleicht sinnvoll, das Material noch einmal kurz zu wiederholen.

Der Lernstoff

Diese Methode, direkt vor der Sitzung zu lernen, ist für unterschiedliche Arten des Lernens nützlich, speziell für das Auswendiglernen von Vokabeln und Zeiten, Fakten, Daten und Details: des Materials, mit dem Sie Ihre eigene Datenbank füllen wollen. Andererseits ist es nicht die beste Art für komplexe und synthetisierende Arten des Lernens. Diese Art des Lernens hängt sehr stark von synthetischen Ideen und Informationen aus unterschiedlichen Quellen ab, die nicht direkt ins Langzeitgedächtnis überführt werden können.

Mind-Technolgie kann hierzu ein ideales Werkzeug sein. Viele Studenten nutzen die schnelle Möglichkeit der Aufnahme von großen Informationsmengen und des Einblicks in unterschiedliche Konzepte. Aber der größte Wert der Mind Machines liegt, so glaube ich, in der Problemlösung, in neuen Einsichten und im Verständnis. Mit der Steigerung der Lernmenge durch Mind Machines wird auch der Schwierigkeits- und Komplexitätsgrad des zu lernenden Materials erhöht (wie auch die Texas A&M Studie mit dem Isolationstank zeigte), sie sind also besonders für Studenten, Geistesarbeiter, Manager, kurz, Leute, die viel mit dem Kopf arbeiten, geeignet.

ACTION-TEIL – Nach der Sitzung lernen

Die meisten Mind-Tech-Anwender berichten von einem Gefühl geistiger Klarheit und mentaler Schärfe, das noch viele Stunden nach der Sitzung anhält. Dieser Umstand kann durch die Ausschüttung bestimmter Neurotransmitter aufgrund des erhöhten Bewußtseinszustands und der anhaltenden langsamen Gehirnwellenaktivität erklärt werden.

Bluttests und Untersuchungen der Gehirnflüssigkeit haben bewiesen, daß Mind-Tools, einschließlich der optisch-akustischen Stimulation und der CES-Geräte, eine vermehrte Bildung solcher Neurotransmitter (Beta-Endorphin, Norepinephrin und Dopamin) bewirken, die von Neurowissenschaftlern mit größerer geistiger Klarheit und lebhaften visuellen Erinnerungen in Verbindung gebracht werden. Außerdem geht aus Untersuchungen hervor, daß die durch Mind-Tools erzeugte langsame Gehirnwellenaktivität noch viele Stunden, bisweilen sogar Tage nach einer Sitzung nachgewiesen werden kann. Eine Tank-Untersuchung ergab, daß ein einstündiger Aufenthalt im Tank die Theta-Aktivität deutlich erhöht. Überraschend war jedoch, daß bei nachfolgenden EEG-Tests mit der Tank-Gruppe und einer „trockenen" Vergleichsgruppe noch drei Wochen nach der Tank-Benutzung eine höhere Theta-Aktivität nachgewiesen werden konnte.

Erst relaxen, dann lernen!

Die meisten Anwender erleben noch viele Stunden nach einer Sitzung einen Zustand gesteigerter geistiger und körperlicher Aufmerksamkeit. Forschungen bestätigten dieses Gefühl: Nach einer Sitzung haben die Anwender eine schnellere Reaktionsfähigkeit, eine schärfere Sehkraft und ein besseres Hörvermögen. Die Sitzung ermöglicht den Sinnen eine kurze Reise, so, als würden sich die Menschen „de-automatisieren". In den Aufzeichnungen des Psychologen Arthur Deikman heißt es dazu: „Die Türen der Wahrnehmung werden gereinigt und weit geöffnet."

Somit ist auch die Zeitspanne nach einer Sitzung ideal für effektives Lernen. Das Gehirn ist außerordentlich aufnahmebereit für Informationen und immer noch in einem freifließenden Zustand, der sich günstig auf bildhaftes und kreatives Denken auswirkt. Viele Mind-Tool-Anwender haben herausgefunden, daß sie gerade in den Stunden nach einer Sitzung Lösungen für Probleme finden können oder neue Ideen haben. Sie stellen immer wieder fest, daß dies der ideale Zeitpunkt für Lesen, Lernen, Musikhören usw. ist. In diesem Zusammenhang sei noch einmal an die Untersuchung von Texas A&M erinnert, die zeigte, daß Benutzer des Isolationstanks nicht nur mehr lernten als die Kontrollgruppe, sondern daß ihre relative Überlegenheit vor allem mit wachsendem Schwierigkeitsgrad der Aufgaben zunahm. Gerade auf der Ebene des komplexen Lernens, im Bereich des synthetischen und kreativen Denkens, war die Tank-Gruppe der Kontrollgruppe am deutlichsten überlegen.

Wie lerne ich nach der Sitzung?

Entspannung

Während der Sitzung bewegen Sie sich vom Zustand Null in einen intensiven Ruhe- und Entspannungszustand. Wenn Sie ein Gerät mit variabler Frequenz benutzen, bewegen Sie sich im Theta- oder Delta-Bereich.

Anker nutzen

Aktivieren Sie geeignete Anker für Heilung, tiefe Ruhe und Erholung. Die Kraft dieses Ankers und der entsprechenden Suggestionen wird noch gesteigert, wenn Sie Ihr persönliches Hypnosesignal benutzen, das Sie in die hypnotische Trance versetzt.

Swish

Während der Sitzung befreien Sie Ihre mentalen Lernblockaden und formen negative Emotionen um. Suggerieren Sie sich positive Suggestionen über Ihre Konzentrations- und Aufnahmefähigkeit und das Verständnis neuer Informationen und Ideen. Wenden Sie für jeden unerwünschten Zustand einen Swish an.

Fließen lassen

Wenn Sie fünf Minuten in diesem ultra-entspannten Zustand verweilen, steigert das Ihre Lernfähigkeit, wenn Sie wieder auftauchen. Eine längere Sitzung – 30 oder 60 Minuten – erfrischt, entspannt und steigert die mentale Schärfe.

Los gehts!

Wenn Sie aus der Sitzung wieder auftauchen, aktivieren Sie Ihren Anker für den Lernzustand und freuen Sie sich auf das Lernen ... Sie können es kaum erwarten, aufzutauchen, um zu beginnen.

Back in Beta

Wenn Sie ein Gerät mit variablen Frequenzen benutzen, bringen Sie sich am Ende der Sitzung wieder in den Beta-Bereich. Bleiben Sie ein paar Minuten in einer Frequenz von 18 bis 20 Hz, damit Sie anschließend klarer und energetischer sind. Viele Anwender fühlen sich konzentriert, wenn sie nach der Sitzung noch einige Minuten mit 40 Hz arbeiten.

Komplex, komplex

Wenn Sie sich nun entspannt, erfrischt, ruhig und wach fühlen, können Sie anfangen zu lernen. Dies ist die Phase, um an schwieriges Material heranzugehen und Konzepte zu erarbeiten, die viel mentale Flexibilität, Offenheit und synthetisches Denken benötigen.

Wann?

Wenn Sie nun aus der Sitzung erholt auftauchen, kann sich Ihr körperlicher Ruhe- und Aktivitäts-Zyklus mit dem Timing der Sitzung decken. Dies erlaubt Ihnen, mit der Energie auf die Spitzenleistung zuzuschwingen. Für jemanden, der von 7 Uhr bis 23 Uhr wach ist, liegen die besten Mind-Tech-Pausen bei 10.30 Uhr, 13.30 Uhr, 15.30 Uhr und zwischen 17.30 Uhr und 19 Uhr.

Zusätzliche Literatur:

- Einen sehr guten Überblick über Techniken des beschleunigten Lernens bietet das Buch *Super-Learning: Die revolutionäre Lernmethode. Besser und schneller lernen in entspanntem Zustand. Mehr und länger behalten durch absichtsloses Lernen* von Sheila Ostrander und Lynn Schroeder (Scherz, München 1979) und ihr aktuelleres Buch *SuperMemory: Der Weg zum optimalen Gedächtnis. Wie man seine Gedächtniskapazität vergrößert und sein Erinnerungsvermögen steigert* (Scherz, München 1992). Dieses Buch liefert zusätzliche Informationen über die Nutzung von Mind Machines zur Steigerung der mentalen Funktionen.

ZWANZIG
Mentaltraining im Sport

Im letzten Jahrhundert hat sich der Hochleistungssport zu einem riesigen Experiment mit dem menschlichen Körper entwickelt. Die Projektschritte liefen auf eine Untersuchung der Reaktionen von Geist und Körper auf Streß hinaus. Als zweites hat man dann den Streß der Sportler erhöht. Das Training im Sport hat eigentlich nur ein Ziel: Wie kann der Sportler im Wettkampf besser mit erhöhtem Streß umgehen?
– John Hoberman, Mortal Engines: The Science of Performance and the Dehumanization of Sport

Der legendäre Bodybuilder Frank Zane – er war dreimaliger Mr. Olympia, also im Besitz des prestigeträchtigsten Titels – erweiterte sein tägliches Training durch Sitzungen mit cranialer Elektrostimulation, Licht- und Ton-Stimulation und binaurikularen Schwingungen. „Ich habe gerade die 50 überschritten", so erzählte er mir kürzlich, „und jetzt bin ich in der besten Form meines Lebens. Mind Machines helfen mir, schnell wieder in Form zu kommen und mich schneller zu entspannen. Und ich glaube, daß sie die Wachstumshormone anregen."

In einem meiner Megabrain-Workshops hatte ein Arzt um die 50 eine Sitzung mit einem Bewegungssystem, das seinen Körper langsam in alle Richtungen neigte. „Ich fühle mich sehr geschmeidig und energetisiert", sagte er mir nach der Sitzung. Sein Körper war erfüllt von Freude. Plötzlich hockte er sich hin und machte einen Salto rückwärts. Er schnappte nach Luft und sagte freudig erregt: „Wow! Das ist das erste Mal seit dem College, daß der Salto wieder klappt."

Zum ersten Mal stolperte ich über die Effekte der Mind-Tech auf die sportliche Leistung, als ich eines Tages nach einer langen Sitzung voller Energie erwachte. Diese Power führte mich zu einem alten Spielplatz in Greenwich Village, zu der lokalen Handball-Legende Angelo. Zehn Jahre lang hatte ich immer wieder gegen Angelo verloren, so daß mein Ehrgeiz und meine Energie langsam versiegten. Doch nun forderte ich ihn erneut heraus. Vom ersten Ballkontakt an merkte ich eine unbekannte Kraft in meinem Körper. Ich brachte den Ball in die Richtung, in die ich ihn wirklich haben wollte, und nicht nur ich, sondern auch Angelo war erstaunt. Selbst während der Würfe war ich locker und entspannt. Und am Ende des Spiels hörte ich eine Stimme in meinem Kopf, die mir sagte: „Mein Sohn, so perfekt hast du noch nie gespielt."

Es ist klar, daß man im Sport immer auf das beste Resultat hin trainiert. Man muß immer in Top-Form sein, muß fließen und sich mühelos durch eine Welt der Zeitlupe bewegen. Viele von uns möchten dies alles miteinander verbinden, doch für die meisten ist es nur eine ziemlich seltene Erfahrung. Deshalb trainieren Sportler auch immer mit den neuesten Techniken. Sie halten Ausschau nach innovativen Möglichkeiten, um ihre eigene Grenze zu überschreiten: nach Hilfsmitteln, um höher zu springen, schneller zu laufen und weiter zu werfen. Sie tun alles, um konstant und zuverlässig Spitzenleistungen zu erreichen.

Viele Sportler beginnen mit Selbsthypnose, Autogenem Training, Visualisierung, Progressiver Entspannung oder positiven Suggestionen. Lange bevor sich diese Techniken etablierten, setzten Sportler auf Whirlpool-Bäder, Elektrostimulation, Ultrasound, Soft-Laser, Infrarotlicht, Biofeedback, computerisierte Trainingsgeräte, Video-Analyse und vieles mehr. Und immer mehr Sportler setzen jetzt auf Mind-Technologie, um ihre Spitzenleistung aufrechtzuerhalten, das „innere Spiel" zu meistern und um sich in einen optimalen Zustand zu versetzen. Hinzu kommt die Ausschüttung diverser Biochemikalien und Wachstumshormone, die die körperliche Fitneß anregen.

Sport und Streß

Wie der Sportpsychologe John Hoberman in seinem Epigraph am Anfang dieses Kapitels deutlich machte, geht es nicht um eine Flucht vor, sondern um eine Konfrontation mit dem Streß. Es ist in diesem Zusammenhang wichtig, sich noch einmal daran zu erinnern, daß die Geräte der Gehirntechnologie im klinischen Einsatz vorwiegend als „Streßreduktionsgeräte" eingesetzt wurden. Immer mehr Sportler entdecken Mind-Tools, wenn es um tiefe Entspannung und Streßabbau im Training und im Wettkampf geht. So sind sie in der Lage, immer größeren Streß auszuhalten. Wie die oben angeführte Anekdote zeigt, taucht eine Verbesserung auf mehreren Ebenen auf, und ich werde einige Gebiete beschreiben, in denen die Mind-Technologie erstaunliche Ergebnisse produzieren kann.

Muskelentspannung

Sportliche Spitzenleistung resultiert aus der Entspannung. Unsere Definition von „Spitzenleistung" beinhaltet, locker und fließend im Bewegungsablauf zu sein, mühelos und mit klarem Kopf. Wenn Sportler Fehler machen, sind ihre Bewegungen meist ungelenk und ruckartig, selbst einfache Bewegungen erscheinen ziemlich kompliziert. Die Muskelspannung wird mit dem Elektromyograph (EMG) gemessen, und damit konnte man deutlich zeigen, daß Mind-Tools zu einer tiefen Entspannung führen, wie sie durch traditionelle Entspannungstechniken nicht erreicht werden konnte. Bewegliche und entspannte Muskeln aber führen zu besserer Leistung, größerer Ausdauer, Schnelligkeit und besserer Koordination. Der Bodybuilder Zane betonte, daß „die Mind Machines die tiefste Form der Entspannung ermöglichen, die ich je erfahren habe." Das wichtigste für Zane ist, „daß diese Geräte da sind, wenn man sie benötigt. Manchmal wache ich in einer schweren Trainingsphase mitten in der Nacht auf. Ich setze meine Licht- und Ton-Maschine auf und schlafe dann schnell wieder ein. Und der Schlaf mit der Mind Machine ist auch noch erholsamer als der normale Schlaf."

Entspannung und Heilung

Entspanntere Muskeln bedeuten nicht nur besseres, sondern auch gefahrfreieres Spiel und Training. Wenn man den Sportmedizinern glauben darf, dann sind die meisten Sportverletzungen keine Kontaktverletzungen, sondern vielmehr das Resultat „unangemessener muskulärer Spannung", die durch richtige Entspannung verhindert werden könnten. Die beste Vorbeugung ist die Lockerung der Muskeln. Die meisten Sportler beginnen das Training bekanntlich mit Stretching, aber Stretching erzielt nur eine relative Entspannung. Viele Läufer stretchen ihre Muskeln beispielsweise so gewissenhaft, daß sie ausgeleierte Achillessehnen, Waden- und Rückenmuskeln haben. Für viele Fachleute ist in diesem Zusammenhang ersichtlich, daß die meisten Menschen niemals richtige Entspannung erleben. Sie haben keine Vorstellung davon, wie sich ein völlig entspannter Körper anfühlt, und auch keine Idee, wie sie diesen Zustand erreichen können. Mind-Tech kann die Benutzer in einen Zustand der Entspannung bringen, der so mächtig ist, daß er mehrere Tage anhält.

Hit and run

Wenn in der Hitze des Wettkampfs Streß, Anspannung und Emotionen ausgelöst werden, so antwortet das gesamte körperliche System mit einem Anstieg des Blutdrucks, der Herzfrequenz, des Sauerstoffverbrauchs und der verstärkten Ausschüttung von streßbezogenen Chemikalien, wie z.B. Adrenalin oder Cortisol. Ferner wird die normale Gehirnaktivität unterbrochen. Die Gehirnwellen klettern bis an den Rand einer Explosion. Diese automatische Reaktion mag gut sein, wenn man vor einem hungrigen Tiger wegläuft, aber nicht, wenn man Klarheit und eine fließende Geist-Körper-Koordination braucht, wie es im Sport der Fall ist.

Wenn die Entspannungsreaktion ausgelöst wird, verschwinden die schädlichen Streßeffekte schnell. Wissenschaftliche Studien und eine Vielzahl persönlicher Berichte deuten darauf hin, daß die Mind-Tech-Sitzungen die Herzfrequenz, den Puls und den Blutdruck senken, die Muskelspannung und den Sauerstoffverbrauch reduzieren, die visuelle Wahrnehmung und die manuelle Geschicklichkeit steigern, die Konzentration des Streßhormons Cortisol und der Milchsäure im Blut und in den Muskeln reduzieren, die intellektuellen Funktionen, wie Lernen und Problemlösung, steigern.

Bluttests und Untersuchungen der Gehirnflüssigkeit haben gezeigt, daß viele Mind Machines die Konzentrationen der streßbezogenen Neurochemikalien (wie z.B. Cortisol) senken oder von anderen Neurochemikalien (wie z.B. Serotonin und Beta-Endorphin, die beide zu körperlicher Entspannung und innerer Ruhe führen) steigern können. Diese Effekte wirken kumulativ und längerfristig.

Der Aufbauprozeß

Hochleistungstraining und Wettkämpfe bringen den Körper an seine Leistungsgrenzen. Es gibt glattes und gestreiftes Muskelgewebe, das mit Milchsäure angereichert wird. Die Milchsäure-Reaktion ist der Grund für Schlappheit und Schmerzen in den Muskeln, der Körper ist angefüllt mit „Kämpfe-oder-flieh"-Biochemikalien, wie zum Beispiel mit dem adrenokortikotropen Hormon (ACTH) und dem Adrenalin. Darin liegt die Grundlage für Reizbarkeit, Depressionen und Angst. Nach einem harten Training oder einem Wettkampf müssen diese Stoffe wieder abgebaut werden, da sie den Wiederaufbau von Muskelgewebe blockieren können. Dieser Aufbauprozeß kann Tage oder Wochen dauern.

Maximale Leistungen benötigen maximale Ruhe. Die neuen Mind Machines sind eine perfekte technologische Antwort auf die gestiegenen körperlichen Anforderungen, die ein Hochleistungstraining mit sich bringt. Die Mind-Tools können den Prozeß des Wiederaufbaus enorm beschleunigen. Die tiefe Ganzkörperentspannung erweitert die Blutgefäße und fördert den Durchfluß von heilenden und aufbauenden Nährstoffen für die einzelnen Zellen. Die Erweiterung der Blutgefäße sorgt für einen Abbau der Milchsäure und anderer körpereigener „Abfälle". Einige Marathonläufer machten mit Mind Machines die Erfahrung, daß sich der Regenerationsprozeß auf wenige Tage verkürzte. Bodybuilder und andere Athleten kombinieren ihr hartes Training mit Mind-Machine-Sitzungen, um die Regenerationsphase zu reduzieren, die Proteinsynthese anzuregen und damit das Muskelwachstum zu steigern.

Die Cortisol-Connection

Sportliche Höchstleistungen sind mit Streß verbunden. Doch zuviel Streß und zuwenig Ruhe führen zu chronischer Müdigkeit, zu Reizbarkeit und gesenkten Immunfunktionen.

Durch zuviel Training wird das Muskelwachstum gedrosselt und die Muskeln bauen ab. In der Vergangenheit gab es kaum ein zu hohes Maß an Training, doch die Yuppie-Generation treibt sich zu immer neuen Höchstleistungen an. In jedem Fitneßstudio sieht man sie auf der Suche nach schnellem Muskelwachstum. Sie stemmen die Gewichte, ohne auf ihren Körper zu achten, und das Ergebnis ist eine Epidemie von Übertrainierten.

Ein Schlüsselindikator für das zu starke Training ist das Streßhormon Cortisol. Wenn Sie zuviel trainieren, steigt die Konzentration des Cortisols, und dieser Anstieg bleibt für längere Zeit konstant. Zu den Symptomen dieses Anstiegs zählen gesunkene Immunfunktionen, nachlassende sexuelle Kraft, Stimmungsschwankungen und chronische Müdigkeit. Wissenschaftler fanden in diesem Zusammenhang heraus, daß eine erhöhte Cortisolkonzentration mit dem Zusammenbruch des Protein-Prozesses in Verbindung steht. Statt eines Muskelaufbaus findet genau das Gegenteil statt. Deswegen fällt es übertrainierten Sportlern so schwer, Höchstleistungen zu erbringen.

Ein Schlüsseleffekt des Cortisols ist die Unterbindung der Testosteronproduktion. Testosteron aber ist absolut notwendig, da durch Testosteron die Muskeln und Knochen aufgebaut und neue Blutzellen gebildet werden. Eine optimale Testosteronkonzentration steht auch in Verbindung mit Gefühlen wie Wohlergehen und Selbstvertrauen, wichtigen Eigenschaften im Spitzensport. Ein übermäßiges Training senkt jedoch den Cortisolspiegel und unterdrückt die Produktion von Testosteron.

Es ist von entscheidender Bedeutung, daß Mind Machines die Reduzierung von Cortisol und die Produktion von Testosteron direkt und indirekt unterstützen. Studien mit Elektrostimulationsgeräten haben ergeben, daß unter Anwendung dieser Mind Machines die Cortisolkonzentration bereits nach einigen Minuten stark sinkt. Auch die Benutzer des Isolationstanks verzeichnen eine drastische Verminderung der Cortisolkonzentration, ebenso wie die der Licht- und Ton-Geräte. Eine kürzlich durchgeführte Studie mit dem Lumatron (photische Stimulation und Farb-Therapie) zeigte den starken Anstieg einer Vielzahl von Neurochemikalien und Hormonen, inklusive des Gonadoliberin-Hormons (LH). Signifikanterweise stimuliert das Gonadoliberin-Hormon die Testosteronproduktion.

Mind-Technologie kann also durch die Cortisolreduzierung und die Steigerung von Testosteron die sportlichen Aktivitäten unterstützen, ohne daß man in ein übermäßiges Training umkippt. Das ermöglicht Spitzenleistung ohne zuviel Training.

Toleranter gegenüber Streß

Sie denken jetzt vielleicht: „Das klingt ja ziemlich interessant, was die Mind Machines leisten können. Aber wie soll ich mitten im Wettkampf oder im Training einen ruhigen Platz finden, um meine Aufmerksamkeit nach innen zu lenken?" Glücklicherweise sind die positiven Wirkungen auf die Entspannungsreaktion kumulativ – wenn Sie Mind Machines täglich benutzen, dann entspannen Sie sich nicht nur schneller, sondern Sie befinden sich auch zwischen den einzelnen Sitzungen – also im täglichen Leben – in einem relaxteren Zustand. In einigen Tests hielten die Mind-Machine-Effekte, inklusive tiefer Entspannung, über Wochen an.

Für Sportler bedeutet dies profundere Entspannung, beweglichere Muskeln und weniger Verletzungen. Mit anderen Worten: Gehirntechnologie hält Sie relaxt, steigert Ihre Toleranz gegenüber Streß und balanciert die Konzentrationen der „Kampf-oder-Flucht"-Stoffe im Gehirn neu aus. Folgt man den Ausführungen der Wissenschaftler Thomas Fine und John Turner vom Medical College in Ohio, so kann eine Sitzung mit Tiefenentspannung „die Mechanismen des endokrinen Gleichgewichts auf einen individuellen Level bringen, so daß man eine Reduktion der adrenalen Aktivitätsrate erlebt." Für Sportler bedeutet dies, daß sie im Wettkampf toleranter mit Streß und Druck umgehen können.

Der Entspannungs-Anker

Die Nutzung von Mind-Tools zur Tiefenentspannung führt bei immer mehr Sportlern dazu, daß sie lernen, diesen Zustand auch unter hohem Druck schnell zu erreichen. Dies gelingt ihnen, indem sie bei der ersten Mind-Machine-Sitzung im entspannten Zustand eine Selbstsuggestion und eine Selbstprogrammierungstechnik anwenden, wie wir es in den vorigen Kapiteln angesprochen haben. Hierzu gehört das Ankern eines Zustands der Tiefenentspannung mittels eines Fingersignals. Später kann der Sportler im Training oder auch im Wettkampf diese Entspannung durch die Auslösung des Ankers erreichen. So läßt innerhalb kürzester Zeit die körperliche Spannung nach, und der Körper wird beweglicher, elastischer und geschmeidiger ... er ist bereit für neue Spitzenleistung.

Schmerz laß nach

Bob Said ist ein ehemaliger Rennfahrer und Grand-Prix-Champion aus den 50er Jahren, der in Daytona Beach einen Geschwindigkeitsrekord aufstellte. Seit über zwanzig Jahren leitet er ein erfolgreiches Bob-Team, zwei Olympische Spiele und fünf Weltmeisterschaften konnte er dabei verbuchen. 1984 – im Alter von 50 Jahren – bereitete er sein Team auf die Olympischen Spiele vor. Allmorgendlich stieg er in seinen Isolationstank und visualisierte jeden Meter der Bobbahn. Schnell fand er heraus, daß der Isolationstank ein hervorragendes Hilfsmittel zur Streßreduktion darstellt. Er erzählte mir, daß jedes Schütteln im Bob „dem

Sturz von einigen Treppenstufen gleichkommt". Der Streß von fünf bis sechs Durchgängen pro Tag ist durchaus vergleichbar mit einem Marathonlauf. „Selbst mit 50 Jahren", so erzählte er mir, „bin ich morgens um 7.30 Uhr großartig in Form", und etliche Verletzungen durch den Schlitten hinderten ihn nicht daran, weiterzutrainieren. „Floaten löscht den Schmerz und die kleinen Wehwehchen aus", sagt Said.

Viele Tests haben ergeben, daß Mind-Tools Schmerz eliminieren oder zumindest signifikant reduzieren können. Ein Grund liegt sicher in der Streßreduktion – wenn man entspannt ist, ist der Schmerz zwar nicht weg, aber er wird weniger intensiv und stressig empfunden. Zusätzlich haben Untersuchungen gezeigt, daß die Mind-Tools die Konzentrationen der körpereigenen Opiate (der Endorphine) stark anheben. Eine kürzlich durchgeführte Elektrostimulations-Studie ergab, daß bereits einige Minuten nach Sitzungsbeginn die Produktion von Beta-Endorphinen um 90% angestiegen war. Eine andere Studie mit Licht- und Ton-Geräten kam zu einem ähnlichen Anstieg von Endorphinen.

Diese natürlichen Schmerzkiller – wir kennen sie in Form des sogenannten „Runner's High" – erzeugen Freude und sind die Quelle für die Euphorie, über die Mind-Machine-Benutzer immer wieder berichten. In einigen Sportarten, wie z.B. Schwimmen oder Laufen, benötigen die Sportler eine relativ hohe Schmerztoleranz. Eine Mind-Machine-Sitzung vor dem Wettkampf ermöglicht eine geistige Vorstellung des Schmerzes oder der gefährdeten Körperteile, um den Schmerz im Wettkampf überwinden zu können. Und eine Sitzung nach dem Wettkampf kann durchaus Schmerzen und Wehwehchen lindern bzw. eliminieren, da das natürliche Regenerations- und Reparatursystem angeregt wird.

Unser Körperbewußtsein

Während der Sitzung erleben die meisten Anwender, daß sich ihre Aufmerksamkeit von äußeren Ereignissen und Stimuli abwendet. Sie verlagert sich nach innen und fokussiert sich dabei als erstes auf den physischen Körper. Viele Athleten haben erkannt, daß Mind Machines ihre Fitneß und Leistungsfähigkeit durch erhöhte Sensitivität gegenüber dem eigenen Körper steigern. Mein Freund Herbie – ein Marathonläufer – erklärte mir, wie der Isolationstank ihm half, Verletzungen zu vermeiden. Im Tank wurde er sich seiner Streßbelastungen oder eines körperlichen Ungleichgewichts bewußt, noch bevor die Verletzung auf ihn zukam.

„Während ich floatete", so erzählte er, „fühlte ich die Hitze hinten in meinen Beinen, und ich wußte, nun ist meine Achillessehne kurz davor, zu reißen. Von diesem Moment an war ich vorsichtig und hielt meine Beine besonders elastisch." Mind-Tech-trainierte Sportler nutzen diesen vorbeugenden Effekt, sie reservieren einen Teil ihrer Zeit während der Sitzung für ihren Körper und werden sich ihrer Spannungen, Schwachpunkte bzw. eines Ungleichgewichts bewußt. Mit Visualisierung und Suggestionen können sie dann diese Probleme korrigieren und heilen. Moshe Feldenkrais – sicher einer der einflußreichsten Körpertherapeuten dieses Jahrhunderts – erklärte seine Erfahrungen mit durch Mind-Technologien gesteigerter Körpersensitivität folgendermaßen:

„Alle Sinneseindrücke, an denen Muskelaktivitäten beteiligt sind, sind weitestgehend vom kleinsten Wert des durch Nerveneinflüsse beständig aufrechterhaltenen Spannungszustandes der Muskulatur abhängig. Wird dieser Zustand so klein wie möglich gehalten, empfindet man am wenigsten Belastung. Leichte und flüssige Bewegungen werden dann erreicht, wenn das Ziel mit dem geringsten Aufwand eingeholt wird, also mit dem niedrigsten Wert des Spannungszustandes der Muskulatur. Menschen mit sensiblem kinästhetischem Sinn tendieren zu möglichst spannungs-unaufwendigen Kontraktionen und sind so lange nicht zufrieden, bis sie den Weg gefunden haben, der ihnen am wenigsten Aufwand abverlangt."

Das bedeutet, ein angespannter Muskel kann nicht fühlen, oder er fühlt nicht so gut wie ein elastischer Muskel. Das erklärt, warum für Feldenkrais die „easy and smooth action" durch bewegliche Muskeln und nicht durch feste Muskeln produziert wird.

Der Curare-Effekt

Der Kommentar von Feldenkrais beantwortet die Frage, warum die durch Mind Machines produzierte Tiefenentspannung unsere Kontrolle über das autonome Nervensystem steigert, inklusive der Selbstheilungsmechanismen des Körpers. Unsere Sensitivität gegenüber dem Körper und unser Bewußtsein von den feinsten Prozessen im Körper erhöht sich, wenn eine Muskelspannung von außen herrührt ... das „Muskelrauschen aus dem Hintergrund" ist reduziert worden. Dies ist der „Curare-Effekt". Dieser Effekt wurde bei Biofeedback-Experimenten mit Ratten entdeckt. Diese Ratten wurden mit Curare dahin gebracht, daß sich ihre Muskeln bis zum Punkt der Unbeweglichkeit entspannten. Sie lernten sehr schnell, ihre autonomen Funktionen zu kontrollieren.

Für den Wissenschaftler Leo DiCara funktioniert der Curare-Effekt, „weil die Droge hilft, die Variabilität der Stimulation zu eliminieren. Die Aufmerksamkeit der Tiere verlagert sich von den ablenkenden Skelett-Aktivitäten zu den relevanteren Aktivitäten des Eingeweides. Es erleichtert vielleicht das viszerale Lernen im Menschen ... das Erlernen von regelmäßiger Atmung, von Entspannung und Konzentration durch den Versuch, die Bedingungen, die durch die Curarisierung entstehen, zu imitieren." In kleinerem oder auch größerem Maße erleichtern die Mind-Tools das viszerale Lernen durch den Curare-Effekt.

Wachstumshormone

Der Schlüssel zum Muskelwachstum ist das Wachstumshormon (Growth Hormone [GH]). Als Reaktion auf Hochleistungstraining und Spitzenleistungen setzt unsere Hypophyse ein Wachstumshormon frei. Das Blut transportiert dieses Hormon und andere Nährstoffe in die überanstrengte Muskulatur. Nach dem Training erneuert der Körper das überanstrengte Muskelgewebe, so daß das neue Muskelgewebe kräftiger und stärker ist als zuvor.

Als Teenager produzieren wir viele Wachstumshormone – praktisch jede Übung oder körperliche Aktivität, selbst der Schlaf, führen im Gehirn zur Ausschüttung von Wachstumshormonen. Dies erklärt das ungeheure Wachstum und die starke Muskelbildung, aber auch die Aufnahmefähigkeit für Unmengen von Nahrungsmitteln und Süßigkeiten, die nicht im Fettgewebe abgelagert werden.

Die durch sportliche Betätigung induzierte Freisetzung von Wachstumshormonen ist hauptsächlich in den ersten 20 Jahren unseres Lebens möglich. Wenn wir erst einmal die 30 überschritten haben, kann der Körper durch Sport kaum noch Wachstumshormone freisetzen. Das ist der Grund, warum wir so hart trainieren müssen, wenn wir erst einmal über 30 Jahre alt sind. Bei den meisten Erwachsenen findet die Freisetzung während eines kleinen geistigen Spurts im Tiefschlaf statt. Durch tiefe Entspannung oder durch den Delta-Wellen-Schlaf werden offensichtlich Signale für die Freisetzung des Wachstumshormons gesendet.

Das Wachstumshormon erfüllt eine Anzahl wertvoller Funktionen: Es erzeugt und repariert Muskeln, verbrennt Fett und stimuliert das Immunsystem. Das Wachstumshormon erfüllt essentielle Aufgaben im menschlichen Körper: Wachstum, Reparatur und Regeneration. Man kann es ohne Übertreibung die „Verjüngungs"-Biochemikalie nennen, deren Konzentration mit zunehmendem Alter leider abnimmt.

Viele Menschen wollen ihren Wachstumshormonspiegel mit aller Gewalt steigern, indem sie es künstlich durch die Einnahme gefährlicher (und illegaler) Steroide stimulieren. Dies hat seinen Grund: Das Wachstumshormon gilt als der Schlüssel für die Jugend. Kürzlich wurde eine sensationelle Studie vorgestellt, die behauptet: Wenn wir unsere ursprüngliche Fähigkeit zur Freisetzung von Wachstumshormonen wiederherstellen, dann können wir viele Alterungsprozesse umkehren bzw. anhalten.

Forever young

Die sensationelle Geschichte, die das Wachstumshormon mit dem Jungbrunnen gleichsetzt, war ein Aufmacher auf allen Titelseiten seit der Erstveröffentlichung im *New England Journal of Medicine*. Kein Wunder, denn diese Geschichte enthält alle Elemente einer Science-Fiction-Story. Die Wissenschaftler wählten ältere, schwächliche Männer zwischen 61 und

81 Jahren aus und verabreichten ihnen Injektionen mit dem Wachstumshormon. Im Körper wurde damit der Level eines jungen Erwachsenen wiederhergestellt, der dann 6 Monate lang aufrechterhalten wurde. Die Folge: Die Muskeln bildeten sich wieder aus, die fettfreie Körpermasse nahm um 8,8% zu, während die Fettgewebe-Masse um 14,4% sank. Ferner nahm die Hautstärke um 7,1% zu, und die Dichte der Lendenwirbel steigerte sich. Jedes dieser vier Bewertungskriterien zeigte eine klare Umkehrung des normalen Alterungs-Prozesses.

Die Studie kam zu dem Schluß, daß eine nachlassende Freisetzung von Wachstumshormonen für die Reduzierung der fettfreien Körpermasse, die Zunahme von Fettgewebe und die Verdünnung der Haut mit zunehmendem Alter verantwortlich sei. In ihrer Zusammenfassung behaupteten die Wissenschaftler: „Der Effekt in diesen 6 Monaten sei vergleichbar – was die fettfreie Körpermasse und das Fettgewebe betrifft – mit der Größenordnung der Veränderung zwischen dem 10. und dem 20. Lebensjahr."

Die Fotos, die vor und nach der Studie erstellt wurden, waren erstaunlich – kränkliche und zerbrechliche Männer standen jetzt gerade und voller Energie da, sie hatten eine straffe Haut und glänzende Gesichter. Es war, als wären sie über Nacht 20 Jahre jünger geworden. Nach Beendigung der Studie, als die Injektionen eingestellt wurden, stürzte die Konzentration der Wachstumshormone wieder ab. Unerbittlich verließ die zurückgewonnene Jugend die alten Körper – und sie verwandelten sich in kürzester Zeit wieder in kränkliche und zerbrechliche alte Menschen, die durch dieses Experiment ziemlich irritiert waren.

Diese Geschichte ist ergreifend und provokativ zugleich, illustriert sie doch die entscheidende Wichtigkeit des Wachstumshormons für Fitneß, Training, Gesundheit und Langlebigkeit. Wie aber bereits erwähnt, benutzen immer mehr Menschen dieses Wachstumshormon. Seit es für die Behandlung von Zwergenwuchs und zurückgebliebenem Wachstum bei Kindern auf Rezept erhältlich ist, blüht auch der Schwarzmarkt mit diesen Produkten. Es wird an Menschen verkauft, die bereit sind, für die stetige Lieferung zwischen 25.000 und 50.000 $ pro Jahr zu bezahlen.

Mind-Tech und Wachstumshormone

Faszinierenderweise gibt es Beweise dafür, daß bestimmte Arten der Mind-Technologie die Freisetzung von Wachstumshormonen stimulieren können. Eine kürzlich durchgeführte Studie von Dr. C. Norman Shealy zeichnete die Spiegel verschiedener Neurochemikalien und Hormone vor und 10 Minuten nach einer Mind-Tech-Sitzung auf. Die Versuchspersonen wurden 20 Minuten einem violetten, grünen oder roten Flackerlicht ausgesetzt – die Frequenz lag dabei bei 7,8 Blitzen pro Sekunde und in einem Fall bei 31,2 Blitzen pro Sekunde (4 mal 7,8) mit rotem Licht. Shealy notierte folgendes Ergebnis: „Es fand eine signifikante Steigerung von über 25% bei der Wachstumshormonkonzentration statt (bei der Gruppe mit 7,8 Hz und allen Farben)." Er dokumentierte ferner, daß bei 31,2 Hz die Resonanz erheblich höher war. Zusätzlich, so Shealy, stieg auch das Gonadoliberin-Hormon um mehr als 25% an. Dieses Hormon stimuliert die Freisetzung von Testosteron, welches wiederum das Muskelwachstum und die sexuelle Triebkraft erhöht.

Die Studie ist faszinierend, da sie eine Menge Fragen aufwirft. Erstens, jede Farbe – violett, grün, rot – löste bei verschiedenen Versuchspersonen das Wachstumshormon aus. Löst nun jede Farbe die Ausschüttung des Wachstumshormons aus? Wird das Wachstumshormon durch die Frequenz von 7,8 Hz ausgeschüttet? (7,8 Hz ist die Schumann-Frequenz, in der die Ionosphäre der Erde schwingt.) Dazu in meinem Buch *Megabrain*: „Diese Frequenz hat sich als eines der Frequenz-Fenster herausgestellt, die anscheinend eine Vielzahl positiver Wirkungen auf den Menschen ausüben, von besserer Wundheilung bis hin zu beschleunigtem Lernen. Wenn ein biologisches System auf dieser Frequenz schwingt, befindet es sich sozusagen in Einstimmung mit der Frequenz des irdischen Magnetfeldes, die elektromagnetische Matrix für alles Leben auf diesem Planeten und die Frequenz, in der sich alle Lebensformen entwickelt haben, die bis vor wenigen Jahrzehnten noch die vorherrschende elektromagnetische Frequenz war, in der sich alles Leben abspielte."

Ist nun, so wie Shealy dokumentierte, 7,8 Hz die definitive Frequenz für die Freisetzung des Wachstumshormons? Heißt das, daß alle Mind Machines bei 7,8 Hz eine Freisetzung des Wachstumshormons auslösen? Shealy testete eine Versuchsperson, die bei verschiedenen Gelegenheiten rotem Licht mit einer Frequenz von 7,8 Hz und 31,2 Hz ausgesetzt wurde. Bei der höheren Frequenz war auch die Ausschüttung des Wachstumshormons höher. Löst nun die höhere und zugleich zu höherer Wachheit führende Frequenz bei anderen Menschen auch die Freisetzung des Wachstumshormons aus? Bei Erwachsenen wird die Freisetzung des Wachstumshormons durch eine Vielzahl von Streßfaktoren ausgelöst, inklusive Traumata, extremer Hitze in der Sauna, zu niedrigem Blutzucker, dem Fasten, der Aufnahme von Niacin und verschiedener Dopamin-stimulierender Medikamente. Shealy schlägt daher vor, daß Farben, das Flackern und spezifische Frequenzen das Wachstumshormon ebenfalls auslösen können. Diese und andere Fragen bleiben weiterhin unbeantwortet.

Die konzentrierten T-Zellen

Bei vielen Erwachsenen findet die maximale Ausschüttung des Wachstumshormons im Tiefschlaf statt, ungefähr 1 1/2 Stunden nachdem wir eingeschlafen sind. Dann haben sich unsere Gehirnwellen soweit verlangsamt, daß wir uns in Delta befinden. Faszinierenderweise gibt es den Beweis, daß verschiedene Mind-Tools (Biofeedback-EEG, Licht- und Ton-Maschine, Isolationstank, binaurikulare Schwingungen und Elektrostimulation) diesen Delta-Schlaf induzieren können – und daß damit die Wachstumshormon-Ausschüttung ausgelöst werden kann.

Der erste Hinweis, daß Mind-Technologie die Ausschüttung des Wachstumshormons stimulieren könnte, kam von Michael Hercules – einem Flugzeug-Ingenieur –, der ein frequenzvariables Elektrostimulationsgerät mit Namen „Pulstar" entwickelte. 1987 und 1988 beriet er mich bei einer informellen Studie. Hierbei handelte es sich um eine Gruppe von Versuchspersonen, die an einer Vielzahl von chronischen Erkrankungen litten, von AIDS über Multiple Sklerose bis hin zum Epstein-Barr-Virus. Alle Versuchspersonen benutzten den Pulstar täglich eine Stunde lang mit einer Delta-Frequenz von rund 1,05 Hz.

Die Probanden berichteten, daß diese Delta-Stimulation sie sehr schläfrig mache, aber sie beschrieben auch interessante Nebeneffekte. Ein Mann mit Glatze erzählte, daß seine Haare wieder anfingen zu wachsen – das neue Haar hatte die gleiche rote Farbe wie das ursprüngliche Haar. Andere Versuchspersonen berichteten über gesteigertes Wachstum der Haare und der Nägel, über einen verbesserten Taint und eine schnellere Wundheilung. Einige merkten an, daß sich ihre Immunfunktionen verbessert hatten und ein Anstieg der T-Zellen-Konzentration (eine Schlüsselkomponente des Immunsystems) festzustellen war. Und einige Probanden erholten sich komplett von ihrer Krankheit. „Kann es sein", so fragte mich Michael in einem von vielen, langen Telefonaten, „daß die Stimulation durch den Pulstar mit der Delta-Frequenz dazu führt, daß der Körper beginnt, sich selbst zu heilen – also das Wachstumshormon ausschüttet?" Michael bereitete verschiedene Studien vor, die einen Zusammenhang zwischen EEG, elektrischer Stimulation und der Freisetzung des Wachstumshormons zeigen sollten. Doch leider starb er unerwartet an einer Herzerkrankung.

Doch der Beweis steht, daß andere Arten von Mind-Technologie – Licht- und Ton-Geräte, Isolationstanks, akustische Feldgeneratoren, pulsierende, elektromagnetische Feldgeräte und andere – auch unsere Gehirnwellen in den Delta-Bereich bringen und somit einen entspannten, hypo-metabolischen Zustand herstellen können. Und es gibt Vermutungen, daß dieser tiefe Delta-Zustand Effekte produziert, die weit über die Freisetzung von Wachstumshormonen hinausgehen. Hierzu gehören außergewöhnliche Heilungsprozesse, verbesserte Immunfunktionen (wie die erhöhte Ausschüttung von Immunoglobulin A) und – am relevantesten in diesem Kapitel – die Steigerung des Muskelwachstums.

ACTION-TEIL – Training, Tips und Techniken

Erst mal entspannen ...

Je härter Sie trainieren, desto mehr Entspannung benötigen Sie. Wenn Sie regelmäßig trainieren, dann sollten Sie täglich mindestens 20 Minuten lang eine Entspannungssitzung einlegen. Bringen Sie sich in einen tiefen Alpha-, Theta- oder Delta-Zustand, so daß Ihr Körper die Chance zum Loslassen hat und zum Erreichen eines Zustandes der totalen Ruhe. Einige Menschen führen ihre Sitzung direkt vor dem Training durch, damit sie im Geist die Techniken des „inneren Spiels" erleben können, worüber ich im nächsten Kapitel schreiben werde. Wenn Sie Mind-Tech regelmäßig nutzen – zur Visualisierung oder zur Selbstsuggestion –, dann sollten Sie immer mal eine Sitzung einlegen, in der Sie alles einfach fließen lassen und nichts beeinflussen wollen. Geben Sie dem Körper die Möglichkeit, Ruhe und Erholung zu finden.

Die Befreiung

Werden Sie sich Ihrer Emotionen bewußt, besonders derjenigen, die Ihr Training und Ihren Wettkampf beeinflussen können. Sind Sie beispielsweise in Sorge wegen des bevorstehenden Wettkampfs? Haben Sie Angst vor Ihren eigenen Fähigkeiten? Lassen Sie Ihren Zorn an jemandem aus, der Ihre Konzentration stört? Was sind Ihre Bedürfnisse? Wollen Sie zuviel Kontrolle in das Training bringen? Ist das Bedürfnis nach Anerkennung im Augenblick eher unklug? Wenn Sie Ihre Emotionen fühlen, dann lassen Sie sie heraus.

Körper-Reise

Vielleicht die beste Methode, um Mind-Tools im Training einzusetzen, ist die Steigerung der Aufmerksamkeit gegenüber dem eigenen Körper. Nutzen Sie Ihre Mind Machine und die Entspannungstechniken, um sich in den Zustand Null zu bringen. Dann verbleiben Sie einfach in einem Zustand der entspannten Aufmerksamkeit. Lassen Sie sich ohne Bewertung treiben. Seien Sie offen für alle Empfindungen oder Wahrnehmungen, die auf Sie zukommen. Ist es ein Gedanke, so nehmen Sie ihn bewußt wahr, lassen Sie ihn gehen, und kehren Sie zum Zustand der entspannten Aufmerksamkeit zurück.

Erleben Sie selbst, was sich in Ihrem Körper ereignet. Schon bald werden Sie damit beginnen, Ihre Aufmerksamkeit auf einen bestimmten Teil des Körpers zu richten. Sie registrieren ein Unwohlsein im Rücken, eine Spannung im Nacken oder einen tiefsitzenden

Schmerz im Fuß. Werden Sie sich Ihres eigenen Körpers bewußt. Allein mit dem Bewußtsein von Spannungen, Torsionen, Wehwehchen und Schmerz werden Gedanken auftauchen – Gedanken, die Sie mit diesem bestimmten Schmerz in Verbindung bringen. Befreien Sie diese Gedanken und kehren Sie zum Bewußtsein für den ganzen Körper zurück. Innerhalb kürzester Zeit haben Sie ein neues Empfinden für Ihren gesamten Körper und eine Eingebung, wie dieser Körper geheilt werden kann.

Atmen

Nachdem Sie diese Körpererfahrung beendet haben, wollen Sie vielleicht eine der in Kapitel 14 beschriebenen Atemtechniken anwenden und sich dabei jeden Atemzug als weißes Licht vorstellen, das durch spezifische Teile oder Systeme des Körpers fließt. Jedesmal, wenn Sie einatmen, fließt das energetisierende Licht direkt zur Quelle der Spannung oder an die Region des Körpers, die gestärkt werden soll. Dort lassen Sie eine glühende Lichtkugel entstehen. Bei jedem Einatmen wächst diese Kugel in ihrer Intensität; bei jedem Ausatmen visualisieren Sie, daß Sie Schmerz, Gifte und Müdigkeit ausatmen. Schon nach kurzer Zeit empfinden Sie Ihren Körper auf ganz andere Weise.

Hypnose und Suggestion

Nach Beendigung dieser Erfahrung können Sie eine Selbsthypnose induzieren. Wenn Sie den hyper-beeinflußbaren Zustand erreicht haben, suggerieren Sie sich, daß die Spannung oder der Schmerz verschwunden sei. Diese Suggestion kann noch verstärkt werden, indem Sie verschiedene sensorische Modalitäten mit einbeziehen, sich z.B. Ihren Schmerz als festen Knoten vorstellen und dann zusehen, wie er sich lockert, aufgeht und wie eine chinesische Papierblume im Wasser auflöst. Oder erleben Sie den Schmerz als ein heißes Feuer und ersetzen es durch Eis und das Gefühl des Frierens.

Nichts tun

Hochleistungstraining verstärkt Ihr Bedürfnis nach tiefer Ruhe und Erholung. Beenden Sie Ihren Arbeitstag mit einer ausgedehnten Tiefenentspannung und verbringen Sie mindestens 45 Minuten oder sogar eine Stunde im Theta- oder Delta-Zustand. Eine Sitzung des „Nicht-Tuns". Dies wird Ihre Erholung beschleunigen. Hinzu kommen gesteigerte Konzentrationen von Proteinen und anderen anabolischen Nährstoffen für die einzelnen Zellen, Abbau von Milchsäure und anderen Giften. Durch die zunehmende Entspannung beschleunigen Sie die Erholung des Körpers, unter anderem durch die Anti-Streß-Neurochemikalien wie z.B. Serotonin und die Beta-Endorphine. Ferner stimuliert Ihre Mind-Tech-Sitzung die Ausschüttung des Wachstumshormons. Und an den Tagen, an denen Sie nicht so hart trainieren, sollten Sie Ihre Sitzung mit Visualisierungen, Suggestionen und anderen Arten des mentalen Trainings kombinieren.

EINUNDZWANZIG
Auf Messers Schneide:
Spitzenleistung und innere Spiele

Wenn man die körperlichen Voraussetzungen, ihr Training und Talent betrachtet, gibt es nur noch sehr geringe Unterschiede zwischen den Olympiateilnehmern. Entscheidend ist das, was sich zwischen ihren Ohren abspielt.
– *Shane Murphy*, Sportpsychologin und Direktorin für Sportwissenschaften des amerikanischen Olympia-Teams

„Es gibt viele körperlich fähige Athleten im alpinen Skisport", so der Weltmeister im Geschwindigkeits-Skifahren C.J. Müller. Er war der erste, der mit mehr als 130 Meilen pro Stunde Ski fuhr. Müller war aber nicht in der Lage, die Grenze von 200 km/h zu durchbrechen ... das geschah erst, als er mit Mind Machines trainierte. Innerhalb weniger Monate durchbrach er seine eigene Barriere und gewann zum erstenmal einen internationalen Wettkampf. In den nächsten sechs Jahren gewann er mehrere internationale Wettbewerbe und brachte es dabei auf 210 km/h. Schon kurze Zeit später besaß er den World-Cup-Titel im Geschwindigkeits-Skifahren. „Die mentale Aufnahmefähigkeit ist es, die es ermöglicht, besser zu sein als die anderen", so erzählte Müller. „Eine schwache mentale Einstellung kann auch nicht durch die besten Skier ausgeglichen werden." Für ihn gehört die Mind Machine zum wertvollsten Zubehör seiner Ausrüstung, sie ermöglicht ihm, am Start entspannt und während des Rennens konzentrierter zu sein.

In den letzten zwei Jahrzehnten hat sich der Sport dramatisch gewandelt. Was früher einmal ein Weltrekord war, ist heute nur noch eine Amateurleistung, einstige Meisterleistungen sind heute gerade noch Durchschnitt. Ein Teil ist sicherlich auf entscheidende Durchbrüche bei der Weiterentwicklung von Nährstoffen, der Sport-Physiologie und den Trainingsgeräten zurückzuführen. Ein wesentlicher Teil dieser Verbesserungen kommt – wie es Shane Murphy bereits in ihrem Epigraph ausdrückte – jedoch nicht von der körperlichen, sondern von der mentalen Steigerung.

Praktisch jeder Bereich unseres Lebens durchläuft die gleiche Intensivierung, so wie wir sie beim Sport beobachten können: Die Schritte werden schneller, die Konkurrenz härter und der Streß größer. Und die Techniken der „mentalen Grenze", die den Sportlern helfen, können auch anderen Menschen helfen, mit ihrem Leben besser zurechtzukommen. Das "innere Spiel" eines Hochspringers kann auch einem Manager helfen, einem Chirurgen, Rechtsanwälten, Pianisten, Lehrern oder Studenten. Die Techniken der Spitzenleistung, die wir in diesem Kapitel vorstellen werden, sind also nicht nur im Bereich des Sports, sondern in allen Lebensbereichen einsetzbar.

Das Muskelgedächtnis

Als er seinen Bob in den Eiskanal brachte, waren seine Augenbewegungen nervös, seine Finger schweißnaß. Er erwartete, daß eine Nadel im Eis seinen Schlitten in die richtige Spurrille bringen würde ... Als er seinen Bob so durch den Kanal lenkte, war Bob Said nackt und floatete in totaler Dunkelheit und Ruhe im Isolationstank. Er erzählte mir, wie er jeden Meter der Bobbahn im Tank visualisierte. „Im Schlitten", sagte er, „weiß man zwar, wie man auf eine Kurve zufahren will, aber plötzlich gerät man dann aus der Bahn. Also versucht man, all die verschiedenen Möglichkeiten, auf eine Kurve zuzufahren, zu visualisieren, so daß man bereits bei der Annäherung an die Kurve darauf programmiert wird, wie man aus ihr herausfährt."

Wenn er nun aus dem Tank ausstieg, so war er auf den echten Durchlauf vorbereitet. Said verinnerlichte seine Erfahrung und sein „Muskel-Gedächtnis" aus einer Summe von Hunderten von Läufen. Said fühlte sich durch das Muskel-Gedächtnis, das sich durch wiederholte Visualisierung entwickelt hatte, von einer früheren Notwendigkeit befreit: „Wenn du im Schlitten eine Reaktion erst überdenken mußt, dann bist du zu langsam, selbst wenn du die schnellsten Reaktionen der Welt hast. Ich habe durch die Erfahrungen im Tank das Gefühl bekommen, daß meine Sinne schärfer funktionieren. Und zwar nicht in dem Sinn, daß sie nun genauer funktionieren, sondern daß meine Fähigkeiten einfach automatisch zur Geltung kommen, so wie sie optimalerweise sein sollten. Der überflüssige Müll ist weg."

Der Psychologe Richard Suinn hat intensiv mit mentalen Bildern gearbeitet, mit Studenten und Olympia-Teams. In einem seiner früheren Experimente teilte er ein Ski-Team in zwei Gruppen auf. Die eine Hälfte sollte sich tief entspannen und sich selbst beim Skilaufen visualisieren. Wenn sie einen Fehler machten, dann sollten sie zurückgehen und diesen Fehler mental korrigieren. Die andere Gruppe trainierte normal weiter, ohne entspannte Visualisierung. Aber das Experiment wurde niemals beendet: Die Visualisierungs-Gruppe war so erfolgreich, daß nur sie vom Trainer für die Wettkämpfe nominiert wurde. Suinn folgerte daraus: „Die Visualisierung programmiert die Muskeln. Immer wenn sie sich auf das Rennen vorbereiten, wird eine Art Computerprogramm in Gang gesetzt. Wenn sie dann im Wettkampf stehen, so brauchen sie nur noch den Startknopf zu drücken, und der Körper führt seine Aufgabe aus – sie sind bereit für den Lauf."

Wie Suinn und andere Experten anmerkten, ist die reale Visualisierung nicht nur eine bildliche Darstellung im Geist. Der Schlüssel zur erfolgreichen Visualisierung ist die Kontrolle über das visualisierte Bild, über dessen Klarheit und Helligkeit ... diese Klarheit sollte man mit so vielen Sinnesmodalitäten erleben wie nur möglich. Suinn entdeckte, daß diese Art der kontrollierten und klaren mentalen Bilder (die man auch visuo-motorische Verhaltensperformanz nennt) für viele Menschen erreichbar ist, wenn sie sich in einem tiefen Zustand der Entspannung befinden. „Ich bin sehr beeindruckt von der Qualität der Imagination, die nach einer tiefen Muskelentspannung möglich ist", so Suinn. „Diese Imagination ist mehr als nur visuell. Sie ist auch fühlbar, auditiv, emotional und muskulär ... Die Imagination einer visuo-motorischen Verhaltensperformanz stellt mehr als eine reine Imagination dar. Es ist eine gute Kopie der realen Erfahrung, eine Art Körper-Denken, das vergleichbar ist mit der Illusion verschiedener Träume in der Nacht.

Neuromuskuläre Programmierung

Wir haben alle schon einmal erfahren, wie mentale Imagination unsere Leistungen steigern kann. Viele von uns kennen die Erfahrung, die man macht, wenn man bei einem Tennis- oder Golf-Turnier stundenlang zuschaut und dann selber den Platz betritt. Plötzlich wächst man über sich hinaus. Unbewußt haben wir uns die Bilder des Turniers eingeprägt, um dann einen bestimmten Schlag perfekt auszuführen. Wir werden dabei zum „Abdruck" unseres eigenen Nervensystems.

Das Resultat ist ein verbessertes Spiel, was die Psychologen „die Programmierung des Muskel-Gedächtnisses" oder „neuromuskuläre Programmierung" nennen. Dabei praktizieren wir unbewußt nicht nachweisbare Mikro-Bewegungen der Muskeln, die wir beispielsweise durch Bilder aus dem Fernsehen aufnehmen. Wir absorbieren diese Bewegungen von Sportlern nicht mit unserer analytisch-verbalen, rollenorientierten linken Hemisphäre und auch nicht mit unserer visuellen, gestaltorientierten rechten Hemisphäre, sondern unbewußt mit einem primitiven Ganzkörperbewußtsein des limbischen Systems.

Die biologische Basis des „Muskelgedächtnisses" wurde kürzlich von dem Neurologen Scott Grafton (University of Southern California) vorgestellt. Er benutzte ein modernes Brain-Mapping-Gerät, um herauszufinden, wie „das Gehirn neue Eigenschaften durch das Einstellen von speziellen neuronalen Schaltungen lernt, die durch Bewegungen beeinflußt werden". Wenn die Menschen neue körperliche Funktionen trainieren, sind verschiedene Regionen des Gehirns simultan aktiv. „Sie sind geradezu verstreut im Gehirn plaziert", so Grafton. Aber wenn wir geistig aktiver werden, dann geraten die Eigenschaften in eine gemeinsame Linie, da sich die Gehirnaktivität direkt auf einen neuralen Schaltkreis bezieht, der durch die Bewegung beeinflußt wird.

Der Psychologe Peter Fox von der University of Texas (San Antonio) entwickelte Brain-Maps von Menschen, die körperliche Aktivitäten ausführten, und von Menschen, die sich diese körperlichen Aktivitäten nur als mentale Imagination visualisierten. Die aktuelle Vorstellung wird durch die Interaktion von verschiedenen speziellen Gehirnarealen beeinflußt. Die einfache Imagination einer Bewegung aktiviert auch alle Gehirnareale, außer dem motorischen Cortex. Mentale Imagination führt zu einer neuralen Performance, also ein Training, das praktisch mit der realen Performance oder des realen Trainings identisch ist.

Sieben Bits

Jeder kennt das Phänomen, daß wir jemandem etwas erklären wollen, das er nicht kennt. Je mehr wir versuchen, es in Worte zu fassen, desto unverständlicher wird die Beschreibung. Wenn wir es dagegen vormachen, folgt oft das Aha-Erlebnis. Sportliche Spitzenleistung basiert auf enorm komplexen Bewegungskombinationen, so daß eine bewußte Durchführung dieser Bewegungen zu einer Lähmung führen würde. Doch wenn wir diese Bewegungen perfekt sehen können und fähig sind, diese im Geist durchzuführen, so können wir scheinbar komplexe Abläufe in etwas ganz Einfaches umwandeln. „Der bewußte Geist kann nur sieben Bits an Informationen gleichzeitig verarbeiten", so der Therapeut Dr. Roderick Borrie, der Sportler mit Hilfe der Isolationstanks trainierte:

„Komplexe Bewegungen, wie sie bei manchen Sportarten erforderlich sind, bestehen aus weit mehr als sieben gleichzeitigen Informationseinheiten. Durch Visualisierung vereint man all diese Informationseinheiten zu einem Bündel – so, als ob man ein Bündel aus zufällig gewählten Buchstaben schnüren würde. Einzeln könnte man sie unmöglich behalten, aber als Bündel bilden sie ein Wort, an das man sich leicht erinnern kann. Wenn dann der Zeitpunkt der wirklichen Anwendung kommt, ‚erinnert' man sich an den gesamten Vorgang in Form eines einzigen Bildes."

Die visuo-motorische Verhaltensperformanz von Suinn ist eine Kombination aus Tiefenentspannung und Imagination. Interessanterweise fand er heraus, daß nicht etwa die Visualisierung der schwerste Teil der Übung ist, sondern die dazu notwendige Tiefenentspannung. Er entdeckte, daß Sportler, aber auch andere Menschen eigentlich gar nicht wissen, was Entspannung ist. So mußte Suinn einen Großteil der Trainingszeit für die eigentliche Entspannung der Sportler verwenden, und es liegt es auf der Hand, daß die Nutzung der Mind-Technologie mit ihrer schnellen Entspannungsmöglichkeit diesen Prozeß erheblich beschleunigen kann.

Mind Machines und Visualisierung

Zweifellos kann Mind-Technologie die mentale Imagination drastisch verstärken und intensivieren. Experten haben herausgefunden, daß es eine direkte Korrelation zwischen Entspannung und Visualisierung gibt: Je tiefer die Entspannung, desto klarer und kontrollierter sind die inneren Bilder. Und Mind-Tools produzieren ja bekanntlich nicht nur eine tiefe Entspannung, sondern sie stimulieren und erleichtern das Visualisieren der mentalen Bilder.

Gehirnwellen-Veränderung

Mind-Tools können verschiedene Visualisierungen anregen, da sie die Theta-Wellen-Aktivität unterstützen, die den „Dämmerzustand" erzeugt. Dieser Zustand wird mit der Produktion von mentalen Bildern assoziiert. Ein anderer Grund für die gesteigerte Visualisierung liegt darin, daß die Mind Machines die Hemisphärendominanz verändern können ... sie verstärken die Aktivität der rechten Hemisphäre, die mit der mentalen Imagination in Zusammenhang steht.

In einer kürzlich erstellten Studie untersuchte die Sportwissenschaftlerin Debra Crews (von der University of North Carolina-Greensboro) die EEGs von 34 Versuchspersonen. Es handelte sich bei ihnen um Golfer, die alle einen 12-Fuß-Schlag durchführen sollten. Sie fand heraus: Je besser die Probanden ihren Schlag durchführten, um so schneller sank die Aktivität der linken Hemisphäre (die Seite der analytischen Prozesse), und die rechte Hemisphäre (die Seite der visuell-räumlichen Prozesse) steigerte deutlich ihre Aktivität gegenüber der Phase vor dem Schlag. Der schlechteste Schläger hatte die höchste Aktivität in der linken Hemisphäre ... er versuchte, den Schlag auf analytische und biomechanische Art und Weise durchzuführen, jedoch ohne die Bewegung des Körpers.

Diese Studie testete die Golfer in drei verschiedenen Trainingstechniken: Visualisierung, Entspannung und Biofeedback-EEG-Training. Beim Biofeedback-EEG-Training lernten sie, ihre Gehirnwellenaktivität zu wechseln, um Spitzenleistung zu erbringen. Sie wechselten von der analytisch-linken Hälfte zur räumlich orientierten, rechten Hemisphäre. Das Ergebnis war eindeutig: Zwei der Gruppen, die Visualisierungs-Gruppe und die Biofeedback-Gruppe, steigerten ihre Fähigkeiten. Dr. Crews folgerte daraus: „Sie müssen den Körper entspannen, aber den Geist konzentrieren."

Eine EEG-Studie über Scharfschützen – durchgeführt vom Psychologen Brad Hatfield von der University of Maryland – zeigte kurz vor der Auslösung des Schusses eine deutliche Freisetzung von Alpha-Wellen in der linken Hemisphäre. Dies ist eine weitere Indikation dafür, daß die analytische, linke Hemisphäre in der Entspannung die Kontrolle aufgibt und sie der visuell und räumlich orientierten rechten Hemisphäre übergibt.

Der Psychologe Dan Landers von der Arizona State University beobachtete per EEG ein 15-Wochen-Training von Anfängerinnen im Bogenschießen. Ihre Verbesserungen in den Fertigkeiten gingen direkt mit Veränderungen in den EEG-Mustern einher. Bei ihnen tauchte, wie auch bei echten Bogenschützen, nach kurzer Zeit die Explosion von Alpha-Wellen in der linken Hemisphäre auf.

Als nächstes untersuchte Landers, wie sich die Ergebnisse der Bogenschützen steigern ließen, wenn sie die Kontrolle über ihre eigenen Gehirnwellen erlernten. Die Versuchspersonen erhielten ein EEG-Biofeedback und lernten, bewußt Alpha-Wellen in der linken Hemisphäre auszulösen. Die Kontrollgruppe bestand aus Bogenschützen, die normal trainierten. Die Gruppe mit EEG-Biofeedback konnte ihre Leistung erheblich verbessern und traf den inneren Bereich der Scheibe öfter als die Kontrollgruppe.

Dr. Hatfielt spekulierte, daß die Kombination aus Entspannung der analytischen Prozesse und der Kraft der visuell-räumlichen, rechten Hemisphäre zu dem tranceähnlichen „Flow-Zustand" führt, der für Spitzenleistung erforderlich ist.

Wir haben bereits in Kapitel 5 über die verschiedenen EEG-Biofeedback-Geräte gesprochen, auch über deren geprüfte Effektivität für das Lernen, die durch die Produktion von Alpha-Wellen und den Zustand der Hemisphären-Synchronisation entsteht. EEG-Training in Verbindung mit Mind Machines führt zu einem optimalen Gehirnwellenzustand, ideal für entspannte Konzentration und Spitzenleistung. Zusätzlich zeigen die Beweise, daß auch andere Arten der Gehirntechnologie – wie z.B. Licht- und Ton-Geräte, Ganzfeld, akustische Feldgeneratoren, Isolationstanks, Bewegungssysteme und vieles mehr – zur gezielten Veränderung der Gehirnwellenaktivität in eine gewünschte Frequenz beitragen können ... also zu einem entspannten Ganzhirnzustand, wie er für Spitzenleistung notwendig ist. Beispielsweise haben jüngste Studien gezeigt, daß es Effekte des Floatens auf die sportliche Spitzenleistung gibt. Die visuelle Imagination im Isolationstank steigert die Leistung bei Gymnastik, Tennis, Basketball und anderen Sportarten signifikant.

ACTION-TEIL – Trainingstechniken des inneren Spiels

Entspannen, befreien, umschreiben

Suchen Sie sich einen ruhigen Ort, wo Sie Ihre Entspannungstechniken mit Mind Machines anwenden können, um in den Zustand Null zu gelangen. Wenn Sie sich dann in einem erholsamen Zustand der Ganzkörperentspannung befinden, können Sie Ihre wettkampfbedingten Emotionen empfinden und projizieren. Konzentrieren Sie sich einen Moment ... erfahren Sie in sich selbst, was in Ihrem Geist vor sich geht. Sind Sie beispielsweise nervös? Sie werden es als hilfreich empfinden, diese Emotionen mit Hilfe der Befreiungstechnik – die wir in Kapitel 17 beschrieben haben – loszulassen. Hinter diesen Emotionen entdecken Sie vielleicht ein Bedürfnis – spüren Sie das Bedürfnis nach Anerkennung? Nach Kontrolle? Oder nach Sicherheit? Erinnern Sie sich, Bedürfnisse implizieren immer ein „nicht Haben" ... also lassen Sie die Bedürfnisse frei, damit Sie Ihre Ziele erreichen können.

Man führt wieder Selbstgespräche

Durch Konzentration und die Befreiungstechnik finden Sie vielleicht heraus, daß Ihr Training oder Ihre Wettkampfkapazitäten begrenzt bzw. gehemmt sind. Dies geschieht meist durch negative Selbstgespräche wie: „Das schaffe ich niemals" oder: „Ich kann nicht gegen diese Konkurrenz gewinnen!" Zunächst gilt es, diese negativen Selbstgespräche durch positive Affirmationen zu ersetzen. Aber denken Sie daran, Sie können keine negativen Gedanken „weißwaschen".

Werden Sie sich des Ursprungs dieser Gedanken bewußt – wo kommen sie her? Wie lange führen Sie schon diese negativen Selbstgespräche? Wann gelangten diese Gedanken in Ihren Kopf? Können Sie sich an eine Erfahrung aus Ihrer Kindheit erinnern, die Sie entmutigt haben könnte? Erinnert sich vielleicht Ihr Geist an ein früheres Fußballspiel, bei dem Sie den Paß im Strafraum nur knapp verfehlten? Ersetzen Sie dieses Bild durch einen Superschuß, der Sie zum Helden macht, oder durch ein Bild, bei dem sich Ihr Trainer oder Ihre Eltern über Sie sehr freuen.

Geben Sie sich die Sicherheit, daß Sie diese negativen Selbstgespräche durch positive Aussagen ersetzt haben. Diese sollten nicht nur generelle positive Statements beinhalten, die Sie im Zustand Null nutzen können, sondern Statements, die Sie zu jeder Zeit anwenden können. Zum Beispiel: „Ich bin ein Gewinner!", „Ich respektiere und schätze mich!", „Ich erfreue mich großer körperlicher Kraft und Gesundheit!", „Ich kontrolliere jetzt meinen Geist und meinen Körper!", „Ich fühle, wie mein Körper vor Stärke und Energie glüht!" usw.

Sie können auch persönlichere positive Aussagen einsetzen, die direkt auf Ihre Ziele oder Eigenschaften zugeschnitten sind. Sie können diese im Zustand Null bekräftigen, aber auch in spezifischen Situationen wiederholen. Hier einige Beispiele: „Wenn es heißt, Augen zu und durch, dann wird mein Schuß perfekt sein!", „Ich habe meine Augen immer auf den Ball gerichtet!", „Ich höre auf meinen Körper und reagiere auf seine Bedürfnisse!" usw.

Selbsthypnose und Suggestion

Wenn Sie sich in einem entspannten Zustand befinden, also Ihre Bedürfnisse und Emotionen frei fließen lassen, Ihre Gefühle überschrieben und sich selbst geeignete positive Affirmationen zugeführt haben, dann können Sie mit der positiven mentalen Imagination beginnen. Wie wir gesehen haben, kann Visualisieren – Freiwürfe werfen, das Bull-Eye beim Darts treffen – wie eine positive Suggestion funktionieren und Ihre Leistungsfähigkeit steigern. Mind-Tools sind eine perfekte Unterstützung bei Selbsthypnose und -suggestionen, und das sportliche Training bietet eine ideale Möglichkeit zur Umsetzung dieser positiven Suggestionen: Ihre Ziele können sehr spezifisch sein (Sie wollen genauer zielen, Ihrem Aufschlag vertrauen oder Ihre Rückhand verbessern), daher können Sie sich sehr spezielle Suggestionen und Affirmationen setzen. Diese können Sie verbal, visuell oder – im Idealfall – in Kombination mit Sinnesmodalitäten durchführen.

Diese Übung hat viele Namen – kognitive Rekonstruktion, Zielsetzung, positives Denken, mentale Praktik, visuo-motorische Verhaltensperformanz, Psychokybernetik, Visualisieren oder Muskelgedächtnisprogrammierung. Es folgen kurze Beschreibungen von einigen Techniken, die effektiv mit Mind Machines zusammenwirken. Jeder Sportler muß für sich die geeignetste Technik herausfinden – versuchen Sie eine, die Sie interessiert, und seien Sie zur Veränderung und Steigerung bereit, wann immer Sie den Impuls dazu verspüren.

Abgesehen von der Befreiung spezieller Bedürfnisse durch Worte oder Gedanken im Zustand totaler Offenheit können die mentalen Bilder in Verbindung mit wiederholt positiven und einfachen Suggestionen verbessert werden. Hierbei benutzen Sie die Technik der Suggestion, wie wir sie bereits früher beschrieben haben: „Ich laufe leicht, mühelos und kraftvoll."

Es ist gut, wenn Sie den Fokus darauf legen, was Sie wirklich kontrollieren können. Sie können weder das Wetter beeinflussen noch die Leistungen der Konkurrenten oder die Wertungen der Schiedsrichter. Aber Sie können Ihre eigene Leistungsfähigkeit kontrollieren. Sie sollten sich also auf das konzentrieren, worin Sie Ihr Bestes geben können ... egal, was sich dann ereignet.

Von der Programmierung zur Performance

Erleben Sie es so vielfältig wie möglich. Nutzen Sie alle sensorischen Modalitäten, damit Sie das gewünschte Resultat erreichen. Egal, ob es ein erfolgreich ausgeführter Schuß ist, Spitzenleistung in einer Streßsituation, die Überquerung der Ziellinie in persönlicher Bestzeit oder der Sieg. Dazu einige Worte des Erfinders der positiven Selbstprogrammierung Maxwell Maltz, dessen Abhandlung in *Psychocybernetics* erschien:

„Beschwören oder erwecken Sie die Gefühle des Erfolges. Wenn Sie das Gefühl von Erfolg und Selbstvertrauen empfinden, können Sie auch erfolgreich handeln ... Definieren Sie Ihre Ziele oder Endresultate. Machen Sie sich ein klares und scharfes Bild davon. Dann erwecken Sie das Gefühl, welches Sie erleben wollen. Dieses Gefühl begleitet Ihr gewünschtes Ziel ... Nun ist Ihre innere Maschinerie auf Erfolg programmiert. Sie führt die korrekten Muskelbewegungen aus, erfüllt Sie mit kreativen Ideen und setzt alles daran, daß Sie Ihr Ziel erreichen."

Das erfolgreiche Gefühl ist sehr hilfreich bei der Veränderung negativer Glaubensmuster, Formen oder Programmierungen, die uns unbewußt von unserer Leistung abhalten. Wenn wir das Bild des Erfolges in unserem Geist festigen, dann trennt sich der Geist – und durch den Geist auch der Körper – von den negativen Formen und verändert diese in positive Resultate. Wenn Sie Ihren Fokus auf ein großes Projekt oder ein langfristiges Ziel legen, ist die Erfolgsprogrammierung enorm hilfreich. Sie installiert einen „inneren Radar", der Sie zu Ihrem Ziel führt. Es mag sein, daß Sie Ihr Ziel in mehrere kleine Teilziele untergliedern. Jedesmal, wenn Sie dann eines der kleinen Ziele erreicht haben, werden Sie das Feuer des Erfolges spüren, und das positive Feedback wird Sie zu Ihrem nächsten Schritt antreiben.

Schritt für Schritt

Haben Sie die Entspannung erreicht, gehen Sie die „Performance" Schritt für Schritt durch. Sehen Sie, wie Sie jeden Schritt perfekt durchführen. Wenn Ihnen ein Fehler unterläuft, kehren Sie zurück und korrigieren Sie ihn. Üben Sie diesen Vorgang immer und immer wieder. Sehen, fühlen, tasten und schmecken Sie Ihre Performance. Je deutlicher das Bild Ihrer Spitzenleistung ist, desto besser verinnerlichen Geist und Körper diese Aufführung. Denken Sie daran, diese mentale Praktik ist kein unbedeutender Ersatz für das „reale Ereignis". In allem – Basketball-Körbe werfen, Darts ins Bull-Eye schießen – ist die mentale Praktik so effektiv wie Ihre körperliche Praktik. Wenn Sie das Bild klar genug machen, dann ist es „real".

Der innere Film

Jetzt kommt Ihre Chance, ein Star zu sein ... nehmen Sie Ihren Auftritt und machen Sie ihn zu einem großen Hollywood-Film. Sie sind der Produzent, der Regisseur, der Direktor, der Drehbuchautor und der Star Ihres eigenen inneren Films. Nutzen Sie alle Elemente von Hollywood. Als erstes seien Sie sich sicher, daß Sie eine Fortsetzungsgeschichte haben. Egal, ob es sich um eine sportliche oder andere Handlung dreht, sehen Sie vom Anfang bis zum Ende alles in perfekter Form. Lassen Sie es mehrfach an sich vorüberziehen. Filmen Sie aus der Distanz, so können Sie die gesamte Szene überblicken. Filmen Sie aus der Sicht vieler Blickwinkel. Machen Sie eine Nahaufnahme Ihrer Hand, Ihres Gesichts, Ihrer Füße. Hören Sie das Klackern des Balles. Filmen Sie in Zeitlupe Ihre Drehung, Ihre Füße und wie der Ball den Schläger berührt. Belohnen Sie Ihr perfektes Spiel mit einer unmittelbaren Wiederholung. Belohnen Sie Ihren Erfolg mit dem Jubel der Zuschauer, die total begeistert sind! Sollten Sie hinfallen oder einen Fehler machen, so stehen Sie auf und lassen den Film zurücklaufen (oder bewegen Sie sich rückwärts), wiederholen es noch einmal, und zwar dieses Mal erfolgreich! Wiederholen Sie es immer und immer wieder.

Motivieren Sie sich selbst – Ihre große Liebe wartet an der Ziellinie auf Sie, um Sie zu umarmen und Sie auszuziehen. Sehen Sie Ihren Namen in der Schlagzeile der Sportseiten. Sehen Sie sich selbst, wie Sie einen begehrten Pokal in Empfang nehmen. Erfahren Sie, wie es ist, wenn Sie dem Rivalen die Bälle um die Ohren hauen oder an Ihren Konkurrenten vorbeilaufen. Finden Sie heraus, welche Art von geistigem Film für Sie am besten geeignet ist – romantische Zeitlupe, Fernsehansage oder was auch immer.

Abweichende Submodalitäten: Erinnern Sie sich, sehen Sie nicht nur die Bilder – sondern erleben Sie die Situation mit allen Ihren Sinnen. Versuchen Sie, die Submodalitäten zu manipulieren und zu kombinieren. Zum Beispiel, nehmen Sie Ihren visuellen Sinn und machen das Bild heller, schärfer, größer, noch größer, so riesig, daß es Ihren gesamten mentalen Bildschirm ausfüllt. Dissoziieren Sie sich von Ihrem Rivalen und machen ihn kleiner, lassen Sie das Bild schrumpfen, bringen Sie ihn weit hinter den Horizont ... machen Sie die Geräusche lauter ... Erinnern Sie sich an die Stimme einer Person, die Sie liebt; und nun manipulieren Sie alles, beschleunigen es, machen es lauter, hören Sie, wie die Geräusche von überall herkommen ... Denken Sie an einen Ihrer großen Siege aus der Vergangenheit oder an einen Erfolg, auf den Sie sehr stolz sind. Wo ist diese Erinnerung lokalisiert? Haben Sie das Gefühl, daß diese Erinnerung hinter Ihnen liegt? Wo sitzt sie exakt? Nun nehmen Sie das Bild, in dem Sie Ihre sportliche Leistung perfekt durchführen, und bringen Sie dieses Bild in Ihre Szene ein, wo Sie sie als eine neue, erfolgreiche Erinnerung in Ihrem Kopf abspeichern können.

Veränderte Sichtweise: Seien Sie sicher, daß Sie sich von allen Standpunkten aus sehen können. Machen Sie ein Bild von Ihrer perfekten Leistung, während Sie sich mit dieser Leistung assoziieren ... erleben Sie dies aus dem Inneren Ihres Körpers heraus ... fühlen Sie das Fließen in Ihren Muskeln, die Bewegung Ihrer Arme, die Bewegung Ihrer Füße. Nun wechseln Sie in einen dissoziierten Zustand – beobachten Sie Ihre Aktion objektiv von einem entfernten Standpunkt aus, wie in einem Film. Führen Sie eine kurze Wiederholung durch und erleben Sie Ihren perfekten Schwung wieder und immer wieder.

Swish: Nutzen Sie die Swish-Technik, um eine unerwünschte oder unerfreuliche Szene schrumpfen zu lassen, während eine erfreuliche oder eine wünschenswerte Szene immer größer wird, so groß, daß sie Ihren ganzen mentalen Raum ausfüllt.

Wie mächtig diese mentalen Filme sein können, zeigt der Speerwerfer David Schmeltzer vom New Yorker Pioneer Track Club. Er nutzt die Technik der Visualisierung im Isolationstank, um sich selbst beim perfekten Speerwurf zuzuschauen. Kurz nachdem er mit der Mind-Technologie begann, übertraf er seinen persönlichen Rekord um mehrere Meter. Er sagte später: „Als ich den Speer geworfen hatte, da war es wie ein Déjà-vu-Erlebnis. Im Moment des Abwurfes kannte ich schon den Verlauf des Wurfes ... Ich hatte diesen Wurf bereits im Isolationstank durchgeführt."

Modelling

Denken Sie an ein sportliches Talent, das Sie bewundern – einen Ausnahmesportler, der jedes Spiel mühelos gewinnt. Dann stellen Sie sich vor, daß Sie diese Person sind. Sehen Sie sich stehen, gehen, laufen, rennen, den Schläger schwingen, Ihre schweißnasse Kleidung, wie Sie Ihre Schuhe zubinden, sich die Nase putzen ... so, wie es der Meister macht. Sie sind diese Person, und stellen Sie sich vor, wie diese Person Ihr Training durchläuft, das Sie jetzt durchlaufen müssen. Stellen Sie sich also diese Person vor, wie sie das Training absolviert – jede Wiederholung ist perfekt, jede Bewegung super, mühelos, fließend ... Nun stellen Sie sich als diese Person im Wettkampf vor. Wie ist Ihre Leistung als Held oder Meister? Tun Sie es. Sehen Sie, was sich ereignet.

Rollentausch

Immer wenn Sie sich selbst aus einer anderen Position sehen, hilft es Ihnen, daß Sie nicht in einem Verhaltensmuster festsitzen. Wenn Sie ein langsamer, schwerfälliger Läufer sind, so nutzen Sie eine mentale Imaginationssitzung, um sich als Sprinter vorzustellen. Erleben Sie den Spaß an der Geschwindigkeit, brechen Sie aus Ihren langsamen, starren Mustern aus.

Sind Sie ein aggressiver Spieler, nutzen Sie die Sitzung, um sich im Geiste zurückzulehnen, Ruhe zu bewahren und sich zu entspannen. Nichts beunruhigt Sie. Es ist alles ganz einfach, und Sie sind auf dem laufenden ... Sehen Sie, ob es eine Zufriedenheit mit diesem neuen Stil gibt, deren Sie sich nicht bewußt waren. Vielleicht gibt es etwas an diesem Stil, das Ihnen hilft, mit Aggressionen besser umzugehen ... Sehen Sie, wie sich Ihr zukünftiges Spiel verändert.

Mentale Übung

Wenn Sie tief entspannt sind, erleben Sie sich in der Sitzung beim Training. Sollte es sich um Gewichtheben handeln, beobachten Sie, wie Sie die Scheiben an die Stange hängen. Fühlen Sie mit all Ihren Sinnen, wie Sie die Gewichte stemmen, kräftig und in perfekter Haltung, erleben Sie jedes Stoßen, jedes Reißen. Erleben Sie, wie Sie das Stoßen beschleunigen und wie Sie Ihre eigenen Kapazitäten überschreiten, ohne Müdigkeit und in optimaler Haltung. Ich habe mit Bodybuildern und anderen Athleten gesprochen: Sie benötigen in den Sitzungen keine Pausen mehr zwischen den athletischen Übungen ... sie können bis zu einer Stunde ohne Pause trainieren, alles in nur ein paar Minuten mentaler Imagination. Und es scheint, daß der Wachstumseffekt der Muskeln beim visualisierten Training fast genauso groß ist wie beim realen Training! Das ergibt einen Sinn, wenn man sich vor Augen führt, daß imaginäre Aktionen zu echten mikromuskulären Kontraktionen führen und auch andere Körpersysteme aktivieren können. Und Forschungen von Sportphysiologen ergänzten, daß bildhaftes Training die Kraft und die Agilität steigern kann.

Die unglaubliche Reise

In dem Film *Die Reise ins Ich* machen miniaturisierte Astronauten eine Reise durch den menschlichen Körper, indem die Blutzellen die Größe von Lastwagen annehmen und Blutgefäße wie der Elb-Tunnel erscheinen. Mit Imagination können Sie durch klare und bildhafte Erlebnisse Ihren Körper, als Reaktion auf Ihr Trainingsprogramm, stärken. Sehen Sie die Energie als weißes Licht, das durch Ihren Körper fließt. Erleben Sie das Strömen des Blutes mit seinen Nährstoffen, dem Sauerstoff und den Wachstumshormonen ... wie es in Ihre Muskelzellen fließt. Wenn Sie Ihren Bizeps anspannen, so fühlen Sie die Kontraktion so fest wie möglich – und dann lösen Sie die Anspannung wieder. Fühlen Sie, wie sich der Muskel mit Blut füllt, und fühlen Sie, wie sich das Gewebe erneuert, heilt, wächst und kräftiger wird.

Powerzustände ankern

Wir haben schon früher diskutiert, wie man Spitzen- oder Kraftzustände ankert. Nutzen Sie dazu Mind-Tools, um sich zu entspannen und in den Zustand Null zu gehen. Dann visualisieren und erleben Sie den Zustand, den Sie ankern möchten, so vollständig wie möglich.

Wenn Sie diesen gewünschten Erfolgszustand voll und ganz erleben, setzen Sie einen Anker, ein Fingersignal, ein mentales Bild oder ein Signalwort. Vergegenwärtigen Sie sich, daß Sie nur ein Signal brauchen, um diesen Kraftzustand zu reaktivieren ... führen Sie Ihre Finger zusammen, sagen Ihr Schlüsselwort oder visualisieren Sie das Spezialbild. Und unmittelbar danach wechseln Sie in eine Ganzkörper-/Geist-Erfahrung dieses Zustands über. Um einen Zustand zu erleben, den Sie ankern möchten, rufen Sie Ihr Gedächtnis auf, damit Sie eine positive Erinnerung erleben. Dabei kann der Einsatz des geistigen Films und der Modelling-Technik hilfreich sein – visualisieren Sie einen Sportler bei einer Höchstleistung, die Sie in perfekter Form modellieren möchten ... bringen Sie sich selbst in diese Vorstellung, erleben Sie sie so umfangreich wie möglich, und ankern Sie diese Szene. Einige dieser Powerzustände sind besonders sinnvoll für Training und Wettkampf, einschließlich der folgenden:

Kraft: Erleben Sie Ihre körperliche Stärke und Energie, die durch Ihren Körper fließt. Dies ist gut für die letzten Stretch-Übungen vor dem Wettkampf.

Flow: Fühlen Sie den mühelosen Flow-Zustand; all Ihre Bewegungen sind geschmeidig, flüssig und perfekt koordiniert. Es ist sinnvoll, diesen Anker in der Mitte eines Wettkampfs zu aktivieren, wenn Sie sich Ihrer Leistung zu bewußt werden.

Fokus: Erleben Sie, wie Sie sich vollständig auf Ihre Aktivität konzentrieren und alle äußeren und inneren Ablenkungen ignorieren. Lösen Sie diesen Anker aus, wenn Sie auf den Start warten oder wenn Sie die Geräuschkulisse um sich herum (Applaus oder Zurufe) ignorieren wollen. Diese Art der totalen Aufmerksamkeit für eine Handlung mit den inneren, bewußten Gedanken ist wie ein tranceähnlicher Zustand, den die Sportler „in the zone" nennen.

Entspannung: Dieses Kommando ist in Streßsituationen sinnvoll, wenn Sie merken, daß sich Ihre Leistung, zum Beispiel durch Muskelanspannung, verschlechtert.

Fließen lassen: Benutzen Sie Ihr Erlebnis mit der Befreiungstechnik. Sie können ein Gefühl der Befreiung ankern, das sie während des Trainings oder des Wettkampfes einsetzen können, wenn Ihre Emotionen oder Bedürfnisse sich negativ auf Ihre Leistungen auswirken. Zum Beispiel ist die Wut eine Komponente, die Ihre fließenden Bewegungen zerstört ... Sie spielen unbesonnen und rücksichtslos. Oder Ihr Bedürfnis nach Anerkennung durch Ihre

Fans lenkt Sie von Ihrem eigentlichen Fokus ab. Aktivieren Sie diesen Befreiungsanker, und lassen Sie die negativen Emotionen und Bedürfnisse los.

Denken Sie daran, je intensiver Ihr mentaler Zustand ist und je stärker Sie den zu ankernden Zustand erleben, desto intensiver und langfristiger wird dieser Anker wirken. Das macht die Mind-Technologie zu einem idealen Hilfsmittel für effektives Ankern – möglicherweise der beste und schnellste Weg, der bis jetzt entdeckt wurde. Fazit: Wiederholungen des Ankers erhöhen seine Wirkungsfähigkeit.

Externe Anker

Wenn Sie das gewünschte Verhalten und die entsprechenden Gehirnzustände fest geankert haben, dann aktivieren Sie diese regelmäßig. Einer der besten Wege ist der Einsatz eines externen Signalgenerators, beispielsweise des MotivAiders. So nutzte ein Tennisprofi die Tiefenentspannung, um zu visualisieren, daß er beim Rückhandschlag den Schläger früher zurücknehmen muß. Er setzte seinen MotivAider auf dem Tennisplatz in Intervallen von 3 Minuten ein, und jedesmal, wenn er vibrierte, sagt er zu sich: „Früher zurücknehmen". Nach dem Spiel stellte er ihn auf Intervalle von 45 Minuten ein, und bei jeder Vibration visualisierte er seinen Aufschlag, seinen Service, seinen Return oder sein Grundlinienspiel. „Ich fühle richtig den Ball und kann meine Bewegungen visuell erleben", so erzählte er. Sein Spiel verbesserte sich so schnell, daß er sogar einmal in Wimbledon das Viertelfinale erreichte.

Zusätzliche Literatur:

❏   Eine hervorragende Erläuterung von Spitzenleistung bietet das Buch *Flow: The Psychology of Optimal Experience* von Mihaly Csikszentmihalyi (Harper & Row, New York 1990). Das Buch *Golf in the Kingdom* von Michael Murphy (Dell, New York 1972) ist nicht nur eine Hilfe für das Golfspielen, sondern auch für andere mentale Aspekte des Sports. *The Joy of Running* von Thaddeus Kostrubala (Lippincott, Philadelphia 1976) beschreibt die mentalen und spirituellen Aspekte des Laufens, die auch auf andere Sportarten übertragen werden können. *Peak Performance: Mental Training Techniques of the World's Greatest Athletes* von Charles Garfield und Hal Bennett (Tarcher, Los Angeles 1984) ist ein nüchternes Kompendium von Techniken der Spitzenleistung. *The Psychic Side of Sports* von Michael Murphy und Rhea White (Addison Wesley, London 1978) beschreibt einige der außergewöhnlichen mentalen Zustände von Sportlern, während sie Spitzenleistungen erlebten. Auch erwähnenswert: *The Ultimate Athlete* von George Leonard (Viking, New York 1975), *The Warrior Athlete: Body Mind and Spirit* von Dan Millman (Stillpoint, Walpole 1985), *The Inner Game of Tennis* von Timothy Gallwey (Random House, New York 1974).

ZWEIUNDZWANZIG
Was Sie schon immer über Brain-Sex wissen wollten

Die alte Überlieferung, daß die Welt am Ende von sechstausend Jahren durch Feuer verzehrt werden wird, ist wahr ... die ganze Schöpfung wird verzehrt werden, und sie wird unendlich und heilig erscheinen, während sie jetzt endlich und verdorben erscheint.

Dies wird durch eine Vervollkommnung der Sinnesfreude geschehen.

– *William Blake*

In einem meiner frühen Megabrain-Workshops bekam ich eine erste Ahnung von den enormen Auswirkungen der Mind-Technologie auf die Sexualität, als ein verheiratetes Paar um die 50 ein Licht- und Ton-Gerät ausprobierte. Ich versetzte die beiden durch verschiedene Frequenzen und Lichtmuster in Entspannung. Während der Sitzung unterhielten sie sich über das, was sie sahen. „Oh, siehst du das blaue Spinnennetz?" fragte sie ihren Ehemann, und er antwortete: „Ja, schau, wie es grün wird, so wie das Gras." Schon nach kurzer Zeit befanden sie sich in Alpha und dann in Theta ... es wurde immer klarer, daß sie sich über ein und dasselbe Erlebnis unterhielten ... eine Art der gegenseitigen hypnotischen Trance.

Beide gingen in eine tiefe Höhle – sie schauten sich gegenseitig an –, und in der Höhle war eine Ecke mit kuscheligen Kissen. Ihre Beschreibungen wurden immer knapper, und dann kamen Minuten des Schweigens. Beide atmeten tief, sehr entspannt, und ihre Gesichter waren mit Freude erfüllt. „Oh, John", sagte die Frau. „Ummmm, ja", antwortete er. Es lag auf der Hand, daß sich etwas zwischen den beiden ereignete. Ich ließ sie eine ganze Zeit in dieser Phase verweilen, bevor ich die Frequenz wieder erhöhte, um sie ins normale Wachbewußtsein zurückzuholen.

Nachdem sie die Brillen abgesetzt hatten, schauten sie sich amüsiert und voller Freude an ... dann begannen sie herzhaft zu lachen. Sie umarmten sich und gingen in eine Ecke, um sich zu unterhalten. Sie erklärten mir später, daß sie ein gemeinsames Erlebnis hatten – eine außergewöhnlich sinnliche und energetisierende sexuelle Begegnung. „Es war der beste Sex, den wir seit Jahren hatten", erzählte der Ehemann.

Dies heißt nicht, daß Techno-Sex nur in Ihrem Kopf abläuft. Es soll nur betont werden, wie wichtig unser mentales Bild und unsere innere Erfahrung für die sexuelle Freude ist ... und wie das Miteinander-Teilen dieser Bilder und inneren Erfahrungen unsere Sexualität erweitern und intensivieren kann.

Schweigend ins Gespräch vertieft

Eine große Anzahl von gleichzeitig feuernden Neuronen kann ein elektrisches Feld erzeugen, das wir mit dem EEG und anderen Geräten aufzeichnen können. Wissenschaftler haben seit längerem vermutet, daß Neuronen und Neuronengruppen eine Art „neuronales Feld" aufbauen können, das sich in unserem Gehirn ausbreitet ... und theoretisch können diese Felder mit anderen neuronalen Feldern interagieren. Das könnte erklären, warum wir uns zu jemandem hingezogen fühlen oder ein unmittelbares Gefühl verspüren, mit jemandem „auf der gleichen Wellenlänge" zu sein.

Eine Serie von Experimenten der University of Mexico – veröffentlicht im *International Journal of Neuroscience* – untersuchte, wie einige Arten der neuronalen Kommunikation funktionieren. Als erstes wurden die Versuchspersonen in Paare aufgeteilt. Die Gehirnwellenaktivität wurde während der gesamten Zeit mit einem EEG aufgenommen. Anfangs zeigten die Gehirnwellen der Paare keine Korrelation. Doch nun sollte jedes Paar die Augen schließen und die „Gegenwart des anderen fühlen" oder versuchen, durch die Bewußtwerdung des anderen mit ihm zu kommunizieren – dabei sollten die Wissenschaftler Signale von den Paaren erhalten, wenn sie diesen Zustand erreicht haben.

Wenn es zu einer Kommunikation kam, zeigten die EEG-Aufzeichnungen, daß „die interhemisphärischen Korrelationsmuster der Versuchspersonen sehr ähnlich waren". Die Muster zeigten einen erstaunlichen Grad von Synchronizität – die Muster der Spitzen und Täler, die anfänglich völlig unzusammenhängend waren, veränderten sich plötzlich in eine exakte Synchronie ... die Spitzen und Täler der einzelnen Versuchsperson waren praktisch identisch mit denen des Partners.

Schweigende Übereinstimmung

„Die Versuchspersonen mit der höchsten Übereinstimmung (zwischen der rechten und linken Hemisphäre) waren Personen, die von diesem Experiment besonders beeinflußt wurden", so die Wissenschaftler Jacobo Grinberg-Zylberbaum und Julieta Ramos. Die EEGs der Versuchspersonen, die eine geringe Synchronisation der Hemisphären zeigten, folgten den Frequenzmustern des Partners, dessen Hemisphären-Synchronisation größer war. Die Sitzungen fanden alle in einem Faradayschen Käfig statt (ein Raum ohne elektromagnetische Aktivität von außen), damit die EEG-Synchronie als ein klares Resultat der „schweigenden Kommunikation" zwischen den Partnern gewertet werden konnte.

Es gab keine Gespräche oder Berührungen während der Sitzungen. Nach den Sitzungen erzählten die Paare, daß sich ihre Gefühle vermischt hätten. Einige erlebten körperliche Empfindungen oder starke mentale Bilder von ihren Partnern. Diese schweigende

Kommunikation sollte nicht durch vorheriges Kennenlernen der Partner beeinträchtigt werden. Die Paare kannten sich nicht und waren sich vorher niemals begegnet. Eine Versuchsperson synchronisierte sich schlagartig mit drei unterschiedlichen Partnern. Am Ende einer Sitzung, als die schweigende Kommunikation beendet wurde, verschwand auch die Synchronisierung zwischen den Paaren.

Diese Dokumentation einer EEG-Synchronisierung zwischen zwei und mehr Menschen ist eine Erklärung für die schweigende, totale, mentale, sexuelle Erfahrung unseres Paares am Anfang des Kapitels. Wir können vermuten, daß durch die Frequenzsynchronisation ihre EEG-Muster sich in eine Synchronie bewegten, die sie als „schweigende, empathische Kommunikation" erlebten.

Sex synchron

Wenn der Beweis vorliegt (und Ihre persönliche Intuition und Erfahrung dies bestätigen), daß zwei Menschen in einem nicht-körperlichen Zustand zusammenkommen können, dann besteht der nächste Schritt darin, diese „schweigende Synchronisation" auf Ihren Partner zu übertragen. Seit man weiß, daß diese schweigende Kommunikation mit synchronisierter Gehirnwellenaktivität im Zusammenhang steht, ergibt es einen Sinn, Mind Machines direkt zur Erweiterung und Synchronisierung der Gehirnwellenaktivität einzusetzen. Die eindeutig besten Geräte für diesen Zweck sind die Licht- und Ton-Maschinen. Sie können die Synchronisation steigern, und sie sind außerdem ideal, um Erfahrungen auszutauschen, da sie meist über zwei Brillen/Kopfhörer-Kombinationen verfügen. Damit können die Sitzungen gemeinsam durchgeführt werden, um die Freude zu verdoppeln.

Zunächst bringt Sie das Gerät in einen tiefen Entspannungszustand – dann spüren Sie die Gegenwart des anderen (wie beim Experiment der University of Mexico). Als nächstes beginnen Sie mit der eigentlichen (schweigenden) Kommunikation. Was Sie fühlen und über was Sie kommunizieren, ist ausschließlich ein Ergebnis Ihrer eigenen Öffnung und Ihres Willens. Viele Anwender fanden heraus, daß diese „empathische Kommunikation" das gegenseitige Vertrauen auf ein höheres Niveau bringt. Die Intensität hängt von Ihren eigenen Kapazitäten zur Öffnung der Emotionen ab, also von dem Austausch Ihrer Gefühle mit dem Partner und der vollen Wahrnehmung des anderen. Dabei gibt es keine Grenzen.

In vielen Fällen führt die schweigende Kommunikation in körperliche, sexuelle Erfahrungen. Wenn Sie sich in dem gleichen Gehirnzustand wie Ihr Partner befinden, kann sich das sexuelle Erlebnis drastisch verstärken. Schließlich lautet die zentrale Nachricht von Millionen von Therapiebüchern zum Thema Sex: „Schenken Sie Ihrem Partner volle Aufmerksamkeit." Mit dem gleichen Gehirnzustand können Sie Ihre sexuelle Erfahrung direkt mit Ihrem Geliebten auf telepathischem Wege teilen. Die Versuchspersonen des EEG-Experiments von der University of Mexico berichteten, daß ihre Kommunikation jenseits von Gespräch oder Berührung stattfand. Stellen Sie sich dabei vor, daß sich die Synchronisation auf Ihren ganzen Körper ausdehnt. Die Anfänger des tantrischen Yogas sind der Überzeugung, daß das Universum von den Hindu-Göttern Shiva und Shakti erschaffen wurde, um Sexualität und Spiritualität zu vereinen. In einem tantrischen Text sagt Shiva zu Shakti: „Du, oh Shakti, bist mein wahres Selbst; es gibt keinen Unterschied zwischen dir und mir." Versuchen Sie es!

Neu auf dem Markt

Auch andere Mind-Tools induzieren Gehirnwellensynchronisation, einschließlich der EEG-Biofeedback-Systeme, des Ganzfeldes, der Bewegungssysteme, der binaurikularen Kassetten und CDs, des Isolationstanks und der akustischen Feldgeneratoren. Ich schlage deshalb vor, daß Sie und Ihr Partner die (sexuellen) Effekte all dieser Mind-Tools ausprobieren.

Ein EEG-System ist neu auf dem Markt. Es gibt nur dann ein Feedback, wenn sich beide Partner in einer synchronen Gehirnwellenaktivität befinden. Der „Interactive Brainwave Visual Analyzer" (aber auch andere EEGs) können zwei Anwender gleichzeitig auf dem Bildschirm darstellen. Ein anderes EEG, der „Biofeedback Brainwave Synchronizer", kann so modifiziert werden, daß fünf Menschen gleichzeitig angeschlossen werden können ... es erzeugt erst dann ein Licht- und Ton-Feedback, wenn alle fünf Anwender synchrone Gehirnwellen produzieren. Ich nutze dieses Gerät in meinen Megabrain-Workshops. Immer wenn fünf Teilnehmer gemeinsam gleiche Gehirnwellen produzieren, ausnahmslos Menschen, die sich bis dato völlig fremd waren, fühlen sie einen unbeschreiblichen Austausch und eine Verbindung mit den anderen. Und ich kann aus meinen eigenen Erfahrungen heraus sagen, daß zwei Menschen, die in zwei Isolationstanks nebeneinander floaten, ein erstaunliches Niveau der schweigenden Kommunikation erreichen.

Gib mir deinen Saft ...

Es gibt faszinierende Beweise, daß die Mind-Technologie die Konzentrationen der Sexualhormone steigert. Wie schon beschrieben, hat Dr. C. Norman Shealy die Konzentrationen der Sexualhormone bei Versuchspersonen vor und zehn Minuten nach einer Sitzung mit Licht- und Ton-Geräten gemessen. Die Versuchspersonen wurden flackerndem violettem, grünem oder rotem Licht mit einer Fequenz von 7,8 Hz ausgesetzt. Shealy berichtete über signifikante Steigerungsraten von 25% und mehr bei einigen Versuchspersonen; vor allem beim Gonadoliberin-Hormon, Oxytocin, Progesteron, Prolactin und dem Wachstumshormon, ferner beim Serotonin und Beta-Endorphin. Von wissenschaftlicher Seite her weiß man, daß das Gonadoliberin-Hormon mit sexueller Triebkraft und Erregung in Zusammenhang steht.

Oxytocin wird häufig als das „Liebeshormon" bezeichnet. Es wird vermehrt während der Geburt, in der Stillzeit und beim Sex ausgeschüttet. Es besteht also eine Verbindung zwischen diesem Hormon und einer gesteigerten Zuneigung und Bindung (Männer setzen auch Oxytocin beim Sex frei, aber in geringerem Maße). Auch Beta-Endorphin wird freigesetzt, wenn Menschen verliebt sind und sich geborgen fühlen. Bei Kindern, die Angst haben, reduzieren sich die Konzentrationen der Endorphine. Die Forschungen von Shealy und seinen Mitarbeitern deuten darauf hin, daß auch andere Mind Machines, beispielsweise die craniale Elektrostimulation, die Ausschüttung von Sexualhormonen anregt. Und darüber hinaus gibt es Untersuchungsergebnisse, die besagen, daß die optisch-akustische Stimulation, die Elektrostimulation, der Isolationstank und andere Arten von Mind Machines die Konzentrationen der Endorphine stark anregen können.

Muskelverspannungen lösen

Muskelverspannung senkt die Sensitivität der Muskeln. Forschungen zeigen, daß Menschen mit einem hohen Maß von Verspannung ihre Sensitivität der körperlichen Empfindung verlieren. Dies ist ein Teil der „Körper-Liebe", die durch Selbstschutz verschlissen wird. Es ist schwer, eine sanfte Berührung oder einen liebevollen Kuß zu fühlen. Doch Mind-Tools führen durch ihre schnelle Induzierung der Tiefenentspannung zu gesteigerten Sinneswahrnehmungen. Eine zarte Berührung, die Sie unter Anspannung komplett ignorieren würden, kann in einem entspannten Zustand zur Ekstase führen. Aus diesem Grund haben viele Anwender der Mind Machines unerwartete Nebeneffekte festgestellt, die zur sexuellen Freude beigetragen haben. Die einfache körperliche Entspannung, die in einer Sitzung erzeugt wird, öffnet die sensorische Wahrnehmung und eröffnet unerwartete Zustände sexueller Freude.

Viele Chiropraktiker, Physiotherapeuten und Masseure nutzen die Entspannungseffekte von Mind-Tools, um das Ergebnis ihrer Arbeit zu optimieren. Der New Yorker Bodyworker Ronald Brecher arbeitet beispielsweise bei seinen Behandlungen mit Licht- und Ton-Geräten, und nach einer Behandlung steigen die Klienten in den Tank. Wenn sie die Licht- und Ton-Geräte benutzen, so Brecher, „dann entspannen sie sich schnell und können auf einer entspannteren Ebene geistig arbeiten. Das bedeutet, daß die Sitzung intensiver und langfristiger wirkt."

Die sinnliche Freude kann durch die Kombination mit Mind-Tools erheblich gesteigert werden. Stellen Sie sich das Gefühl vor, wenn der eine Partner (durch Mind-Tech) tief entspannt, hyper-sensitiv und total auf den Körper fokussiert ist, während der andere Partner ihn mit einer sanften Massage an den erogenen Zonen stimuliert. „Wenn Sie Mind Machines nutzen", so sagte mir einmal ein Teilnehmer, „dann wird der ganze Körper zur erogenen Zone." Wer bietet mehr?

Vor dem Spiel ist nach dem Spiel

Man könnte sagen, durch die tiefe Entspannung und die sensorische Öffnung wirken Mind Machines quasi als Aphrodisiakum. Um es mit den Worten des Sexualforschers Rudolf von Urban auszudrücken: „Wenn Liebende zusammen tief relaxen, beginnt der Resonanzeffekt zwischen den beiden ein Energiefeld aufzubauen, das heilsam ist. Wenn das passiert", so von Urban, „können die Liebenden einen langanhaltenden Ganzkörper-Orgasmus erleben." Eine Mind-Machine-Sitzung vor dem Sex kann die Freude und Befriedigung auf vielerlei Arten steigern. Eine gemeinsam durchgeführte Sitzung mit nachfolgendem Sex kann die Empathie und das Zusammengehörigkeitsgefühl intensivieren.

Die führende Autorität im Bereich der Körper-Rhythmen, Ernest Lawrence Rossi, meint hierzu: „Diese Verbindung und die angenehme Phase, die rund 10 bis 20 Minuten anhält, ist vergleichbar mit der ultradianen Heilreaktion." Eine Sitzung beim Sex kann zu ganz neuen Erfahrungen führen. Wenn Sie Sex haben, während Sie an eine Licht- und Ton-Maschine angeschlossen sind, können Sie in einen kaleidoskopartigen Strom von hellen Bildern fallen, die vergleichbar sind mit der sensorischen Überladung bei Einnahme von Psychedelika; oder diese Sitzung kann zu einer Phantasie führen, die Sie mit Ihrem Sexualpartner teilen ... der die gleiche mentale Imagination hat. (Anmerkung des Herausgebers: Vorsicht mit den Kabeln!)

Dieses Kribbeln im Bauch

Sie hatten bestimmt schon einmal während eines tollen sexuellen Erlebnisses das Gefühl, daß elektrische Ladungen zwischen den Körpern ausgetauscht werden. Craniale Elektrostimulation intensiviert dieses Gefühl. Die meisten CES-Geräte sind bipolar oder biphasisch, was bedeutet, daß der Strom zwischen den beiden Elektroden kontinuierlich die Polarität wechselt. Das bedeutet, der Strom fließt von Elektrode X zu Elektrode Y und dann wieder von Elektrode Y zu Elektrode X. Einige Wissenschaftler entdeckten: Befestigt man bei dem einen Partner die Elektrode am Kopf und beim anderen Partner die Elektrode am Fuß, dann kann dies bei körperlichen Berührungen zu einem geschlossenen Kreislauf führen. Der Strom fließt dann zwischen den Partnern hin und her ... und produziert freudige Empfindungen durch die elektrische Aufladung. Zwischen den beiden Partnern fließt ein kribbelnder, energetisierender Strom. Monopolare oder monophasische CES-Geräte produzieren ähnliche Effekte, obwohl der Strom immer nur in eine Richtung, von der positiven zur negativen Elektrode, fließt.

Wenn sich große Hautflächen berühren, dann fließt der Strom flächendeckend und ist sehr schwach und kaum noch wahrnehmbar. Berühren sich aber nur kleinere Flächen, wie etwa die Zungen oder die Sexualorgane, dann fließt der Strom nur über diese Kontaktpunkte. Was man spürt, ist abhängig von der Intensität des Stroms, ob es eine kribbelnde Empfindung ist oder das Gefühl eines Funkens, der zwischen den Zungen oder Genitalien hin- und herspringt. Die Plazierung der Elektroden sollte an unterschiedlichen Körperteilen erfolgen, um verschiedene Effekte zu erzeugen. Seitdem CES, die Licht- und Ton-Geräte, der Tank und andere Arten der Mind-Technologie gezeigt haben, daß sie die Produktion von mit Freude in Verbindung stehenden Neurochemikalien steigern, können sie auch die Konzentration der Neurochemikalien für sexuelle Energie und die sexuelle Freude erhöhen. Zusätzlich zu dem kribbelnden Gefühl durch elektrische Ladung und dem Anstieg der sensorischen Wahrnehmung, die durch die Entspannung produziert wird.

Paar-Phantasien

Erinnern Sie sich noch an das Paar, das durch eine gemeinsame Mind-Machine-Sitzung eine traumähnliche Phantasie erlebte? Die Wege der mentalen Verschmelzung oder geteilter Phantasien sind nur durch die Phantasien der Benutzer begrenzt. Hier ist ein weiterer Vorschlag:

Beide Partner benutzen ein Mind-Tool zur gemeinsamen Entspannung – während sie sich an den Händen festhalten oder sich umarmen –, um in den Zustand Null zu kommen. Sie sollten versuchen, die Gegenwart des anderen mental zu spüren. Dies kann durch vorher abgesprochene Signale vereinfacht werden – ein zarter Händedruck könnte bedeuten, daß man bereit ist für die gemeinsame Vorstellung. Die Visualisierung kann spontan ablaufen (wenn die Partner ihren Bildern folgen), oder es gibt ein vorher arrangiertes Szenario. Man könnte vorher absprechen, daß eine romantische Phantasie ausgelöst wird – eine einsame tropische Insel, eine sonnige Lichtung im Wald usw. In der Sitzung kann man sich durchaus erlauben, die Visualisierungen mitzuteilen, wenn erfreuliche Phantasien auftauchen.

Nach der Sitzung, wenn man noch entspannt ist und eine erweiterte sensorische Wahrnehmung aufweist, kann man die Visualisierung austauschen – mit Worten, Aktionen oder beiden zusammen. Meistens sind die Visualisierungen der Partner recht ähnlich. Paare, die mit einem gemeinsamen Startpunkt beginnen, können sich während der Sitzung weit voneinander entfernen ... doch sie erfreuen sich meist hinterher an den unterschiedlichen Phantasien des anderen.

Zusätzliche Literatur:

❐ Faszinierende Bücher über nicht-westliche Traditionen zur Steigerung der sexuellen Energie und Freude sind: *Taoist Secrets of Love: Cultivating Male Sexual Energy* von Mantak Chia (Aurora Press, New York 1984), *Healing Love Through the Tao: Cultivating Female Sexual Energy* von Mantak Chia und Maneewan Chia (Healing Tao Books, New York 1986). Diese Bücher können die sexuelle Kommunikation zwischen Mann und Frau durch gesteigertes Bewußtsein von angeborenen biologischen Unterschieden, in der sexuellen Resonanz und den Wünschen steigern. Weiterhin: *Sex and the Brain* von Jo Durden-Smith und Diane DeSimone (Warner Books, New York 1983) und *Introduction to Tantra* von Yeshe Thulsten (Wisdom, Boston 1989). Mein eigenes Buch *The Anatomy of Sex and Power: An Investigation of Mind-Body Politics* (Morrow, New York 1990) liefert einen tieferen Einblick in die Biopolitik der Sexualität.

DREIUNDZWANZIG
Kreativität

Es gilt als erwiesen, obwohl generell vernachlässigt, daß die herausragenden Elemente des menschlichen Geistes, also das, was Originalität und geistige Größe ausmacht, nicht aus den Regionen des Bewußtseins stammt. Es klopft etwas an die Tür, um einzutreten, etwas, das tiefer liegt als das Bewußtsein: Man fließt in etwas, das manchmal versickert, aber häufig eine überwältigende Explosion auslöst. – *G.N.M. Tyrell*

Dieses Bild eines im Schädel eingeschlossenen Bewußtseins mag richtig erscheinen, soweit es normale Bewußtseinszustände betrifft, erklärt aber keineswegs, was geschieht, wenn wir in Trance, in psychospirituelle Bereiche oder Zustände gelangen, in die uns Meditation, Hypnose, psychedelische Sitzungen und Erfahrungstherapie führen. Das unter solchen Umständen sichtbar werdende, erstaunlich breite Spektrum von Erfahrungen läßt eindeutig vermuten, daß die menschliche Psyche über ein Potential verfügt, das zu transzendieren, was wir gewöhnlich als die Begrenzungen von Raum und Zeit betrachten. Die moderne Bewußtseinsforschung enthüllt, daß unsere Psyche keine echten und absoluten Grenzen kennt. Im Gegenteil: Wir sind Teil eines unendlichen Bewußtseinsfeldes, das alles umfaßt – jenseits von Raum-Zeit und in Wirklichkeiten, die wir erst noch erforschen müssen.
– *Stanislav Grof*

Was ist Kreativität? Jemand aus dem Marketing-Bereich erzählte mir: „Kreativität ist ein heißes Eisen. Jeder will kreativer sein." Er erzählte mir von Büchern und Kassetten, die die Kreativität steigern sollen. Diese Produkte verkaufen sich besser als je zuvor, es gibt sogar Kreativitätsberater, die Seminare anbieten, um die „Unternehmenskreativität zu steigern".

Als ich mir einige von diesen Büchern über Kreativität anschaute, beschlich mich das Gefühl, daß für viele Menschen Kreativität ein „Objekt" ist, das man lernen kann, so wie man eine Fremdsprache erlernt. Machen Sie einen Kurs, und Ihre Kreativität wird sich von einer 3 auf eine 2+ verbessern. Für andere ist Kreativität eine simple Praktik wie z.B. Skifahren. Dritte sehen in der Kreativität das Handwerkszeug der Künstler ... sie benötigen die Kreativität für ihre Arbeit, aber sie müssen auch eine lange Zeitspanne bis zur Meisterschaft opfern, wie beim Tai Chi oder beim Golf. Das geht so weit, daß man sich einen Kreativitätsberater mietet. Ich bekam durch diese Entwicklung das Gefühl, daß man die

Kreativität einfach nur als einen psychologischen Prozeß ansieht – die Auflösung der Verdrängungen, das Freisetzen des Unterbewußtseins ... und schon sind wir kreativ.

Abweichend von all diesen Ansätzen ist eine besondere, unvorhersehbare Meisterschaft und das, was der Philosoph G.N.M. Tyrell als die „Explosion der überwältigenden Kraft" beschreibt, die weit hinter dem Bewußtsein liegt, der Schlüssel zur wahren Kreativität. „Kreativität kann jeder erlernen, sie ist nur das Öffnen des Bewußtseins", sagen einige der Kreativitätsberater. Aber die wirklichen kreativen Genies erzählen eine ganz andere Geschichte. Percy Bysshe Shelley glaubt, daß „die Poesie kein logisches Denken ist, also keine Kraft, die man durch den Willen steuern kann. Ein Mensch kann nicht sagen: ‚Ich will ein Gedicht schreiben.' Selbst die größten Dichter können das nicht. Es ist nicht einfach nur ein Gedanke, der einem so passiv zugeflogen kommt."

„Die Idee flog geradewegs in meinen Kopf, direkt von Gott", so erzählte es Brahms seinem Biographen. „Und ich sah nicht nur die verschiedenen Themen vor meinem geistigen Auge, sondern sie waren schon in der richtigen Form, also in der Harmonie und in der Orchestrierung." George Eliot behauptete, daß in seinen besten Werken ein Geist von ihm Besitz ergriffen habe ... er war nur noch das Medium, durch das dieser Geist schrieb. William Blake über sein Werk *Milton*: „Ich habe es als ein unmittelbares Diktat geschrieben ... ohne Vorlage und vor allem gegen meinen Willen." Puccini benutzte ähnliche Worte, um seine kreative Inspiration für die Oper *Madame Butterfly* zu beschreiben: „Die Musik dieser Oper wurde mir durch Gott diktiert; ich war lediglich das Instrument, um die Oper zu Papier zu bringen und sie dem Publikum mitzuteilen." Wie Shelley beobachtete: „Einer nach dem anderen der großen Schriftsteller, Dichter und Künstler betont, daß die Fakten ihrer Arbeit von jenseits des Bewußtseins gekommen seien."

Ordnung aus Chaos

Warum scheint die wahre Kreativität hinter der Schwelle des Bewußtseins zu liegen, die kreative Genies plötzlich überschreiten, um in eine andere Dimension zu gehen, die für die normalen Menschen unfaßbar ist? Ich glaube, es ist ein Akt der Erschaffung, in dem sich unser Geist selbst physisch reorganisiert, auf eine neue Weise, die nicht vorherzusagen ist. Geist und Gehirn sind ein offenes System, durch das kontinuierlich ein Strom von Materie und Energie fließt, Blut, Sauerstoff, Nährstoffe, Gedanken und Informationen. Dieser Zustrom an Energie und Materie begründet sich in der Vibration oder Fluktuation des Gehirns. Im normalen Bewußtseinszustand ist das Gehirn in der Lage, diese Fluktuationen zu absorbieren und seine Strukturen oder internen Organisationen aufrechtzuerhalten (das ist unser Ich).

Wenn nun immer mehr Energie durch das System fließt (wenn kreative Denker mehr und mehr Informationen absorbieren, mehr und mehr Gedanken haben, mehr und mehr

Gefühle), dann nehmen die Fluktuationen zu, bis die Turbulenzen so stark sind, daß sie nicht mehr absorbiert werden können. Die Struktur wird so instabil, daß sie ihren kritischen Punkt erreicht. Zum Schluß sind die Turbulenzen so stark, daß sie nicht mehr organisiert oder strukturiert werden können. An diesem Punkt entsteht ein Potential, das eine unendliche Anzahl von unvorhersehbaren Möglichkeiten hervorbringt.

Sprung in eine höhere Ordnung

Eine kleine Fluktuation kann jetzt ausreichen, um das System über seine Grenzen zu heben. Dann fängt es an zu beben und fällt ins Chaos, die bisherigen Dinge ergeben keinen Sinn mehr, und in vielen Fällen zerstört sich das System selbst. Oder es stabilisiert sich auf einer höheren Ordnung, geht in eine neue Struktur über, in ein neues Muster, charakterisiert durch einen höheren Level an Kohärenz. Eine Struktur, die mehr Energie fließen lassen kann, ohne Turbulenz auszulösen. Die Dinge ergeben wieder einen Sinn, aber aus einem neuen Blickwinkel, den wir uns vorher nicht vorstellen konnten. Das System hat einen Sprung ins Ungewisse gemacht, einen Sprung in eine höhere Ordnung.

Dieser Vorgang ereignet sich nicht nur bei Künstlern und kreativen Menschen, sondern bei jedem, der persönliches Wachstum erfährt: Es ist kein Unfall, sondern die Erfahrung von Chaos. Und dieser Zerfall des Ichs kann zum größten Wachstum führen. Einer der denkwürdigsten Prototypen dieser Entwicklung ist die *Divina commedia* von Dante. Der Leser muß erst durch die Tore der Hölle, bevor er die Antworten auf die Verwirrungen des Lebens erhält.

Dieser Durchbruch in eine höhere Ordnung oder eine höhere Kohärenz kann sich nur ereignen, wenn die existierende Struktur – der normale Zustand des Bewußtseins – zusammenbricht. Dies nennen die Künstler und kreativen Denker ein Chaos von Ideen, strömenden Bildern, Konfusion, Unerwartetem, Unordnung. Anschließend findet eine Reorganisierung ohne Chaos auf höherem Niveau statt, man taucht hinter dem Bewußtsein wieder auf. Diverse Forschungen haben gezeigt, daß diese Reorganisierung nach einem Kollaps nicht durch eine Formel oder einen linearen Weg zu erklären ist. Es gibt keinen Weg, diese Reorganisierung durch vorherige Konditionen zu prophezeien. In diesem Sinne handelt es sich um einen Quantensprung, einen „kleinen Tod", der direkt zu einer Wiedergeburt führt.

Dies erklärt, warum Künstler und kreative Denker in ihren Gedanken häufig ein wenig spinnen. Eine Vielzahl von neuen psychologischen Studien hat ergeben, daß ein bemerkenswerter Zusammenhang zwischen Kreativität und geistiger Verwirrung (oder „Unordnung") besteht. Anders betrachtet heißt dies, daß kreative Menschen keine Hemmungen oder Blockaden haben, sich für neue Ideen und Erfahrungen zu öffnen. Kreative Menschen haben einen festen Glauben: Sie richten ihren Glauben so aus, daß sie immer auf das Ungewisse zulaufen, aus dem sie dann mit einer neuen Vision oder einer neuen Eingebung auftauchen. Künstler, die den Prozeß der konstanten Entdeckung und des offenen Werdens durchlaufen, sind erfolgreicher und kreativer. Mihaly Csikszentmihalyi führte eine Langzeitstudie an Künstlern durch, mit der er 1964 begann. Fast 20 Jahre später zeigte sich, daß diejenigen Künstler, die mit dem Prozeß der Entdeckung und Bewegung des Ungewissen arbeiteten, sehr viel erfolgreicher waren als die „normalen" Künstler. Diese „bewegten" Künstler sind in der Lage, ein entstehendes Bild schon vor dem eigentlichen Malen in ihrem Geist zu betrachten.

Diese Theorie liefert eine weitere Erklärung für die bewußtseinserweiternden Fähigkeiten der Mind Machines. Sie alle liefern verschiedene Arten von Energien, die durch das Gehirn fließen – Licht, Farben, Töne, Bewegungen, elektrische Spannungen. Aber diese Mind Machines nutzen die „State-of-the-Art"-Technologie, um diese Formen von Energien zu intensivieren und zu verstärken. Auf solche Arten von Energien treffen wir im täglichen Leben selten. Diese Geräte senden einen Strom von Energien durch das Gehirn, der Fluktuationen und Turbulenzen auslöst, die zur Erweiterung des Gehirns führen.

Um es absolut glasklar auszudrücken, Mind Machines erweitern die elektrische Aktivität, die neurochemische Aktivität und die Strukturen des Gehirns durch die Stimulation des neuralen Wachstums. Die Gehirnwellen mit den hohen Amplituden, wie beispielsweise die synchrone Theta-Aktivität, produzieren Fluktuationen im Gehirn, die alte neurale Wege auseinanderreißen können, um neue Netzwerke von Neuronen aufzubauen. Transformatorische Erfahrungen, das wird einem dabei bewußt, produzieren geradewegs eine Neuverkabelung des Gehirns zur Schaffung neuer neuraler Verbindungen.

Die Entdeckung der Langsamkeit

Einige Menschen sind unfähig, durch die notwendigen Fluktuationen und Destabilisierungen der Lebenssituationen zu gehen, um eine höhere Ordnung zu erreichen. Sie bevorzugen die Beibehaltung der starren Realität. Sie beschließen, in ihrer gegenwärtigen Struktur zu stagnieren, und es ist ihnen egal, daß sie dabei an Potential verlieren. Es ist eine natürliche Tendenz des Egos, sich nicht an Neues heranzutrauen, um sich selbst zu schützen. Aber es ist langfristig eher eine destruktive Tendenz, da es uns von Wachstum trennt. Der Psychologe Abraham Maslow schrieb hierzu: „Nicht nur, daß wir an unserer Psychopathologie hängen, wir weichen auch unserem persönlichen Wachstum aus, da es zu Gefühlen wie Angst, Zorn oder Schwäche führen könnte. Und so finden wir eine andere Art des Widerstands, wir kämpfen gegen unsere beste Seite, unsere Talente, unsere höheren Potentiale und unsere Kreativität."

Menschen tendieren zu drei Arten von Widerstand: Zerstreuung, Blockaden und Unaufmerksamkeit.

Die zerstreuten Menschen versuchen, ihre Fluktuationen, also den erhöhten Energiefluß in ihrem System, durch Reden, Schreien, Kreischen, Wutausbrüche, zwanghaften Sex, Sport usw. zu kompensieren.

Die blockierenden Menschen unterdrücken oder blockieren die Energie, die durch ihr System fließt. Dies geschieht durch Depression, Krankheit, Appetitverlust oder extreme Müdigkeit.

Die unaufmerksamen Menschen sind selbst gegenüber ihren Fluktuationen unkonzentriert, im Sinne von Chaos und Unordnung. Dies zeigt sich im Mißbrauch von Drogen und Alkohol, in übermäßigem Essen, Sex, Kaufsucht, Spielsucht usw.

Hier ist eine wertvolle Übung dazu: Vergegenwärtigen Sie sich einige Beispiele aus Ihrem Leben, die solch ein Verhalten widerspiegeln. Handelt es sich hierbei um den Widerstand gegen Kreativität und Wachstum?

Let it flow

Ein kreatives Verständnis zu entwickeln und alte Ideen hinter sich zu lassen bedeutet, die Welt aus einem neuen Blickwinkel zu betrachten; sie nicht als angsteinflößend, furchterregend oder entmutigend anzusehen. Ich schrieb in meinem Buch *Megabrain*: „Worüber wir hier reden, ist einfach der Prozeß der Verbesserung der Zusammenhänge im Gehirn, ein Prozeß, den die meisten Menschen als einen der angenehmsten in ihrem Leben empfinden. Es passiert, während wir einander lieben, unser schlafendes Kind betrachten, von einem Kunstwerk fasziniert sind oder durch Musik bewegt werden, Schönheit wahrnehmen oder die Geburt einer neuen Idee fühlen. Während all den Augenblicken der Selbsterkenntnis, der Erfüllung, der Erleuchtung, des Friedens und der Freude. Dies ist eine Wandlung, während der sich die Komponenten unseres Gehirns zu einer neuen Art und Weise der Realitätssicht zusammenfinden."

Es ist eine Erscheinung, deren Erforschung der Psychologe Abraham Maslow sein Leben gewidmet hat und die er als „Spitzenerfahrung" bezeichnete. Ein Merkmal der Spitzenerfahrung ist, daß man sich sehr wohl dabei fühlt. Man fühlt sich so gut, daß die meisten von uns so oft wie möglich Spitzenerfahrungen erleben möchten, was einen der stärksten menschlichen Triebe darstellt. Eine Menge derjenigen Energien, die wir im Leben darauf verwenden, um Sex, Drogen, Geld, Ansehen, Macht und Wissen hinterherzujagen, geht für verwirrte oder fehlgeleitete Versuche, Spitzenerfahrungen zu erreichen, drauf. Wie schön wäre es, könnten wir sie auf Kommando erlangen!

Oder wie Csikszentmihalyi beobachtete: „Vergnügen scheint ein Mechanismus der natürlichen Auslese zu sein, der dafür sorgt, daß wir uns entwickeln und immer komplexer werden." Wie bereits erläutert, hat die Evolution ein Belohnungssystem entwickelt, das Lernerfahrungen neurochemisch mit Freude belohnt. Wir sind nach wie vor die gleichen, aber wir fühlen uns kraftvoller und ekstatischer, wenn wir durch eine kreative Einsicht oder durch einen Durchbruch zu höheren Ordnungen gelangen. Nochmal Csikszentmihalyi: „Wir katapultieren uns von der Gegenwart in die Zukunft."

ACTION-TEIL – Mind-Tech und Kreativität

Wie können wir die Mind-Technologie einsetzen, um unsere Kreativität zu steigern? Kreativität als eine plötzliche mentale Reorganisation auf einer höheren Ebene kann aufgeteilt werden in verschiedene Komponenten. Dazu gehört die Vorbereitung, das Fließenlassen, der Durchbruch und die Integration. In jedem Schritt oder jeder Komponente können die Mind-Tools eine Schlüsselrolle spielen.

Vorbereitung

Kreative Durchbrüche in der Quantenphysik finden vorwiegend in den Gehirnen von Menschen statt, die sich darin auskennen. Musikalische Kreativität kommt vor allem bei den Menschen zum Ausdruck, die viel Musik hören oder produzieren. Und ein neues Computer-Verständnis wird nicht von Menschen hervorgebracht, die niemals einen Computer benutzen.

Eine Vielzahl von Geschichten über kreative Durchbrüche macht klar, daß die Momente der Illuminationen und der plötzlichen Eingebungen nur dann auftauchen, wenn der Betreffende für eine lange Zeitspanne enorme mentale und emotionale Energie aufgebracht hat, Informationen und Einsichten über ein Problem zu sammeln. Einige Anwender haben dies den „Input Mode" genannt. Eine Zeitspanne, während der man das Unterbewußtsein mit dem Problem vertraut macht, damit es bei der Problemlösung helfen kann. Aber es ist nicht einfach nur das Sammeln von Informationen, damit unser unterbewußter Computer eine richtige kreative Antwort ausspuckt. Die Vorbereitungsphase ist am effektivsten, wenn sie durch emotionale Energie begleitet wird, die auf die Lösung des Problems ausgerichtet wird. In den Worten des Komponisten Richard Strauss: „Ich kann von meinen eigenen Erfahrungen berichten, bei denen ein ‚inneres Aufräumen' zu den gewünschten Resultaten geführt hat. Schließlich konzentrierten sich die Gedanken mit einer gewaltigen Kraft ... Ich war überzeugt, daß es sich um ein Gesetz handelt, das sich auf meine Bemühungen auswirkte."

Was Strauss beschreibt, ist der gesteigerte Energiefluß – in Form von Information und emotionaler Erweckung – in der Struktur des Gehirns. Dieser gesteigerte Energie-Fluß bringt das Gehirn zum Fluktuieren, zum Vibrieren .... es destabilisiert sich und ist bereit, in völlig neue Richtungen zu gehen. Die emotionale Ladung, die in dieser Periode auftritt, trägt nicht nur zu den Fluktuationen bei, sondern sie ist auch das Resultat der gesteigerten Fluktuationen. Wenn sich diese Ladung aufbaut, dann gibt es die Verlockung, die Flucht und das Standhalten, was wir bereits als Verhalten des Ausdrucks, des Unterdrückens und der Unaufmerksamkeit an früherer Stelle beschrieben haben.

Die Nutzung der Mind-Tools zur Vorbereitung: Die meiste Zeit der Vorbereitung setzt sich aus dem Studieren und dem Sammeln von Informationen zusammen und vor allem aus dem eigenen Eintauchen in das Problem. Die Mind-Tools können dabei als perfektes „Informations-Inputgerät" dienen. Wenn Sie sich mit einem Problem konfrontieren wollen, damit Sie eine kreative Lösung finden können, müssen Sie in die Informationen eintauchen. Hierzu sind die Techniken des beschleunigten Lernens (Kapitel 19) sehr hilfreich. Bringen Sie sich in einen empfänglichen Zustand und bombardieren Sie sich mit so vielen Informationen, wie Sie nur können. In dieser Phase kann Ihr Mind-Tool sehr hilfreich beim Visualisieren verschiedener Lösungen des Problems sein.

Genauso wichtig wie der Informations-Input ist in dieser Phase die intensive emotionale Konzentration. Sie kann durch die Aktivierung eines speziellen Ankers ausgelöst werden. Erinnern Sie sich an einen kreativen oder emotionalen Durchbruch aus der Vergangenheit, und nutzen Sie die Techniken aus Kapitel 15, um Spitzenzustände zu ankern und diese intensiven Zustände wiederzuerleben, um sie auf Ihr Problem zu projizieren.

Ich erwähnte bereits die Tendenz der Gefühls-Flucht durch Ungewißheit, die diese Phase begleitet. Mind-Tools sind sehr effektiv, um sich völlig entspannt zu halten – also um sich nicht weiter vom Problem zu entfernen – damit man sich nicht in selbstzerstörisches oder die Kreativität sabotierendes Verhalten flüchtet. Wenn Sie Ihre emotionale Erweckung wachsen fühlen, statt eine Tendenz zur Flucht zu verspüren, dann können Sie mit Ihrer Mind Machine in die Stille reisen, in einen zentrierten Zustand. Sie halten sich das Ziel vor Augen und lassen Ihren Geist an einer Lösung arbeiten.

Fließen lassen

Die Anwender nennen diese Phase des Fließenlassens die empfängliche Phase, die „Inkubationsphase" oder, im Vergleich zum Input-Mode, den „Prozeß-Mode". In der Phase sammelt der Geist viele Informationen und erzeugt eine emotionale Konzentration, so daß die Energie im System zu groß wird, um sie zu unterdrücken, ihr standzuhalten oder vor ihr zu flüchten. Der Geist hat den „Bifurkationspunkt" erreicht. Nun ist die alte Organisation, die alte Struktur der Realität bereit, zusammenzubrechen und sich in eine unendliche Zahl von Richtungen zu bewegen.

Die Nutzung von Mind-Tools zum Fließenlassen: Der erste Schritt zum Fließenlassen ist die Entspannung. Die Mind Machines bringen Sie in einen Zustand der zentrierten Ruhe, in dem Sie Ihre Kontrolle befreien können, damit der Geist sich selbst frei umgestalten kann ... er bewegt sich in Richtung einer höheren Ordnung.

Es ist interessant zu erwähnen, daß viele kreative Menschen berichten, daß diese Phase der Inkubation oder des Fließenlassens vorherrscht, wenn man besonders unaufmerksam ist. Es ist die Phase, in der man sich von der Außenwelt distanziert. Die sensorischen Inputs sind weitestgehend ausgeschaltet, und man wendet sich nach innen. Diese Phase ist begleitet von einem verzückten Blick, so, wie wenn man lange in ein Feuer starren oder lange im Wald oder am Strand spazieren gehen würde. Kreative Menschen richten ihre Aufmerksamkeit einfach nach innen. Es ist wie die Geschichte vom zerstreuten Professor, der so tief in seinen Prozeß-Mode eintaucht, daß er die belanglosen Dinge der Realität vergißt und kaum noch wahrnimmt.

Mind-Technologie kann ein sehr gutes Hilfsmittel sein, um sich von den externen Stimulationen zu distanzieren und um das zuzulassen, was sich in der inneren Realität ereignet. Einige dieser Mind-Tools, wie der Isolationstank, das Ganzfeld und die LS-Geräte, wirken direkt auf das Nervensystem, um die Aufmerksamkeit, durch das Ausschalten der äußeren Einflüsse mittels monotoner, externer Stimulation nach innen zu lenken. In diesem Sinne sind die Mind-Tools eine High-Tech-Alternative zu langen Spaziergängen und dem Ins-Feuer-Starren.

Inkubationsphase

Die Inkubationsphase ist mit einer erhöhten Aktivität der Theta-Wellen verbunden, die den „Dämmerzustand" (twilight state) erzeugt. Er steht im Zusammenhang mit mentaler Imagination, unvorhergesehenen Gedanken und Ideen. Wie schon an früherer Stelle diskutiert, produzieren die meisten Erwachsenen nur dann Theta-Wellen, wenn sie gerade einschlafen oder aufwachen. Theta-Wellen dominieren auch, wenn wir schläfrig vor einem Feuer sitzen, nach einem schweren Essen einnicken oder uns in Träumereien verlieren.

Theta-Wellen sind aktive Wegbereiter für kreative Einsichten, weil sie subjektiv als tiefe Entspannung wahrgenommen werden ... also als die Phase der gesteigerten Fluktuationen im Gehirn. Die Amplituden der Theta-Wellen werden noch einmal gesteigert, wenn sich die Theta-Aktivität synchronisiert – wenn also die Neuronen in großen Bereichen des Gehirns gleichzeitig oder in Phase feuern.

Lassen Sie uns das mit einer großen Anzahl von Menschen vergleichen, die über eine Hängebrücke laufen. Jede Person läuft in ihrem eigenen Rhythmus. Als Resultat entsteht durch die vielen Menschen eine hohe Frequenz, aber nur eine niedrige Amplitude – und die Fluktuation der Brücke selbst ist sehr gering. Aber wenn alle Menschen im Gleichschritt gehen, dann reduziert sich die Frequenz, aber die Amplitude steigt stark an. Ferner nimmt die Fluktuation enorm zu. Wenn genug Menschen im Gleichschritt über die Brücke gehen würden, dann wäre die Fluktuation der Brücke so groß, daß sie zerbrechen würde. Dies geschieht, weil die Brücke ein geschlossenes System ist und sich nicht in eine höhere Ebene auflösen kann.

Die gesteigerte Amplitude und die Synchronisation der Theta-Wellen hat zu erhöhten Fluktuationen im Gehirn geführt. Die Menschen, die sich gegen diesen Prozeß wehren, versuchen ihn zu blockieren. Die Menschen, die offen für den Wandel sind, die Kreativität, neue Ideen, eine neue Vision von Realität erfahren wollen, werden diese Fluktuationen fröhlich fließen lassen. Da das Gehirn im Gegensatz zur Brücke ein offenes System ist, kann es nicht kollabieren ... es reorganisiert sich selbst auf einer höheren Ebene immer wieder neu. Dabei werden neue neurale Verbindungen und Netzwerke erstellt.

EEG-Biofeedback-Forscher fanden heraus, daß Personen, die täglich trainierten, in Theta zu gelangen, einen enormen Anstieg an Eingebungen von kreativen Ideen verzeichneten. Ein klarer Beleg dafür, daß Mind-Tools die Benutzer schnell und zuverlässig in einen kraftvollen Theta-Zustand bringen, in dem diese kreativen Prozesse möglich sind.

Satori – plötzliche Erleuchtung

Kreative Eingebungen kommen meist unerwartet und überraschend. Der Mathematiker Johann Friedrich Karl Gauss beschrieb die plötzliche Lösung eines langwierigen Problems folgendermaßen: „Zwei Tage zuvor hatte ich ein erfolgreiches Erlebnis ohne schmerzvolle Anstrengung ... ich erlebte die Gnade Gottes. Wie ein plötzlicher Blitz hatte sich das Rätsel gelöst. Ich kann nicht sagen, was ich vorher für einen Gedankenfaden hatte, ob dieser also meinen Erfolg möglich machte."

Überwältigt von den Fluktuationen haben sich die alten Strukturen aufgelöst und sich plötzlich reorganisiert: Die Realität ist eine neue geworden. Forschungen im Bereich der dissipativen Strukturen und des Chaos haben ergeben, das diese neue Ordnung aus dem Chaos entsteht, das der Definition unvorhersehbar folgt – wenn Fluktuationen so groß werden, daß die Struktur kollabiert. Dann kann sie sich entweder selbst zerstören oder sich in einer unendlichen Anzahl von neuen Wegen reorganisieren, die man aber nicht vorhersagen kann. In diesem Sinne erscheint der kreative Durchbruch wie ein Phönix aus der Asche. Interessant ist, daß diese Durchbrüche meist in einer visuellen Terminologie beschrieben werden: einer Eingebung, ein Blitz aus heiterem Himmel, eine Illumination, eine Vision, das Aufleuchten einer Glühbirne im Gehirn usw. Nicht nur, daß wir plötzlich etwas Neues wissen ... wir sehen diese Dinge alle gleichermaßen, blitzartig. Kreativität ist oft gleichzusetzen mit „Imagination", was den zentralen Akt der mentalen Vorstellung illustriert.

Kreativität ist also untrennbar mit Imagination verbunden, die mentalen Imaginationen und Visualisierungen treten dabei verstärkt im Theta-Zustand auf. Mind Machines induzieren direkt und signifikant einen Anstieg der Visualisierungsfähigkeiten. Aus diesem Grunde kann man zu guter Letzt die neuen Mind-Tools auch als Imaginationsmaschinen oder Kreativitätskatalysatoren beschreiben.

Die Nutzung der Mind-Tools zum Durchbruch: Diese Kreativitäts-Motoren eröffnen einen einzigartigen Weg zur Beschleunigung des gewünschten Durchbruchs und der Illumination. Dies kann man durch die Steigerung der Energiemenge erreichen, die durch das Gehirn fließen soll. Dies geschieht durch die Verlängerung der Sitzung. Es ereignet sich auf natürliche Weise, wenn die Phase des Fließenlassens durchlebt wird, man produziert mehr und mehr langsame, synchrone und hoch-amplitude Gehirnwellen. Dabei erhöht man auf konsequente Weise die Fluktuationen im Gehirn und geht immer weiter auf den Durchbruch zu.

Gesteigerte Unvorhersehbarkeiten: Kombination mit einer anderen Technik: Steigerung der Fluktuationsmenge in Ihrem System durch die absichtliche Erweiterung der unvorhersehbaren Wege mittels der Stimulation. Man fand zum Beispiel durch den klinischen Einsatz von LS-Geräten und EEG-Biofeedback heraus, daß schnelle Durchbrüche nicht nur bei einer sich lange hinziehenden Gehirnwellenaktivität im Theta- oder Delta-Bereich entstehen, sondern auch durch den Wechsel von schnellen und langsamen Gehirnwellen. Ein System läßt einmal pro Minute die Wellen nach oben schnellen und dann wieder nach unten. Durch die zufällige Veränderung dieser Perioden kann man die Muster erweitern und macht sie noch unvorhersehbarer.

Wenn Sie ein Licht- und Ton-Gerät ohne EEG-Zubehör benutzen, dann können Sie die Effekte nur ungefähr erreichen: Finden Sie eine geeignete Frequenz, in der die LS-Stimulation eine Zielerfassung Ihrer eigenen Gehirnwellenaktivität anstrebt (normalerweise im Frequenzbereich zwischen 12 und 16 Hz). Dann verlangsamen Sie sanft Ihre Frequenz für eine bestimmte Zeit ... versuchen Sie, daß Ihr Gehirn sich auf diese Frequenz einstellt. Nun beschleunigen Sie wieder die Frequenz. Benutzen Sie dabei zufällige Intervalle. (Sie werden sich fragen, woher Sie wissen sollen, ob Sie sich in die LS-Frequenz eingeklinkt haben? Alles, was ich dazu sagen kann, ist, daß Sie ein klares Gefühl bekommen werden, wenn die Verbindung zwischen Ihrem Gehirn und der Licht-Stimulation hergestellt ist. Sie werden diese Veränderung der Gehirnwellenaktivität wahrnehmen. Genauso werden Sie es spüren, wenn die Verbindung zwischen der Stimulation und dem Gehirn abbricht.) Diese freie Aufundabbewegung produziert eine Menge energetisierender Körper-Mind-Effekte, die man als Achterbahnfahrt oder als einen Sturzflug erlebt ... oder einfach als Euphorie. Man kann sagen, daß durch diese Vorgehensweise die Fluktuationen im Gehirn noch einmal verstärkt werden.

Diese Fluktuationen können durch eine optisch-akustische Mind Machine mit schnellem Wechsel der Lichtmuster gesteigert werden, kombiniert mit einem schnellen Wechsel der Töne. Einige Geräte können so programmiert werden, daß Tausende von Kombinationsmöglichkeiten in einer Sitzung möglich sind. Eine andere, ebenfalls sehr effektive Technik ist die manuelle Steuerung der Sitzung, um den unvorhersehbaren Veränderungen eine vorbestimmte Richtung zu geben. Unerfahrene Benutzer sollten sich dieser Technik allerdings mit Vorsicht nähern, da sie zu Schwindelanfällen, Übelkeit und sogar zu Angstgefühlen führen kann!!!

Ein anderer Weg, um diese Fluktuationen zu steigern, ist die Nutzung unterschiedlicher Mind-Geräte. Beispielsweise können Sie zwischen tiefen Theta- und Delta-Sitzungen am LS-Gerät wechseln, dann den Isolationstank, das CES und die Auswahl verschiedener Audio-Programme benutzen und zum Schluß zurückkehren zur Achterbahn-Fahrt mit der LS-Maschine. Diese Fluktuationen können maximiert werden, wenn die Fluktuationen des Geist-Körper-Rhythmus größer werden. All diese Arten der Fluktuationssteigerung können mit zunehmenden Perioden der tiefen Entspannung integriert werden, also des hoch-amplituden Theta. Man läßt bewußt alles fließen, befreit sich, öffnet sich und vertraut sich selbst dem an, was dann auftauchen wird. (Anmerkung des Herausgebers: Auch das ist eher eine Kombination für Fortgeschrittene!!)

Die Integration

Es gibt einen großen Unterschied zwischen dem Verständnis wahrer Kreativität und Ideen, die scheinbar aus kreativem Verständnis entstehen. Diese resultieren meist aus verrückten Vorstellungen, wilden Visionen und Wunschträumen. Kreatives Verständnis muß im Leben getestet, verifiziert und integriert werden. Ein Weg ist die Beobachtung, wie die Kreativität über längere Zeit hin arbeitet. Ein anderer persönlicher Weg zur Überprüfung kreativer Durchbrüche ist die Reduzierung von Streß. Kann man nun mit Ereignissen oder Lebensumständen, die sonst zu Streß führten, besser umgehen? Dies ist gleichzusetzen mit dem, was wir bereits als dissipative Strukturen beschrieben haben ... also die Reorganisation auf einer höheren Ebene: Energie, die sonst gewaltige Fluktuationen in dem alten System ausgelöst hätte, kann nun in dem höheren System einfach genutzt werden.

Mind-Tools und Integration

Wenn Sie einen kreativen Durchbruch erlebt haben, dann ist der nächste Schritt der Weg in die Praxis. Das bedeutet für viele Menschen der dornige Weg des Verständnisses und der

Organisation all dieser Eingebungen und Informationen, die ja wie ein Blitz aus heiterem Himmel erschienen. Generell kann man sagen, daß solche Durchbrüche meist starke Auswirkungen auf die anderen Bereiche Ihres Lebens haben. Plötzlich sehen Sie die Veränderungen überall. Während dieser Zeit können die Mind-Tools den praktischen Wert einer Eingebung überprüfen helfen. Sie hatten vielleicht eine Idee, die Sie in Ihr Leben integrieren möchten. Wie können Sie das angehen? Und in welcher Reihenfolge? Wo sollen Sie anfangen? Der erste Schritt zur Beantwortung dieser Fragen ist eine Mind-Machine-Sitzung. Wenn Sie entspannt sind, Ihr Geist klar und frei von Unaufmerksamkeiten ist, dann können Sie die notwendige detaillierte Planung Ihrer kreativen Eingebungen durchleben.

ACTION-TEIL – Mind-Tech und Kreativität

Visualisieren

Kreativität steht in engem Zusammenhang mit der Fähigkeit zur bildhaften Vorstellung, der Sprache des Unterbewußtseins. Gehen Sie zurück zu Kapitel 16, und praktizieren Sie einige der dort detailliert beschriebenen Techniken, inklusive des aktiven Visualisierens, des rezeptiven Visualisierens, der Erschaffung visuell-kreativer Szenarien und der Beobachtung von dem, was sich einfach ereignet. Stellen Sie Fragen an Ihr Unterbewußtsein und Sie erhalten Antworten in Form von inneren Bildern. Und wenn Sie diese mit den sich anbietenden kreativitätsinduzierenden Suggestionen verbinden, können Sie Ihr Erlebnis in eine intensive und kräftige visuelle Projektion umwandeln.

Inneres Diktat

Visualisierungstechniken sind ein einfacher Weg, um sich dem Strom der Bilder und Informationen zu öffnen, die aus dem unbewußten Geist kommen. Eine bevorzugte Technik ist dabei das spontane oder automatische Schreiben. Mit Mind-Tech erreichen Sie einen Zustand tiefer Entspannung und Öffnung. Nehmen Sie anschließend einen Stift in die Hand oder setzen Sie sich an Ihren Computer oder an die Schreibmaschine und lassen einfach die Wörter durch Ihren Geist hindurchfließen. Beachten Sie nicht das, was Sie gerade schreiben, auch wenn es auf den ersten Blick vielleicht falsch, sinnlos oder peinlich ist. Lassen Sie die Wörter fließen, finden Sie Ihren eigenen Rhythmus und Ihren eigenen Stil. Sie werden überrascht sein, was alles zutage kommt.

Noch einfacher ist es mit Hilfe eines Kassetten-Recorders. Wenn Ideen und Bilder auftauchen, bleiben Sie in Ihrer tiefen Trance oder im Theta-Zustand. Ein paar Wörter können ausreichen, um Ihnen später als Gedächtnisstütze zu dienen, wenn Sie den Recorder abhören ... diese Gedächtnisstütze reicht aus, um sich an das Bild vollständig zu erinnern.

Einige Benutzer von Mind-Tools haben durch Tiefen-Entspannung und verbale Kommunikation (egal, ob in Form von Schrift oder Sprache) herausgefunden, daß in ihren Erlebnissen der Öffnung ihres Selbst mehr oder weniger kohärente Persönlichkeiten hervortreten, die weit hinten im Unterbewußtsein angesiedelt sind. Es kann das innere Kind sein, das über Ereignisse spricht, die Sie lange vergessen hatten. Es kann aber auch eine relativ autonome Person sein – wie auch immer, diese Art der Ereignisse entspringen einer Quelle, die als Channeling beschrieben wird. Einige Menschen glauben, daß gechannelte

Informationen aus einer anderen Realität oder von einer anderen Persönlichkeit, einer „Stimme jenseits von uns" kommen.

Es ist möglich, daß Menschen in einer tiefen Trance in der Lage sind, direkten Zutritt zu dem zu gewinnen, was Carl Jung das „kollektive Unbewußte" nennt. Aber egal, ob diese Informationen aus dem eigenen Unterbewußtsein, einem kollektiven Bewußtsein oder aus einer anderen Dimension kommen, es ist klar, daß diese Bilder, Eingebungen und Informationen eine elementare Bedeutung für die Menschen haben können. Es ist uns inzwischen bewußt, daß die „Kreativitätsmaschinen" uns schnell und zuverlässig in einen Zustand tiefer Trance bringen, in dem wir direkten Zugang zu den versteckten Bildern und Informationen haben. Für viele Benutzer ist diese Konstellation das Wertvollste an den Mind-Werkzeugen – sie erleichtern den Zugang zu Informationen.

Zusätzliche Literatur:

- Eine hervorragende Erklärung der Kreativität bietet *Higher Creativity* von Willis Harman und Howard Rheingold (Tarcher, Los Angeles 1984). Ein wahrlich erstaunliches Buch über die Einsichten in die Werte der Kreativität und der kreativen Künstler unserer Zeit ist *We've Had 100 Years of Therapy and the World's Getting Worse* vom Jungschen Psychiater James Hillman und dem Schriftsteller Michael Ventura (HarperCollins, San Francisco 1992). Für detaillierte Informationen über die Theorie des Gehirns und die dissipativen Strukturen empfehle ich mein Buch *Megabrain* (Sphinx, Basel 1989) ... vor allem die Kapitel 4 und 5.

VIERUNDZWANZIG
Erwachen und Transzendenz:
Techno-Demokratisierung des Glücks

Am Anfang war der Kern, die Essenz und die universelle Zelle jeder höheren Religion eine einzigartige persönliche Illumination, Enthüllung oder Ekstase eines äußerst sensitiven Propheten oder Sehers. – *Abraham Maslow*

Viele Menschen fanden heraus, daß Mind-Tools ihnen einen direkten Zugang zu transpersonalen und transzendenten Erfahrungen ermöglichen. Viele Leser mögen es vielleicht seltsam finden, daß Techno-Produkte unserer modernen Wissenschaft in der Lage sein sollen, Hilfsmittel für spirituelle Erlebnisse darzustellen. Aber Stanislav Grof beobachtete, daß unser „transzendentaler Impuls" oder unser „spirituelles Verlangen" eine treibende Kraft innerhalb des menschlichen Verhaltens ist – ein Zwang, der grundlegender ist als der sexuelle Trieb. Und durch diesen Drang nach transzendentalen Erlebnissen hat der Mensch immer auf die jeweils modernste Technologie zurückgegriffen, die für ihn gerade erhältlich war. Dies reicht von der Manipulation von Feuer und Licht bis zur High-Tech-Mind-Machine, es zieht sich wie ein roter Faden durch unsere Geschichte. Technologie stammt übrigens von den griechischen Wörtern techne und logos, was etwa soviel bedeutet wie: der organisatorische Weg, um systematische Anwendungen von Wissen umzusetzen. Die Anwendung von Technologie hat also viel mit dem Menschsein zu tun.

Eine der ältesten spirituellen Techniken ist der Schamanismus. Dieses pragmatische System einer Geist-Körper-Technik ist nach Einschätzung des Anthropologen Michael Harner rund 30.000 bis 50.000 Jahre alt, und selbstverständlich hat sich auch der Schamanismus durch die menschliche Evolution hindurch entwickelt. Aus dem Schamanismus sind andere spirituelle Techniken entstanden, wie Yoga, eine Vielzahl esoterischer Schulen, mystischer Kulte, technologischer Rituale wie Gnostizismus, Sufismus, Kabbalistik, Tantra, Taoismus und Alchemie.

Power to the People

Ein zentraler Impuls innerhalb der Geschichte ist die Systematisierung und Simplifizierung spiritueller Techniken, damit sie leichter erlernt werden und damit mehr Menschen an den mystischen Erfahrungen teilhaben können. Dr. Herbert Benson, der den Begriff der „Entspannungsreaktion" geprägt hat, sagt: „Im 12. Jahrhundert ... realisierte man, daß Ekstase bei durchschnittlich normalen Menschen in kurzer Zeit induziert werden kann, wenn sie rhythmische Übungen absolvieren, eine komplizierte Haltung einnehmen, ihren Atem kontrollieren, ihre Bewegungen koordinieren oder Mantras wiederholen."

Auf vielerlei Wegen hat dann die materialistisch-wissenschaftliche Tradition versucht, diese Techniken systematisch weiterentzuwickeln und allen zugänglich zu machen – eine Art Demokratisierung der mystischen Erfahrungen. Die Erfindung und Verbreitung des Buchdrucks hat es zum Beispiel ermöglicht, daß unendlich viele Leser Informationen über spirituelle Techniken erhielten, die vorher nur vom Lehrer an den Schüler oder von einer Generation zur nächsten weitergegeben wurden. Die modernen akademischen Wissenschaften betonen dabei jedoch, daß es nur eine Definition von Realität gibt, und unterdrücken andere, transzendentale Impulse.

Wie Grof richtig sagte: „Bis in das jetzige Jahrhundert hinein beschreibt die akademische Psychologie und Psychiatrie die Spiritualität als Produkt des Aberglaubens, des primitiven, magischen Denkens und als schlicht pathologisch." Aber die spirituellen und transzendentalen Impulse sind so mächtig, daß die orthodoxe Wissenschaft unfähig ist, diese auf Dauer zu unterdrücken. Abraham Maslow betonte, daß praktisch fast alle Menschen über ein „Einheitsbewußtsein" berichten, das sie mindestens einmal in ihrem Leben erlebt haben. Und selbst in unserer säkularisierten (weltlichen) und materialistischen Ära fand eine kürzlich durchgeführte Umfrage heraus, daß über 80% der Amerikaner sich selbst als stark „religiös" oder „spirituell" einschätzen.

Noch erstaunlicher ist die substantielle Anzahl der Amerikaner, die über mystische Erfahrungen berichten. In einer 1989 durchgeführten Umfrage gab ein Drittel der befragten Amerikaner an, daß sie sich sehr mit einer spirituellen Kraft verbunden fühlen, die sie aus ihrem Selbst herauszuheben scheint. Und über 12% gaben an, daß sie mehrmals oder zu verschiedenen Gelegenheiten transzendentale Erlebnisse hatten.

Techniken der Transzendenz

Arnold Scheibel ist Professor für Medizin an der University of California in Los Angeles, und seine Frau Marian Diamond ist Neuroanatomin an der University in Berkeley. Scheibel erläutert ihre gemeinsame Faszination für das Gehirn folgendermaßen: „Wir denken, daß das Gehirn in einem gewissen Sinn die Religion der Zukunft sein wird ..."

Häufig ergibt es einen Sinn, wenn die Mind-Revolution als eine spirituelle Suche betrachtet wird: eine plötzliche Blüte der wissenschaftlichen Kräfte, verbunden mit dem Drang, das

Geheimnis des Universums zu verstehen, indem man versucht, die „letzte Hürde" zu begreifen, das (bisher) komplexeste System des Universums, das menschliche Gehirn; spirituelle Sucher, die modernste Technologie nutzen, um herauszufinden, was in unserem Gehirn abläuft, wenn wir Momente der Erleuchtung oder Transzendenz erleben. Denn wie wir bereits gesehen haben, stehen einige Erweckungserlebnisse mit verschiedenen physiologischen Veränderungen im Gehirn in Zusammenhang, beispielsweise der Veränderung der Chemie und der elektrischen Aktivität.

Zweifellos rufen die Mind-Tools, wie sie in diesem Buch beschrieben werden, die gleichen drastischen Veränderungen in der Gehirn-Chemie und den Gehirnwellenaktivitäten hervor, die auch bei Menschen entdeckt wurden, die spontan eine transzendente, meta-normale oder transpersonale Erfahrung durchlebten. Es macht Sinn, wenn man davon ausgeht, daß durch die Reproduktion gleicher Muster und Fluktuationen die Mind-Tools auch ähnlich außergewöhnliche Erfahrungen induzieren können. Eine Fülle von Beweisen und Tausende von individuellen Berichten zeigen, daß Mind-Tools sehr wohl spirituelle Erlebnisse induzieren können.

Ich glaube, daß sie solche transzendentalen Erfahrungen ebenso erzeugen können, wie sie auch kreative Durchbrüche und Illuminationen hervorrufen (siehe Kapitel 23). Nur eine gesteigerte Turbulenz und Fluktuation im Gehirn führt durch Chaos zu einer höheren kreativen Ordnung. Dies kann dann zum direkten Erleben der höchsten Ordnung führen – das Erlebnis der Erleuchtung, der mystischen Eingebung, des Satori, des Einsseins mit Gott usw.

Die Sucher transzendentaler Erlebnisse sehen in der Mind-Technologie einen spirituellen Katapult, einen Beschleuniger. Ebenso wie bei der Kreativität hängen spirituelle Durchbrüche von Ihrer individuellen mentalen Bereitschaft ab, der Öffnung gegenüber neuen Erfahrungen; dem Willen, die existierende Ordnung zu verlassen; den Wunsch, etwas anderes zu erleben; dem spirituellen Verlangen und so weiter. Je nach Grad Ihres Widerstandes können transzendentale Erlebnisse auch durchaus verschieden ausfallen: vom sanften Erwachen bis zu Glückseligkeit und Momenten reiner Klarheit; Gefühle des Erblindens durch das Licht, des Niederreißens, des Hinausziehens, des spirituellen Todes und der Wiedergeburt ... so wie das Erlebnis von Saul auf dem Weg nach Damaskus.

Diejenigen, die spirituelle Techniken kennen, entdecken, daß die Mind-Technologie den spirituellen Wachstumsprozeß intensivieren und beschleunigen kann. Meditierende, die Mind-Tools in ihren Meditationen einsetzten, berichteten, daß sie schneller und zuverlässiger in einen tieferen Zustand gelangten. Sie erreichten mentale Klarheit und Luzidität schneller als ohne Mind-Werkzeuge.

Die Techniken der Mind-Technologie zur Stimulation von Transzendenz oder Spitzen-Erfahrungen sind identisch mit denen der Kreativitätssteigerung, wie ich sie im letzten

Kapitel beschrieben habe. Diese Techniken beinhalten das Erreichen eines entspannten Zustands; das Fließenlassen und Loslassen der Bedürfnisse nach Kontrolle oder Sicherheit; die Steigerung der Längen und Frequenzen von Sitzungen; verstärkte Fluktuationen beim Einstieg in Zustände mit höheren Amplituden und synchroner Gehirnwellenaktivität in den Theta- und Delta-Bereichen; die Ausweitung der Fluktuationen durch gesteigerte Levels der Unvorhersehbarkeit (durch den Wechsel von schnellen und langsamen Frequenzen und den Wechsel der Stimulationsarten und der Geräte etc.). Eine Vielzahl von bewußtseinserweiternden Substanzen werden genutzt, um transzendentale Erlebnisse zu erzeugen. Diese können durch die Kombination mit Mind Machines potenziert und intensiviert werden.

Der Punkt der absoluten Stille

Damit die Suchenden unter Ihnen nicht etwa denken, ich würde zuviel Lärm um kreative und spirituelle Durchbrüche machen, möchte ich an dieser Stelle betonen, daß alle spirituellen Traditionen und Lehrer erlebt haben, daß die authentische transzendentale Eingebung von einer direkten Erfahrung Gottes oder einer göttlichen Kraft herrührt. Diese Erlebnisse werden oft als Durchbruch, als blendendes Licht oder als Flucht in eine höhere Ordnung erlebt. Dann taucht man aus einer totalen Ruhe, einer Leere, einem Nichts auf ... und erreicht den Punkt der Stille in der sich drehenden Welt. Sie können diese Stille erleben, wenn Sie sich in Höhlen oder Wüsten zurückziehen, Sie können diesen Zustand durch wiederholtes Beten oder das kontinuierliche Murmeln eines Mantras erreichen, und wie wir gesehen haben, stellen Mind-Tools eine technologische Annäherung an die Erscheinungen des Blank-Outs oder der sensorischen Deprivation dar. Mehrere Stunden im Isolationstank können den Geist ähnlich beruhigen wie mehrere Tage Meditation in einer Wüste. Ein Ganzfeld kann ein Erlebnis des Blank-Outs erzeugen, völlige Ruhe und Leere, in der man der Präsenz einer göttlichen Wesenheit näherkommen kann.

Schließlich ist diese Stille nur ein anderes Gesicht des Geistes, der Fluktuationen, der Turbulenzen und des Chaos, das dazu führen kann, daß wir uns vom Alten verabschieden ... Strukturen zurücklassen und eine höhere Ordnung erreichen. Die Mind-Tools ermöglichen es den Benutzern, diese Bewegung des göttlichen Spirits zu intensivieren, zu verstärken und zu beschleunigen.

Sie *ermöglichen* es. Es ist keine Garantie. Ein kürzlich erschienener Artikel über Mind Machines urteilte: „Das Sich-Anschließen an solch eine Maschine macht aus Ihnen noch keinen besseren Menschen." Der Autor – ein seit vielen Jahren Meditierender – hatte Angst, daß seine 20jährige Meditationspraxis nur noch als Zeitverschwendung anzusehen sei. Seiner Meinung nach produzieren die Mind Machines nicht automatisch einen Zustand, der mit Meditation gleichzusetzen sei. Die Mind-Machine-Bewegung würde versuchen, Buddha als Schwindler anzusehen.

Ist das nicht verrückt? Sie wollen die Mind Machines verdammen, weil sie nicht automatisch einen besseren Menschen erschaffen. Es ist wie bei den verflixten Flugzeugen; durch das bloße Fliegen wird man auch nicht heilig. Es gibt viele Wege, um von New York nach San Francisco zu gelangen. Sie können laufen, eine Menge Leute treffen und sicherlich viele Erfahrungen dabei sammeln. Sie können aber auch fliegen. Doch egal, ob Sie drei Monate laufen oder sechs Stunden fliegen, Sie erreichen stets den gleichen Ort: San Francisco. Wie Sie es machen, bleibt Ihnen überlassen.

Mind-Technologie kann – ähnlich wie ein Flugzeug – schnell und zuverlässig den eigenen Standort verändern. Der Flug von San Francisco nach New York bedeutet nicht, daß man seine 20jährige Geherfahrung als Zeitverschwendung ansieht. Nichts ist Zeitverschwendung. Und es bedeutet auf keinen Fall, „Buddha als Schwindler" anzusehen. Wie dieser bereits sagte: „Alles wächst, und alles verschwindet wieder ... und wenn Sie das erkennen, dann wird aus Trauer wieder Freude."

Holotropes Atmen

Ein Problem für viele Menschen, die die Spitzenleistung mit psychedelischen Substanzen zu erreichen versuchen, ist, daß diese Produkte illegal sind, Langzeitwirkungen besitzen und zu schädlichen Nebenerscheinungen führen können. Viele Jahre haben Bewußtseinsforscher und Wissenschaftler versucht, transpersonale Zustände mit verschiedenen Hilfsmitteln und Techniken zu erzeugen, so wie sie die Psychedelika hervorrufen, jedoch ohne negative Nebenwirkungen.

Einer der führenden Autoritäten auf diesem Gebiet ist der Psychiater Stanislav Grof. In den 50er Jahren studierte er die Wirkungen von Psychedelika und hatte außergewöhnliche Resultate bei der Behandlung von Alkoholismus, Drogenabhängigkeit, hoffnungslosem Krebsleiden u.v.a. Er benutzte dabei Drogen, um die Personen in eine transzendentale spirituelle Erfahrung zu führen. Nach ihrer Ächtung in den 60ern begann Grof, die Auswirkungen einer tiefen und gleichmäßigen Atmung zu untersuchen. Dabei entdeckte er, daß eben diese Atmung schnell und zuverlässig psychedelische Effekte erzeugen kann.

In den 70er- und 80er-Jahren entdeckte Grof die Effekte der kontinuierlichen Hyperventilation. Moderne Mediziner vermeiden die Hyperventilation, da sie zu Anfällen, Angstbzw. Panikzuständen und zu Blackouts führen kann. Grof aber stellte fest, daß bei einer absichtlichen kontinuierlichen und tiefen Atmung die Versuchspersonen nur kurzfristig die Symptome der Hyperventilation zeigten ... sie gingen dann direkt in ein erweitertes

Bewußtsein über, in die Euphorie, die Illumination, in Transzendenz und in andere lebensverändernde Erfahrungen. Basierend auf den vielen transzendentalen Erfahrungen in Gruppen oder bei Einzelpersonen, entwickelte Grof einen Prozeß, den er „Holotrope Atemarbeit" nannte (auch bekannt als die Grof-Atmung). Grof prägte den Begriff aus dem griechischem Wort holos (ganz) und trepein (auf etwas zu bewegen). Dieses Holotrope Atmen ist also eine Atmung, die man als „eine Bewegung auf etwas Ganzes hin" bezeichnen könnte.

Bei der Holotropen Atemarbeit ist immer ein Partner dabei, der sich um die Versuchsperson kümmert und den menschlichen Kontakt herstellt. Die Versuchsperson liegt auf dem Rücken, hat die Augen geschlossen oder mit einer Schlafmaske bedeckt und beginnt nun tief zu atmen. Begleitet wird dieser Vorgang durch geeignete Musik. Die Atmung ist nicht schnell und hektisch, sondern tief und nur so schnell, daß die Versuchsperson schon bald leicht benommen ist. Oftmals ist die Anwesenheit des Partners nicht notwendig, wenn die Versuchsperson regelmäßig in den Strom der kraftvollen Bilder und der traumähnlichen Erlebnisse eintaucht. An diesem Punkt angelangt, verlangsamt sich die Atmung. Nun sollte der Partner die Versuchsperson sanft daran erinnern – mit einer Berührung oder auch einem Wort –, daß sie weiterhin tief atmen soll.

Viele Versuchspersonen erleben keine dramatischen körperlichen Effekte, da sie sich direkt in einem dissoziierten und transzendentalen Zustand befinden. Einige haben starke körperliche Gefühle und Erlebnisse dabei, unwillkürliche Muskelkontraktionen oder Krämpfe, oft in den Händen oder Füßen. Häufig empfinden die Versuchspersonen ihr Atmen als Stöhnen, Schreien oder Kreischen. An diesem Punkt kann der Partner die Versuchsperson daran erinnern, alles fließen zu lassen, zu befreien und kontinuierlich weiterzuatmen. Wenn die Versuchspersonen ihr Erlebnis durchlebt haben – wie das Erlebnis der eigenen Geburt – dann sollte sich der Partner vergewissern, daß bestimmte Musik zur Unterstützung oder Intensivierung des Erlebten läuft.

Bei manchen Gelegenheiten durchleben die Versuchspersonen schmerzvolle oder schreckliche Erlebnisse – wie das Trauma der Geburt –, dann fühlen sie sich, als würden sie ersticken. Der Partner kann diesen Prozeß unterstützen, indem er bei der Befreiung hilft. Solch ein schmerzvolles, traumatisches oder schreckliches Erlebnis zu durchleben hat stark heilende und transformatorische Effekte. Wie Grof beobachtete:

„Wenn holotrope Erlebnisse in einem Prozeß der tiefen Selbstuntersuchung auftauchen, dann haben sie ein heilendes Potential. Sie sind meist traumatisch und von Natur aus schmerzhaft, aber sie eliminieren die Quellen der störenden Emotionen und Anspannungen, die sonst mit unserem täglichen Leben interferieren. Ekstatische Gefühle, Gefühle des Einsseins führen zu einem Inspiriertsein von Kraft, Wärme, Optimismus und gesteigertem Selbstvertrauen. Sie reinigen die Sinne und öffnen die Wahrnehmung in Richtung auf eine außergewöhnliche Vielfalt, Schönheit und auf das Mysterium der Existenz."

Holotrope Mind Machines

Ich habe die Kombination von Mind-Tools und Holotroper Atemarbeit ausprobiert. Wie erwartet, intensivieren und beschleunigen die Mind-Tools den bewußtseinserweiternden Effekt. Zusammen erzeugen die Gehirn-stimulierende Technologie und die Holotrope Atemarbeit einen schnellen Zugang zu außergewöhnlichen und transzendentalen Erlebnissen.

Bei der Nutzung von Mind-Technologie hat es sich als hilfreich erwiesen, in der Sitzung die Aufmerksamkeit auf ein spezifisches Problem zu lenken, z.B. auf das Visualisieren einer sportlichen Spitzenleistung oder auf eine Suggestion. Eine holotrope Mind-Tech-Sitzung dagegen verläuft nicht so zielgerichtet oder absichtsfördernd. Es ist viel wichtiger, daß man die Bereitschaft aufbringt, alles Auftauchende freizulassen und nichts kontrollieren zu wollen; das Unterbewußtsein wird zum Führer. Es hat ein unheimliches Talent, exakt das zu präsentieren, was man gerade benötigt. Grof dazu: „Nicht-normale Zustände des Bewußtseins funktionieren wie ein inneres Radarsystem, es sucht die kraftvollsten emotionalen Ladungen und bringt dieses Material ins Bewußtsein."

Menschen, die an Holotroper Atemarbeit interessiert sind, nutzen sie entweder für sich allein oder in Kombination mit Mind Machines, allerdings sollte ein Partner bei der Sitzung dabei sein. Körperliche Symptome wie ein epileptischer Anfall sind zwar nicht typisch, können aber vorkommen. Und in diesem Fall kann einen der Partner vor Verletzungen schützen und die entscheidende Rolle bei der Rücknahme der Atmung übernehmen. Man kann in der Sitzung etwas Schreckliches erleben, oder es kann traumatisches Material auftauchen, das manchmal so überwältigend ist, daß man sich auf einem holotropisch „schlechten Trip" befindet. Bei solch einer Gelegenheit kann der Partner einem helfen, wieder zu sich selbst zu gelangen und das Erlebnis heilsam abzurunden.

Zusätzliche Literatur:

❐ Alle Bücher von Stanislav Grof, inklusive *Das Abenteuer der Selbstentdeckung – Heilung durch veränderte Bewußtseins-Zustände – Ein Leitfaden* (Kösel, München 1987) und seines neueren Buches *Die Welt der Psyche – Neue Erkenntnisse aus Psychologie und Bewußtseinsforschung* mit Hal Zina Bennett (Kösel, München 1993). Beide Bücher sind nicht nur sehr visionär, sondern auch sehr praxisnah geschrieben.

FÜNFUNDZWANZIG
Reiten auf der Riesenwelle:
Ultradiane Rhythmen und Mind Machines

Nicht zu wissen, daß man eine Zeitstruktur hat, ist so, als wüßte man nicht, daß man ein Herz oder eine Lunge hat. In jedem Aspekt unserer Physiologie und unseres Lebens erkennen wir, daß wir der Ordnung unterworfen sind, die wir Zeit nennen.

Weil Uhren und Terminpläne für gesellschaftliche Aktivitäten ökonomischer Effizienz oder Zweckmäßigkeit dienen, wird der einzelne lernen müssen, seine eigenen Zyklen wahrzunehmen, um sich im Interesse seiner Gesundheit nach ihnen richten zu können. – *Dr. Gay Gaer Luce*, Report of U.S. Department of Health, Education and Welfare

The night time is the right time. – *The Strangeloves*

In den 80er Jahren, als ich die Effekte des Isolationstanks entdeckte, war ich fasziniert von der Unterschiedlichkeit der Erfahrungen ... sie waren jedesmal anders. Es war ein enormer Unterschied in den Gefühlen, je nachdem, ob ich morgens, spät nachmittags oder zwischen den frühen oder späten Abendstunden floatete. Ich sprach mit anderen Floatern über diese Erfahrung, und die meisten von ihnen kannten ihre Zeiten, bei denen die Qualität des Floatens am höchsten war. Ein Anwalt liebte es, morgens um 6 Uhr in den Tank zu steigen, bevor er in den Gerichtssaal ging ... nach einer Stunde des Floatens war er mit elektrischer Kraft und Energie geladen. Aber er berichtete auch, wenn er abends floatete, dann fühlte er sich entspannt und schläfrig. Ein Architekt mit Multipler Sklerose ging mittags in den Isolationstank, da er zu dieser Zeit schnell in eine tiefe Entspannung sank, ohne störende Gedanken – er fühlte, wie sein Körper sich heilte und sich selbst reorganisierte ... er nannte es die „Heilungs-Zeit". Wenn er aber am späten Nachmittag nach der Arbeit floatete, dann war die Wirkung völlig anders ... sein Geist visualisierte eifrig und arbeitete an den gegenwärtigen Projekten weiter.

Als ich mit längeren Tanksitzungen experimentierte – acht oder zehn Stunden –, entdeckte ich, daß es eine Qualität wellenähnlicher Natur gab. Als erstes sank ich in einen tief entspannenden Zustand, in dem ich kein Zeitbewußtsein mehr besaß und auch nicht dachte – einen tiefen Theta- oder Delta-Zustand. Aber nach einiger Zeit tauchte ich wie nach einem Turmsprung wieder an die Oberfläche. Ich erlangte mein Bewußtsein zurück, mein

Geist wurde wieder wacher und meine Gedanken gezielter. Mein Körper wurde wieder aktiver – ich spürte das Gefühl des Streckens, der Bewegung, der Spannung und der Bewegung der Muskeln. Und nachdem ich die Oberfläche erreicht hatte, begann mein Bewußtsein wieder abzutauchen. Ich sank wieder in die Tiefe, zurück in eine traumähnliche Imagination von Theta oder einer Glückseligkeit der totalen Leere. Ich begann daran zu denken, auf dieser Welle zu reiten.

Mit zunehmender Aufmerksamkeit fand ich heraus, daß es sich um ein rhythmisches „Auf und Ab" des Bewußtseins handelt – es schien so, als würde ich einen kompletten Zyklus erleben, der sich alle 90 bis 120 Minuten wiederholte. Ich stellte fest, daß die unterschiedlichen Phasen der Welle für verschiedene Arbeiten förderlich sind. Zum Beispiel war der Tank für mich ein großartiger Ort, um zu schreiben – ich konnte Seite für Seite im Geist vorwegnehmen und dann später an der Schreibmaschine Wort für Wort niederschreiben. Aber schnell entdeckte ich, daß diese Art des Schreibens nur dann funktionierte, wenn ich mich an einem bestimmten Punkt der Welle befand. Als ich tiefer sank, entstanden verschiedene Arten des kreativen Denkens – ich sah oder fühlte die gesamte Struktur eines Buches in einem einzelnen Blitz, ich erlebte spontane Bilder und bizarre Gedanken. Und dann sank ich noch tiefer in den Zustand der tiefen Entspannung – einen Zustand, in dem man nicht schläft, aber auch keinen Kontext mehr besitzt.

Als ich aus dem tiefen, wort- und gedankenlosen Zustand auftauchte, gelangte ich in den mysteriösen, unvorhersehbaren Dämmerzustand, oft randvoll mit neuen Ideen, Geistesblitzen usw., die mich in neue Richtungen trieben – es war die Zeit, in der mein Gehirn mit neuer Energie versorgt wurde. Dann stiegen meine Gehirnwellen wieder an – die Wörter flogen mir im Kopf herum. Nun konnte ich komplette Kapitel, Artikel, Geschichten, Lieder und Gedichte schreiben. Und wenn ich dann aus diesem tiefen Zustand erwachte, kam der Punkt, an dem ich nicht mehr schreiben konnte, ich war wieder zu sehr im Wachbewußtsein. Dann kam wieder die Zeit des Recken und Streckens, ich dachte an das, was ich abends kochen wollte, und schmiedete neue Pläne. Es kamen die banalen Gedanken zurück, und kurz danach begann ich wieder tiefer zu sinken ...

Als mir die wellenartige Natur meines Bewußtseins klar wurde, entdeckte ich, daß es Phasen gibt, die besonders für bestimmte Arten der Aktivität und Nicht-Aktivität geeignet sind. Zum Beispiel konnte ich in der Phase der Tiefenentspannung (der Phase, in der das Bewußtsein nicht länger aktiv ist) optimal mit Suggestionen arbeiten, die sich wie Wurzeln festkrallten. Solchermaßen programmiert, haben sie nachhaltige Effekte im täglichen Leben. Wenn ich mir jedoch etwas suggerierte, während ich mich gerade in der Phase kurz vor der Spitzenleistung befand, dann hatte diese Suggestion einen geringeren Effekt – mein Geist war zu beschäftigt, und mein analytisches Denken ließ solche Suggestionen nicht zu.

Auch mit dem Thema Lernen machte ich ähnliche Erfahrungen – Informationen (z.B. über die Unterwasserlautsprecher im Isolationstank) werden leichter behalten, wenn man sich kurz vor der tiefsten Entspannungsphase befindet. Und was schließlich Planungen und die Organisation von Aktivitäten angeht, ist der optimale Punkt kurz nach dem der Spitzenleistung, auf dem Weg zur Tiefenentspannung.

Chronobiologie

So entdeckte ich die Chronobiologie, das uralte Zusammenspiel zwischen Biologie und Zeit. Die Wissenschaft beobachtete schon seit langem, daß der Mensch durch eine Vielzahl biologischer Rhythmen beeinflußt wird. Hierzu gehören die verschiedenen Phasen des Lebens, der Rhythmus der vier Jahreszeiten, der Zyklus der Menstruation, der Schlaf- und Wachrhythmus, Tag und Nacht; ferner die Wellen und Zyklen, die mehrmals täglich auftauchen, wie z.B. die sexuelle Erregung oder der Appetit (letztere werden auch ultradiane Rhythmen genannt, d.h. Rhythmen, die sich mehrmals am Tag wiederholen). In den vergangenen Jahren haben die Chronobiologen erstaunliche Entdeckungen über diese ultradianen Rhythmen und ihre Einflüsse auf Körper und Geist gemacht.

Eine Schlüsselentdeckung war, daß der Mensch genetisch auf einen ultradianen Ruhe- und Aktivitäts-Zyklus programmiert ist, der sich alle 90 bis 120 Minuten wiederholt, er wird auch der grundlegende Ruhe- und Aktivitäts-Zyklus genannt (Basic Rest-Activity Cycle oder BRAC). Dieser Zyklus scheint überall bei den Aktivitäten des Körpers und des Geistes gegenwärtig zu sein.

Hemisphärendominanz

Wie bereits früher ausgeführt, deuten die EEG-Forschungen des Neurologen David Shannahoff-Khalsa (Salk Institute for Biological Sciences) darauf hin, daß sich auch die Hemisphärendominanz ständig in einem wellenartigen Rhythmus verschiebt. Der durchschnittliche Rhythmus im Wechsel von der rechten zur linken Hemisphäre und wieder zurück lag bei rund 120 Minuten.

Die Dominanz der Körperhälften

Nicht nur die Gehirnhemisphären, auch die Körperhälften dominieren in einem abwechselnden Rhythmus von 90 bis 120 Minuten, so Shannahoff-Khalsa und seine Mitarbeiter. In einem Test wurde den Probanden alle 7,5 Minuten Blut aus beiden Armen abgenommen, um eine Auswahl bestimmter Neurotransmitter – Katecholamin, Dopamin, Norepinephrin,

Epinephrin (Adrenalin) – zu untersuchen. Diese Neurotransmitter traten konzentriert in der einen oder der anderen Körperhälfte auf und begleiteten den zugrundegelegten Ruhe- und Aktivitäts-Zyklus.

Verbale und räumliche Fähigkeiten

Einige mentale Aktivitäten stehen im Zusammenhang mit jeweils einer Hemisphäre. Shannahoff-Khalsa verglich die Hemisphärendominanz mit der mentalen Aktivität. Er stellte dabei fest, daß auch die mentale Aktivität einen ähnlichen ultradianen Rhythmus durchläuft. Andere Wissenschaftler testeten Versuchspersonen in regulären Intervallen mit verbalen (linke Hemisphäre) und räumlichen (rechte Hemisphäre) Aufgaben. Wenn die verbale Aktivität stark ist, dann ist die räumliche Aktivität sehr niedrig und umgekehrt. Diese Muster wechselten Tag und Nacht in einem Zyklus von 90 bis 120 Minuten.

Koordination und Gedächtnis

Wissenschaftler haben verschiedene Eigenschaften bei Versuchspersonen gemessen, die Videogames spielten. Sie fanden heraus, daß die Hand-Auge-Koordination, das Lernen und das Kurzzeitgedächtnis wellenförmige Muster von Hügeln und Tälern aufzeigten. Die Spitzen tauchten alle 90 Minuten auf.

Körperliche Aktivität

Wissenschaftler beobachteten Versuchspersonen, die in einer neutralen Umgebung, einem ruhigen und spärlich ausgestatteten Raum, alleingelassen wurden. Sie entdeckten, daß diese Personen einen klaren Ruhe- und Aktivitäts-Rhythmus von rund 110 Minuten aufwiesen.

Geistige Wachheit

Eine Gruppe von Forschern ließ Versuchspersonen komplizierte Aufgaben lösen, die ein hohes Maß an geistiger Wachheit erforderten. Auch in diesem Fall variierten die Leistungen in 90- bis 120-minütigen ultradianen Rhythmen.

Kreativität

Eine Vielzahl von Tests zeigte, daß auch die Kreativität einen Anstieg und Abfall innerhalb eines ultradianen Rhythmus aufweist. Der Rhythmus liegt bei rund 90 Minuten.

Beeinflußbarkeit und Aufnahmefähigkeit

Der Hypnotherapeut Milton Erickson fand bei verschiedenen Personen heraus, das sie eine natürliche Periode der Entspannung (ca. 15 bis 20 Minuten) und der erhöhten Wahrnehmung durchlaufen. Er nennt dies die „normale Alltags-Trance". Diese Phasen wiederholen sich in einem Zyklus von 90 bis 120 Minuten.

Optimismus und Pessimismus

In den Phasen der erhöhten Energie, so der Psychologe Robert Thayer, sind die Menschen überoptimistisch und tendieren zur Überschätzung ihrer Kräfte. Jedoch in den Phasen mit niedriger Energie neigen die Menschen zu Pessimismus ... und unterschätzen ihre eigene Kraft.

Ruhe und Heilung

Die alle 90 bis 120 Minuten auftretenden Spitzen in der körperlichen Aktivität spiegeln sich auch in Tälern und Hügeln wider. Das Tal wird in einer Zeitspanne von 15 bis 20 Minuten durchlaufen. Dokumentierte Beweise zeigen, daß der Körper diese kurze Phase der Erholung und Wiedergewinnung von Kraft benötigt: zur essentiellen Heilung, zur Regeneration, zum Wachstum und zum Auffüllen der neurochemischen Speicher. In dieser Phase wechselt der Geist von den externen Mustern zu einer „allgemeinen Alltags-Trance", einer Periode der inneren Fokussierung. In ihr findet die mentale Erholung und Reorganisation statt. Interessanterweise ist das die Phase mit gesteigerter Thetawellen-Aktivität. Forschungen lassen erkennen, daß diese wichtige Zeitspanne der Erholung und mentalen Wahrnehmung in einer 20minütigen Übergangsphase stattfindet. Der Psychobiologe und Hypnotherapeut Ernest Lawrence Rossi, eine Autorität im Bereich der ultradianen Rhythmen, nennt diese 20-Minuten-Phase die „ultradiane Heilreaktion".

Der grundlegende 90 bis 120 Minuten andauernde Ruhe- und Aktivitäts-Zyklus reguliert eine überwältigende Zahl von Körper-Geist-Systemen. Folgen wir Rossi: „Forschungen zeigen, daß all unsere wichtigen Körper-Geist-Systeme der Selbstregulierung – das autonome Nervensystem (Aktivität und Ruhe), das endokrine System (Hormone und Nachrichtenmoleküle) und das Immunsystem (Kampf gegen Krankheiten) – dem grundlegenden 90 bis 120 Minuten andauernden Ruhe- und Aktivitäts-Zyklus unterliegen."

Warum wir besser lernen, wenn wir diesen Zyklus beachten

Diesen grundlegenden Zyklus, der von Nathaniel Kleitman entdeckt wurde, nennt man auch BRAC (basic rest-activity-cycle oder Grundzyklus für Ruhe und Aktivität). Er ist das fundamentale und essentielle Charakteristikum der Lebensprozesse – er beeinflußt die Magenkontraktion bei Hunger, die sexuelle Erregung und alle Prozesse, die mit unserer Selbsterhaltung und der Erhaltung unserer Spezies in Zusammenhang stehen. Er führte hierzu aus:

Wenn so grundlegende menschliche Prozesse wie Lernen und Leistung, Verdauung und Regeneration des Körpers, außerdem Sex und Persönlichkeit, alle dem Ruf dieser 90- bis 120-minütigen Rhythmen folgen – wenn sogar unsere Muskeln, Drüsen, unser Kreislauf und unsere Organe mitschwingen und sich selbst unser Gehirn und unsere seelische Befindlichkeit an ihnen orientieren – dann müssen diese Rhythmen, oder das, was sie verursacht, ein umfassendes Kommunikationsmuster zwischen Körper und Geist widerspiegeln."

Ultradianer Streß

Der grundlegende Ruhe- und Aktivitäts-Zyklus (BRAC) scheint in unseren Genen programmiert zu sein. Es gibt neue Beweise dafür, daß der BRAC die grundlegenden Lebensprozesse reguliert, wie das Wachstum und die Teilung der Zellen. Der ganze Prozeß der Zellteilung und des Zellwachstums dauert rund 90 bis 120 Minuten, inklusive einer 20minütigen Periode zum Aufbau der Biochemikalien. Diese Neurochemikalien spielen eine Schlüsselrolle bei der Zellteilung. Millionen Jahre haben unsere Vorfahren in enger Harmonie mit den natürlichen Rhythmen des Lebens gelebt ... Aufwachen bei Sonnenaufgang und Schlafen in der Nacht. Sie haben auf den BRAC reagiert und mehrmals täglich eine Pause eingelegt oder ein Nickerchen gemacht.

Die moderne Zivilisation mit ihrem künstlichen Licht, der Schichtarbeit und dem nicht nachlassenden Streß ignoriert den 90- bis 120minütigen BRAC. Für viele von uns ist das Leben ein Prozeß, in dem wir die Signale des Körpers und des Geistes ignorieren. So haben die meisten Menschen ihr Gefühl für die grundlegenden Bedürfnisse, für Ruhe und Gleichgewicht völlig verloren. Ein Resultat dieser chronischen Desynchronisation unserer fundamentalen Rhythmen ist Streß, die Zivilisationskrankheit Nummer Eins.

Wir alle kennen die Symptome, die mit mentaler und körperlicher Müdigkeit beginnen und sich in Stimmungsschwankungen, Vergeßlichkeit, Konzentrationsverlust, Reizbarkeit und Burnout (Ausgebranntsein) manifestieren. Wenn wir diese Symptome ignorieren, führt das zu ernsten Krankheiten, wie z.B. Bluthochdruck, Herzerkrankungen, Schlaganfall, Unterdrücken der Immunfunktionen, Depression, Angst, Schlaflosigkeit – und möglicherweise auch verschiedenen Arten von Krebs.

Wie wir gesehen haben, operiert unser Geist und unser Körper in einem wellenähnlichen Rhythmus von 90 bis 120 Minuten. Diese ultradiane Welle ist der Schlüsselfaktor für unsere mentale Leistung – unsere Lernfähigkeit, unser Denken, Kreativität und Erinnerungsvermögen – und für unsere körperlichen Leistungen wie Reaktionsvermögen, Stärke, Widerstandskraft und vieles mehr. Auch andere Kapazitäten wie unsere Fähigkeit zur Streßkontrolle, zur Selbstheilung, unsere sexuelle Energie, Immunfunktionen, unsere Sensitivität gegenüber Emotionen u.v.m. werden direkt durch diesen Zyklus beeinflußt. Die Botschaft ist eindeutig: Wenn wir an einer Maximierung unserer mentalen und körperlichen Leistung interessiert sind, dann müssen wir uns unseres ultradianen Rhythmus bewußt werden und lernen, diesen intelligent zu nutzen. Dann können wir unsere Kapazitäten steigern und unsere Tiefphasen effektiv ausnutzen, wir können, wenn es nötig ist, unseren ultradianen Rhythmus auch gewaltsam verändern. Mit Rossis Worten:

„Wenn wir in die aktive Phase des ultradianen Leistungsrhythmus einsteigen und die Signale beachten, so können wir unsere gesamten Fähigkeiten erweitern. Wir sind in der Lage, anspruchsvolle Aufgaben auszuführen, da sich unsere Energie und unsere Wachheit im Aufschwung befindet. Und wenn wir die Signale der 20minütigen Ruhe- und Wiederbelebungsphase kennen, die ja ein Teil des Rhythmus ist, dann können wir uns regenerieren, so daß wir vorbereitet sind auf die nächste Spitzenleistung – wenn unsere Energie und Wachheit wieder ansteigt."

Den eigenen Rhythmus finden

Der allererste Schritt zur effektiven Nutzung ultradianer Rhythmen ist sehr einfach: Beobachten Sie sich selbst. Leider wurden wir in unserer Kultur nie ermutigt, uns selbst zu beobachten und unsere körperlich-geistigen Signale wahrzunehmen. Wir ignorieren unsere natürlichen Rhythmen, aber glücklicherweise haben wir jetzt ein Hilfsmittel, das unsere Aufmerksamkeit wieder auf diese Signale lenkt: die Mind Machines.

Die folgenden Techniken zur Bewußtwerdung und optimalen Nutzung unserer ultradianen Lebenswelle (90 bis 120 Minuten) sind auch ohne Mind Machines anzuwenden, es geht nur darum, uns auf uns selbst zu besinnen. Das ist ziemlich einfach, aber nicht einfach zu erfüllen: Wir müssen einen gewissen Grad an Anstrengung aufbringen. Mitten im modernen Leben ist es oft sehr schwer für uns, auf die Botschaften unseres Körpers und unseres Geistes zu hören. Doch die Mind-Technologie ist äußerst effizient darin, uns von der Umwelt abzuschirmen. Mind Machines ermöglichen es uns, keine externen Stimuli mehr wahrzunehmen – und wir können uns ganz und gar auf unsere inneren Signale konzentrieren. Indem die Mind Machines uns helfen, unsere Aufmerksamkeit nach innen zu lenken, agieren sie als sensorische Verstärker, und wir werden uns der Höhen und Tiefen der natürlichen Lebenswelle wieder bewußt. Wir sind wieder im Fluß.

Signale beobachten

Suchen Sie sich zunächst einen ruhigen und bequemen Platz, an dem Sie sich gemütlich hinsetzen können – am besten einen Platz, wo kein Telefon klingelt und niemand Sie stören kann. Bringen Sie sich mit Ihrer Mind Machine in den Zustand Null. Sollten Sie an Ihrem Gerät oder mit den Audio-Kassetten spezielle Frequenzen auswählen können, wählen Sie Alpha. Nun richten Sie Ihre Aufmerksamkeit nach innen ... beobachten Sie Ihre inneren Körper-Geist-Signale und -Botschaften.

Hier sind einige der Signale und Botschaften, die Sie wahrnehmen können:
- Müdigkeit,
- das Gefühl der Ungeduld, der Irritation oder des Zorns,
- Muskelanspannung,
- Stimmungsschwankungen,
- der Wunsch nach Recken oder Gähnen,
- Schläfrigkeit,
- Tagträumerei oder das Erlebnis von freudigen Erinnerungen,
- das Gefühl der Besinnung oder der Introspektive,
- das Gefühl der Passivität oder Rezeptivität,
- Phantasien, sexuelle Erregung,
- das Gefühl, ein Nickerchen zu machen und alles fließen zu lassen.

Dies sind Signale, die sich zeigen, wenn Sie sich in der Tiefphase der Lebenswelle befinden. Es ist der Zustand, in dem der Körper-Geist von einer kurzen Ruhephase und einem Wiederaufbau profitiert. Sie können die Mind Machine benutzen, um sich zu entspannen, um alles fließen zu lassen und zur Selbstheilung des Körpers.

Hier sind einige andere Signale, die Sie empfinden können:
- Sie fühlen sich energetisiert, erholt und gestärkt.
- Ihr Geist ist konzentriert und wach.
- Sie wollen arbeiten, um spezielle Probleme zu lösen.
- Sie haben eine klare Vorstellung von dem, was Sie wollen.
- Sie fühlen, daß Sie Ihre Ziele mühelos erreichen können.
- Sie erwachen mit Problemlösungen und neuen, kreativen Ideen.
- Sie wollen sich eifrig beim körperlichen Training engagieren.

Das sind Signale, die in der Hochphase der Lebenswelle auftauchen können, es ist also an der Zeit, diese Eigenschaften anzupacken. Vielleicht möchten Sie Ihre Mind Machine auch im aktiven Zustand benutzen, um sich weiter zu energetisieren, zu konzentrieren, um spezielle Probleme zu lösen und die Kreativität anzuregen.

Die Lebenswelle sichtbar machen

In der anfänglichen Phase der Wahrnehmung Ihrer Welle sollten Sie Ihre Mind Machine mehrmals täglich benutzen, um sich Ihrer Körper-Geist-Signale bewußt zu werden. Sie können als Hilfsmittel einen Tageskalender führen. Ein paar Wörter, mit denen Sie Ihre Signale, die Sie in der Sitzung empfangen haben, beschreiben, genügen. Zum Beispiel: „Ausradieren", „Erinnerung an die sechste Klasse", „Nackenschmerzen", „Glückseligkeit", „viel Energie" usw.

Wenn Sie diese Vorgehensweise einige Tage oder Wochen lang einhalten, dann erkennen Sie die ersten Muster. Sie werden vielleicht merken, daß Sie Ihre besten kreativen Eingebungen nachts oder am Morgen haben; daß Sie sich am späten Nachmittag oder kurz vor dem Mittag sehr müde fühlen; daß Ihre Nackenschmerzen nur zu bestimmten Zeiten auftauchen und sonst wieder verschwunden sind.

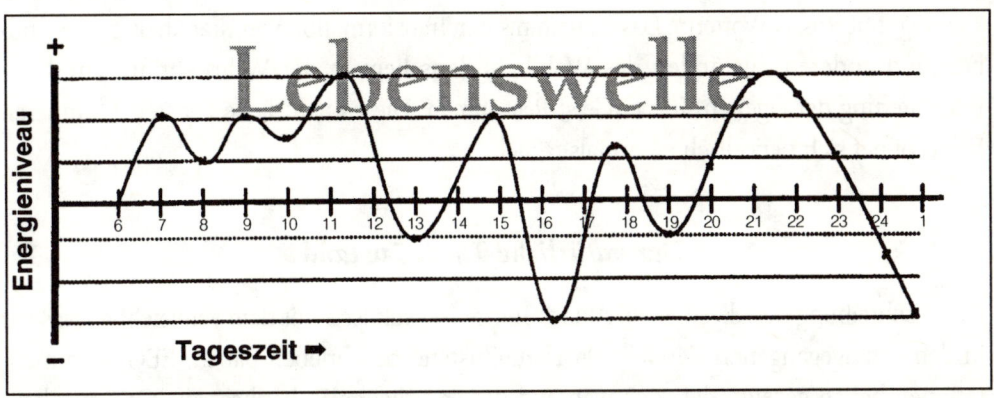

Nach kurzer Zeit sollte es Ihnen möglich sein, Ihre eigene Lebenswelle mit den Spitzen und den Tälern aufzuzeichnen. Unsere ultradianen Rhythmen sind flexibel und können sich an äußere Ereignisse anpassen, so daß Sie Ihre Lebenswelle nie auf die Minute festlegen können. Doch Ihre Kurve gibt Ihnen ein besseres Bewußtsein gegenüber dem eigenen Rhythmus, also wann z.B. die beste Zeit für eine Mind-Machine-Sitzung sein könnte.

Die Regenerationsphase

Wenn Sie die Mind-Technologie zur Einstellung Ihrer ultradianen Lebenswelle eingesetzt haben, dann können Sie mit speziellen Arbeiten beginnen, um bestimmte Körper-Geist-

Zustände aufzubauen oder spezifische Punkte in Ihrem täglichen Zyklus zu setzen. Die erste Mind-Machine-Anwendung führt uns meist in die natürliche Erholungs- und Regenerationsphase. Dieses 20minütige Tal unseres grundlegenden Ruhe- und Aktivitäts-Zyklus nannte Ernest Rossi die *ultradiane Heilreaktion*. Durch die Nutzung der Mind-Tools erweitern und vertiefen wir die natürliche Tendenz des Körpers, sich zu entspannen und zu erholen ... wir erreichen die hochwertigste und effektivste Entspannung und Regeneration, die möglich ist.

Einen Grund für die Wichtigkeit dieser 20minütigen Periode charakterisierte Milton Erickson mit dem Begriff der „allgemeinen Alltags-Trance". Rossi fügte hinzu, daß wir in dieser normalen Trance „introspektiver werden". Unsere Träume, Phantasien und Träumereien – das Rohmaterial für Wachstum im täglichen Leben, so die Psychotherapie – werden ungewöhnlich klar und entwickeln sich zu einem Fenster zwischen Bewußtsein und Unterbewußtsein. An dieser Stelle, so Rossi, erlangen wir Zutritt zu unserem inneren Selbst und unserem inneren Geist. „Da unser innerer Geist die Quelle des tiefsten Wissens ist, erleben die Menschen in diesen kreativen, meditativen Momenten Einsichten, Phantasien und intuitive Sprünge", so Rossi.

Diese Momente, so Erickson, sind der Schlüssel zur inneren Transformation und Heilung. Mit Rossis Worten: „Das Geheimnis der Transformation von Krankheit zu Gesundheit und anderen Zuständen des Wohlbefindens liegt in der Wahrnehmung und der Erleichterung der eigenen Körper-Geist-Ressourcen. Dieses natürliche Fenster des inneren Fokus öffnet sich periodisch mehrmals täglich."

Der natürliche Theta-Zustand

Die Beschreibung der allgemeinen Alltags-Trance ist praktisch mit dem vergleichbar, was wir in den vorangegangenen Kapiteln als Theta-Zustand beschrieben haben. EEG-Dokumentationen haben gezeigt, daß sich während der natürlichen Ruhephase die Gehirnwellenaktivität von den Beta-dominierten Mustern des normalen Wachbewußtseins auf die Alpha- und Theta-Frequenzen verlangsamt. Mit anderen Worten, wenn wir uns unserer natürlichen Lebenswelle bewußt werden – des Tals der Täler –, dann können wir in den natürlichen Theta-Zustand mit all seinen Vorzügen eintauchen.

Wie wir bereits gesehen haben, wird Theta durch klare Imaginationen, blitzartige Eingebungen und intensive Erinnerungen charakterisiert. Wissenschaftler wie Elmer und Alyce Green von der Menninger Foundation fanden heraus, daß der normale Theta-Zustand die Immunfunktionen reguliert und teilweise auch steigern kann. Ferner führt dieser Zustand zu erhöhter Kreativität, erleichtert „integrative Erfahrungen" und das Leben transformierende Momente.

Der legendäre Hypnotherapeut Milton Erickson nahm in den Momenten der allgemeinen Alltags-Trance die Implantierung lebensverändernder Suggestionen vor – das Geheimnis seiner sogenannten „Wunderheilungen". Andere Forschungen haben ergeben, daß der Theta-Zustand durch Hyper-Beeinflußbarkeit und extreme Aufnahmefähigkeit charakterisiert ist. Es ist ein Zustand, in dem Suggestionen zur Verhaltensänderung dramatische und langfristige Effekte haben können. Durch Mind-Technologie können wir dann den natürlichen Theta-Zustand des Körpers verstärken und vertiefen; wir lernen, uns schnell und zuverlässig in einen hyper-aufnahmefähigen Zustand zu versetzen. An diesem Punkt können wir Mind-Tools mit Suggestionen verbinden – verbal oder in Form von Bildern oder Gefühlen. Wir können unsere allgemeine Alltags-Trance durch kraftvolle Botschaften für das persönliche Wachstum, die Heilung und die Transformation intensivieren.

Wenn wir uns bewußt werden, daß wir eine natürliche Tendenz zum Pessimismus und zur Unterschätzung in uns tragen – die Kraft in den Tälern –, dann können wir uns mit realistischeren Sichtweisen über unser Selbst beruhigen. Das Bewußtsein über unseren gegenwärtigen Zustand innerhalb der Lebenswelle hilft uns, Entmutigungen zu vermeiden, da wir wissen, daß es pessimistische Phasen in der fließenden Lebenswelle gibt.

Die Spitzen der Spitze

Wenn wir uns der Höhen und Tiefen unserer ultradianen Lebenswelle bewußt sind, dann sind wir bereit, „die Stunde zu ergreifen", um die Spitzen für Spitzenleistungen effektiv zu nutzen. Dies ist die Zeit für herausfordernde Aufgaben, die Zeit, um wichtige Meetings einzuberufen, um persönliche Bestleistungen zu erbringen, zu trainieren, mit Freunden zusammenzusein oder Liebe zu machen. Es ist aber auch wichtig, daß wir uns bewußt werden, daß diese Phase zu einem unrealistischen Optimistimus und zur Überbewertung der eigenen Kräfte führt. Wenn wir uns diese Eigenschaften zu eigen machen, dann bleibt Optimismus übrig, aber mit einem realistischen Blick für das Machbare.

Mind Machines können wir in der natürlichen Heilperiode nutzen, in den Tälern. Wenn wir mit Mind Machines diese Täler der Erholung und Regeneration durchlaufen, so erwachen wir mit mehr Energie, Kraft, Intelligenz und Kreativität für die Spitzenmomente. Wir können die Mind-Technologie aktiv auf unterschiedliche Arten in den Spitzen einsetzen, um die Kraft und Effektivität dieser Momente zu steigern. Zum Beispiel sind diese Perioden ideal zur Aktivierung von Spitzenzuständen, die wir in den früheren Sitzungen geankert haben.

Erwecken und Fließen

Es ist wiederholt verifiziert worden, daß Spitzenleistung von den optimalen Erregungszuständen abhängt. Zuviel Erregung wird als Angst wahrgenommen und kann die Ursache für Unbehagen, Lampenfieber, Unterdrückung und die Verschlechterung der Leistung sein. Zuwenig Erregung dagegen bedeutet, daß wir nicht wach genug sind – zu müde oder zu gelangweilt –, um Höchstleistung zu erbringen.

Eine der wertvollsten Funktionen der Mind Machines ist die Kontrolle dieser Erregung. Eine Vielzahl von Geräten erlaubt dem Benutzer, den Erregungslevel entweder zu verstärken oder zu reduzieren (beispielsweise durch die Regulierung der Frequenz bei Licht- und Sound-Geräten oder den binaurikularen Frequenzen). Wenn wir also unsere Lebenswelle und die Spitzenperioden sichtbar gemacht haben, dann können wir die dafür vorteilhafteste Mind Machine einsetzen. Sollen wir eine Rede halten oder eine Präsentation durchführen und ist unser Erregungslevel zu hoch oder zu niedrig, dann können wir diesen Level verändern, bis wir uns richtig wohl fühlen.

Ultradiane Atemarbeit

Wie ich bereits an anderer Stelle erwähnte, ist eine Schlüsselfunktion des ultradianen Zyklus der Wechsel der hemisphärischen Dominanz. Über eine Periode von ungefähr 120 Minuten wechselt die Dominanz zwischen den Hemisphären hin und her ... diese Periode kann aber auch zwischen 25 und 200 Minuten liegen. Die Forschungen von David Shannahoff-Khalsa und anderen Wissenschaftlern haben gezeigt, daß sich die Dominanz in dem Luftstrom des rechten oder linken Nasenlochs widerspiegelt. Wenn das rechte Nasenloch offener ist (wenn der Atem leichter durchströmen kann), dann dominiert die linke Hemisphäre, und umgekehrt. Dieser Effekt resultiert aus der Kreuz-Verdrahtung mit dem Körper ... die rechte Hemisphäre kontrolliert die linke Körperhälfte, und die linke Hemisphäre kontrolliert die rechte Körperhälfte.

Durch diese Entdeckung können wir laut Shannahoff-Khalsa unsere täglichen mentalen Funktionen besser beobachten. So sind verschiedene kognitive Funktionen, wie beispielsweise die Sprache, mathematische Fähigkeiten und andere rationale Prozesse, vorwiegend in der linken Hemisphäre lokalisiert. Wenn man diese Dominanz noch unterstützt, kann man auch die kognitiven Funktionen steigern. Genauso kann man die Kreativität, ein Charakteristikum der rechten Hemisphäre, nachdrücklich durch einen Dominanz-Wechsel unterstützen.

So ist es mit den Mind-Tools möglich, bestimmte Regionen des Gehirns zu aktivieren oder speziell eine Hemisphäre auszuwählen. Biofeedback-Spezialisten haben herausgefunden: Wenn man Menschen ein EEG-Biofeedback von bestimmten Regionen des Gehirns vermittelt, können sie lernen, diese Regionen gezielt zu aktivieren. Einige der EEG-Biofeedbacks kann man als Trainings-Hilfsmittel zur Aktivierung einer Hemisphäre oder einer Gehirnregion nutzen.

Durch die Nutzung der Mind-Tools zur Sensitivierung oder zur rhythmischen Veränderung der Hemisphärendominanz steigern wir unser Bewußtsein gegenüber unserer ultradianen Lebenswelle. Wir lernen, durch die Auswahl spezieller Eigenschaften der Hemisphären diese optimal zu nutzen.

Ruhe-und-Aktivitäts-Zyklen

Seit man weiß, daß der Wechsel der Hemisphärendominanz in einem Rhythmus von 90 bis 120 Minuten verläuft, werden wir uns immer mehr der potentiellen Körper-Geist-Zustände bewußt. Das heißt, wir können in den beiden unterschiedlichen Zyklen verschiedene Beziehungen zu unserem Körper herstellen. Beispielsweise erkennen viele Menschen in den Spitzen des Ruhe- und Aktivitäts-Zyklus, daß diese Phase mit körperlicher Energie verbunden ist. Dominiert die rechte Hemisphäre, produziert sie hohe emotionale Ladungen, Kreativität und Schaffenskraft. Dominiert die linke Hemisphäre, produziert sie euphorische und extravertierte Zustände des absoluten Selbstvertrauens und der Selbstsicherheit.

Der Double whammy

Für die Menschen, die sich nicht über die Effekte der ultradianen Lebenswelle und der Eigenschaften der rechtshemisphärischen Dominanz bewußt sind, ist die rechtshemisphärische Dominanz nur ein „Durchlaufen des Tals". Diese Passivität produziert eine Art „double whammy", den wir als Depression, Müdigkeit oder unvorhersehbare Stimmungsschwankung erleben. Wenn wir aber auf der anderen Seite das Potential dieser Kombination verinnerlicht haben, dann können wir uns mit der Mind-Technologie in einen tiefen introspektiven Zustand versetzen. Hier können wir dann Projekte bearbeiten, Einsichten gewinnen und hoch-emotionale Bilder und Erinnerungen wahrnehmen.

Wenn wir lernen, unsere hemisphärische Dominanz bewußt zu kontrollieren, so steht uns ein mächtiges Hilfsmittel zur Erweiterung unserer Fähigkeiten zur Verfügung. Konferenzen, Prüfungen und persönliche Gespräche – all das läuft in einem linkshemisphärischen Zustand zufriedenstellender ab. Und wir können mit diesem Hilfsmittel in kürzester Zeit unsere Dominanz von rechts auf links umschalten und umgekehrt.

Die Synergie der optimalen Balance

Die kraftvollste Anwendung der Hemisphärendominanz führt zur Erschaffung eines Zustandes der Balance, der Hemisphären-Synchronisation. Es zeigte sich, daß es zwischen jedem Wechsel eine Phase gibt, in der die Balance zwischen beiden Hemisphären ausgeglichen ist. Die Wissenschaftler schlossen daraus, daß das Gehirn in dieser Phase am produktivsten und kreativsten sei; zwei Gehirne sind quasi besser als eins.

Die beiden Hemisphären ergänzen sich und erzeugen einen Synergie-Effekt. Diese Synergie definierte der Philosoph Buckminster Fuller folgendermaßen: „Das Verhalten eines ganzen Systems ist unvorhersehbar, da man in jedem separaten Teil des Gehirns unterschiedliche Verhaltensmuster beobachten kann. Egal, ob wir uns in der Spitzenphase des ultradianen Rhythmus befinden oder die Phase der tiefen Erholung und Entspannung durchlaufen, wir erbringen dann wirkliche Höchstleistung, wenn beide Hemisphären zusammenarbeiten."

Auch unsere Körperhälften wechseln kontinuierlich ihre Dominanz. Wenn die Hemisphären zusammenarbeiten, erbringen sie Höchstleistung, und genauso kann auch die Zusammenarbeit der Körperhälften ein Schlüssel zur physischen Höchstleistung sein. Shannahoff-Khalsa, der den Wechsel der Dominanzen von Körperhälften entdeckte, sagte hierzu sinngemäß, daß der Kreuzpunkt dabei entscheidend sei. „Mein Hauptinteresse", sagte er, „geht in die Richtung, meßbare Veränderungen in Zusammenhang mit Yoga-Meditation herauszufinden. Der Yogi versucht die Lebensenergie zu nutzen, um damit eine optimale Balance zwischen beiden Körperhälften herzustellen."

Es ist klargeworden, daß das integrierte Gehirn, ein Gehirn, in dem beide Hemisphären symmetrisch, synchron, harmonisch und vereint funktionieren, der Schlüssel zu Spitzenzuständen und menschlicher Spitzenleistung ist. Dasselbe trifft auf die Balance zwischen den beiden Körperhälften zu. Doch es ist nicht einfach, die beiden Hemisphären simultan zusammenzubringen oder den idealen Punkt der körperlichen Balance zu erreichen. Die meiste Zeit unseres Lebens verbringen wir im Wechsel zwischen rechtshemisphärischer und linkshemisphärischer Dominanz. An dieser Stelle ermöglichen die Mind Machines einen wirklichen Durchbruch: Sie können effektiv symmetrische und ausbalancierte Gehirnwellendominanz produzieren. Wahrscheinlich ist es auch möglich, die rechte und linke Körperhälfte zu integrieren und auszubalancieren. Kurz und gut: Mind Machines können uns dabei helfen, einen optimalen Zustand der Ganzhirn- und Ganzkörperintegration zu erzeugen.

Zusätzliche Literatur:

- Eine erstklassige Quelle für viele Informationen in diesem Kapitel ist das Buch *20 Minuten Pause – Wie Sie seelischen und körperlichen Zusammenbruch verhindern können* von Ernest Lawrence Rossi und David Nimmons (Junfermann, Paderborn ³1995). Dieses Buch gilt als der „Top-Titel" für die exzellente Erklärung der ultradianen Zyklen und ihrer Einflüsse.

Weiterführende deutschsprachige Literatur:

Achterberg, Jean: Gedanken heilen. Die Kraft der Imagination. Reinbek 1990.
Andreas, Connirae & Steve: Gewußt wie – Arbeit mit Submodalitäten und weitere NLP-Interventionen nach Maß. Paderborn 1988.
Asimov, Isaac: Doktor Schapirows Gehirn. Bergisch Gladbach 1988.
Assagioli, R.: Die Schulung des Willens. Paderborn 7. Aufl. 1994.
Augros, Robert & Stanciu, George: Die neue Biologie. München 1988.
Averill, James R.: Die Entdeckung der Gefühle. Ursprung und Entwicklung unserer Emotionen. Hamburg 1993.
Bandler, Richard: Bitte verändern Sie sich ... jetzt! Transkripte meisterhafter NLP-Sitzungen. Paderborn 1991.
Bandler, Richard: Veränderung des subjektiven Erlebens – Fortgeschrittene Methoden des NLP. Paderborn 1987.
Bandler, Richard & Grinder, John: Kommunikation und Veränderung. Die Struktur der Magie II. Junfermann, Paderborn 1982.
Bandler, Richard & Grinder, John: Neue Wege der Kurzzeit-Therapie. Paderborn 11. Aufl. 1994.
Bandler, Richard & Grinder, John: Reframing. Paderborn 6. Aufl. 1995.
Bandler, Richard & Grinder, John: Therapie in Trance. Stuttgart 1984.
Bentov, Itzhak: Töne-Wellen-Vibrationen. Qualität und Quantität des Bewußtseins. München 1984.
Bentov, Itzhak: Auf der Spur des wilden Pendels. Reinbek 1986.
Bentov, Itzhak: Cosmic Book. Wie die Schöpfung funktioniert. Reinbek 1987.
Berger, Lutz & Pieper, Werner: Brain Tech / Das Buch. Löhrbach 1989.
Bierach, Alfred: Mentales Training. Neue Lern- und Lebenserfolge durch vertiefte Entspannung. München.
Bierach, Alfred: Bio-Elektrizität. Die geheimnisvollen Kräfte in unserem Körper. München 1989.
Birkenbihl, Vera F: Stroh im Kopf? Oder: Gebrauchsanleitung fürs Gehirn. Speyer 1983.
Blake, William: Die Hochzeit zwischen Himmel und Hölle. Eine Auswahl aus den prophetisch-revolutionären Schriften. Bad Münstereifel 1987.
Blakeslee, Th.R.: Das rechte Gehirn. Freiburg i.Br. 1988.
Bono, Edward de: Laterales Denken. Ein Kurs zur Erschließung Ihrer Kreativitätsreserven. Düsseldorf 1989.
Bottenberg, Ernst Heinrich: Emotions-Psychologie. Ein Beitrag zur empirischen Dimensionierung emotionaler Vorgänge. München 1972.
Boxerman, D. & Spilken, A.: Alpha-Wellen. Die Technik der elektronischen Meditation. Basel 1977.
Braem, Harald: Die Macht der Farben. München 1985.
Burroughs, W.S.: Der Job. Berlin 1986.
Calvin, William H.: Die Symphonie des Denkens. Wie aus Neuronen Bewußtsein entsteht. München 1993.
Capra, F.: Wendezeit. München 1983.
Carrington, P.: Das große Buch der Meditation. München 1982.
Christmann, Fred: Mentales Training. Anwendungen in Psychotherapie, Beratung, Supervision und Selbsthilfe. Göttingen 1994.
Csikszentmihalyi, Mihaly: Das Flow-Erlebnis. Jenseits von Angst und Langeweile: im Tun aufgehen. Stuttgart 1985.
Csikszentmihalyi, Mihaly: Die außergewöhnliche Erfahrung im Alltag – die Psychologie des flow-Erlebnisses. Stuttgart 1991.
Csikszentmihalyi, Mihaly: FLOW: Das Geheimnis des Glücks. Stuttgart 1992.
Csikszentmihalyi, Mihaly: Dem Sinn des Lebens eine Zukunft geben – eine Psychologie für das 3. Jahrtausend. Stuttgart 1995.

Dilts, Robert & Bandler, Richard & Grinder, John: Strukturen subjektiver Erfahrung. Ihre Erforschung und Veränderung durch NLP. Paderborn 1985.
Dossey, L.: Die Medizin von Raum und Zeit. Reinbek 1987.
Eccles, J.C.: Das Gehirn des Menschen. München 1984.
Eggetsberger, G.H. & Eder, K.-H.: Das neue Kopftraining der Sieger. Die Entdeckung und Nutzung des psychogenen Hirnfeldes zur Aktivierung verborgener mentaler und physischer Kräfte. Wien 1991.
Eliade, M.: Yoga – Unsterblichkeit und Freiheit. Frankfurt 1977.
Feldenkrais, Moshe: Bewußtheit durch Bewegung. Frankfurt 1978.
Feldenkrais, Moshe: Das starke Selbst. Anleitung zur Spontaneität. Frankfurt 1990.
Feldenkrais, Moshe: Die Feldenkrais-Methode in Aktion. Paderborn 1991.
Ferguson, M.: Die sanfte Verschwörung. München 1984.
Ferguson, M.: Geist und Evolution. München 1986.
Gazzaniga, M.S & Le Doux, J.E.: Neuropsychologische Integration kognitiver Prozesse. Frankfurt 1983.
Gendlin, E.T.: Focusing – Technik der Selbsthilfe bei der Lösung persönlicher Probleme. Salzburg 1981.
Gerlach, U. & Müller-Spude, G.: Mind Machines und kreatives Chaos. Neueste Wege zur Bewußtseins-Entwicklung. Mömbris/Daxberg 1989.
Goleman, D.: Die höheren Stufen des Bewußtseins. Düsseldorf 1984.
Gottlieb Duttweiler Institut: Mind Machines. Dokumentation zur Informationstagung. Rüschlikon 1991.
Grof, Stanislav: Das Abenteuer der Selbstentdeckung. Heilung durch veränderte Bewußtseinszustände. München 1987.
Grof, Stanislav & Bennett, Hal Zina: Die Welt der Psyche. Neue Erkenntnisse aus Psychologie und Bewußtseinsforschung. München 1993.
Harner, M.: Der Weg des Schamanen. Interlaken 1982.
Holler, Johannes: Power für die grauen Zellen. Wie Sie Ihr Gehirn aus der Reserve locken. Wessobrunn 1993.
Holler, Johannes: Das neue Gehirn. Unser Gehirn im Überblick – ein Handbuch. Paderborn 1996.
Hooper, Judith & Teresi, Dick: Das Drei-Pfund-Universum. Das Gehirn als Zentrum des Denkens und Fühlens. Düsseldorf 1988.
Houston, Jean: Der mögliche Mensch. Handbuch zur Entwicklung des menschlichen Potentials. Basel 1984.
Hutchison, Michael: MEGABRAIN. Geist und Maschine. Basel 1989.
Huxley, Aldous: Die Pforten der Wahrnehmung. Himmel und Hölle. Erfahrungen mit Drogen. München 1970.
Jaffe, D.T.: Kräfte der Selbstheilung. Stuttgart 1983.
Jantsch, E.: Die Selbstorganisation des Universums. München 1982.
Jaynes, J.: Der Ursprung des Bewußtseins durch den Zusammenbruch der bikameralen Psyche. Reinbek 1988.
Joudry, Patricia: Hören wie Pan. Südergellersen 1987.
Klaus, Heinrich: Heilung und Selbstheilung durch Imagineering. München 1990.
Koestler, A.: Die Wurzeln des Zufalls. Frankfurt 1974.
Krause, Rainer: Kreativität. München 1972.
Langer, Ellen J.: Aktives Denken. Wie wir geistig auf der Höhe bleiben. Reinbek 1991.
Langer, Ellen J.: Fit im Kopf. Reinbek 1991.
Le Cron, L.M.: Selbsthypnose. Genf 1982.
Lerner, Stephan: Immunkraft. Der mentale Weg zur Stärkung unserer Gesundheit. Düsseldorf 1989.
Leonhard, G.: Der Rhythmus des Kosmos. Reinbek 1986.
Liberman, Dr. Jacob: Die heilende Kraft des Lichts. Der Einfluß des Lichts auf Psyche und Körper – neue Möglichkeiten der Licht-Therapie. München 1993.

Lilly, John C.: Das Zentrum des Zyklons. Eine Reise in die inneren Räume. Neue Wege der Bewußtseinserweiterung. Frankfurt 1976.
Lilly, John C.: Der Scientist. Basel 1984.
Lilly, John C.: Simulationen vor Gott – Spielräume des menschlichen Bewußtseins. Basel 1986.
Lilly, John C.: Das tiefe Selbst. Basel 1988.
Lilly, John C.: Der Dyadische Zyklon. Basel.
Machleidt, W. & Gutjahr, L. & Mügge, A.: Grundgefühle. Phänomenologie. Psychodynamik. EEG-Spektralanalytik. Heidelberg/Berlin 1989.
Maslow, A.: Motivation und Persönlichkeit. Olten 1978.
Maslow, A.: Psychologie des Seins. Frankfurt 1978.
Mohl, Alexa: Der Zauberlehrling. Das NLP Lern- und Übungsbuch. Paderborn 1994.
Mohl, Alexa: Der Meisterschüler. Der Zauberlehrling Teil II. Paderborn 1996.
Murphy, Michael: Der Quantenmensch. Ein Blick in die Entfaltung des menschlichen Potentials im 21. Jahrhundert. Wessobrunn 1994.
Ornstein, Robert: MULTIMIND. Ein neues Konzept des menschlichen Geistes. Paderborn 1989.
Ornstein, Robert: Die Wurzeln der Persönlichkeit. Das Geheimnis der Individualität und ihrer Entfaltung. München 1994.
Ostrander, S. & Schroeder, L.: Super-Learning. Die revolutionäre Lernmethode. München 1979.
Ostrander, S. & Schroeder, L. & Ostrander, N.: Leichter lernen ohne Streß. Bern 1981.
Ostrander, S. & Schroeder, L.: SuperMemory. Der Weg zum optimalen Gedächtnis. München 1992.
Patterson, Meg: Der sanfte Entzug. Ein neues biomedizinisches Verfahren. Stuttgart 1988.
Pelletier, K.: Die neue Medizin. Frankfurt 1982.
Pelletier, K.: Unser Wissen vom Bewußtsein. München 1982.
Prigogine, Ilya: Vom Sein zum Werden. Zeit und Komplexität in den Naturwissenschaften. München 1979.
Prigogine, I. & Stengers, I.: Dialog mit der Natur. Neue Wege naturwissenschaftlichen Denkens. München 1981.
Restak, Richard M.: Geheimnisse des menschlichen Gehirns. München 1985.
Rossi, Ernest L.: Die Psychobiologie der Seele-Körper-Heilung. Essen 1991.
Rossi, Ernest L.: 20 Minuten Pause. Wie Sie seelischen und körperlichen Zusammenbruch verhindern können. Paderborn 1993.
Rückerl, Thomas: NLP in Stichworten. Ein Überblick für Einsteiger und Fortgeschrittene. Paderborn 1994.
Russell, P.: Der menschliche Computer. München 1982.
Russell, P.: Die erwachende Erde. München 1984.
Sagan, C.: Die Drachen von Eden. München 1978.
Selye, H.: Streß. Reinbek 1977.
Simonton, O. et al.: Wieder gesund werden. Reinbek 1982.
Springer, S.P. & Deutsch, G.: Linkes und Rechtes Gehirn. Funktionelle Asymmetrien. Heidelberg 1987.
Stangl, Anton: Heilen aus geistiger Kraft. Düsseldorf 1980.
Steinbach, Ingo: Klang-Therapie-Transformation durch heilende Klänge. Südergellersen 1990.
Taylor, G.R.: Die Geburt der Geister. Frankfurt 1982.
Tomatis, Alfred A.: Der Klang des Lebens. Vorgeburtliche Kommunikation. Die Anfänge der seelischen Entwicklung. Hamburg 1987.
Walford, R.L.: Leben über 100. München 1986.
Walsh, R.N. & Vaughan, F.: Psychologie in der Wende. Eine Einführung in die Psychologie des Neuen Bewußtseins. Reinbek 1987.

Watson, L.: Grenzbereiche des Lebens. Frankfurt 1984.

Weisberg, Robert W.: Kreativität und Begabung. Was wir mit Mozart, Einstein und Picasso gemeinsam haben. Heidelberg 1989.

White, Rhea A. & Murphy, Michael: PSI im Sport. München 1983.

Wilber, Ken: Halbzeit der Evolution. München 1991.

Wilber, Ken: Das Atman-Projekt. Der Mensch in transpersonaler Sicht. Paderborn

Literatur:

Abbata, D. et al.: „Beta-endorphin and Electroacupuncture." *Lancet* 13, 1980.

Basmajin, J.V. (Ed.):Biofeedback – Principles and Practice for Clinicians. Baltimore 1979.

Becker, R.O.: Cross-Currents. The Promise of Electromedicine, the Perils of Electropollution. Los Angeles 1990.

Becker, R.O. & Marino, A.A.: Electromagnetism and Life. Albany 1982.

Benson, H.: The Mind/Body Effect: How Behavioral Medicine Can Show You the Way to Better Health. New York 1979.

Benson, H.: The Relaxation Response. New York 1975.

Benson, H. et al.: „Historical and Clinical Considerations of the Relaxation Response." *American Scientist,* Juli 1977.

Budzynski, Thomas: Biofeedback and the Twilight States of Conciousness. In: *Schwartz, G.E. & Shapiro, D.* (Ed.): Consciousness and Self-Regulation. New York 1976.

Budzynski, Thomas: The Clinical Guide to Light and Sound. Seattle 1991.

Cade, C.M. & Coxhead, N.: The Awakened Mind: Biofeedback and the Development of Higher States of Awareness. New York 1979.

Carter, J.L.: Applications of Biofeedback Relaxation Procedures to Handicapped Children: Final Report. US-Dept. of Education 1984.

Carter, J.L.: Use of Biofeedback Relaxation Procedures with Learning Disabled Children. In: *Humphrey, H.H.* (Ed.): Stress in Childhood. New York 1984.

Carter, J.L.: „Use of EMG Biofeedback Procedures with Learning Disabled Children in a Clinical and Educational Setting." *Journal of Learning Disabilities* 4, 1985, 213-216.

Carter, J.L. & Russell, H.: „Changes in Verbal-Performance IQ Discrepancy Scores After Left Hemisphere EEG Frequency Control Training: A Pilot Report." *American Journal of Clinical Biofeedback* 4, 1981, 66-67.

Davidson, R.J. et al.: „Approach-withdrawal and Cerebral Asymmetry: Emotional Expression and Brain Physiology." *Journal of Personality and Social Psychology* 58, 1990, 330-341.

Deikman, A.J.: „Experimental Meditation." *Journal of Nervous and Mental Disorders* 136, 1963, 329-373.

Deikman, A.J.: „Deautomatization and the Mystic Experience." *Psychiatry* 29, 1966, 324-338.

Deikman, A.J.: „Bimodal Consciousness." *Archives of General Psychiatry* 25, 1971, 481-489.

Diamond, M.C.: Enhancing Heredity: The Impact of the Environment on the Anatomie of the Brain. New York 1988.

Diamond, M.C. et al.: „Differences in Occipital Cortical Synapses from Environmentally Enriched, Impoverished and Standard Colony Rats." *Journal of Neuroscience Research* 1, 1981, 109-119

DiCara, L.: „Learning in the Automatic Nervous System." *Scientific American* 1, 1970.

DiCara, L. (Ed.): Recent Advances in Limbic and Autonomic Nervous System Research. New York 1973.

Fehmi, L.: Open Focus Handbook. Princeton 1982.

Fehmi, L. & Fritz, G.: „Open Focus: The Attentional Foundation of Health and Well-Being." *Somatics* 1980.

Goldstein, A.: „Thrill in Response to Music and Other Stimuli." *Physiological Psychology* 1, 1980.

Green, E.E. & Green, A.M.: „On the Meaning of the Transpersonal: Some Metaphysical Perspectives." *Journal of Transpersonal Psychology* 3, 1971, 27-46

Green, E.E. & Green, A.M.: Beyond Biofeedback. New York 1977.

Harner, M.: The Way of the Shaman. New York 1981.

Jacobson, E.: „Imagination of Movement Involving Sceletal Muscle." *American Journal of Physiology* 91, 1930, 567-608.

Jacobson, E.: „Evidence of Contraction of Specific Muscles During Imagination." *American Journal of Physiology* 95, 1930, 703-712.

Jacobson, E.: Progressive Relaxation. Chicago 1938.

Leonard, G.: Education and Ecstasy. New York 1968.

Leonard, G.: The Ultimate Athlete. New York 1975.

Leonard, G.: The Silent Pulse. New York 1978.

Lozanov, G.: Suggestology and Outlines of Suggestopedy. New York 1982.

Lynch, G. & Baudry, M.: „The Biochemnistry of Memory: A New and Specific Hypothesis." *Science* 224, 1984, 1057-1063.

Madden, R. & Kirsch, D.: „Low-Intensity Electrostimulation Improves Human Learning of a Psychomotor Task." *American Journal of Electromedicine* 2, 1987, 2-3.

Ornstein, R.E.: On the Experience of Time. New York 1969.

Ornstein, R.E.: The Psychology of Consciousness. San Francisco 1972.

Ornstein, R.E.: The Amazing Brain. Boston 1984.

Ornstein, R.E. (Ed.): The Nature of Human Consciousness. New York 1974.

Peniston, E.G. & Kulkowski, P.J.: „Alpha-Theta Brainwave Training and B-endorphin Levels in Alcoholics." *Alcoholism* 13, 1989, 271-279.

Pert, C.: „Neuropeptides and Their Receptors: A Psychosomatic Network." *The Journal of Immunology*, 1985, 820-826.

Routtenberg, A. & Santos-Anderson, R.: The Role of Prefrontal Cortex in Intracranial Self-stimulation. In: Iversen, L., Iversen, S., Snyder, S.H. (Ed.): Handbook of Psychopharmacology, Vol. 8. New York 1977.

Shealy, C.N. et al.: „Depression – A Diagnostic Neurochemical Profile and Therapy with Cranial Electrical Stimulation (CES)." *Journal of Neurological and Orthopedic Medicine and Surgery* 4, 1989, 301-303.

Simonton, O.C. & Simonton, St.: „Belief Systems and Management of the Emotional Aspects of Malignancy." *Journal of Transpersonal Psychology* 7, 1975, 29-47.

Smith, R.B. & Day, E.: „The Effects of Cerebral Electrotherapy on Short-term Memory Impairment in Alcoholic Patients." *International Journal of Addictions* 4, 1977, 555-562.

Smith, R.B. & O'Neil, L.: „Electrosleep in the Management of Alcoholism." *Biological Psychiatry* 6, 1975, 675-680.

Smith, R.B. & Tyson, R.: „The Use of Transcranial Electrical Stimulation in the Treatment of Cocaine and/or Polysubstance Abuse." *American Journal of Psychiatry*, Febr. 1991.

Sommer, R.: The Mind's Eye. New York 1978.

Suinn, R.M.: „Body Thinking: Psychology for Olympic Champs." *Psychology Today*, Jui 1976.

Taylor, G.: The Natural History of the Mind. New York 1979.

Turner, J.W. & Fine, T.H.: Restricted Environmental Stimulation: Research and Comentary. Toledo 1992.

Walter, V.J. & Walter, W.G.: „The Central Effects of Rhythmic Sensory Stimulation." *Electroencephalography and Clinical Neurophysiology* 1, 1949, 57-86.

Index

Abascal, Juan 87
Adrenalin 188, 206
Affirmationen 139
AIDS 215
Aktivität
    körperliche 266
    rechts-frontale 48
Akustische Ganzkörperstimulation 99
Alkoholismus 73
Alltags-Trance 267
    allgemeine 272
Alpha 61
    -Aktivitäten 191
    -Amplitude 46
    -Bereich 45
    -Biofeedback 66
    -Maschine 37
    Ruhezustand 43
    -Theta-Feedbacktraining 166
    -Wellen 25, 35, 42, 106, 224
    -Zustand 43, 195
Ammon-Wexler, Jill 79
Anerkennung 163
    Bedürfnis nach 168
Angst 163
Ankern 141, 142
    eines externen Stichwortes 148
    eines Spitzenzustandes 145
Anker 143
    externe 232
    für Heilung 202
    -kollektion 144
    komplementäre 193
    nutzen 202
    setzen 141
    -Technik 143
Anpassungs-Techniken 192
Apathie 162
Aphrodisiakum 238
Atem 126
    -arbeit, holotrope 173, 261, 262
    -arbeit, ultradiane 274
    -rhythmus, Veränderung des 153
    -übung für aktives Denken 130
Atmen 217
    bewußtes 128
    holotropes 260
Atwater, F. Holmes 43, 67
    -Transzendenz 44
Auditiv 135

Aufladung der Sinne 96
Aufmerksamkeit 91, 129
    erhöhte 102
Aufnahmefähigkeit 267
    extreme 273
Auswendiglernen 199
Autogenes Training 205
Awakened Mind 43

Balance 275
Bandler, Richard 135, 149, 177, 178, 179, 181, 183
Basmajian, John 59
Bauchatmung 126
Becker, Robert O. 91
Beckwith, William 46
Beeinflußbarkeit 267
    höchste 102
Befehle, hypnotische 140
Befreiung 162
    Bedürfnis nach 165
Befreiungstechnik 160
Benson, Herbert 126, 257
Beta
    -Aktivität 42
    -Bereich 25
    -Endorphin 74, 207, 217, 237
        Steigerung von 92
    -Rhythmus 64
    -Wellen 35, 66, 171, 195, 196
Bewegung 179
Bewegungssysteme 136
Bewußtsein
    für körperliche Fitneß 54
    kinästhetisches 136
    Schwelle des 242
Bewußtseins
    -erweiterung 36, 131
    -zustände verändern 154
Bilder 155
    Erschaffung von gewünschten 182
    visuelle 150
Bioelektronik 73
Bioenergetik 173
Biofeedback 59
    -EEG 215
        -Training 66, 223
    -Forschung 60
    -Training 60
Blake, William 29, 57, 233, 242
Blockaden 192
    lösen 192
Blutdruck 88

Bodybuilder 207
Bodymind 59
Body-Scan 130
Boesma, Frederick 87
Boustany, Robert 79
Bower, Gordon 115
Brain-Gym 55
Brain-Mapping 39, 43
   -EEG 84
   -Studie 48
Brain-Power 59
   gesteigerte 102
Brain-Sex 233
Brockopp, Gene W. 86
Brucato, Laurel 87
Budzynski, Thomas 38, 41, 62, 85, 171, 175, 177, 195
Burroughs, William 82

Cade, Maxwell C. 42, 43, 45, 50, 150
Cady, Roger K. 189
Carter, John 62
Chaos 243, 250, 258
Cholesterol 75
Cholinesterase 74
Chronobiologie 265
Chuang Tzu 100
Cortex 44, 52, 82
   zerebraler 73
Cortisol 206
   -Connection 207
Cosgrove, Robert 86
Craniale Elektrostimulation (CES) 26, 84, 89, 112, 136, 166, 237
Craniale Elektrostimulationsgeräte 196
Crews, Debra 223
Crick, Francis 196
Csikszentmihalyi, Mihaly 186, 244, 246
Curare-Effekt 211

Dämmerzustand 154, 194, 223, 249, 264
Dante 243
Dauer 178
Davidson, John 48
Davidson, Richard 160
Deikman, Arthur 201
Delta
   -Bereich 215
   -Wellen 35, 42
   -Zustand 43, 263
Denken, aktives 130, 131
Depression 16, 18, 46, 73, 75
Deprivation, sensorische 259

Desynchronisation, chronische 268
Diamond, Marion 52, 53
DiCara, Leo 211
Diktat, inneres 254
Distreß 47
Dominanz
   der Hemisphären 154
   linkshemisphärische 49
   rechtshemisphärische 49
   -Wechsel 273
Dopamin 188
Downing, John 77, 78
Drehbuch verändern 170
Drogenprobleme 18

EEG (Elektroenzephalograph) 24, 34, 61, 112
   -Alpha-Theta-Feedback 39
   -Analyse 9
   -Biofeedback 26, 36, 62, 63, 166, 236, 251
   -Machinen 25
   -Muster 45
   -Studien über ZEN-Mönche 37
   -Synchronisierung 235
Ego 44
Eigenschaftsangst 88
Eingebung, plötzliche 247
Einstein, Albert 150
Einstellung
   passive 126
   unerwünschte 18
Ekstase 62, 88, 114
Elektrisches Ohr 69
Elektromyograph 60
Eliot, George 242
EMG 61
Emotionen 47, 168, 173, 225
   Handhabung von 176
   positive 46
Endorphine 98, 188
Endorphinlevel 189
Energie 114
Entfernung 178
Entschlossenheit 114
Entspannung 191, 201, 206, 222, 223, 227, 231, 254
   progressive 160, 205
   -s-Anker 209
   -sreaktion 146, 206
   -szustand 86
   tiefe 102
Enzymsystem 74
Epilepsie 16
Epinephrin 266

Epstein-Barr-Virus 215
Erfahrung
    integrative 272
    transzendente 256
Erickson, Milton 133, 135, 267, 272, 273
Erinnerungen 155
Erinnerungs-Effekt 197
Erleuchtung, plötzliche 61
Erregung
    errotropische 88
    trophotropische 88
Erst relaxen, dann lernen 201
Estes, Don 98
Evolution, zerebrale 188

Fähigkeiten
    räumliche 266
    verbale 266
Faradayscher Käfig 234
Farb- und Tiefenwahrnehmung 79
Farben 155, 178
Feedback-Schleife 189
Fehmi, Lester 45, 62
Feldenkrais, Moshe 211
Feldgeneratoren, akustische 236
Feldsysteme, akustische 112
Ferndiagnose 106
Film, innerer 228
Fine, Thomas 189, 209
Fingersignal 146, 209
    ideomotorisches 176
Fingerspitzentemperatur-Monitoring 61
Finsen, Niels 76
Flanagan, Patrick 99
Fließen lassen 202, 231, 248
Floaten 101
Flow 186, 231
    -Zustand 186, 224
FOCUS 101 8
Fokus 231
Fokussierung, innere 267
Foster, Dale 66
Fox, Peter 222
Frequenzfolgereaktion (FFR) 65
Friede 163
Freude 14
    gesteigerte 103
    sinnliche 238
Fritz, George 97
Fuller, Buckminster 276
Funktionen unseres Bewußtseins, höhere 68

Gagnon, Constance 87
Galvanischer Hautwiderstandsmesser 60, 112
Ganzfeld 166, 224, 236
Ganzkörper
    -entspannung 225
    -/Geist-Erfahrung 231
Gauss, Johann Friedrich Karl 250
Gebrauch von assoziierenden und dissoziierenden Bildern 157
Gedächtnis 17, 26, 266
    besseres 153
    Kurzzeit- 90
Gedanken 173
Gefühle, symmetrische 46
Gefühls-Flucht 248
Gehirn
    bewegtes 93
    -dominanz 49
    -effizienz 186
    elektrisches 89
    Feinabstimmung des 100
    -hälften 50
        Integration beider 50
    -jogging 17, 51
    -kapazität 62
    -revolution 118, 120
    -Tuning 113
    -wachstum 53
        dramatisches 52
    -zustände 233
Gehirnfunktionen, Optimierung der 92
Gehirnwellen 34
    -aktivität 251
        Synchronisierung der 235
    -Asymmetrie 47
    -dominanz, symmetrische und ausbalancierte 276
    Manipulation der 63
    -muster 32
    -synchronisation, kreuzlaterale 46
    veränderte 102
    Veränderung der 154, 223
Gehirnzellentypen 52
Geist-Körper
    -Rhythmus 252
    -Technik 256
Geräusche, rhythmische 67
Gesichtshälfte, linke 46
Gesundheit 76
Gewichtsabnahme 70
Ghadiali, Dinshah 77
Glaube 114
Glaubensmuster 141, 227

Glück 61
    Techno-Demokratisierung des 256
Goldstein, Avram 98
Gonadoliberin 74, 238
Good Vibrations 98
Grafton, Scott 221
Gray, Charles 196
Green, Alice und Elmer 37, 59, 62, 272
Grinberg-Zylerbaum, Jacobo 234
Grinder, John 135, 149
Grof, Stanislav 113, 241, 257, 260, 261
Grundrhythmus, körperlicher 199

Hamilton, Jean 186
Harner, Michael 256
Harrah-Conforth, Bruce 88
Harris, William 88
Heilperiode, natürliche 273
Heilreaktion, ultradiane 194, 238
Heilung 206, 267
    durch Bewegung 94
    -sprozesse 215
Hemisphäre, Aktivität der rechten 154
Hemisphärendominanz 194, 265, 275
    rhythmische Veränderungen der 275
Hemisphären-Synchronisation (Hemi-Sync) 46, 65, 67, 224, 275
Herausforderung 54
Herzfrequenz 88
High-Tech-Meditation 67
Hilfsmittel, mentale 126
Hippocampus 40
Hoberman, John 205
Hochleistungstraining 207
Höchstleistungen, sportliche 207
Honorton, Charles 106
Hormone 85
Hyper-Beeinflußbarkeit 85, 140, 142, 152, 273
Hypothalamus 73
    Veränderung im 78
Hypnose 119, 133, 174, 177, 217, 241
Hypnotherapie 81

Illumination 247
Imagination 150, 151, 181, 250
    -sfähigkeit 154
Immunfunktion 18
    Kräftigung der 153
    Steigerung der 84
Immunoglobin A, Ausschüttung von 215
Immunsystem 88, 267
    Schlüsselkomponente des 215

Induktionen, multisensorische 137
Intelligenz 173
    -Feld 173
Integration, sensorische 92
Interferenzmuster 67
Intelligenz, Steigerung der 53, 54, 187
IQ 15, 17, 26, 185, 187
    Steigerung des 62, 82
Isaacs, Julian 84, 106
Isolationstank 101, 103, 104, 107, 112, 114, 154, 187, 189, 209, 215, 263, 265
Ison, David 97

Jackson, Jesse 139
Jacobson, Edmund 150, 161
James, William 13, 109
Joudry, Patricia 71
Jung, C.G. 113, 255

Kamiya, Joe 36
Kekulé, Friedrich 41
Kinästhetisch 135
Kindheitserfahrungen 171
Kirsch, Daniel 90, 187
Kissinger, Henry 139
Klang 64
    der Stille 100
    hochfrequenter 67
    -liegen 96, 136
    -therapie 71, 104
    Unterversorgung mit 69
Klarheit 114, 178
Kleitman, Nathaniel 268
Koch, Christof 89
Kraft des Lichts 72
Körpergeist 59
Körper-Geist-Dualität 60
Körperhälften 276
Komplexität 54
Konditionierung 170
Kontrolle, Bedürfnis nach 167
Konzentration 79, 91, 114
    entspannte 224
Koordination 266
    feinmotorische 92
Kopfschmerzen 92
    migräneartige 84
    Stirnhöhlen- und Spannungs- 97
Körperbewußtsein 210
Körper-Geist
    -Beziehung 172
    -Signale 271

Index

-Systeme der Selbstregulierung 267
-Zustände 173
Körper
    -hälften, Dominanz der 265
    -reise 127, 216
    -Rhythmen 238
Kraft 231
Krankheit 73
Kreativität 17, 79, 241, 250, 254, 266, 274
    gesteigerte 103, 258
    Schlüsselkomponente der 153
    -skatalysatoren 251
    -smaschinen 255
Krebs 152
Kulkosky, Paul 38, 39
Kummer 162
Kurzzeitgedächtnis 197, 198

Lähmung, spastische 92
Lähmungserscheinungen 60
Landers, Dan 224
Langsamkeit, Entdeckung der 244
Langzeitgedächtnis 197, 198, 199
Langzeitpotenzierung (LPT) 40
Lebensfreude, Intensivierung der 131
Lebenswelle
    Hochphase der 270
    ultradiane 273, 275
Leinwand, innere 150
Leistung
    Maximierung unserer mentalen und körperlichen 269
Leistungsrhythmus, ultradianer 269
Leonard, George 185
Lern-Belohnungs-System 189
Lernen 17, 26, 76, 88, 90, 195
    Arten 190
Lernschwäche 16, 90, 92
    Verbesserungen bei 79
Lern-Sitzung 191
Lernzustand, optimaler 193
Lernstörungen 84
Lern-Wege 189
Lesen, beschleunigtes 79
Levenson, Lester 158, 159, 162, 165, 167
Levinson, Steve 146
Liberman, Jacob 79, 80
Licht 72
    vollspektral 73
Licht- und Farbtherapie 76, 77
Lichtstimulation 85
Liebe 114
Licht- und Sound-Maschine (LS-Maschine) 25, 166, 215, 251

Limbisches System 173
Lozanov, Georgi 191
Lumatron 77
Luzidität 114
Lynch, Gary 40

Madden, Richard 90
Maltz, Maxwell 227
Maslow, Abraham 244, 245, 256, 257
McElwain, Juanita 97
Meditation 241
Megabrain-Software 111
Melatonin 74
Menschen
    blockende 245
    kreative 243
    unaufmerksame 245
    zerstreute 245
Mentaltraining im Sport 204
Mentale Übung 230
Metaphorik, höchste mentale 102
Migräne 87, 92, 97
Mikrochiptechnologie 83
Mikroelektronik 32
Mindfulness 128
Mind Machine 15, 23, 40, 47, 49, 50, 54, 111, 121, 125, 143, 153, 154, 180, 187, 223, 244, 274
Mind Machine
    holotrope 262
    klinischer Einsatz von 26
    Meditation 23
    Revolution 20
Mind
    Mirror 43
    -Movies 153
    -Revolution 257
    -Spa 55
    -Tech 206, 254
    -Technologien 18, 43, 112, 121, 132, 143, 166
    -Tools 112, 121, 133, 136, 259
        kinästhetische 136
        Nutzung der 248, 251
    -Vibrator 146
    -work 87
Modalität
    auditive 135
    kinästhetische 135
    nonverbale M. der Kognition 150
    visuelle 135
Modelling 229
    -Technik 231
Money, John 170

Monroe, Robert 65
MotivAider 147
Müdigkeit 73
   -ssyndrom 23
Multiple Sklerose 215
Muskelgedächtnis 220
   Programmierung des 221
Muskelrelaxation/-entspannung 205
   progressive 150, 161
Muskelspannung 88
   lösen 237
   verringerte 126
Muskelwachstum, erhöhtes 152
Muskulatur 212
Muster
   aufdecken 175
   Programmierung eines 172
   überschreiben 175
Mut 114, 163
Mystischer Zustand 61

Nasenatmung 127
Neocortex, mentale Fähigkeiten des 172
Nervensystem, autonomes 267
Netzwerke des Gehirns 34
Neuronen
   Stimulation der 90
   -wachstum 52
Neurowissenschaft 32
Neurochemikalien 32, 85, 217
   Freisetzung von 152
   streßbezogene 207
Neuromuskuläre Programmierung 221
Neurophon 99
Neurotransmitter 201, 266
Nichts tun 217
NLP (Neurolinguistisches Programmieren) 135, 149, 177, 182
   -Techniken 182, 183
Noradrenalin 74
Nucleus Olivaris 67

Obertöne, wiederhallende 69
Off-Zustände 114
On-Zustände 114
Opiate, körpereigene 210
Optimismus 267
Opto-acoustics 24
Ordnung 258
   aus Chaos 242
Ornstein, Robert 105
Ostrander, Sheila 116, 143, 191
Othmer, Siegfried 16

Ott, John 74, 75, 76
Oxytocin 74, 78, 189, 237

Paar-Phantasien 239
Paradigmenwechsel 60
Peniston, Eugene 38, 39
Parkinson 92
Pawlow, Iwan 142
Persönlichkeit, Transformation der 39, 90
Pert, Candace 188
Pessimismus 267
PET (Positronen-Emissions-Tomograph) 34
Phobien, Behandlung von 60
Powerzustände ankern 231
Prägung 173
Produktivität 76
Progesteron 237
Proteinsynthese im Gehirn 198
Proust, Marcel 142
Psychobiologie 60
Psychodelika 36, 238, 260
Psychokinese 106
Psychoneuroimmunologie 60
Psychosomatische Störungen, Behandlung von 60
Psychospirituelle Bereiche 242
Ptolemäus 81

Qi 128
Qigong 128
Quantenphysik 247

Ramos, Julietta 234
Ratten 51
Reaktionsvermögen 269
Rebirthing 173
Regenerationsphase 271
Regie innerer Filme 157
Reich, Wilhelm 172
Reizbarkeit 73
Reizentzug 192
Repräsentationssystem 135
Rescripting 177, 181
Resonanz, sensorische 98
Rhythmus
   biologischer 265
   ultradianer 266, 267, 276
Robbins, Anthony 149
Rolfing 173
Rollentausch 228
Rossi, Ernest Lawrence 149, 172, 175, 238, 267, 272
Routtenberg, Aryeh 188, 189
Rückwärts 178
Ruhe 267

Index

-Aktivitäts-Zyklus 194, 203, 265, 267, 275
Russell, Harold 62
Rustigan, Carol J. 79

Säugling 48
Samadhi 88
Satori 61, 250
Scheibel, Arnold 257
Schlaflosigkeit 16, 73
Schlüsselbilder 182
Schlüsselwörter, externe 183
Schmerzen 18
    chronische 87
Schmerzreduktion 84
Schneider, Sidney 81
Schroeder, Lynn 116, 144, 181
Schwingung, binaurikulare 65, 66, 104, 112
Sedona-Methode 158, 161
Selbst
    -gespräche 225
    -hypnose 133, 142, 205, 226
    -mord 73
    -programmierungstechnik 209
    -sicherheit 275
    tiefes 158
    -vertrauen 275
Sensitivität 181
Serotonin 74, 207, 217, 237
Sex synchron 234
Sexualhormone 235
Sexuelle Freude 17
Shannahoff-Khalsa, David 49, 265, 274, 276
Shealy, C. Norman 74, 78, 85, 189, 213, 214, 236
Shelly, Percy Bysshe 242
Sicherheit 168
Sichtweise, veränderte 229
Signale 270
    ideomotorische 140
Simonton, O. Carl 152
Sinneslust 163
Sinnesmodalitäten 134, 137
Sinnesvibrationen 98
Sinneswahrnehmung, gesteigerte 103
Smith, Ray 90
Somatron-Bettruhe 97
Sommer, Robert 153
Sorgen 16
Sound-Table-Technologie 98
Spannungszustand der Muskulatur 211
Spaß 114
SPECT (Single-Photon-Emissions-Computertomograph) 34
Spitler, Harry Riley 77

Spitzenleistung 17, 27, 34, 169, 224, 262
Spitzenzustände 273
Sportliche Leistung 76
SQUID (Supraleitender Quanteninterferenz-Detektor) 34
State-of-the-Art-Technologie 244
Stichwörter auf Abruf 140
Stiftung Warentest 9
Stille, absolute 259
Stimmungsschwankung, unvorhersehbare 275
Stimulation 54
    hochfrequente 196
Stolz 163
Strahlung, elektromagnetische 75
Strauss, Richard 247
Streß 48, 76, 209, 268
    -abbau 205
    -reduktion 101
    -reduktionsgeräte 205
    -toleranz, erhöhte 101
    ultradianer 268
Stroboskop-Licht 32
Subjektivität der Erfahrungen 9
Submodalitäten 177, 178
    abweichende 228
    auditive 179
    Einsatz unterschiedlicher 157
    kinästhetische 179
    veränderte 183
Sucht 117
    -Definition 118
    -verhalten 39
Suggestion 133, 137, 139, 211, 217, 226, 262, 264, 273
    aktive 139
    Akzeptanz externer S. 195
    allgemeine 139
    bestätigende 140
    persönliche 139
    positive 192, 205
Suinn, Richard 220, 222
Super-Intelligenz 185
Superlearning 27, 38, 103, 185, 187
    -Anker 193
    -Techniken 191
Swedenborg, Emanuel 41
Swish 182, 192, 202, 229
    -Muster 182, 183
Synergie
    der optimalen Balance 275
    -effekt 276
Synchronisation 45, 62
System, endokrines 267
Szent-Györgyi, Albert 73

Tai Chi 241
Taylor, Gordon Rattray 153
Taylor, Thomas 187
Technicolor-Symphonie 81
Techno-Produkte 256
Techniken, spirituelle 256
Telepathie 106
Temperatur-Biofeedback 60
Testosteronproduktion 208
Tiefschlaf 212
Thayer, Robert 267
Theta
    -Aktivität 154, 191
    -Erfahrungen 41
    -Frequenzen 64
    -Speicher 171
    -Wellen 25, 35, 37, 42, 66, 106, 173, 194, 224, 249, 250, 267
    -Zustand 37, 41, 85, 133, 171, 195, 254, 263, 272
        natürlicher 272
Thich Nhat Hanh 129, 130
Thomas, Norman 85
Thompson, Jeffrey 98
Tiefenentspannung 124, 125, 133, 209, 265
Tiefenschärfe 178
Tomatis, Alfred 67, 68, 69, 70
    -Effekt 70
    -Methode 71
Trance 140, 143, 144, 241, 255
    -induktion 137
    -zustand 133, 137
Transformation von Krankheit zu Gesundheit 272
Transzendenz 43, 258
    Techniken der 257
Turner, John 189
Tyrell, G.N.M. 241
T-Zellen-Konzentration 215

Überschreibungen 181
    mit Submodalitäten 177
Ultra-Meditation 67
Ultraviolette Strahlung 72
Umfang 179
Umgebung, ruhige 126
Unbewußtes, kollektives 255
Unterbewußtsein, Antworten aus dem 156
Unter-Erregung 195
Ursache/Wirkungs-Mechanismus 142
UV-Licht 74, 75

Vazquez, Steven 77
Veränderung, Stimulation der 120

Verhalten 115, 118, 182
Verhaltens
    -modifikation/-änderung 90, 122
    -muster 276
Verjüngungs-Biochemikalie 212
Vertrauen 114
Vibrationseffekt 65
Visualisierung/Visualisieren 119, 143, 153, 155, 205, 211, 217, 220, 223
    Kraft der 151
    medizinische 152
    Praxis des 151
    rezeptive 156
    -stechniken 254
    von Licht 128
Visualisierungskraft, Techniken zur Steigerung der 157
Visuell 135
Vollspektrumlicht 72
Vorwärts 178

Wachbewußtsein 13, 191, 195
Wachheit, geistige 266
Wachstumshormon 74, 189, 212, 213, 215, 237
    -ausschüttung 215
Walkman 71
Walter, W. Gray 82
Weiße Wolke 128
Welle, ultradiane 268
Widerstand 245
    -skraft 269
Wilson, Charles 97
Wilson, Ed 43

Yoga 255
    -Meditation 154

Zeitpunkt, richtiger 194
Zen-Meditation 62
Zen-Mönche 42
Zen-Satori 62
Zorn 163
Zukunft erfinden 153
Zustand
    dissoziativer 44
    dissoziierter 228
    geankerter 144,
    Prägungs- 115
    -sangst 88
    -sveränderungstechniken 144
    transpersonaler 261
    transzendenter 44

Chaos und Neues Lernen

CHAOS – die neue Kraft im Selbst-Management

DAS KREATIVE BRAINWRITING ALS INNOVATIVES ORDNUNGSKONZEPT

W. BACHMANN · M. FRIEDRICH

- Komplexität, Chaos und Ad-hoc-Strategien
- Selbst-Coaching und Teamarbeit
- Neurolinguistisches Programmieren (NLP)
- Kreativität und Neues Lernen

328 Seiten, geb.
DM 58,–
ISBN 3-87387-116-5

Die alten Paradigmen im Management sind von dem Gedanken geprägt, eigene Ordnungsvorstellungen in natürlich-chaotischen Prozessen entdecken zu müssen und diese in geschlossene Erklärungs-Schemata einzufügen. Bildlich gesprochen hat man auf diese Weise jahrhundertelang versucht, den Fluß der Ereignisse in ein künstliches Flußbett oder gar in Kanäle zu pressen. Dies ist jedoch bestenfalls von kurzfristigen Erfolgen gekrönt gewesen, denn der „Ereignisfluß" zeigt immer neue Gesichter, indem er mal anschwillt, mal austrocknet und sich immer neue Wege und Flußarme auf seiner Reise zum Meer sucht.

Erfolg haben wird nur derjenige, der lernt, den Fluß in seinen übergeordneten „chaotischen" Gesetzmäßigkeiten zu erkennen und zu akzeptieren. Erst durch diese Fähigkeit wird er in der Lage sein, jedwede Strömung meistern zu können. Das Kreative Brainwriting ist *die* Möglichkeit, sich dem Chaos in seiner ureigenen Weise zu nähern, es zu erfassen, im Chaos das geeignete „Ordnungsmittel" zu entdecken, um sich so im Chaos orientieren und zurechtfinden zu können.

Winfried Bachmann ist selbständiger Trainer und erfolgreicher NLP-Fachautor („Das neue Lernen", „Win-Win").
Michael Friedrich ist wiss. Mitarbeiter am Lehrstuhl für Wirtschafts- und Berufspädagogik an der Uni Köln.

**JUNFERMANN VERLAG • Postfach 1840
33048 Paderborn • Telefon 0 52 51/3 40 34**

Realität wird durch Ideen geschaffen

1995, 248 S., kart.
DM 39,80
ISBN 3-87387-168-8

Jeder von uns kennt Menschen, die Beeindruckendes erreicht haben. Wir nennen solche Menschen in der Regel kreativ, einige sogar genial. Manche von ihnen, selbst die genialen, hatten weniger Ausbildung, Intelligenz, Talent, Stärke, Energie, Geld, Erinnerungsvermögen als viele durchschnittlich erfolgreiche Menschen in dem gleichen Betätigungsfeld.

Vor zwei Jahrzehnten suchten die Begründer des Neurolinguistischen Programmierens (NLP) nach einer nützlichen Antwort darauf, warum das so sei. Eine funktionale Antwort auf diese Frage würde es erlauben, andere Menschen so auszubilden, daß sie das gleiche leisten wie Genies.

In diesem neuen Buch von Richard Bandler wird der Leser weitere powervolle Techniken finden, um persönliche Bewußtseinszustände, Glaubenssätze und Zeiterleben zu verstehen, zu beeinflussen und zu nutzen. Er kann dieses Wissen einsetzen, um schneller zu lernen, seine Ideale zu verwirklichen, anderen zu helfen und vor allem viel Spaß zu haben.

Richard Bandler ist Mitbegründer des NLP. In seinen Vorträgen und Seminaren haben bisher weltweit über eine Million Menschen von ihm gelernt. Seine zahlreichen Bücher sind in über vierzig Sprachen übersetzt worden. Die meisten seiner auf deutsch vorliegenden Bücher sind im Junfermann Verlag erschienen.

**JUNFERMANN VERLAG • Postfach 1840
33048 Paderborn • Telefon 0 52 51/3 40 34**

So gewinnen Sie viel Zeit!

1995, 192 Seiten, kart.
DM 29,80
ISBN 3-87387-213-7

Das Kernstück des *Photo-Reading* bildet eine Technik, durch die Texte mit einer Geschwindigkeit von 25.000 Worten pro Minute „mental photographiert" werden können. Anders als beim herkömmlichen Lesen schaut man dabei mit „Photofokus" auf die Druckseite, eine Sehweise, die auch zum Wahrnehmen der bekannten 3D-Bilder Voraussetzung ist. Das auf diese Weise aufgenommene Material kann dann auf verschiedenen Wegen aktiviert, d.h. ins Bewußtsein gebracht werden.

Die PhotoReading-Technik führt in Verbindung mit einer Reihe anderer fortgeschrittener Lesetechniken zu einer bemerkenswerten Beschleunigung und Steigerung des Verständnisses von gelesenem Material, zu einer Verbesserung der Behaltensleistung und zu leichterem Zugang auf bereits bestehendes Vorwissen.

Mit leicht verständlichen Übungen und zahlreichen Beispielen führt das Buch den Leser zu einer neuen Würdigung intuitiver Prozesse und einem besseren Verständnis des Zusammenwirkens von bewußter und unbewußter Informationsverarbeitung.

„Scheeles Buch hat auf dem Schreibtisch jeder Führungspersönlichkeit zu liegen." - *Ken Blanchard*

„PhotoReading ist kein Luxus, es ist eine Notwendigkeit." - *Harvey Mackey*

Der Autor: Paul Scheele ist der Begründer der PhotoReading-Technik. Er studierte Pädagogik, Psychologie, Biologie und erhielt Ausbildungen in NLP, Accelerated Learning und Kinesiologie. Von seinem Institut in Wayzata, Minnesota, organisiert er PhotoReading-Seminare in der ganzen Welt.

**JUNFERMANN VERLAG • Postfach 1840
33048 Paderborn • Telefon 0 52 51/3 40 34**

Den Stein ins Rollen bringen

1995, 100 S., geb.
mit Schutzumschlag
DM 29,80
ISBN 3-87387-136-X

Wie findet man seinen Märchenprinzen bzw. seine Traumfee, wenn man Ecken und Kanten hat und sich alles andere als vollkommen fühlt? Was tun, wenn man so gerne ganz sein möchte, doch von sich selber glaubt, lediglich ein Teil zu sein, das jemand anderem fehlt?

In dieser beeindruckenden Bildergeschichte können wir erleben, wie Missing Piece auf der Suche nach dem idealen Part-ner so manchen Irrweg geht und manche Enttäuschung einstecken muß. Endlich scheint das Ziel erreicht - und dann kommt alles doch ganz anders...

Shel Silverstein, 1932 in Chicago geboren, gehört zu jenen wenigen Künstlern, die es vermögen, mit sparsamen Strichen und wenigen Worten Typisches, Besonderes und jegliche Feinheiten im menschlichen Dasein liebevoll darzustellen.
Er hat neue Akzente gesetzt - das ist sicher. Er ist nicht auffindbar für die Öffentlichkeit. Er ist Cartoonist, Literat, Komponist, Illustrator und Sänger - kurz: ein kreatives Genie oder anders gesagt, voller genialer Kreativität.

**JUNFERMANN VERLAG • Postfach 1840
33048 Paderborn • Telefon 0 52 51/3 40 34**

Die Welt ist ein Dorf!

1995, 288 Seiten, kart.
DM 44,-
ISBN 3-87387-217-X

Marshall McLuhan ist der einflußreichste Denker der Informationsgesellschaft und seit über 30 Jahren inzwischen ein Longseller. Seine Analysen sind sprachprägend. Wer kennt nicht die Klagen vom „Ende des Gutenberg-Zeitalters", die Rede vom „globalen Dorf", die Aussage „The Medium is the Message", alles von McLuhan geprägte Begriffe, Titel seiner Bücher.

Der kanadische Medienwissenschaftler Marshall McLuhan hat schon in den 70er Jahren für reichlich Aufsehen gesorgt. In diesem, seinem letzten Buch schafft er die Grundlage einer neuen Einsicht, wie Medien in unserer Kultur auf dem Hintergrund der Erkenntnisse der Gehirnforschung einen grundlegenden Einfluß haben, den die Medienwissenschaften bisher noch nicht in ihrem Blickfeld haben.

Marshall McLuhan war ein Auslöser kontroverser Diskussionen: *The Global Village* wird wie die früher erschienenen Bücher die Auseinandersetzung über die Rolle der Medien und Technologien beleben: *Ein Medien-Streitbuch steht ins Haus.*

„Es war Marshall McLuhan, der mit seiner These vom *Global Village* genau das vorhergesagt hat: An die Stelle der vertrauten Formen bürgerlicher Öffentlichkeit wird eine neue Form von Geborgenheit treten und das ist der elektronische Mythos: Geborgenheit durch Teilnahme am digitalen Schein." - *Gerd Gerken*

„Die beste Einführung und zugleich Zusammenfassung in McLuhans Denken."
- *Journal of Communication*

**JUNFERMANN VERLAG • Postfach 1840
33048 Paderborn**

MEGABRAIN ZONES von Michael Hutchison

CD Vol. 1 (60 Min.)
1. Tiefe Entspannung
2. Spitzenleistung

CD Vol. 2 (60 Min.)
1. Volle Konzentration
2. Kreative Leistung

CD Vol. 3 (60 Min.)
1. Geistiges Wachstum
2. ZENtriert Sein

Wenn Sie neben der Lektüre dieses Buches selbst erleben wollen, wie wirksam die Technik der „Binaural Beats" in Verbindung mit Infraschall und psycho-akustischem Know How auf Basis intensiver EEG-Forschung tatsächlich ist, dann empfehlen wir Ihnen die Serie *MEGABRAIN ZONES* von Michael Hutchison. Hier finden Sie auf drei CDs insgesamt sechs Titel, die mit akustischer Stimulation die State-of-the-Art der Bewußtseinstechnologie präsentieren. Die Gebrauchsanweisung ist denkbar einfach: CD einlegen, Kopfhörer aufsetzen, Augen schließen und 30 Minuten nichts tun – der Rest passiert einfach. Natürlich, und ohne Nebenwirkungen.

1. Tiefenentspannung: Ihr Körper entspannt sich, Sie tanken Kraft und neue Energie. Ihr Geist wird wieder frisch und klar. Zur tiefen Entspannung nach anstrengender Arbeit und besonderer Anstrengung.

2. Spitzenleistung: Aktiviert Ihre Leistungsfähigkeit und dient als Grundlage für den Zustand entspannter Aufmerksamkeit, für mentale und sportliche Höchstleistungen, Yoga, Tai Chi, Aerobic, Tanz oder auch zum Superlearning.

3. Volle Konzentration: Tauchen Sie in einen spezifischen Zustand, um Ihre Aufmerksamkeit wie einen Laserstrahl zu bündeln. Ideal zum Lesen, Lernen, Schreiben, Rechnen, für's Büro, die Schule oder das Studium.

4. Kreative Leistung: Im hier stimulierten Zustand kommen Sie leicht auf neue, kreative Ideen und überraschende Lösungen. Vergangene Erinnerungen tauchen auf. Ideal für Flow, Visualisierung und Autosuggestion. Perfekt auch zu kreativer Arbeit.

5. ZENtriert sein: Streß löst sich auf. Sie erreichen den Zustand der tiefen inneren Ruhe. Sie erleben, wie gut es tut, nichts zu tun – und werden innerlich zentriert SEIN!

6. Geistiges Wachstum: Weit hinter Ihnen verschwinden Raum und Zeit. Ihr Geist entwickelt ein transzendentes Bewußtsein, und innere Heilungsprozesse werden aktiviert.

Preise: je CD DM 39,80 (als Package Vol. 1–3 zus. nur DM 99,–) zzgl. Versandkosten

JUNFERMANN VERLAG • Postfach 1840 • D-33048 Paderborn
Tel.: 0 52 51/3 40 34 • Fax: 0 52 51/3 63 71